게임이 세상을 바꾸는 방법

게임이 세상을 바꾸는 방법

그동안 우리가 몰랐던 게임 역량에 대한 심층적인 탐구

· 제인 맥고니걸 지음 | 김고명 옮김 ·

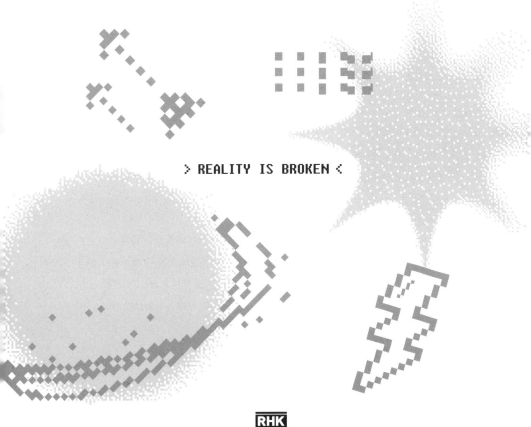

> REALITY IS BROKEN <

RHK
알에이치코리아

이 책에 쏟아진 찬사들

"온라인 게임에 관해 알고 있는 것, 아니, 알고 있다고 생각하는 것은 모두 잊어라. 이 책은 기존의 낡은 통념을 싹 날려버리고, 인간의 놀이 본능을 통해 더 큰 일을 할 수 있다고 일깨운다. 제인 맥고니걸은 열정, 지혜, 이상을 한데 넣고 휘휘 저어서 어떻게 하면 세계를 구원하는 작업을 시작할 수 있는지 한 번에 한 게임씩 보여준다."

칼 오너리 Carl Honoré, 「느린 것이 아름답다」, 「강요」의 저자

"올해 읽은 책 중에서 단연 가장 기막힌 책이다. 제인 맥고니걸은 혀를 내두를 만한 전문성으로 무장했고, 그녀가 가진 명쾌한 생각들을 마음을 사로잡는 문체로 게임에 대한 나의 오해를 모조리 깨뜨렸다. 게임은 어린애들이나 하는 것이라고, 시간 낭비인 데다 스스로를 고립시키며 중독성이 강한, 백해무익한 부정적인 행위라고 생각하는 사람에게 거대한 반전을 선사할 것이다!"

소냐 류보머스키 Sonja Lyubomirsky,
리버사이드 캘리포니아 주립대학교 심리학 교수이자 「행복도 연습이 필요하다」의 저자

"무기력한 두뇌를 자극하고 영혼을 동요시킬 책이다. 일단 이 책을 읽고 나면 게임이나 자신을 보는 눈이 완전히 달라지는 것을 경험하게 될 것이다. 정말이지 굉장한 책이다."

다니엘 핑크 Daniel Pink, 「드라이브」, 「새로운 미래가 온다」의 저자

"삶이 더 행복해지고 사업이 잘되면서 동시에 세상을 구하는 길이란 딱 하나일지도 모른다. 바로 세계 최고의 게임 속 원리를 이해하는 것이다. 「헤일로」 따위를 알아봤자 인생이나 사업에 전혀 도움이 안 된다고 생각하는가? 그렇다면 당장 이 책을 읽어보라."

팀 페리스 Tim Ferriss, 「타이탄의 도구들」의 저자

"제인 맥고니걸이 그려내는 오묘한 미래상과 생동감 넘치는 글에서 인류의 긍정적 미래, 그리고 게임을 통해 그 미래에 이르는 과정을 엿보며 고개를 끄덕거리게 된다."

마틴 셀리그만 Martin Seligman, 「긍정 심리학」, 「마틴 셀리그만의 플로리시」의 저자

"창의성을 발휘해 흥미로운 아이디어를 낼 사람은 얼마든지 있다. 그러나 그 아이디어를 명확하게 실천에 옮겨 실제로 변화를 일으키고 다른 사람들에게 영향을 줄 수 있는 사람은 드물다. 제인 맥고니걸은 그 두 가지를 다 할 수 있는 몇 안 되는 사람이다. 게임을 '행복 엔진'으로 여기고 삶과 학교, 조직과 커뮤니티에서 만족과 집중, 생산성의 특성을 지닌 '게임성'을 키울 방법을 생각하기 시작하면 지금껏 상상도 못한 현실 변화의 가능성이 보인다."

토니 셰이Tony Hsieh, 재포스Zappos 최고경영자이자 『딜리버링 해피니스』의 저자

"제인 맥고니걸의 노고에 힘입어 새로운 매체가 정의됐다. 이 매체는 현실과 환상을 아우르고 '허구'라는 것의 존재를 부인한다. 우리의 삶은 곧 우리가 경험하는 이야기요, 우리 자신은 곧 우리가 플레이하는 게임이다. 이 책에 담긴 지혜는 명쾌하고 탄탄하고 간결하기가 마치 플루토늄 같고 폭발력 역시 그와 같다."

코리 닥터로우Cory Doctorow,
『리틀 브라더』의 저자, 블로그 '보잉 보잉Boing Boing'의 공동 편집자

"제인 맥고니걸은 혁신적인 연구로 우리가 더 튼튼한 커뮤니티를 만들고 초대형 규모로 협업할 놀라운 해법을 제시한다. 그 해법이란 바로 더 거대하고 더 훌륭한 게임을 플레이하는 것이다. 세계를 변화시키는 게임을 디자인하는 방법도 맥고니걸만큼 잘 아는 사람이 없다. 더 나은 미래를 창조하는 데 한몫하고 싶다면 이 책을 꼭 읽기를 권한다."

지미 웨일즈Jimmy Wales, 위키 백과 설립자

"왜 우리가 게임을 사랑하는지 궁금한가? 맥고니걸은 게임 플레이의 심오한 즐거움, 그 힘의 선용 방법을 그 누구보다 잘 포착해 글로 담았다. 이 책은 풍부한 철학과 실용성을 두루 갖춘 책으로 보기 드문 맹수다. 이제 세상을 보는 눈이 바뀔 것이다."

클라이브 톰슨Clive Thompson, 《뉴욕 타임스 매거진》과 《와이어드》의 기고가

멋진 게임의 신세계

인터넷 판 '야간 게임 통행 금지'로 일컫는 셧다운제가 우리나라에서 시행되었다. 게임중독에 빠진 아이들을 보호하겠다는 취지는 이해할 수 있지만 한편으로는 '게임과 놀이'라는 것에 대한 우리의 인식을 여실히 보여주는 것 같아 서글프다는 느낌마저도 든다.

인간이 태어나 처음으로 하는 놀이는 엄마와 아기가 눈을 맞출 때 아기가 사회적 웃음을 처음 짓는 그 순간이다. 엄마가 기뻐하며 이런저런 말을 아기에게 하고 웃으면, 아이도 엄마에게 화답하듯 옹알이를 하고 웃으면서 즐거워하는 순간에 벌어지는 것이다. 놀이와 특별한 관계가 없어 보이는 뇌과학에서도 아기와 엄마의 이런 반응이 놀이를 하면서 즐거워하는 반응과 크게 다르지 않다는 연구 결과를 내놓기도 했다.

놀이와 게임이 인간의 뇌에 어떤 역할을 미치는지에 대한 연구 결과는 아직 이렇다 할 결과를 내고 있지 못하지만, 이보다 근본적인 문제는 제대로 놀지 못하게 하는 엄숙한 사회에 있다. 게임을 즐기기는커녕, 놀이도 할 줄 모르는 사람들의 인생을 생각해 보자. 소소한 유머도, 어릴 때 한 번쯤은 하게 되는 치기어린 불장난도, 우리를 설레게 하는 영화나 게임도, 나아가 환상도 없는 그야말로 무미건조한 인생이 된다.

인간은 평생에 걸쳐 놀이를 하도록 설계 되었다. 그리고 놀이를 권하는 신호를 타인에게 보내는 능력도 있다. 인간 신뢰의 근간은 놀이 신호를 통해 쌓여간다. 그런데 사회 문화적인 이유든, 다른 어떤 이유든 간에 어른이 되면서 그 신호들을 보내고 받는 방법을 잊어버리는 것은 참 안타까운 일이다.

생체 인류학자들은 인간이 가장 유아적이고, 가장 유연하며 가장 가소성이 높은 생명체라고 한다. 즉, 가장 장난스럽다는 말이다. 여기에서 바로 융통성이 발생한다.

제인 맥고니걸은 미래연구소에서의 자신의 경험을 바탕으로, 게임으로 우리 세계를 정말 바꿀 수 있다는 것을 몸소 체험하였다. 게임은 현실 세계에서 사람들의 몰입을 방해하고 끊임없이 좌절하는 힘겨운 상황을 역전시킬 수 있는 긍정적 요소들을 가지고 있다.

게이머는 게임 세계에서 비교적 쉽게 많은 것을 이루며, 작지만 의미 있는 일을 할 동기 부여만 확실하다면 기꺼이 협력과 협동하며 그

열의도 대단히 높다. 남을 돕는 일에도 주저하지 않고, 고도의 집중력으로 문제를 해결하고, 실패에도 크게 좌절하지 않고 금방 시도하는 놀라운 면을 보인다. 반면, 현실에서 실패에 직면하고, 장애물에 맞설때는 게임 세계와는 달리 너무나 견디기 힘든 경우가 많다.

그렇다면, 게임의 어떤 요소들이 이런 현실의 비관적인 감정을 마비시키는 것인지를 파악해서 이런 강점을 실제 세계에 적용할 수 있다면 얼마나 좋을까? 순기능을 유도하는 게임의 핵심적인 요소들을 파악하고, 이를 실제 현실 세계의 어려움에 적용한다면 우리의 개인적인 삶이 훨씬 행복하게 변할 것이며, 더 나아가서는 인류의 어려운 문제를 해결하는 데에도 큰 도움이 될 것이다. 제인 맥고니걸은 게임의 이런 놀라운 가능성을 파악하고 인류에 닥친 다양한 문제들을 해결할 수 있는 새롭고 참신한 방법들을 제시한다.

게임은 미래를 바꿀 수 있는 커다란 의미를 가지고 있는 훌륭한 도구다. 이런 훌륭한 도구를 이용해 선한 방향으로 우리의 행동을 유도하는 게임을 기획하고, 이것이 개인적인 삶과 전 세계 사람들을 조금이나마 행복한 방향으로 끌고 갈 수 있다면 어떨까?

우리나라에서도 세계와 경쟁하는 뛰어난 게임 기획자들이 많고, 만 20세가 될 때까지 1만 시간이라는 경이로운 시간을 게임에 투자하는 젊은 친구들도 많다. 이들은 게임이라는 분야에서는 이미 전문가의 경지에 오른 사람들이다. 게임이라는 그들의 가장 강력한 무기를 통해 이 암울한 현실의 문제들을 해결하고, 더 기막힌 아이디어로 사람들을 행복하게 할 수 있는 채비를 이미 갖춘 것이다.

이렇게 될 수만 있다면 오늘날 우리가 알고 있는 게임이라는 것에 대한 부정적인 선입견은 완전히 바뀔 수 있을 것이다. 게임이 바꿔 놓을 신세계에 대해 궁금한 모든 이들에게 이 책을 추천한다.

정지훈

IT융합전문가, 다음세대재단 이사

일 러 두 기

1 '열중하다'로 번역된 단어는 원문에서 'engage'로, 그 밖에도 '참여하다', '관여하다', '종사하다' 같은 뜻이 있다.

2 '소셜 네트워크'는 주로 인터넷의 소셜 네트워크를 뜻하지만 경우에 따라서는 '인맥'을 뜻하기도 한다.

3 '커뮤니티'는 좁게는 우리가 흔히 생각하는 온라인 커뮤니티, 넓게는 공동체를 뜻한다.

아무것도 할 일이 없을 때 바로 게임이 우리에게 할 일을 준다.

그래서 우리는 게임을 '오락'이라 하고 삶의 빈틈을 메우는 하찮은 수단으로 여긴다.

그러나 게임은 그보다 훨씬 큰 의미가 있다. 게임은 미래의 실마리다.

어쩌면 지금 진지하게 게임을 발전시키는 것이 우리의 유일한 구원책일지 모른다.

버나드 슈츠 Bernard Suits, 철학자

차 례

〈 1부 게임, 세상을 흔들다 〉

⟨ 2부 게임, 현실을 혁신시키다 ⟩

〈 3부 게임, 세상을 바꾸다 〉

게임 세계를 향한
인류 대이동이 시작되다

허리케인이 눈앞에서 몰아쳐 오는 것을 발견하면 누구든 다른 사람들에게 알려야 한다. 내 눈에는 지금 허리케인이 몰아쳐 오는 것이 보인다.

앞으로 한두 세대가 지나면서 수억 명에 이르는, 과거 어느 때보다 많은 사람이 가상 세계와 온라인 게임에 깊이 빠져들 것이다. 게임을 하는 동안에는 우리가 외부, 즉 '현실'에서 했던 일들이 더는 일어나지 않거나 설사 일어나더라도 전혀 다른 방식으로 일어난다. 한 사회에서 수백만 인시人時, person-hour(한 사람이 한 시간 동안 처리할 수 있는 평균 작업량-옮긴이)를 이끌어내려면 우리가 의식하지도 못할 정도의 자연스러운 사건을 만들어내야만 한다.

만일 한 세대 동안 그런 일이 일어난다면 지난날 자동차, 라디오, TV

의 발명으로 일어난 변화를 모두 합한 것보다 더 큰 사회적 지각 변동이 21세기에 일어나리라 본다. …… 이렇게 사람들이 집단적으로 현실 세계, 평범한 일상을 이탈하면서 지구온난화는 찻잔 속의 태풍이라고 해도 좋을 만큼 엄청난 변화가 일어날 것이다.

__에드워드 캐스트로노버Edward Castronova, 『**가상 세계로의 대이동**Exodus to the Virtual World』1

게이머들은 고달픈 현실에 질려버렸다.

일주일에 몇 시간, 또는 주말, 아니면 날마다 틈나는 대로 이들은 현실을 버리고 가상 세계와 온라인 게임을 찾는다. 어쩌면 이 책을 읽는 당신도 그런 게이머일 수 있다. 혹은 당신은 아니더라도 주위에는 지독한 게이머가 분명 한둘은 있을 것이다.

그렇다면 게이머들은 우리가 일반적으로 생각하듯 게임에 삶을 저당 잡힌 광적인 '폐인'일까?

그들은 퇴근 후 돌아와 「파이널 판타지Final Fantasy」와 「리니지Lineage」 같은 온라인 게임에 접속해 복잡한 레이드raid(강력한 적을 쓰러뜨리기 위한 집단 공격-옮긴이)와 퀘스트quest(롤플레잉 게임에서 하달 받는 임무-옮긴이)를 조용히 수행하는 평범한 직장인들이다. 거금을 들여 「락 밴드Rock Band」와 「기타 히어로Guitar Hero」 전용 악기를 장만해 비디오 게임계의 명연주자가 되고자 밤이면 밤마다 연습하는 음악 애호가이기도 하다.

또한 이들은 좋아하는 게임의 도전 과제를 완전히 익히고 해결하기 위해 '와우 위키^{WoW Wiki}'를 만들고 위키 게시물 25만여 개를 작성해 위키 백과 다음가는 위키로 성장시킨 「월드 오브 워크래프트^{World of Warcraft}(줄여서 '와우^{WoW}')」의 놀라운 팬들이다.

온라인 게임뿐만이 아니다. 어디든 휴대용 게임기를 가지고 다니면서 틈만 나면 퍼즐이나 레이스와 같은 미니 게임을 즐기는 「두뇌 트레이닝」과 「마리오 카트」의 플레이어들도 있다.

이처럼 소소한 게임을 즐기는 게이머도 있지만 다음의 사례처럼 다소 열광적인 게이머들도 있다. 「헤일로^{Halo}」에서 더 높은 복무 기록을 받기 위해 근무만 끝나면 일주일에 몇 시간이고 가상 전투 훈장 획득에 열을 올리는 해외 주둔 미군들이 바로 이 열광적인 게이머들 중의 하나다. 또 '마법의 칼' 같은 강력한 게임 아이템을 마련하려고 'QQ코인'이라는 가상 화폐를 과소비하는 바람에 현실 화폐인 위안화의 평가절하를 우려한 중국인민은행이 가상 화폐 사용에 개입하는 상황까지 초래한 중국 청소년들도 있다.[2]

다른 어떤 일보다 컴퓨터 게임과 비디오 게임에 가장 많은 시간을 할애하는 전 세계의 어린이와 청소년들을 찾는 것은 이제 흔한 일이 되었다.

일상에서 가볍게 게임을 즐기는 사람이든 열광적으로 게임을 즐기는 사람이든 게임에 빠져 있다고 해서 현실의 자기 생활을 완전히 거부하는 것은 아니다. 다들 자신의 일이나 학업, 가정 등과 같은 현실 생활에도 신경을 쓰며 적절한 균형을 유지하고 있다. 하지만 이들이 게임 세계에서 보내는 시간이 늘어날수록 '현실 세계'에서는 뭔가 불

만족스럽다는 느낌이 점점 강해지는 것은 부정할 수 없는 사실이다.

게이머들은 이제 궁금해지기 시작한다. 게임 세계에서는 전력을 다해 충실히 살고 있다는 느낌이 드는데 현실 세계에서는 대체 어디에서 그런 느낌을 찾을 수 있을까? 능력을 발휘해 동료와 함께 장대한 목표를 향해 나아간다는 느낌은? 복잡하고 어려운 과제를 달성했을 때 찾아오는 감격스러운 성취감은? 개인적인 성공과 더불어 팀에서 함께 목표를 달성했을 때 느끼는 벅찬 감동은? 물론 현실에서도 이따금 그 같은 즐거움을 경험하긴 한다. 그러나 좋아하는 게임을 할 때는 그야말로 그칠 줄을 모르고 계속된다.

현실 세계에서는 세심하게 디자인된 쾌락이나 짜릿한 도전, 강력한 결속감을 가상 세계만큼 쉬이 누릴 수가 없다. 또 가상 세계만큼 의욕이 생기지도 않는다. 현실은 우리가 가진 잠재력을 극대화하도록 만들어지지 않았기 때문이다. 애당초 현실이 설계될 때부터 우리의 행복과는 아무런 상관이 없었다.

그러니 게이머들의 커뮤니티에 다음과 같은 인식이 싹트는 것은 어쩌면 당연한 일일지도 모른다. "게임과 비교한다면 현실은 망가져 있다."

이는 단순한 인식에 그치는 것이 아니라 하나의 현상으로 자리 잡았다. 경제학자 에드워드 캐스트로노버는 이를 게임 공간으로의 '대이동Exodus'이라고 명명했다. 다음의 수치를 보면 대이동은 이미 일어나고 있음을 알 수 있다. 전 세계에서 수억 명에 달하는 사람들이 점점 더 많은 시간을 현실 외의 공간에서 보내고 있다. 미국만 해도 '적극적 게이머'(설문 조사에서 '정기적'으로 컴퓨터나 비디오 게임을 즐긴다고 응답한 사람들로, 평균 플레이 시간은 일주일에 13시간)가 1억 8,300만 명이다.[3] 전 세계적으로 보면 게임기와 컴퓨터, 휴대전화의 게임을 통틀어 온라인 게이머가 중동 400만 명, 러시아 1,000만 명, 인도 1억 500만 명, 베트남 1,000만 명, 멕시코 1,000만 명, 중남미 1,300만 명, 호주 1,500만 명, 한국 1,700만 명, 유럽 1억 명, 중국 2억 명 이상이다.[4]

대부분은 플레이 시간이 하루 한두 시간 정도에 그치지만 중국은 일주일 동안 게임에 소비하는 시간이 평균 아르바이트 시간인 22시간을 웃도는 사람이 600만 이상이다.[5] 영국, 프랑스, 독일도 일주일에 20시간 이상 게임을 하는 '하드코어' 게이머가 3국을 합쳐 1,000만이 넘는다.[6] 하지만 누구도 따라올 수 없는 이들이 있으니 바로 일주일에 평균 45시간을 플레이하는 미국의 '광적인' 게이머들로 그 수는 500만을 상회한다.[7]

이들 덕분에 디지털 게임 산업이 크게 성장해 2012년이면 컴퓨터, 휴대전화, 가정용 게임기를 통틀어 게임 시장의 연간 매출이 680억 달러에 이를 전망이다.[8] 집단의 지성과 감성, 관심을 거대한 가상 저장고에 비축하고 현실 세계가 아닌 게임 세계에 쏟아부을 수 있는 환경도 조성되고 있다.

게임에 소비되는 시간과 돈이 지속적으로 늘어가는 현상에 대해 학부모나 교사, 정치인 같은 사람들은 경계에 나서고 있다. 반대로 게임에 대한 열풍으로 막대한 수익을 올릴 수 있다고 전망하는 각종 기술 산업 종사자들도 있다. 또 한편 이 같은 현상에 그저 당혹감을 느낄 뿐인, 게임에 전혀 관심이 없는 이들도 있다. 그 수가 급속히 줄어들고 있긴 하지만 여전히 미국 인구의 절반을 차지한다. 이들 중 아직도 많은 사람이 게임은 시간 낭비일 뿐이라고 생각한다.

우리가 이런 식으로 가치 판단을 하고, 게임의 중독성을 놓고 윤리적인 논쟁을 벌이며, 산업을 성장시켜보겠다고 득달같이 달려들고 있긴 하지만, 그 와중에 정작 가장 중요한 논점은 뒷전으로 밀려나 있다. 노소를 불문하고 전 세계에서 그토록 많은 사람이, 그토록 많은 시간을 게임 세계에서 보내고 있다는 사실 자체가 그 속에 담긴 중대한 의미와 진실을 알아차리라는 신호다.

그 중요한 의미란 바로 현대 사회의 현실이 충족시키지 못하는 '인간의 진정한 욕망'을 컴퓨터와 비디오 게임이 충족시킨다는 것이다. 게임은 현실이 주지 않는 보상을 주며 현실과 다른 방식으로 배우고, 느끼고, 움직이게 한다. 또한 현실과 다른 방식으로 우리를 하나로 묶는다.

그 결과 게임 세계로의 대이동은 일어나고 있다. 이를 뒤집을 극적인 변화가 일어나지 않는 한 세계 인구의 상당수가 게임에 가장 큰 노력을 기울이고, 게임 환경에서 가장 좋은 추억을 만들며, 게임 세계에서 가장 큰 성공의 기쁨을 경험하는 사회로 빠르게 변할 것이다.

게임을 즐겨하지 않는 사람이라면 이 같은 전망이 SF소설에나 나올 법한 말도 안 되는 이야기라고 할 수도 있다. 진정 문명의 큰 조각이 게임 세계 속으로 사라지고 있는 것일까? 인류의 대다수가 삶에서 중요한 여러 가지 욕망을 게임으로 채우는 시대가 빠른 속도로 도래

하고 있는 걸까?

사람들이 현실에서 벗어나 게임의 세계로 대거 이동하는 현상은 유사 이래로 처음 벌어진 일은 아니다. 고대 그리스의 역사가인 헤로도토스가 페르시아 전쟁을 주제로 3,000년 전의 이야기까지 모아 집필한 『역사Histories』는 인류의 게임 역사를 처음으로 기록한 책이기도 하다. 이 책에도 동일한 시나리오가 등장한다.

가장 오래된 게임은 고대의 계산 게임인 '만칼라Mancala'로 알려져 있는데, 기원전 15세기부터 11세기까지 이집트 제국에서 즐겼다는 사료가 있다. 헤로도토스 이전에는 이러한 게임의 기원이나 문화적 기능을 기록할 생각을 아무도 하지 못했다. 그리고 우리는 헤로도토스의 고대 문헌을 통해 현재 일어나고 있는 일과 앞으로 일어날 일에 관한 많은 것을 배울 수 있다.

과거의 관점에서 미래를 본다는 것이 선뜻 이해가 안 될 수도 있다. 하지만 나는 '미래 연구소Institute for the Future(캘리포니아주에 소재한 비영리 연구소로 세계에서 가장 오래된 미래 예측 기관)' 연구국장으로 일하면서 중대한 사실을 깨달았다. 앞을 내다보는 능력을 기르려면 뒤를 돌아봐야 한다는 것이다. 기술이나 문화, 풍토는 시간이 지나면 변할지라도 인간의 기본적인 욕망, 이를테면 생존에 대한 의지나 가족을 보호하는 마음, 행복하고 의미 있는 삶을 살고자 하는 바람 등은 절대 변하지 않는다. 그래서 미래 연구소 사람들은 이렇게 말한다. "미래를 이해하고 싶으면 앞을 내다보는 것보다 적어도 2배는 더 멀리 뒤를 돌아봐야 한다."

참 다행스럽게도 게임과 관련해서는 그보다 더 멀리까지 뒤돌아볼 수 있다. 게임은 이미 수천 년 전부터 인간 문명의 핵심 요소였기 때문이다.

다음은 『역사』 1권에서 발췌한 내용이다.

약 3,000년 전, 아티스 왕이 소아시아의 리디아 왕국을 다스리던 때에 혹독한 기근이 그 땅을 덮쳤다. 백성은 풍요로운 시절이 다시 오리란 기대로 한동안 어떤 원망도 없이 운명을 받아들였다. 하지만 상황이 나아질 기미가 보이지 않자 기이한 해결책을 생각해냈다. 그들이 굶주림을 견디고자 세운 방책은 하루 동안 식욕을 완전히 잊을 만큼 놀이에 몰입하고 …… 이튿날은 음식을 먹고 놀이를 삼가는 것이었다. 이로써 리디아 사람들은 18년이란 시간을 배고픔으로부터 버텼고, 그러는 동안 주사위놀이, 공기놀이, 공놀이 등 우리가 잘 아는 온갖 놀이를 만들어냈다.[9]

양의 돌기 뼈로 만든 고대 주사위가 최첨단 디지털 게임의 미래와 무슨 관련이 있을까? 헤로도토스는 우리가 알고 있는 이 '역사'를 만들어내는 일이 구체적인 경험 자료를 통해 도덕적 문제와 그 진실을 밝히는 것이라고 했다. 단순한 놀이로 18년 동안 기근을 버텼다는 이야기가 사실이든 일부 현대 역사가들의 주장처럼 허구이든 간에 그 속에 담긴 도덕적 진실에서 우리는 게임의 본질과 관련된 중요한 점을 엿볼 수 있다.

우리는 흔히 게임에 몰입하는 것을 '현실 도피', 즉 소극적으로 현실에서 벗어나는 행위로 여긴다. 하지만 헤로도토스의 『역사』를 보면 게임은 '의도적' 도피, 현명하고 적극적인 도피, 더 나아가 대단히 유익한 도피 행위가 될 수 있음을 알 수 있다. 리디아 사람들은 거의 온종일 어울려 놀면서 어려운 환경에 적응했다. 게임이 고된 삶을 견딜 수 있게 한 것이다. 게임이 있었기 때문에 굶주린 사람들이 무력한 상황에서도 기운을 잃지 않았고, 어지러운 환경에서도 질서를 무너뜨리지 않았다. 게임 덕분에 도무지 사람이 살지 못할 것 같은 척박한 환경에서도 살 길이 생긴 것이다.

최첨단의 기술 시대를 살고 있는 현대인이라고 해서 고대 리디아 사람들과 다르지 않다. 오늘날 많은 사람이 원초적인 '굶주림'에 허덕이고 있다. 우리가 갈구하는 것은 단순한 배고픔이 아니라 우리를 둘러싼 세상에서 더욱 많은 일에, 더욱 열중할 수 있기를 간절히 바라는 높은 차원의 욕구다.

이미 많은 게이머가 고대 리디아 사람들처럼 게임의 몰입성을 이용해 굶주림, 좀 더 구체적으로 말하자면 더욱 만족스러운 일에 대한 굶주림, 더욱 강력한 결속감에 대한 굶주림, 더욱 의욕 넘치고 의미 있는 삶에 대한 굶주림을 잊는 방법을 알아냈다.

현재 인류는 일주일에 총 30억 시간 이상을 게임으로 보낸다. 우리는 굶주렸고, 그 허기를 게임으로 채운다.

인류는 지금 중대한 전환점에 서 있다. 계속 게임으로 허기를 채우는 일을 반복하며 같은 길을 갈 수도 있다. 그렇게 되면 게임업계는 지금보다 더 거대하고 정교하며 더욱 몰입성이 강한 가상 세계를 만들어낼 테고, 가상 세계가 현실의 대안으로서 점점 더 강력하게 사람들의 마음을 사로잡을 것이다.

이 길을 계속 간다면 현실 세계의 이탈 현상은 지속될 것이다. 사실 이미 많은 사람이 고대 리디아인처럼 하루 중 절반을 게임으로 보내는 세계로 성큼성큼 나아가고 있다. 현실에서 일어나고 있는 온갖 문제들을 생각해본다면 앞으로 수십 년을 리디아인처럼 보내는 것이 정말로 나쁜 선택일까?

반대로 현 추세를 뒤집을 수도 있다. 게이머의 현실 탈출구를 봉쇄하는 것이다. 게임을 부정적으로 여기는 문화를 조성해 게이머들이 현실에서 더 많은 시간을 보내게 하거나, 아이들이 게임에 접근할 수 없도록 하면 된다. 아니면 이미 미국에서 몇몇 정치인이 제안한 대로 엄청난 세금을 매겨 일반인들이 게임에 접근조차 못하게 하는 방법도 있다.[10]

솔직히 둘 중 어느 쪽도 내가 꿈꾸는 미래는 아니다. 왜 게임을 단순히 현실 도피적 오락으로 치부하거나 강제로 진압해 이 강력한 힘을 낭비하려 할까?

제3의 아이디어를 낼 수도 있다. 게임과 현실의 양자택일이 아니라 전혀 다른 방안을 모색한다면 어떨까? 게임 디자인에 관한 지식을 모두 활용해 현실의 문제점을 고치기로 한다면? 게이머처럼 현실의 삶을 살고, 게임 디자이너처럼 현실의 사업과 공동체를 이끌며, 컴퓨터·비디오 게임 이론가처럼 현실 세계의 문제를 해결하고자 한다면?

가까운 미래에 현실 세계의 거의 모든 부분이 게임처럼 작동한다고 생각해보라. 그런 미래가 실현 가능하기나 한가? 실현된다면 정말 우리가 더 행복해질까? 그리고 세상이 더 나아질까?

이런 긍정적인 미래가 그저 가설에만 그치는 것은 아니다. 나는 이를 매우 현실적인 과제로 보고, 그 변화를 일으키는 데 실질적 도움을 줄 수 있는 사람들, 바로 게임 제작을 본업으로 하는 사람들과 이야기를 나누었다. 그리고 내가 내린 결론은 게임을 만들 줄 아는 사람들이 현실 개선 작업을 시작해서 최대한 많은 사람이 혜택을 누리게 해야 한다는 것이다.

그렇다고 처음부터 이 사명에 확신이 있었던 것은 아니다. 무려 10년에 걸쳐 게임에 대해 연구하면서 다양한 게임 프로젝트들을 수행한 끝에 비로소 이 지점에 이르렀다.

나는 2001년에 게임 디자인 업계의 변방이라고 할 수 있는 소규모 벤처기업과 실험적인 디자인 연구소에서 일하며 디자이너 경력을 시작했다. 대개는 보수를 받지 않고 컴퓨터와 휴대전화용 저예산 퍼즐 게임과 미션을 디자인했다. 내 손을 거친 게임을 수백 명, 어쩌다 운이 좋으면 수천 명이 즐기는 것을 보면서 보람을 느꼈다. 그리고 플레이어들을 최대한 면밀하게 연구했다. 어떻게 게임을 하는지 지켜보고 이것저것 물어봤다. 이 과정을 통해 게임이 강력한 힘을 발휘하는 이유를 이해하기 시작했다.

디자이너 초기에 나는 UC버클리에서 퍼포먼스학performance studies

박사 과정을 밟는 '굶주린' 대학원생이었다. 컴퓨터·비디오 게임을 연구하기는 처음이라 부족한 부분이 있을 때마다 심리학, 인지과학, 사회학, 경제학, 정치학, 퍼포먼스학의 연구 성과를 취합해 좋은 게임의 작동 원리를 정확히 밝히려고 애썼다. 주된 관심사는 어떻게 게임으로 인간의 일상적 사고와 행동 양식이 변화하는가 하는 문제였는데, 당시만 해도 여기에 관심을 보이는 연구자는 극소수에 불과했다.

박사 논문에서는 게임의 힘으로 정부, 건강보험, 교육, 전통 미디어, 마케팅, 기업, 더 나아가 세계 평화에 이르기까지 모든 것을 재창조하는 방법을 제시하기에 이르렀다. 그러자 세계은행, 미국심장학회, 미 국립과학원, 미 국방부, 맥도날드, 인텔, 공영방송조합, 국제올림픽위원회 등 굵직굵직한 기업과 조직에서 게임 디자인을 혁신 전략으로 도입할 수 있게 도와달라는 요청이 들어오기 시작했다. 나는 이 책에서 위의 조직들과 손잡고 만든 여러 게임을 소개하고, 더 나아가 디자인 동기와 전략을 최초로 공개할 예정이다.

이 책을 쓰기로 마음먹은 것은 2008년 게임 개발자 콘퍼런스Game Developers Conference에 참석하고 난 후이다. 당시 '고함rant' 세션의 발표자로 초빙되었는데, 업계에 경각심을 불러일으키는 다소 강력한 발언을 하는 자리로 콘퍼런스에서 가장 인기 있는 세션이다. 그해에는 세계 최고 게임 디자이너와 개발자 천여 명이 몰려들어 발표장이 발 디딜 틈도 없을 만큼 붐볐다. 나는 그들 앞에서 이 책과 똑같은 주장을 펼쳤다. "현실은 망가져 있습니다. 이제 우리는 게임으로 현실을 고쳐 나가야 합니다."

발언을 마치자 박수와 환호가 그칠 줄 몰랐고 모두 열광적인 반응을 보였다. 이후 당시 내 발표에 관해 듣거나 온라인에서 자료를 읽었다며 힘을 보태고 싶다는 메일을 날마다 받았다. 그중에는 이제 막 업계에 발을 들여놔 무엇을 어떻게 해야 하는지 모르는 사람도 있고, 반대로 업계 선도자의 위치에서 게임의 발전 방향을 유익한 쪽으로 돌리고 싶어 하는 사람도 있었다. 거의 하룻밤 사이에 벤처기업들이 생기고 자금이 조성됐다. 그 덕분에 지금은 현실을 개선한다는 원대한 목표로 수백 개의 게임이 개발되고 있다.

2009년에는 다시 게임 개발자 콘퍼런스에 초청받아 게임 개발자들이 지금과 같은 현실을 재창조하려면 어떻게 해야 하는지를 주제로 기조연설을 했다. 이번에는 '개인과 사회의 변화를 추구하는 게임', '긍정적 영향을 끼치는 게임', '사회 현실 게임social reality game', '기능성 게임serious game', '전 지구적 차원의 게임 활용법'을 주제로 한 세션들이 가장 인기 있었는데 이는 당연한 일이었다. 이렇게 게임의 힘을 올바르게 사용하려는 움직임이 이미 시작됐다는 증거였다. 문득 앞으로 25년 안에 게임 개발자가 노벨 평화상을 받는 일이 막연한 꿈은 아니라는 생각이 들었다.

게임 개발자들이 놀라운 세계의 변화를 위해 작업을 시작한 것을 보면 고대 게임의 역사를 21세기에 맞게 고쳐 쓸 수도 있다는 생각이 든다.

약 2,500년 전에 헤로도토스는 과거를 돌아보고 그리스인들이 고통을 잊기 위해 즐겼던 초기의 게임들을 살펴보았다. 그가 발견한 게임들은 거대한 체계가 있었고, 수많은 사람을 묶어주고 문명 전체를 강건하게 할 목적으로 고안된 것이었다. 그리고 무엇보다도 게임을 사회적 위기를 극복할 수 있는 창의적이며 효과적인 대안으로 본 것이다. 견딜 수 없는 굶주림의 실질적인 해결책으로 만들어진 것이 바로 '게임'이라고 그는 설명한다.

오늘을 살고 있는 나 역시 다시 한번 그리스의 그 시절처럼 세계에 존재하는 여러 가지 고통을 극복하고 삶의 질을 향상시켜 진정한 행복을 곳곳에 널리 퍼뜨리는 수단으로 게임을 디자인하는 미래가 보인다. 헤로도토스처럼 내가 보는 미래의 멀티플레이 게임 디자인의 취지 역시 사회를 더 나은 방향으로 개편하고 기적 같은 일을 이루는 것이다. 그가 게임으로 인간의 강력한 생존 본능을 활용할 수 있다고 본 것처럼 나도 게임이 플레이어에게 진화적 이점을 준다고 믿는다. 그리고 현실 세계에서 쉽게 채울 수 없었던 결핍된 부분들을 게임의 가상 세계에서는 충족시켜준다. 도전과 보상에 대한 굶주림, 창조와 성공에 대한 굶주림, 사교와 소속감에 대한 굶주림을 게임에서는 해결해준다. 그뿐만 아니라 우리가 주변 세상과 더 끈끈한 관계를 맺고, 세상에 더 크게 기여할 수 있도록 돕고 독려함으로써 집중에 대한 허기 역시 채워준다고 굳게 믿는다.

현대의 컴퓨터와 비디오 게임의 역사는 게임 디자이너가 더 많은 사람의 마음을 사로잡아 그들의 에너지와 관심을 게임으로 이끌면서 단번에 사회 내 자신의 입지를 공고히 한 일종의 성공 스토리라고 할 수 있다. 게임 디자이너는 인류 역사상 그 어떤 놀이 기획자보다도 자신의 힘을 능수능란하게 쓸 줄 안다. 그 기술과 전술을 연마한 지 벌써 30년째가 된 지금, 점점 더 많은 사람이 컴퓨터와 비디오 게임에 매료되어 더 오랜 시간을 게임에 열중한다.

그러나 사실 대부분의 사람들은 무엇 때문에 이렇게 많은 사람들이 게임에 몰입하는지, 그렇다면 앞으로 게임은 어떤 방향으로 나아가야 하는지에 대해 전혀 관심이 없다. 관심이 없으니 게임에 관한 책은 거들떠보지도 않는다. 게임에 대해 이미 잘 알고 있다고 생각하기 때문이다. 이들에게 게임은 그저 시간 낭비와 현실 도피의 수단이요, 도태의 지름길일 뿐이다.

하지만 이런 식으로 게임을 저평가하는 사람이야말로 머잖아 사회에서 도태되고 말 것이다. 한낱 시간 때우기에 불과한 게임에 시간과 관심을 기울이는 것은 불필요한 일이라고 생각하는 사람은 절대로 공동체나 사업, 심지어 자신의 인생에서 '게임의 힘'을 활용하는 방법을 배울 수 없다. 이들은 미래에 대한 대비책에 전혀 관심이 없으니 새로운 경험을 쌓아가거나 현실을 개선할 절호의 기회를 놓칠 수밖에 없는 것이다.

다행히 갈수록 게이머와 비게이머 사이의 간극은 줄어드는 추세를 보인다. 세계 최대 게임 시장인 미국을 보면 이미 많은 사람들이 게임을 즐기고 있다. 이 분야에서 가장 공신력 있는 시장 조사 보고서인 엔터테인먼트 소프트웨어 협회Entertainment Software Association의 연례 게이머 조사 보고서에서 관련된 통계 몇 가지를 다음에 옮겨보았다.

- 가장家長의 69퍼센트가 컴퓨터·비디오 게임을 즐긴다.
- 젊은 층의 97퍼센트가 컴퓨터·비디오 게임을 즐긴다.
- 게이머의 40퍼센트가 여성이다.
- 게이머 4명 중 1명이 50세 이상이다.
- 게이머의 평균 연령은 35세로 평균 12년간 게임을 즐겼다.
- 대부분의 게이머들은 앞으로도 계속 게임을 할 생각이다.[11]

한편 2009년에 과학 학술지《사이버 심리학, 행동, 소셜 네트워킹Cyberpsychology, Behavior, and Social Networking》에 실린 글을 보면 최고경영자CEO와 최고재무관리자CFO 등 기업 간부를 대상으로 한 설문조사에서 응답자 중 61퍼센트가 날마다 직장에서 게임으로 머리를 식힌다고 대답했다.[12]

이 수치를 보면 게임을 즐기는 문화가 앞으로 얼마나 빨리 자리를 잡을지 예측할 수 있다. 그리고 오스트리아, 브라질, 아랍에미리트, 말레이시아, 멕시코, 뉴질랜드, 남아프리카 등 각 대륙의 동향을 보면 지역적, 문화적 특성을 띤 게임 시장이 계속해서 성장하고 있음을 알 수 있다. 앞으로 10년 동안 이러한 신흥 시장이 오늘날 한국, 미국, 일본, 영국 같은 선도 시장을 완전히 따라잡지는 못하더라도 점점 닮아가긴 할 것이다.

2008년, 게임 전문 기자인 롭 페이Rob Fahey가 다음과 같은 말을 해 화제가 되었다. "머잖아 모든 사람이 게이머가 될 것이다. 이것은 절대 피할 수 없는 현실이다."[13]

게임 인구가 점점 늘어나는 현상을 이제는 진지하게 받아들여야 할 때가 되었다. 우리가 사는 세상은 이미 게임과 게이머로 가득 차 있다. 그러므로 이제 어떤 게임을 함께 만들지, 어떤 방식으로 게임을 함께 즐길지를 논의하고 결정해야 한다. 게임이 현실 사회와 생활에 어떤 영향을 줄 수 있는지 뚜렷한 계획을 가지고 결정해야 한다. 이 과정이 진행되기 위해서는 결정을 내리고 계획을 다듬는 명확한 체계와 기준이 있어야 한다. 나는 이 책이 그러한 체계가 되길 바란다. 이 책을 읽게 될 독자는 현재의 열렬한 게이머와 함께 언젠가는 게이머가 될 사람들도 포함한다. 다시 말해 전 지구인이 독자가 되는 것이다. 이 책을 통해 게임이 어떻게 작동하고, 인간은 왜 그렇게 게임에 한없이 매료되며, 게임이 현실에서 어떤 도움을 줄 수 있는지 깨달았으면 한다.

책을 읽고 있는 당신이 만일 게이머라면, 그동안 게임에 너무 많은 시간을 허비했다는 생각을 극복할 때다. 당신은 절대 시간을 허비한 것이 아니라 자신의 참모습을 깨달을 수 있는 가상 경험을 풍부하게 쌓은 것이다. 이 경험을 통해 자신의 강점이 무엇이고, 어떤 동기가 의욕을 북돋우며, 자신이 무엇을 할 때 가장 즐거운지 알 수 있다.

이 책은 그동안 게임 연구를 하면서 개발한, 세상을 바꾸는 사고방식, 조직 방식, 행동 방식 또한 담고 있다. 여기서 제시한 새로운 방식들을 활용한다면 현실 세계를 개선할 기회가 이미 많다는 사실을 알게 될 것이다.

반면 당신이 아직 게임을 많이 해보지 않은 사람이라면, 이 책이

21세기의 가장 중요한 매체를 적극적으로 활용할 수 있게 도와줄 것이다. 마지막 장을 덮을 때면 현재 우리가 즐길 수 있는 중요한 게임들에 정통해지고, 앞으로 우리가 만들고 즐길 중요한 게임들을 그려보는 혜안을 가질 수 있을 것이다.

만일 당신이 전혀 게임을 하지 않는 사람이라면, 앞으로도 비디오 게임을 할 가능성이 전혀 없을 수도 있다. 그러나 이 책을 읽으면 게임을 하는 사람들의 심리를 더 잘 이해할 수 있을 것이다. 그리고 게임을 만들기는커녕 즐길 일조차 없더라도 좋은 게임이 어떻게 작동하는지, 그리고 좋은 게임으로 어떻게 현실 세계의 문제를 해결할 수 있는지 정확히 이해한다면 개인적인 삶에 큰 도움이 되리라 본다.

게임 개발자들은 게이머들로 하여금 끈질긴 노력을 이끌어내는 방법이나 그 눈물겨운 노력에 보상하는 방법을 누구보다 잘 알고 있다. 이전에는 상상도 못할 엄청난 규모의 사람들이 모여 협업하는 방법 역시도 마찬가지다. 이러한 21세기의 필수적인 기술에 힘입어 우리는 세상에 지속적이고 큰 영향을 끼치는 방법을 착안해낼 수 있다.

게임 디자인은 단순히 기술을 다루는 일이 아니라 21세기형 사고와 통솔 방식이다. 게임 역시 단순한 오락에 그치는 것이 아니라 현실을 변화시키는 21세기형 협력 방식이다.

앙투안 드 생텍쥐페리Antoine de Saint Exupéry는 이렇게 썼다. "미래는 보는 것이 아니라 만드는 것이다." 21세기에는 게임이 미래를 만드는 기틀이 될 것이다.

내가 만들고자 하는 미래를 구체적으로 그려본다. 게이머들에게 더욱 근사하고 강한 몰입성을 자랑하는 현실의 대체재를 제공할 생각은 없다. 그보다는 우리가 모두 책임감을 가지고 더욱 강력하게 몰입할 수 있는 현실을 제공하기를 원한다. 나는 모든 사람이 게임을 통해 현실에서의 문제를 해결하고 행복을 느낄 수 있음을 깨닫고, 이러한 의미 있는 일들을 경험하게 만드는 게임을 즐기기를 원한다. 모든 사람이 현실에서 게임을 발판 삼아 변화를 경험하고 업무를 효과적으로 처리할 수 있음을 알고 게임 디자인과 개발 방법에 대해 알아가기를 원한다. 그리고 지금, 현실에 산재한 문제와 갈등을 다루고 현실의 삶을 개선하려는 게임이 개발되고 있는 만큼 가정이나 학교, 기업과 산업 전반, 도시와 국가, 더 나아가 온 세상이 다함께 이처럼 유의미한 게임을 즐길 수 있기를 바란다.

게임 개발자들은 그동안 인간의 경험을 최적화하고 협력 커뮤니티를 조직하는 방법을 계속 연구했다. 이 방법을 현실 생활에 적용하면 게임 덕분에 설레는 마음으로 눈을 뜨고 하루를 시작하는 날이 오리라 본다.

게임 덕분에 업무 스트레스가 줄고 일에 대한 만족도가 극적으로 향상될 것이다. 게임으로 교육 제도가 개선될 것이며 게임을 통해 우울증, 비만, 불안장애, 주의력결핍장애 등이 치료될 것이다. 게임 덕분에 노년층이 사회에서 더 많은 활동에 의욕적으로 참여하고 더 큰 사회적 소속감을 느낄 수 있을 것이다. 게임에 힘입어 참여 민주주의가 발전할 것이다. 또한 게임으로 기후 변화와 빈곤 같은 세계적 문제에

34

맞서게 될 것이다. 요컨대 게임을 통해 행복, 회복, 창조와 관련된 인간의 핵심적인 능력이 증대되고 세상에 의미 있는 변화를 일으킬 힘이 생기리라 본다. 앞으로 살펴볼 테지만 사실 이미 그 같은 게임들이 세상에 모습을 드러내고 있다.

위에서 그린 미래는 충분한 가치를 지니며 실현 가능성도 있다. 하지만 이를 실현하려면 몇 가지 조건이 충족되어야 한다.

일단 세계 인구의 절반이 게임의 이로움을 누리지 못하는 일이 없도록 그동안 게임을 부정적인 시선으로 보는 해묵은 문화적 편견을 깨야 한다.

그리고 게임 연구자, 디자이너, 개발자가 공학자, 건축가, 정책 입안자, 각계각층의 고위 인사와 협력해 게임의 힘을 충분히 활용할 수 있도록 복합 산업을 일으키고 종래와 다른 협력 관계를 구축해야 한다. 또한 무엇보다 우리 모두 현실을 변화시키고 그런 미래를 실현하는 일에 적극적으로 참여할 수 있도록 게임 역량을 길러야 한다.

이것이 바로 이 책의 가장 중요한 목표이다. 이 책으로 더욱 즐거운 삶을 살고, 어려운 문제를 해결하며, 다른 사람들과 협업해 세상을 변화시키는 능력이 길러질 것이다.

1부에서는 일류 게임 디자이너와 게임 연구자들의 머릿속을 들여다본다. 큰 성공을 거둔 게임들이 게임을 하는 사람들에게 정확히 어떤 감정을 유발하도록 치밀하게 디자인됐는지, 어떻게 하면 그 감정이 현실의 생활과 관계에 흘러들어 긍정적이고 놀라운 변화를 일으키게 할 수 있는지 알아볼 것이다.

2부에서는 대체 현실 게임alternate reality game의 세계를 들여다본다. 대체 현실 게임은 새로운 소프트웨어와 서비스, 그리고 사용 경험을 통해 현실에서도 게임을 즐길 때처럼 행복과 성취감을 느낄 수 있게 하는 게임으로, 빠른 성장세를 보이고 있다. 대체 현실 게임에 관해 한 번도 들어본 적이 없다면 이미 수많은 사람이 그 게임을 만들고 즐기고 있다는 사실이 다소 충격적으로 다가올 것이다. 수많은 기업과 디자이너가 첨단 게임 디자인과 기술로 일상생활을 개선하기 위해 지금도 전력투구하고 있다. 이미 대체 현실 게임의 유용성을 직접 경험한 게이머도 수백만에 달한다. 여기서는 대체 현실 게임이 가정과 학교, 일터에서 어떻게 삶의 질을 향상하고 있는지 알아본다.

끝으로 3부에서는 미래에 대해 들여다본다. 평범한 사람들이 암 치료나 기후 변화 방지, 평화 확산, 빈곤 문제와 같은 긴급한 세계적 과제에 기여할 수 있도록 디자인된 게임 열 가지를 살펴본다. 이로써 새로운 참여 기반과 협력 환경을 통해 누구나 그저 게임을 하는 것만으로 더 나은 미래를 만드는 데 기여할 수 있다는 사실을 알게 될 것이다.

결국엔 게임의 잠재력을 인지하고 게임으로 행복을 가꾸고 현실을 바꿀 수 있다고 믿는 사람들이 미래를 책임질 것이라고 생각한다. 이 책을 읽고 나면 바로 당신이 좋은 게임의 원리에 통달한 전문가가 될 것이다. 그 지식을 기반으로 언제, 어떤 게임을 즐길지를 현명하게 판단할 수 있다. 더 나아가 마음만 먹으면 자신만의 새로운 게임을 개발할 수도 있다. 그러면 자신과 가족을 위해, 학교와 기업과 지역 사회 등 소중한 공동체를 위해, 큰 뜻을 위해, 산업 전체를 위해, 아니면 완전히 새로운 운동을 위해 강력한 대체 현실을 만들 수 있으리라 기대해본다.

우리는 어떤 게임이든 원하는 대로 즐길 수 있고 어떤 미래든 상상하는 대로 만들어낼 수 있다.

바로 지금 게임을 시작하자.

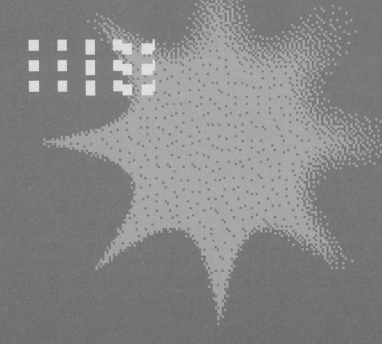

인류가 계속 진화하려면 어떤 식으로든
인생을 더욱 알차게 즐기는 방법을 터득해야 한다.

__미하이 칙센트미하이Mihály Csíkszentmihályi

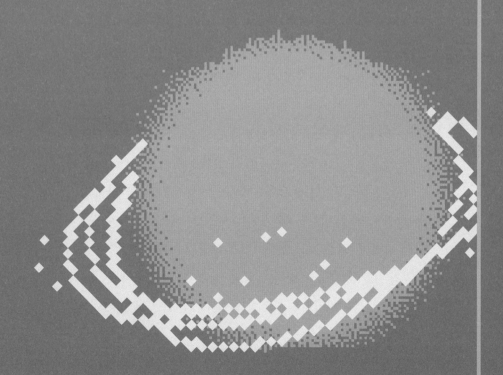

1부

게임,
세상을 흔들다

01

게임이로소이다
....

오늘날 거의 모든 사람이 게임을 곱지 않은 시선으로 본다. 그 게임을 즐기는 게이머라고 예외는 아니다. 이러한 편견이 우리 문화와 언어에 배어 일상에서 '게임'과 '플레이어'라는 말을 쓸 때도 고스란히 드러난다.

자신의 야망을 위해 타인을 이용하는 사람을 가리켜 흔히 '플레이어 Player'라고 한다. 플레이어는 신뢰할 만한 사람이 아니다. 플레이어에게 흔히 "나랑 게임할 생각하지 마 Don't play games with me."와 같은 경고를 하기도 한다. 아무도 남의 꾀에 농락당하고 싶어 하지 않는다. 그런가 하면 이 같은 말도 한다. "이건 게임이 아니야 This isn't a game!" 누군가가 무모한 행동을 하거나 상황을 심각하게 인식하지 않을 때 타이르는 말이다. 여기에는 게임이 현실에 부적합한 행동 양식을 조장하고 강화한다는 인식이 담겨 있다.

관심을 좀 더 기울이면 우리가 게임을 얼마나 불신하는지 알 수 있다. 이 같은 은유적 표현은 견고하게 설계된 게임의 효용을 정확히 반영하지 못한 채 그저 게임에 대한 극심한 혐오감만 내포할 뿐이다. 사실 우리가 두려워하는 것은 게임 자체가 아니라 게임과 현실의 경계가 허물어지는 것이다.

게임으로 현실을 고치려면 이 두려움을 극복해야 한다. 진정한 게임이 어떻게 작동하는지, 사람들이 동일한 게임을 '함께' 플레이할 때 어떻게 행동하고 교류하는지에 초점을 맞춰야 한다.

먼저 제대로 된 '게임'의 정의를 살펴보자.

게임의 4가지 특징

최근의 게임은 역사상 그 어느 때보다 형태, 플랫폼, 장르가 다양하다. 혼자서나 둘이서 혹은 여럿이서 게임을 즐길 수 있으며 그 기기들도 다양하다.

5초짜리 미니 게임, 10분짜리 캐주얼 게임이 있는가 하면 8시간 분량의 액션 게임, 1년 365일 하루 24시간 끊임없이 돌아가는 롤플레잉 게임도 있다. 스토리 위주의 게임도 있고 아예 스토리가 없는 게임도 있다. 점수가 있는 게임도 있고 없는 게임도 있다. 어떤 게임은 주로 두뇌를 자극하고 어떤 게임은 신체를 자극하며 두 가지를 조합하는 방식도 다양하다.

이렇게 종류가 다양한 만큼 그 방식도 복잡할 것 같지만 막상 플레이를 하면 게임을 직관적으로 인식하게 된다. 게임이 아주 특이한 방식으로 경험을 조직하기 때문이다.

장르의 차이와 복잡한 기술들을 제외하면 모든 게임에는 '목표goal', '규칙rule', '피드백 시스템feedback system', '자발적 참여voluntary participation'라는 4가지 본질적 특징이 있다.

목표는 플레이어가 성취해야 하는 구체적 결과다. 플레이어가 주의를 집중해 게임을 헤쳐 나갈 수 있도록 방향을 제시한다. 즉, 목적의식을 제공하는 것이다.

규칙은 플레이어가 쉽게 목표를 이루지 못하도록 제약을 만든다. 확실한 목표 달성 방법을 없애거나 제한하여 미지의 공간을 탐험하도록 유도하는 것이다. 이로써 창의력이 발휘되고 전략적 사고가 활발히 일어난다.

피드백 시스템은 플레이어가 목표에 얼마나 다가섰는지 알려준다. 점수, 레벨, 진행률 등의 형태로 나타난다. 또는 '~하면 게임이 끝난다'처럼 목표 결과만 간단히 일러주는 아주 기초적인 형태일 수도 있다. 실시간 피드백은 목표 달성이 분명히 가능하다는 '약속'으로서 플레이어가 계속 게임을 하도록 의욕을 불어넣는다.

마지막으로 **자발적 참여**는 게임을 하는 모든 사람이 목표, 규칙, 피드백 시스템을 선뜻 받아들이고 인정하게 한다. 이러한 자발적 수용으로 여러 사람이 함께 게임을 할 '공동 기반'이 만들어진다. 그리고 마음대로 게임에 참여하고 끝낼 수 있는 자유가 있기에 플레이어는 어렵고 때로는 스트레스를 받으면서도 오히려 게임에서 안정감과 재미를 느낀다.

이 같은 정의가 예상 밖일 수도 있다. 게임이라고 하면 으레 떠올리는 상호작용, 점수, 이야기, 보상, 경쟁, 가상 환경, 승리의 개념과 같은 특성이 빠져 있기 때문이다. 하지만 이러한 요소들이 많은 게임의 공통점이기는 해도 사실상 본질적인 특징은 아니다. 게임의 본질을 구성하는 것은 목표, 규칙, 피드백 시스템, 자발적 참여다. 나머지는 이 4대 요소를 보강하고 강화하는 보조재일 뿐이다. 예를 들어 흥미진진한 이야기는 게임의 목표를 더욱 매력적으로 보이게 만든다. 복잡한 점수 체계를 도입하면 피드백 시스템의 동기 부여 효과가 커진다. 또한 도전 과제와 레벨이 있으면 성취감을 느낄 기회가 곱절로 늘어난다. 멀티플레이와 대규모 멀티플레이가 가능하면 불확실성이 커져 장시간 게임을 할수록 더 큰 재미를 느낄 수 있다. 실감 나는 그래픽, 사운드, 3D 환경은 몰입감을 키워 더욱 오랫동안 게임에 집중할 수 있게 한다. 그리고 플레이어의 진척도에 맞춰 난이도를 조절하는 알고리즘은 목표를 재정의하고 더 어려운 규칙을 도입하는 방편이다.

대철학자 버너드 슈츠가 이 모든 것을 한마디로 정리해 역사상 가장 설득력 있고 유익한 정의를 내놓았다.

**게임을 한다는 것은 불필요한 장애물을 극복하기 위해
자발적으로 도전하는 행위다.[1]**

왜 게임이 우리에게 동기를 부여하고 보람과 재미를 느끼게 하는
지 그 의미가 응축돼 있는 문장이다. 그리고 여기서 게임으로 현실을
바로잡는 첫 번째 방법이 등장한다.

> **게임으로 현실 바로잡기 1**   **장애물의 중요성**
> _____
>
> 게임과 비교하면 현실은 너무 쉽다. 게임은 우리가 자발적으로 장애물에
> 맞서도록 자극하고, 장애물을 제거하는 과정에서 개인의 강점을 더욱 잘
> 활용할 수 있게 돕는다.

앞에서 말한 4가지 특징이 모든 게임에 빠짐없이 해당되는지 간단
히 검증해보자. 골프, 「스크래블Scrabble」, 「테트리스Tetris」 등의 각종
게임이 왜 사람의 마음을 사로잡는지 살펴보자.

먼저 골프를 보자. 골퍼에게는 뚜렷한 목표가 있다. 다른 사람보다
공을 적게 쳐서 조그만 홀에 집어넣는 것이다. 게임이 아니라면 식은
죽 먹기다. 그냥 공을 잡고 걸어가서 홀에 떨어뜨리면 그만이다. 하지
만 홀에서 멀리 떨어진 곳에 서서 클럽으로 공을 치기로 정했기 때문
에 골프는 게임이다. 즉, 모든 사람이 과제를 어려운 방식을 통해 해
결하기로 약속했기 때문에 우리는 골프에 열중한다.

믿을 만한 피드백 시스템도 있다. 그래서 공이 홀에 들어갔는지,

그리고 스트로크 몇 번 만에 들어갔는지 객관적으로 측정할 수 있다. 이 시스템 덕분에 목표 달성 여부를 알 수 있을 뿐만 아니라, 앞으로 스트로크 횟수를 줄이거나 경쟁 상대를 늘리면 성취감이 커지리란 기대도 생긴다.

실제로 버너드 슈츠도 골프가 게임의 본질을 가장 잘 보여주는 예라고 말했다. 골프를 보면 우리가 게임에 그토록 열중하는 까닭이 명쾌하게 드러난다. 하지만 골프와 달리 불필요한 장애물이 잘 드러나지 않는 게임은 어떤가?

「스크래블」의 목표는 글자 패를 배열해 길고 재미있는 단어를 만드는 것이다. 사전에 있는 단어는 무엇이든 만들 수 있기 때문에 매우 자유롭다. 일상에서는 이 같은 활동을 타자^{typing}라고 한다. 하지만 「스크래블」은 타자가 아니라 게임이다. 자유를 제한하는 몇 가지 중요한 제약 사항이 있기 때문이다. 일단 한 번에 일곱 개의 글자 패만 쓸 수 있고, 사용할 패를 마음대로 고를 수 없다. 다른 플레이어가 이미 만든 단어에 패를 붙여서 새로운 단어를 만들어야 한다. 또 각 글자를 쓸 수 있는 횟수가 한정돼 있다. 이러한 자의적 제약이 없다면 글자 패로 단어 만들기를 대단한 게임으로 여길 사람은 아무도 없을 것이다. 아무 제약 없이 가장 논리적이고 효과적인 방식으로 과제를 해결할 수 있으면 이는 게임 플레이와 '배치'된다. 하지만 장애물을 추가하고 피드백 시스템(여기서는 점수)을 적용함으로써, 이 제한적인 상황에서 길고 복잡한 단어를 얼마나 잘 만들어냈는지 정확히 평가해서 보여준다면? 그 결과로 나온 것이 지난 70년 동안 121개국에서

1억 5,000만 명이 넘는 사람의 마음을 사로잡은 바로 이 게임이다.

골프와 「스크래블」 모두 뚜렷한 승리 조건이 있지만, 그렇다고 승리 가능성이 게임에 꼭 필요한 본질적 특징은 아니다. 절대 승리할 수 없는 게임도 있기 때문이다. 역대 최고의 컴퓨터 게임으로 꼽히는 「테트리스」가 좋은 예다.[2]

전통 2D 게임 「테트리스」의 목표는 떨어지는 퍼즐 조각을 되도록 빈틈없이 차곡차곡 쌓는 것이다. 시간이 갈수록 조각이 떨어지는 속도가 빨라지면서 게임도 어려워진다. 이 게임은 끝이 없다. 플레이어가 패배할 때까지 계속된다. 「테트리스」는 반드시 패하는 게임이다.[3]

아무리 애써도 결국엔 지는 게임에 무슨 매력이 있을까 의문스럽겠지만 「테트리스」는 역사상 가장 사랑받는 컴퓨터 게임이다. 아마 지금까지 나온 싱글 플레이 게임 중 '중독'이라는 수식어가 가장 잘 어울리는 게임일 것이다. 절대 이길 수 없는데도 그렇게 중독성이 큰 이유는 강력한 피드백 때문이다.

퍼즐 조각을 빈 공간 없이 맞추면 세 가지 피드백이 있다. 첫째, 시각적 피드백으로 기분 좋은 소리와 함께 줄이 사라진다. 둘째, 정량적 피드백으로 점수가 계속 올라가는 모습이 눈에 들어온다. 셋째는 정성적 피드백으로 도전 의식이 점점 커진다.

다양하고 강력한 피드백은 디지털 게임과 비^非디지털 게임의 가장 두드러지는 차이점이다. 컴퓨터·비디오 게임은 상호작용의 고리가 단단하다. 플레이어의 행동에 게임이 빈틈없이 반응한다. 플레이어가 게임 세계에 끼치는 영향이 애니메이션과 점수로 확실하게 표현된다.

그리고 게임 시스템이 플레이어의 수행 능력에 굉장히 예민하게 반응한다. 플레이어의 실력이 향상될 때만 게임이 어려워지므로 과제의 난이도와 성취도가 완벽한 균형을 유지한다.

다시 말해 좋은 컴퓨터·비디오 게임을 할 때 플레이어는 언제나 아슬아슬한 낭떠러지에서 능력의 한계에 도전한다. 떨어지면 당장 다시 올라가고 싶어진다. 이렇게 능력의 한계 지점에서 작업하는 것만큼 우리가 열중하는 상태도 없는데, 게임 디자이너와 심리학자들은 이 상태를 '몰입flow'이라고 한다.[4] 몰입 상태에 들어가면 끝내고 싶지도, 이기고 싶지도 않고 마냥 그 안에 머물고 싶어진다.

「테트리스」처럼 절대 이길 수 없는 게임의 인기를 보면 게이머들이 오로지 승리에만 집착하는 경쟁적인 사람들이라는 편견이 산산이 깨진다. 경쟁과 승리는 게임 고유의 특징이 아니며 게임을 좋아하는 사람들의 본질적인 관심사도 아니다. 많은 게이머가 승리로 게임을 끝내기보다 계속 플레이하기를 원한다. 게임에 강력한 피드백이 있으면 게임에 고도로 열중하는 상태가 오히려 승리보다 더 만족스럽고 즐거울 수 있다.

철학자 제임스 P. 카스James P. Carse는 게임을 유한 게임finite games과 무한 게임infinite games으로 나눴다. 전자는 승리가 목적이고, 후자는 즐길 수 있을 만큼 즐기는 것이 목적이다.[5] 「테트리스」는 컴퓨터·비디오 게임계*에서 무한 게임의 훌륭한 예다. 우리는 그저 좋은 게임을 계속 즐기고 싶어서 「테트리스」를 플레이한다.

마지막으로 훨씬 복잡한 비디오 게임인 싱글 플레이 액션·퍼즐 게임「포털Portal」을 살펴보자.

「포털」은 출구가 전혀 없는 작은 병실 같은 방에서 시작한다. 이 3D 환경에는 라디오, 책상, 수면용 캡슐 말고는 상호작용할 사물이 없다. 플레이어는 작은 방을 서성이고 유리창 밖을 내다볼 수 있을 뿐 딱히 할 일이 없다. 싸워야 할 적도 없고, 주머니에 챙겨 넣을 보물도 없으며, 피해야 할 낙하물도 없다.

이렇게 게임을 시작하고 진행의 실마리가 거의 보이지 않는 상황에 놓인 플레이어의 목표는 바로 목표를 찾는 것이다. 곰곰이 생각하다가 '아, 꽉 막힌 방을 빠져나가는 게 첫 번째 목표구나!' 하고 판단했다고 하더라도 그것이 옳은지 그른지 알 길이 없다. 그러고 보면 어찌할 바를 모른다는 사실이야말로 눈앞에 놓인 가장 큰 장애물이다. 플레이어는 혼자서 이 세계를 헤쳐 나가는 방법을 터득해야 한다.

방 안을 여기저기 살펴보면 책상 위에 놓인 서류철이 보인다. 한번 들여다볼까? 그러자 인공지능 시스템이 깨어나 말을 건다. 앞으로 일련의 실험실 테스트 받는다고 한다. 하지만 정확히 어떤 테스트인지는 알려주지 않는다. 이번에도 역시 플레이어가 알아내야 한다.

「포털」첫 번째 방 스크린샷 밸브Valve Corporation, 2007

계속 진행하다 보면「포털」이 미지의 규칙에 따라 작동하는 방들을 탈출하는 게임임을 알게 된다. 알고 보면 각 방은 퍼즐이고 다음 방으로 넘어갈수록 속임수가 늘어나며 점점 더 복잡한 물리 법칙을 이해해야 탈출할 수 있다. 새로운 방의 물리 법칙을 터득하지 못하면, 다시 말해 게임의 규칙을 알아내지 못하면 영영 그 방에 갇혀 인공지능이 되풀이하는 말만 들어야 한다.

최근의 게임들은 전부까지는 아니어도 많은 수가 이런 식으로 구성된다. 게임을 시작하면 플레이어는 '어찌할 바를 모른다'라는 장애를 극복해야 한다. 이렇게 모호한 게임 방식이 디지털 시대 이전의 게임과 뚜렷하게 다른 점이다. 예전에는 게임을 하려면 설명이 필요했다. 하지만 지금은 게임을 하면서 배운다. 게임 공간을 탐험하면 컴퓨터 프로그램이 알아서 우리를 제약하고 인도한다. 우리는 게임이 어떤 행동을 허용하고 우리의 행동에 어떻게 반응하는지를 주의 깊게 살피면서 플레이 방법을 익힌다. 그래서 거의 모든 게이머가 게임 설명서를 거들떠도 안 본다. 어떤 설명도 없이 바로 즐길 수 있어야 잘 디자인된 게임이라는 말, 업계에서 귀에 못이 박히도록 듣는 말이다.

「포털」같은 게임을 보면 앞에서 든 게임의 정의가 살짝 흔들리긴 하지만 아주 무너지지는 않는다. 목표, 규칙, 피드백, 자발적 참여라는 4대 핵심 요소는 유지하고 단지 순서만 바뀔 뿐이다. 예전에는 처음부터 목표와 규칙을 알고 게임을 진행하면서 피드백을 받는 방식을 당연시했다. 하지만 요즘은 일단 피드백 시스템부터 파악해야 하는 게임이 점점 늘어나는 추세다. 플레이어는 피드백을 발판 삼아 목표에 다가서고 규칙을 알아낸다. 그리고 이처럼 낯선 가상 세계에서 정확히 무엇을 할 수 있는지 알아가는 일 자체가 다른 요소들 못지않게 강한 동기를 부여한다.

우리보다 앞선 슈츠의 정의가 이러한 다양한 사례에 꼭 들어맞는다고 해도 과언이 아니다. 디지털이든 비디지털이든 간에 잘 디자인된 게임은 모두 우리에게 불필요한 장애물에 도전하기를 권한다.

이 관점에서 게임을 이해하면 게임과 관련된 부정적인 은유가 사실은 근거 없는 두려움에서 싹텄음을 알 수 있다. 게이머들은 게임을 즐기고 싶어한다. 탐험, 학습, 진보를 원하며 불필요하고 어려운 일에 자발적으로 도전한다. 또한 노력의 결과를 대단히 중요하게 여긴다.

목표가 대단히 매력적이고 피드백으로 의욕이 충분히 솟아나면 우리는 아주 오랫동안 창의성을 발휘해 열성적으로 게임의 제약 사항과 씨름한다. 능력이 완전히 바닥나거나 도전 과제가 바닥날 때까지 게임을 즐긴다. 게임에 임하는 자세도 매우 진지하다. '좋은' 게임을 즐기는 것은 절대 하찮은 일이 아니기 때문이다.

이로써 게이머처럼 행동하는 것, 즉 진정 '게임형 인간'이 되는 것이 무엇인지, 그리고 좋은 게임을 즐기면 어떤 사람이 되는지 알 수 있다.

하지만 이러한 정의 때문에 어려운 질문이 고개를 든다. 도대체 왜 그토록 많은 사람이 전혀 불필요한 장애물에 자발적으로 맞서는가? 왜 분명한 외적 보상이 없는데도 우리는 일주일에 총 30억 시간이나 능력의 한계에 도전하는가? 도대체 왜 우리는 불필요한 장애물에 도전하면서 행복해하는가?

4가지 본질적 특징처럼 이 질문의 답을 알아야만 게임의 원리를 정확히 이해할 수 있다.

게임이 주는 재미의 아이러니, 일하니 즐겁다

게임을 할 때 행복한 이유는 무엇일까? 스스로 원해서 하는 힘든 일이기 때문이다. 생각해보면 힘들고 보람 있는 일만큼 우리를 행복하게 하는 것도 없다.

보통 우리는 게임을 힘든 일로 여기지 않고 '놀이'로 즐긴다. 놀이는 일과 정반대의 개념으로 생각하지만 그것은 대단히 큰 착각이다. 놀이 심리학 권위자인 브라이언 서튼스미스 Brian Sutton-Smith의 말을 빌리자면 "놀이의 반대는 일이 아니라 우울함"이다.[6]

임상의학적 정의를 보면 우울증에 걸린 사람은 '비관적 무능력감'과 '침체적 활동 부족'을 겪는다. 이 두 가지 증상을 반대로 표현하자면 '낙관적 유능감'과 '활발한 활동 증대'라고 할 수 있다.

이러한 긍정적 증상은 따로 임상심리학 용어가 없지만 우리가 게임을 플레이할 때의 정서 상태를 완벽하게 설명해준다. 게임을 할 때 우리는 그칠 줄 모르는 낙관주의로 자신이 잘할 수 있고(또는 점점 더 잘할 수 있고) 재미있는 일에 에너지를 집중한다. 다시 말해 게임을 하면 우울증과 정반대되는 감정이 일어난다.

좋은 게임을 하면, 즉 불필요한 장애물에 맞서면 긍정적 감정이 최고조로 치닫는다. 게임에 고도로 열중함에 따라 정신과 육체가 온갖 긍정적 감정과 경험에 알맞은 상태가 된다. 게임을 하면 행복과 관련된 신경계와 생리계(주의 체계, 보상 중추, 동기 부여 체계, 감정과 기억 중추)가 모두 완전히 활성화된다.

오늘날 큰 성공을 거둔 컴퓨터·비디오 게임이 그토록 중독성과 자극성이 강한 이유도 바로 이렇게 감정이 극도로 활성화되기 때문이다. 낙관적 열중optimistic engagement 상태에 들어가는 순간 생물학적 변화가 일어나 긍정적 사고, 사회적 교류, 강점 개발이 훨씬 수월해진다. 능동적으로 심신을 조절해 행복감을 키우는 것이다.

현실에서도 똑같은 효력이 있다면 어떨까? 현실 생활에서 힘든 일을 해야 할 때는 대부분 어쩔 수 없이 해야 할 때다. 먹고살기 위해, 출세하기 위해, 다른 사람의 기대에 부응하기 위해, 아니면 그저 남의 지시에 따라, 우리는 그런 식으로 해야 하는 일을 혐오한다. 스트레스만 잔뜩 받고 가족, 친구와 보낼 시간도 빼앗긴다. 게다가 싫은 소리는 왜 또 그렇게 많이 들어야 하는지!

우리는 실패가 두렵다. 그리고 웬만해서는 노력의 결과를 눈으로 확인할 수 없기 때문에 좀처럼 만족을 못 느낀다.

아니, 어쩌면 상황이 더 나쁠지도 모른다. 현실 세계의 일이 별로 힘들지 않은 것이다. 우리는 따분해 미칠 지경이다. 능력은 인정받지 못하고 인생은 낭비된다.

우리가 스스로 힘든 일을 선택하지 않는 까닭은 주로 일의 성격과 시기가 자신에게 맞지 않기 때문이다. 나에게 딱 맞는 일이 아니라서 강점을 다 발휘할 수 없고, 작업 흐름을 마음대로 조절할 수 없으며, 나의 노력이 어떤 영향을 끼치는지 확실히 알 수 없을 뿐만 아니라 나중에 어떤 보상을 받을지도 알 길이 없다.

다른 사람의 지시로 힘든 일을 할 때는 행복을 느끼는 신체적 체계가 활성화되지 않는다. 웬만해서는 의욕도, 낙관도, 기운도 생기지 않는다.

전 세계 수억 명에게 **더 나은 '힘든 일'**을 맡겨 심신을 긍정적으로 활성화한다면 지구촌 행복도가 얼마나 상승할까! 언제 어디서나 홀로 또는 가족이나 친구와 함께 즐길 수 있는 도전형 맞춤 미션과 과제를 제공하고, 진행 상황과 주변 세상에 끼치는 영향을 실시간으로 생생하게 보여주면 되지 않을까?

그것이 바로 오늘날 게임업계가 하고 있는 일이다. 그 덕분에 더 나은 '힘든 일'을 바라는 우리의 욕구가 채워지고 있으며 자신에게 딱 맞는 일을 제때 자발적으로 선택하기가 수월해지고 있다. 그러니 "안 놀고 일만 하면 바보가 된다."라는 격언은 이제 옛말이다. 좋은 게임은 모두 힘든 일이다. 그냥 힘든 일이 아니라 우리가 스스로 선택해서 즐기는 힘든 일이다. 이렇게 자발적으로 힘든 일을 즐길 때 정신적인 행복의 문이 열린다.

힘든 일의 적절한 형태는 사람과 시기에 따라서 달라진다. 그래서 각 사람의 필요를 충족하고자 게임업계는 벌써 수십 년째 일의 유형을 다각화하고 있다.

비디오 게임이라고 하면 언뜻 떠오르는 게 **위험천만한 일**high-stake

work이다. 이러한 일은 민첩한 행동이 중요하고, 성공하는 대신 크게 실패를 할 수도 있기에 가슴이 두근거린다. 「그란 투리스모 Gran Turismo」 같은 레이싱 게임에서 최고 속도로 유턴을 할 때가 그러하고, 「레프트 4 데드 Left 4 Dead」 같은 일인칭 슈팅 게임에서 좀비와 전투할 때는 언제든 충돌, 엔진 과열, 또는 좀비에게 뇌를 공격당할 위험 등이 있기 때문에 살아 있다는 느낌이 한층 강렬해진다.

완전히 예상 가능하고 단조로운 **잔일** busywork도 있다. 현 세계에서 잔일을 할 때면 대개 볼멘소리가 나오지만 스스로 택해서 하면 꽤 의욕과 보람을 느낄 수 있다.

「비주얼드 Bejeweled」 같은 캐주얼 게임에서 현란한 보석들을 이리저리 움직이거나 「팜빌 FarmVille」 같은 소셜 게임에서 가상의 곡식을 수확할 때 정신을 집중하고 바쁘게 손을 움직여 뚜렷한 결과를 내는 활동에 행복을 느낀다.

인지능력을 활성화하는 **정신적인 일** mental work도 있다. 닌텐도 Nintendo의 「매일 매일 DS 두뇌 트레이닝」에 나오는 30초 산수 문제처럼 간단한 과제가 꼬리에 꼬리를 무는 일일 수도 있고, 실시간 전략 시뮬레이션 게임 「에이지 오브 엠파이어 Age of Empires」의 1만 년 정복 캠페인처럼 길고 복잡한 일일 수도 있다. 어느 쪽이든 간에 두뇌를 잘 활용하면 성취감이 물밀 듯 밀려온다.

육체적인 일 physical work도 있다. 이런 일을 하면 심장이 고동치면서 호흡이 가빠지고 온몸에 땀이 비 오듯 흐른다. 육체적으로 꽤 힘든 일을 하면 두뇌에서 기분을 좋게 하는 화학물질인 엔도르핀이 분비

된다. 하지만 그게 다가 아니다. 우리가 「위 복싱 Wii Boxing」으로 주먹을 날리고 「댄스 댄스 레볼루션 Dance Dance Revolution」으로 발을 구르는 이유는 온몸을 움직이는 육체 활동이 그 자체로 즐겁기 때문이다.

적극적으로 낯선 사물과 공간을 탐색하면서 즐거움을 느끼는 **발견하는 일** discovery work 도 있다. 발견하는 일을 할 때 우리는 자신감과 의욕이 생기고 영향력 있는 사람이 된 듯한 기분이 든다.

롤플레잉 슈팅 게임 「바이오쇼크 BioShock」의 거대 해저 도시와 같이 신비로운 3D 환경을 탐사하거나 휴대용 전투 게임 「이 멋진 세계」에 나오는 죽지도 살지도 않은 멋쟁이 도쿄 청소년들 같은 묘한 인물들과 교류할 때 우리는 마음껏 호기심을 발휘해 여러 가지 일을 파헤치는 즐거움을 만끽한다.

현재 컴퓨터 · 비디오 게임업계에서 점점 늘어나는 추세인 **함께하는 일** teamwork 은 협동과 공동 이익을 강조한다.

「월드 오브 워크래프트」의 25인 레이드처럼 복잡한 미션에서 실력을 발휘하거나 코믹 어드벤처 「캐슬 크래셔 Castle Crashers」 같은 4인 협력 게임에서 친구의 목숨을 구할 때 우리는 집단을 위해 남다르고 중대한 역할을 했다는 데 큰 만족감을 느낀다.

끝으로 **창조적인 일** creative work 이 있다. 창조적인 일을 할 때 우리는 의미 있는 결정을 내리고 창조물에 자부심을 느낀다.

「심즈 Sims」에서 집을 만들고 가정을 꾸리는 일, 노래 부르는 모습을 녹화해 「싱스타 SingStar」 네트워크에 올리는 일, 「매든 NFL Madden NFL」에서 팀을 만들고 운영하는 일 등이 모두 여기에 해당한다. 창조적인 일은 언제나 시간이 갈수록 능력이 향상되는 기분이 든다.

역경과 고난을 바라는 감정, 피에로

위험천만한 일, 잔일, 정신적인 일, 육체적인 일, 발견하는 일, 함께
하는 일, 창조적인 일. 모두 우리가 좋아하는 게임을 하면서 겪게 되
는 힘든 일이다. 이 대목에서 극작가 노엘 카워드Noël Coward의 명언이
떠오른다. "일이 놀이보다 재미있다."

고개를 갸우뚱할 만한 말이지만 게임과 관련해서는 진실로 증명됐
다. '경험 표집experience sampling'이라는 심리학 연구 방법 덕분이다.

심리학자들은 경험 표집법으로 우리가 하루 동안 실제로 어떤 감
정들을 느끼는지 파악한다. 연구자가 아무 때나 호출기나 문자 메시
지로 연락하면 피실험자는 곧바로 자신이 무슨 일을 하고 있고 어떤
기분인지 알린다.[7] 이러한 경험 표집법을 실행할 때마다 드러나는 사
실이 한 가지 있다. 바로 우리가 '재미있다'고 생각하는 일이 실제로
는 오히려 우리를 우울하게 한다는 것이다.

TV 시청, 초콜릿 섭취, 윈도쇼핑, 그냥 쉬기 등 우리가 즐거운 '휴
식'거리로 생각하는 활동 중 거의 대부분이 실제로는 기분을 나아지
게 하지 않는다. 처음에는 즐거운 것 같지만 시간이 지날수록 의욕과
자신감이 떨어지고 열중하기가 어려워지면서 오히려 기분이 나빠진
다.[8] 그런데 왜 그렇게 많은 사람이 재미있지도 않은 일을 재미있다

고 착각할까?

반대로 기분을 나쁘게 하는 것은 감각적으로 잘 알 수 있다. 대개는 부정적 스트레스와 불안이 꼽힌다. 경험 표집법 연구자들은 우리가 이 부정적 감정에서 벗어나기 위해 의식적으로 기분전환거리를 찾는다고 본다. 자극받고 답답한 마음을 풀기 위해 수동적 오락과 고도의 집중력을 요하지 않는 활동을 찾는 것이다.

하지만 대부분은 쉽게 재미를 느끼려고 하다가 스트레스와 불안이 바로 권태와 우울로 바뀌어버린다. 그런데 쉽지 않고 '힘들게' 재미를 찾으면, 즉 즐겁게 할 수 있는 힘든 일을 찾으면 효과가 훨씬 좋다.

힘든 재미는 긍정적 스트레스, 다른 말로 '유스트레스eustress('좋다'라는 뜻의 그리스어 'eu'와 스트레스의 합성어)'를 받을 때 생긴다. 신경학과 생리학의 관점에서 보면 유스트레스는 부정적 스트레스와 별반 다르지 않다. 유스트레스를 받으면 아드레날린이 분비되고 보상 회로가 활성화되며 두뇌의 주의력 통제 중추로 가는 혈류가 증가한다. 하지만 우리의 마음가짐에는 큰 차이가 있다.

실패나 위험을 두려워할 때, 또는 외부에서 압박감이 몰려올 때는 신경화학계가 극도로 활성화되더라도 기분이 좋아지지 않는다. 화가 나서 싸우고 싶어지거나 감정을 차단하고 달아나고 싶어진다. 그리고 폭식, 흡연, 약물 복용 등 회피 행동이 일어난다.[9]

하지만 유스트레스를 받을 때는 두려움이나 비관에 빠지지 않는다. 일부러 스트레스 상황을 만들었기에 자신감이 생기고 태도가 낙관적으로 변한다. 자발적으로 힘든 일을 택했을 때 우리는 자극과 활성 상태를 즐긴다. 어서 달려들어 다른 사람들과 함께 일을 끝내고 싶어진다. 이렇게 낙관적이고 기운찬 상태가 휴식보다 훨씬 기분을 좋게 한다. 도전에 맞설 자신이 있으면 스트레스 상황에서 의욕과 흥미가 한껏 고조되고 긍정적으로 일에 열중할 수 있다. 그리고 이러한 감정 상태가 바로 전반적인 행복도, 삶의 만족도를 결정하는 핵심 요소다.

힘든 일을 재미있게 하면 일을 시작할 때보다 기분이 좋아진다. 그러니 경험 표집법 피실험자들이 게임(스포츠, 카드 게임, 보드 게임, 컴퓨터·비디오 게임)을 즐길 때뿐만 아니라 그 이후에도 흥미와 긍정적 기분이 한껏 고조된다고 말하는 게 당연하다.[10] 경험 표집법 연구를 통해 우리는 인내력이 허락하는 한, 수동적 오락보다는 힘든 일을 선호한다는 사실이 드러났다. 게이머들은 진작 알고 있었다. 그래서인지 TV 시청 시간이 다른 누구보다 적다.[11]

행복학 권위자인 탈 벤샤하르 Tal Ben-Shahar 하버드 대학교 교수는 다음과 같이 말했다. "우리는 시간을 죽일 때보다 '살릴' 때 훨씬 행복하다."[12]

힘들게 얻는 재미가 감정에 끼치는 영향 가운데 꼭 살펴봐야 할 것이 아직 하나 더 남았다. 바로 '피에로 fiero'라고 하는 가장 원초적인 감정 격발 상태다.

피에로는 '긍지'를 뜻하는 이탈리아어로, 게임 디자이너들이 영어에서는 마땅한 표현을 찾을 수 없는 감정 고조 상태를 설명할 때 사용한다.[13] 피에로는 역경을 극복하고 느끼는 기분이다. 말로 표현하기는 어려워도 직접 느껴보면 알 수 있다. 그리고 다른 사람이 피에로를 느끼는지도 쉽게 알 수 있다. 거의 모든 사람이 피에로를 표현할 때 하나같이 두 팔을 높이 쳐들고 소리를 지르니 말이다.

누구나 똑같은 행동으로 피에로를 표현한다는 점을 보면 피에로가 우리의 가장 원초적인 감정과 연관돼 있음을 확실히 알 수 있다. 우리의 두뇌와 신체는 이미 진화 초기에 피에로를 경험하도록 발달한 것이 틀림없다. 실제로 신경 과학자들은 그 기원이 원시인 시절로 거슬러 올라간다고 본다. 스탠퍼드 대학교 학제간 두뇌과학연구소Center for Interdisciplinary Brain Sciences Research 연구진의 말을 들어보면 인간이 처음으로 동굴을 나와 세상을 정복할 욕망을 품은 것도 피에로 때문이었다.[14] 피에로는 극복할 수 있는 난관, 이길 수 있는 전투, 정복할 수 있는 위험을 간절히 바라는 감정이다.

최근 연구 논문들을 보면 피에로는 우리가 경험할 수 있는 신경화학계의 최고조 상태다. 여기에는 두뇌의 세 가지 보상 회로 체계가 관여하는데, 그중 하나가 흔히 보상과 중독과 연관 짓는 중뇌피변연계다. 피에로는 다른 감정 격발 상태와 다르고, 장애를 힘들게 극복할수록 강렬해진다.

좋은 게임은 고유한 방법으로 경험을 조직하고 긍정적 감정을 불러일으킨다. 좋은 게임은 참여하고자 하는 의지와 힘든 일을 하고자 하는 의욕을 불어넣기에 대단히 효과적인 도구다. 이를 네트워크에 접목하면 수십, 수천, 더 나아가 수백만 명에게 그 같은 의지와 의욕을 불어넣을 수 있다.

당분간은 게임과 관련된 다른 모든 것을 잊기 바란다. 게임의 효능은 우리가 자발적으로 장애물에 맞서게 하는 힘에서 비롯된다. 바로 그 힘을 이용해 우리는 다양한 방법으로 일상에서 더 큰 행복을 느끼고 세상을 바꿀 수 있다.

이러한 게임의 실제 작동 원리를 이해하고 나면 그들이 즐길 좋은 게임을 디자인해야겠다는 의욕이 불끈 솟는다. 적극적으로 사람들을 끌어들여 동일한 게임을 즐기게 하면 다른 사람들을 가지고 노는 '플레이어'에 대한 걱정을 떨쳐버릴 수 있다. 좋은 게임이 얼마나 유익한지 알고 나면 서로 "이건 게임이 아니야!"라고 할 필요가 없어진다. 오히려 적극적으로 게임을 권하게 될 것이다. "이건 게임이 될 수도 있겠는걸!" 하고 말이다.

02

게임과 행복의 상관관계

게임과 비교하면, 특히 게임이 우리에게 더 나은 힘든 일을 제공한다는 점에 비춰보면 현실은 망가져 있다. 35년 전에 미국 심리학자 미하이 칙센트미하이가 똑같은 현상을 목격하면서 행복학이 탄생했다. 『몰입의 기술』은 1975년에 칙센트미하이가 출간한 혁신적 연구서다. 연구의 초점은 그가 '몰입'이라고 이름 붙인 독특한 성질의 행복, 즉 "창조적인 성취감과 고조된 기능에서 오는 만족스럽고 기운찬 느낌"[1]이었다. 그는 7년이란 시간 동안 사람들이 언제 어디서 이렇게 강렬하고 즐거운 몰입 상태를 가장 많이 경험하는지, 또 어떻게 하면 이를 더 자주 경험할 수 있는지 연구했다.

칙센트미하이는 몰입이 잘 일어나지 않는 우울한 일상과 달리 게임을 비롯한 게임형 활동에서는 몰입이 풍부하게 일어난다는 사실을 알아냈다. 그리고 몰입 유발 행동의 좋은 예로 체스, 농구, 암벽 등반 등을 들었다. 모두 목표와 행동 규칙이 분명하고 시간이 지날수록 점점 어려워지면서 실력이 향상되는 도전 활동이다. 하지만 그보다 더 큰 특징은 지위, 돈, 책임 때문이 아니라 순전히 재미로 즐기는 활동이라는 점이다.

재미와 몰입의 노동, 게임

칙센트미하이는 우리가 이처럼 체계적이고 힘든 일에 자발적으로 참여할 때 인간이 누릴 수 있는 가장 큰 행복을 누릴 수 있다고 보았다. 바로 '낙관적인 자세로 주변 세계에 깊이 열중하는 것'이다. 그러면 완전히 살아 있다는 느낌이 들고 잠재력과 목적의식으로 충만한 기분이 든다. 다시 말해 완벽히 각성된 인간이 되는 것이다.

물론 게임 밖에서도 이 같은 고도의 각성 상태에 이를 수 있다. 하지만 칙센트미하이의 연구 결과를 보면 몰입은 스스로 목표를 선택하고, 자신에게 딱 맞는 장애에 맞서며, 지속적인 피드백이 있을 때, 즉 게임의 본질적 요소들이 갖춰졌을 때 가장 확실하게, 가장 잘 일어난다. "게임은 명백한 몰입의 원천이고 놀이는 매우 탁월한 몰입 경험이다."[2]

이 대목에서 그는 의문이 들었다. 게임으로 그렇게 쉽게 즐거운 몰입 상태에 빠져들 수 있는데 왜 우리가 사는 현실은 게임과 전혀 다른 모습일까? 그는 학교와 사무실 등 일상적인 환경에서 몰입의 상태에 도달하지 못하는 것은 심각한 문제이며 인류가 무엇보다도 빨리 풀어야 할 숙제라고 말했다.

우리는 인생의 대부분을 권태와 불안 속에서 보내지만 게임을 보면 분명히 더 나은 대안이 있다. 그는 이 문제에 대해 다음과 같이 말했다. "우리를 행복하게 만드는 것에 대해 무관심한 것은 곧 우리를 비인간적이게 만드는 힘을 적극적으로 키우는 일과 같다."

칙센트미하이의 해법은 명백하다. 현실의 일을 게임 속의 일처럼 조직해 행복을 증진시키는 것이다. 게임 속에서 사람들은 힘든 일을 자청해 끊임없이 능력의 한계에 도전한다. 이를 이용하면 현실에서도 자발적인 도전 기회를 마련할 방법이 나올 것이다.

일상에서 게임형의 일들이 늘어나면 우울증과 무력감, 소외감 등 가장 긴급한 문제를 해결하는 데도 도움이 된다.[3] 물론 칙센트미하이도 인정하다시피 쉬운 일은 아니다. 하지만 몰입 빈도를 늘리려는 노력조차 하지 않는다면 모든 세대가 우울과 절망에 희생될지 모른다.

그는 이 혁신적인 연구를 마무리하며 특히 다음의 두 집단에 게임형 일이 절실하다고 경고했다. "소외된 교외 지역 어린이들과 집안에서 권태로워하는 주부들은 반드시 몰입을 경험해야 한다. 그렇지 않으면 도피의 형태로 대체물을 찾으려 할 것이다." 놀랍게도 그의 말은 일치했다. 현재 컴퓨터와 비디오 게임을 도피처로 삼아 그 속에서 가장 많은 시간을 보내는 집단이 바로 교외 지역 어린이들과 종일 집에 있는 여성들이다.[4] 아직도 일상에서의 몰입을 경험하는 일이 충분하지 않다는 사실을 증명하고 있다.

칙센트미하이의 말은 옳았지만 시기는 너무 일렀다. 1975년에도 여전히 현대 심리학의 초점은 정신병과 부정적인 감정이었지 최상의 인간 경험이 아니었다. 당시 학계의 분위기에서는 일상의 행복이라는 문제가 주목받기 어려웠다. 한편, 새로운 게임을 개발하고 수많은 사람과 공유할 수단도 아직 걸음마 단계였다. 최초의 상업 비디오 게임인 「퐁 Pong」이 나온 지 겨우 3년밖에 안 된 시점이었고, 아타리 Atari의 가정용 게임기는 2년 후에야 나왔다. 게임을 주제로 한 심리학 연구 서적도 1971년에 『게임 연구 The Study of Games』라는 직설적인 제목으로 출간된 책 한 권이 다였다.[5]

칙센트미하이가 혁신적인 연구서를 낸 이후로 두 가지 중대한 변화가 일어났다. 긍정 심리학이 등장하고 컴퓨터·비디오 게임 산업이 폭발적으로 성장한 것이다. 이로써 게임으로 삶의 질을 높일 수 있다는 말이 더는 허황된 주장이 아니라는 것이 밝혀졌다.

긍정 심리학은 비교적 신생 학문으로 '인류 번영', 즉 어떻게 하면 우리가 다양한 종류의 행복을 누릴 수 있을지 연구한다. 행복과 생활에 대한 만족에 직결된 두뇌와 신체의 작동 원리를 파고들어 고작 10년 남짓한 기간에 방대한 지식을 축적했다.

그 지식은 게임 산업에서 고스란히 활용되고 있다. 요즘 게임 개발자들은 게임이 만족감과 같은 긍정적인 감정을 많이 일으킬수록, 다시 말해 플레이어를 행복하게 할수록 큰 성공을 거둔다는 사실을 잘 안다. 그래서 플레이어가 '몰입' 같은 행복 상태에 이르게 하려고 갖은 노력을 기울이며 다양한 행복 전략을 갈고닦았다.

물론 행복이 항상 게임업계의 명시적 목표였던 것도 아니고, 모든 게임 개발자가 행복을 추구하는 것도 아니다. 많은 게임 개발자들이 아직도 행복이나 생활의 만족보다는 재미와 오락에 관심이 많다. 하지만 긍정 심리학이 등장한 이후로, 업계를 이끌어가는 창조적인 사람들이 점점 더 게임의 정서적, 심리적 영향에 주목하는 추세다. 주요 게임 스튜디오의 디렉터와 디자이너 중에도 더 나은 게임을 만들고자 긍정 심리학의 연구 성과를 그대로 적용하는 사람이 늘어나고 있다. 뿐만 아니라 신경생물학을 기초로 게임이 감정에 끼치는 영향을 탐구하고자 많은 연구 기관이 설립되기까지 했다.

지각 변동은 분명히 일어나고 있다. 어느 기자는 마이크로소프트 게임 테스트 센터를 두고 "게임 스튜디오라기보다는 심리 연구 기관에 가깝다"고 했다.[6] 이것은 우연이 아니다. 예전에는 게임 디자이너와 개발자들이 마치 예술을 하듯이 직관적으로 다뤘던 최상의 인간 경험을 이제는 점점 실용 과학의 측면에서 접근하고 있기 때문이다. 그래서 이들은 세상에서 가장 유능하고 영향력 있는 행복 기술자로 변모하고 있다.

이제 행복학의 발전과 게임 산업의 감정적 진화라는 두 역사적 흐름이 합류하는 시대가 왔다. 긍정 심리학자들 덕분에 우리는 어떤 경험과 활동이 우리를 행복하게 하는지 더 잘 알게 됐다. 그리고 게임 개발자들 덕분에 날로 시스템이 강력해지고 그 시스템을 어디서든 쉽게 이용할 수 있게 됐다. 이로써 우리는 낙관적인 자세로 강렬한 몰입 상태를 누리고 간절히 바라는 감정적 보상을 얻기가 점점 수월해지고 있다.

여기서 우리는 현실을 바로 잡는 두 번째 방법을 찾을 수 있다.

게임으로 현실 바로잡기 2 　감정의 활성화

게임과 비교하면 현실은 우울하다. 게임을 할 때 우리는 그칠 줄 모르는 낙관주의로 자신이 잘할 수 있는 일, 재미있는 일에 에너지를 집중한다.

마침내 게임의 잠재력을 십분 활용해 행복을 누리고 일상생활의 질을 향상할 준비가 끝났다.

우리가 어떻게 여기까지 왔는지 살펴보자.

1983년, 재즈 피아니스트이자 사회학자인 데이비드 서드나우David Sudnow는 초창기 가정용 비디오 게임을 정복하는 과정이 담긴 세계 최초의 비디오 게임 회고록을 출간했다. 아타리에서 출시한 탁구 형식의 게임 「브레이크아웃Breakout」이었다.

43세의 교수로서 본업이 아닌 음악으로도 크게 성공한 그가 연구나 연주보다 비디오 게임에서 더 큰 만족을 느낄 줄은 아무도 예상하지 못했다. 이는 서드나우 자신도 상상 못 한 일이었다. 그는 3개월 동안 「브레이크아웃」을 즐겼다. "밤낮을 가리지 않고 게임을 했다. 그렇게 하루에 5시간씩, 열흘 동안 무려 50시간을 게임에 집중했다."

「브레이크아웃」의 어떤 점이 그의 마음을 사로잡았을까? 이 게임은 한마디로 싱글 플레이 「퐁」이다. 조이스틱으로 화면 아래의 막대를 움직여 위에서 떨어지는 공이 맞기를 기다리는 방식으로 플레이한다. 막대를 움직이고 공을 기다리면서 막대로 공의 방향을 조절해 화면 위쪽의 벽돌을 모두 깨는 것이 목표다.

모든 게임의 1단계가 그러하듯이 이 게임 역시 처음에는 아주 쉽다. 막대가 길고 공이 천천히 떨어지는데다 벽돌도 많아서 쉽게 맞힐 수 있다. 하지만 벽돌을 하나둘씩 깨나가다 보면 공이 떨어지는 속도가 점점 빨라지면서 벽에 튕기는 각도도 이상해지고, 그 와중에 막대는 처음 길이의 절반으로 줄어든다. 갈수록 공을 치기가 어려워지고 얼마 남지 않은 벽돌을 맞히려면 더욱 더 정밀하게 조준해야 한다. 공을 다섯 번 놓치면 게임은 끝나버린다.

무척 원시적인 게임이지만 플레이어가 자발적으로 일을 하게 만든다. 이 게임은 장애물이 갖춰야 할 요소를 모두 갖췄다. 분명한 목표(감옥 벽을 파괴하라), 임의의 제약(막대 하나와 공 다섯 개만 사용한다), 즉각적인 영상 및 음향 피드백(벽돌이 공에 맞으면 삑 하면서 화면에서 사라져 플레이어를 흐뭇하게 한다). 그리고 컴퓨터 알고리즘으로 끊임없이 난이도가 조절돼 계속 플레이어를 능력의 한계로 밀어붙인다.

서드나우는 이렇게 기록했다. "그 정도면 의욕에 불을 지피고도 남았다. …… 그리고 보상이 나를 기다리고 있는 것 같았다."[7] 몸은 게임기 앞을 떠나도 마음은 떠나지 못했다. "길을 걸을 때도, 식당에서도 머릿속에서는 늘 게임을 연습했다. 하루는 일식당에서 저녁 식사

를 하다가 천장을 올려다봤는데 대나무와 얇은 종이로 짠 격자가 꼭
「브레이크아웃」 벽돌처럼 보이는 게 아닌가. …… 얼른 집으로 돌아
가서 게임을 하고 싶은 마음뿐이었다."[8]

실력이 늘수록 더욱 게임을 하고 싶어지고, 게임을 할수록 더욱 실
력이 늘었다. 꼬리에 꼬리를 물고 이어지는 강력한 피드백의 고리를
느끼고 놀란 서드나우는 급기야 그 현상을 이해하기 위해 책을 쓰기
로 마음먹었다. 그리고 게임으로 일어나는 감정을 깊고 넓게 탐구해
시적인 명상록을 내놓았다. 그는 초기 게임이 감정에 끼친 영향을 유
명한 두 문장으로 압축했다.

이전에 알던 일들과 완전히 다르니
그 차이가 마치 낮과 밤 같다고 할까. ……
30초만 하면 전혀 새로운 존재가 되어 온 시냅스가 울부짖는다.[9]

서드나우가 말한 것은 좋은 게임을 즐길 때 두뇌와 신체에서 일어
나는 극도의 신경화학적 활성화 상태다. 그는 집중력, 창의력, 의욕이
한껏 고조되고 끊임없이 능력의 한계에 도전했다. 이 상태에서는 아
주 짧은 시간 사이에 몰입이 일어난다.

바닥에서 절정까지 고작 30초! 그러니 비디오 게임에 빠져들 수밖
에 없다. 적은 비용으로 순식간에 감정을 극도로 활성화할 수 있다니
이는 역사상 전무했던 일이다.

게임을 하기 이전에는 깊은 몰입 상태에 빠지려면 수년 동안 수행

하거나 아주 특별한 환경을 찾아야 했다. 처음 몰입에 대한 글을 썼을 때 칙센트미하이는 체스, 농구, 암벽 등반 등의 '전문' 플레이어들을 연구하고 있었다. 몰입에 들어가려면 대개 수십 년까지는 아니더라도 수년 동안 체계적으로 그 활동을 익히고 필요한 기술과 능력을 갈고 닦아야 했다. 아니면 수많은 사람들로 그득한 거리에서 춤을 추거나, 급격한 경사에서 스키를 타는 등 아주 극적이고 이례적인 상황에 빠져들어야 했다.

이처럼 몰입이란 쉽게 일어나는 것이 아니었다. 하지만 서드나우와 초기 게이머 수백만 명이 몸소 터득했듯이 비디오 게임을 하면 거의 순식간에 몰입을 경험할 수 있었다. 예로부터 몰입을 일으키는 활동에는 하나같이 목표, 장애물, 계속 어려워지는 도전, 자발적 참여라는 요소가 있었는데 비디오 게임은 이를 모두 갖춘 데다 직접적이고 물리적인 조작(조이스틱), 유연한 난이도 조절(컴퓨터 알고리즘), 즉각적인 시각 피드백(비디오 그래픽)을 함께 활용해 굉장히 강력한 피드백 고리를 만들었다. 이렇게 이전보다 빠르고 강력하게 피드백이 꼬리를 물고 이어지니 자연히 감정적 보상인 피에로가 더욱 확실히 일어났다. 즉, 조금씩 난이도가 올라갈 때마다 플레이어는 역경을 이겨내면서 순간순간 희열을 경험했다.

그 결과로 학습과 보상 주기가 훨씬 빨라지고, 결국엔 화면 속 '작은 세상'을 마음대로 움직인다는 지배감이 생겼다. 서드나우는 이렇게 표현했다. "조이스틱이 진짜 행동을 하는 도구로 느껴진다. 탁, 탁, 탁. 좋아. …… 빗맞히면 안 돼. 자, 그래. 저 벽돌이야. 서두르지 말고,

놀랄 것 없어. 침착하게, 당황하지 말고, 냉정하게, 지금이야. 끝장을 내자고. 비디오 게임을 하는 방법을 모르겠다고? 처음 술을 마실 때처럼 해보면 누구나 알 수 있다."[10]

마치 주사를 맞는 것처럼 빠르고 확실하게 몰입과 피에로를 경험할 수 있으니 서드나우와 초기 게이머들이 더, 더, 더, 하면서 계속 빠져드는 게 당연했다. 많은 게이머들은 마치 그것을 즐기려고 평생을 기다린 듯한 기분이었다.

더 빠르고 확실하게 몰입과 피에로를 느낄 수 있다는 점. 이것이 컴퓨터·비디오 게임이 이전의 게임과 다른 점이다. 그래서 서드나우의 「브레이크아웃」 회고록에 중요한 역사적 가치가 있다. 처음으로 마음을 사로잡는 디지털 게임의 색다른 매력을 밝혔기 때문이다. 그것도 현란한 그래픽과 장대한 이야기, 대규모 멀티플레이가 등장하기 전에 말이다. 당시 비디오 게임의 흡인력은 순전히 흥미로운 장애물, 더 나은 피드백, 더 유연한 난이도 조절에서 나왔다. 그래서 한 가지 방면에 탁월했고, 또 그 방면에 집중할 수밖에 없었다. 엄청난 몰입과 피에로 공세로 플레이어가 도저히 손을 떼지 못하게 하는 것이었다.

'가능한 한 오랫동안 즐기기.' 사실 초기 비디오 게임은 그게 다였다. 아타리의 초기 광고 중에 다음과 같은 카피가 유명하다. "갈 수 있는 데까지 가보자!" 계속 게임을 즐기려면 끊임없이 분투해야 하는데 바로 거기에 가장 큰 보람이 있었다. 몰입과 피에로는 비디오 게임이 주는 최초의 보상이었고, 우리는 지칠 줄 모르는 기계와 싸우면서 끝없이 몰입과 피에로를 만들어냈다.

아니, 끝이 아주 없지는 않았다. 서드나우는 몰입의 샘이 마르지 않을 줄 알았으나 석 달이 지나자 완전히 말라붙어버렸다. 공 하나로 벽돌을 완파해 「브레이크아웃」을 완전히 정복한 것이었다. 그는 인생에서 가장 큰 피에로를 느꼈다. 하지만 최고 점수를 얻은 그날, 「브레이크아웃」에 대한 집착이 사라져버렸다. 몰입과 피에로를 좇으며 갈 수 있는 데까지 간 것이었다.

그렇다고 모든 것이 끝난 것이 아니니 안심하길 바란다. 긍정 심리학 논문을 보면 몰입은 행복이라는 전체 그림 중 일부에 지나지 않는다. 몰입은 긍정 심리학 초기에 연구된 행복 유형 중의 하나이지만 이후 학문이 더욱 크게 발전했다. 에머리 대학교 심리학 교수인 코리 리 M. 키즈Corey Lee M. Keyes는 다음과 같이 말했다. "몰입은 행복학의 일부이지 전체가 아닙니다. …… 인간 기능의 특성이나 조건이 아니라 일시적 상태예요. 지속 시간을 연장시키는 연구가 진행되고 있긴 합니다만, 온종일 몰입 상태에서 살아갈 수는 없을 겁니다."[11]

몰입에 들면 그 순간에는 의욕과 기운이 샘솟는다. 제대로 몰입을 경험하고 나면 몇 시간, 때로는 며칠 동안 기분이 좋다. 하지만 이같이 과도한 열중 상태가 지속되면 결국 심신이 지쳐버린다.

우리는 몰입이 영원하길 바라지만 그럴 수는 없다. 그래서 키즈는 더 지속적인 방법으로 행복을 추구해야 인간 번영을 이룰 수 있다고 주장한다. 시도 때도 없이 몰입만 추구할 수는 없는 노릇이다. 우리는 꼭 잠재력의 극치를 발휘하지 않고서도 세상과 인생의 즐거움을 누릴 방법을 찾아야 한다.

인생만이 아니라 게임도 마찬가지다. 데이비드 서드나우는 석 달 동안 거의 끊임없이 「브레이크아웃」에 대한 몰입 상태에 빠져 지낸 탓에 심신이 지쳐서 이후 꽤 오랫동안 비디오 게임을 멀리했다고 한다.

몰입이 지나치면 행복이 일찍 시들 수 있다. 그리고 피에로가 지나치면 중독이 생길 위험이 있다. 서드나우의 회고록에 중독이라는 말이 한 번도 나오진 않지만 우리의 뇌리를 스치는 건 어쩔 수 없다. 피에로는 인간의 원초적 본능을 자극하고, 우리의 감정은 거기에 극단적으로 반응한다.

최근 스탠퍼드 대학교 정신행동학 교수인 앨런 리스$^{Allan\ Reiss}$가 신경화학적 관점에서 게이머의 피에로를 연구했다. 연구진은 게이머들이 도전 의욕을 강하게 자극하는 비디오 게임을 하는 동안 그들의 두뇌를 MRI 촬영했다. 그러자 승리를 경험하는 순간에 두뇌의 중독 회로가 대단히 강하게 활성화되는 현상이 나타났다. 그래서 피에로가 일부 게이머에게서 나타나는 게임 '중독' 현상의 으뜸 요인일 가능성이 크다고 결론 내렸다.[12]

게임 중독은 업계의 골칫거리다. 그래서 콘퍼런스나 게임 개발자 포럼에 가면 게임 중독의 원인과 예방 방법에 관한 이야기를 자주 듣는다. 이렇게 말하면 처음엔 의아한 생각이 들 수 있다. 게이머가 게임에 들이는 시간과 돈이 늘어나면 오히려 업계가 바라는 일 아닌가? 사실이다. 더 많은 사람이 더 많이 게임을 하게 하는 것이 업계의 가장 큰 목표다. 하지만 업계가 원하는 사람은 '평생 게이머', 즉 게임을 즐기면서도 삶을 충실하고 활동적으로 사는 사람이다. 그래서 어떻게 하면 게이머가 현실에서 보내는 시간을 줄이지 않고 게임을 더 많이 즐기게 할 수 있는가에 대해 끊임없이 고민한다.

업계 종사자라면 누구나 알다시피 게이머는 몰입과 피에로를 열망한다. 그래서 개발자가 몰입과 피에로를 많이 줄수록 게이머는 좋아하는 게임에 많은 시간과 돈을 들인다. 하지만 플레이 시간이 어느 지점(대부분은 1주일에 20시간 내외)에 이르면 혹시 현실을 잊고 사는 게 아닌가 하는 의문이 일어난다.

첨단기술 전문 기자 클라이브 톰프슨Clive Thompson은 이런 현상을 '게이머의 후회'라고 했다.[13] 자신도 다른 게이머들처럼 그런 현상을 겪고 있다고 털어놓은 기자는 아마 톰프슨이 처음일 것이다. 그는 어느 날 자신의 게임 기록(많은 게임이 플레이 시간을 기록해 알려준다)을 확인하고는 한 게임을 일주일 동안 36시간이나 했다는 사실에 충격을 받았다고 한다. 본인의 말을 빌리자면 "UFO에 납치되었다면 모를까, 그렇지 않고서는 좀처럼 겪기 어려운 엄청난 시간 상실의 경험"이었다. 한편으로는 가상 게임 세계에서 이룬 업적에 긍지를 느끼고, 한편으로는 쓸데없이 고생한 것 아닌가 하는 의문이 들어 혼란스러웠다.

그는 이렇게 썼다. "게이머들에게 불편한 진실은 우리가 항상 이 딜레마와 씨름한다는 것이다. 게임을 할 시간에 할 수 있었던 다른 일들을 생각하면 불현듯 소름 끼치는 공허감이 온몸을 사로잡는다." 그리고 고백했다. "게임을 끝내고 의기양양할라치면 꼭 무언가 빠진 듯한 꺼림칙한 느낌이 살짝 고개를 든다. 어렵고 도전적일 뿐만 아니라 생산적이기까지 한 일을 했으면 더 좋지 않았을까, 하고."

이 같은 내면 갈등은 온라인 토론 포럼에서도 나타난다. 어느 게임 커뮤니티건 "평소 얼마나 오래 게임을 하느냐?"와 "얼마나 게임에 시간을 할애해야 지나치게 오래 한 것이냐?" 하는 질문을 볼 수 있다.

게이머의 후회를 해결하는 방편으로 중독성이 강한 온라인 게임 중 많은 수가 '피로도 시스템'을 도입했다. 이 시스템은 젊은 층의 평균 온라인 게임 시간이 일주일에 40시간 정도 되는 한국과 중국에서 흔히 볼 수 있다.[14] 연속으로 3시간 동안 게임을 하면 그 이후로는 똑같은 일을 해도 보상이 절반밖에 안 된다. 5시간이 지나면 아예 보상이 없다. 미국의 게임은 대부분 이보다 가벼운 시스템을 도입한다. 예를 들어 「월드 오브 워크래프트」는 게임을 하지 않을 때 시간당 '휴식 보너스'를 준다. 휴식 후 게임에 접속하면 다시 휴식해야 할 때가 되기 전까지 최대 2배의 보상을 누릴 수 있다.

하지만 이는 미봉책에 지나지 않는다. 어떻게 해도 좋아하는 게임을 그만두게 할 수는 없다. 몰입과 피에로에 굶주린 게이머들은 의욕이 꺾이기는커녕 오히려 제약과 제한을 우회할 방법을 찾는다.

그러므로 게임은 오히려 몰입과 피에로를 뛰어넘어야 한다. 다시 말해 일시적 행복이 아니라 지속적인 감정적 보상을 줄 수 있어야 한다. 우리에게 필요한 게임은 플레이하지 않을 때도 우리를 더 행복하게 하는 게임이다. 그래야만 좋아하는 게임을 하면서도 현실에 충실한, 균형 잡힌 삶을 살 수 있다.

현재 컴퓨터·비디오 게임 시장에서 바로 그러한 일이 일어나고 있다. 게임이 우리에게 스스로 행복을 만드는 네 가지 비결을 가르쳐주고, 언제 어디서나 행복을 만드는 능력을 길러주고 있는 것이다.

어떤 경험이 우리를 행복하게 만드는가?

긍정 심리학계에 다양한 행복 이론이 등장해 경합을 벌이고 있지만 모든 긍정 심리학자가 동의하는 한 가지를 꼽자면, 바로 행복해지는 길은 많지만 행복을 찾을 수는 없다는 사실이다. 어떤 목표, 사건, 결실, 생활 환경도 우리에게 진정한 행복을 가져다주지 않는다. 행복은 고유한 보상이 있는 활동을 열심히 수행해서 '스스로 만드는 것'이다.[15]

외부에서 행복을 찾으려고 하면 돈, 물건, 지위, 칭찬 등 긍정 심리학자들이 말하는 '외적' 보상에 마음이 쏠린다. 원하는 것을 손에 넣으면 당장은 기분이 좋지만 안타깝게도 그 즐거움은 그리 오래가지 않는다. 좋아하는 것에 내성이 생겨 결국엔 그 이상을 원하게 된다. 그래서 똑같은 수준으로 만족과 즐거움을 느끼려 해도 더 크고 좋은 보상이 필요하다. 행복은 '찾으려고' 할수록 찾기가 어려워진다. 이는 긍정 심리학에서 말하는 '쾌락 적응' 현상으로, 장기적으로 생활 만족을 누리는 데 가장 큰 훼방꾼이다.[16] 더 많이 소비하고 더 많이 소유하고 더 높이 올라갈수록 행복은 지키기 어려워진다. 학자들이 입을 모아 말하듯이 돈, 성적, 승진, 인기, 관심, 사물 등 원하는 것이 무엇이든 간에 외적 보상을 좇으면 행복은 반드시 깨지고 만다.

반대로 스스로 행복을 만들고자 하면 '내적' 보상이 있는 활동에 집중하게 된다. 내적 보상이란 우리가 주변 세상에 열중할 때 생기는 긍정적 감정, 강점, 사회적 관계 등이다. 우리가 바라는 것은 칭찬이나 보수가 아니다. 활동 그 자체, 다시 말해 완전히 열중할 때의 즐거움, 그것 하나면 충분하다.

학계에서는 이러한 자발적 자기 보상 활동을 가리켜 '자기 목적성 autotelic'이 있다고 한다.[17] 우리가 자기 목적성의 일을 하는 까닭은 한껏 열중함으로써 가장 즐겁고 만족스럽고 뿌듯한 감정 상태를 경험할 수 있기 때문이다.

자기 보상적이면서 힘든 일에 규칙적으로 몰두할 수만 있다면 행복한 일상을 누릴 수 있다. 이것은 긍정 심리학의 초기 가설로 대단히 급진적인 생각이다. 우리는 지금까지 이와 정반대로 삶이 어떠어떠해야 행복해진다고, 또 인생이 쉽게 풀릴수록 행복해진다고 배우고 믿었다. 하지만 힘든 일을 하면서 내적 보상을 누릴 때 비로소 행복이 오래간다는 사실이 무수히 많은 연구와 실험으로 입증됐다.

로체스터 대학교가 2009년에 발표해 행복의 원리에 관한 통념을 완전히 전복시킨 유명한 연구 결과가 있다. 연구진은 최근 졸업생 150명을 대상으로 2년 동안 각자의 목표와 본인이 느끼는 행복도를 관찰했다. 그리고 외적 보상과 내적 보상 성취도를 본인이 느끼는 행복도, 생활 만족도와 비교했다. 결론은 명백했다. "외적 목표, 즉 돈, 명예, 다른 사람이 인정하는 육체적 매력 등 '아메리칸 드림' 목표를 달성하는 것은 행복에 전혀 도움이 되지 않는다." 외적 보상을 얻으면 행복해지기는커녕 오히려 "불행해진다." 더 크고 많은 외적 보상을 바라는 욕망이 시간과 관심을 잠식하면 실제로 행복을 키우는 자기 목적성 활동에 열중할 수 없기 때문이다.

반대로 내적 보상을 주는 활동, 이를테면 열심히 강점을 개발하고 사회적 관계를 만드는 일에 집중하는 사람은 연봉이나 사회적 지위 등 외적 생활 조건과 전혀 상관없이 2년 내내 더 행복한 것으로 드러났다.

이 연구로 앞선 연구들에서 수없이 밝힌 사실이 다시금 입증됐다. 내적 보상에서 비롯된 행복은 놀라울 만큼 탄성이 강하다는 사실이다. 우리가 자기 목적성 활동에 열중하면 언제나 쾌락 적응의 정반대 현상이 일어난다. 소비와 소유에서 즐거움을 얻으려 하는 태도가 사라지고 '쾌락 탄성'이 생기는 것이다. 내적 보상 연구의 권위자인 심리학자 소냐 류보머스키 Sonja Lyubomirsky 는 이렇게 설명한다. "행복 활동에 내구성이 있는 이유는 무엇보다도 …… 힘들게 얻은 것이기 때문이다. 당신은 거기에 시간과 공을 들였다. …… 그 일이 일어나게 했고, 다시 일어나게 할 능력이 있다. 이러한 능력감과 책임감이 그 자체로 강력한 촉매제가 된다." 즉, 외부 조건과 상관없이 삶의 질을 보존하고 향상할 능력이 생긴다. 덧없는 외적 보상을 점점 멀리하고 스스로 행복을 좌우하게 된다. "긍정적 감정의 근원이 자기 자신이라면 …… 계속 즐거움을 일으키고 행복을 느낄 수 있다. 긍정적 감정의 근원이 자기 자신이라면 그 근원은 '재생 가능'하다."[18]

긍정 심리학에서는 흔히 자기 자신이 유일한 행복의 근원이라고 하는데 이는 그저 상징적인 표현이 아니다. 생물학적으로 엄연한 사실이다. 두뇌와 신체에서 신경화학물질이 분비되면 그 양과 조합에 따라 우리가 기쁨, 즐거움, 만족, 환희, 안도, 사랑 등 행복으로 경험할 수 있는 각종 생리 감각이 일어난다. 그리고 긍정 심리학자들의 연구로 밝혀졌다시피 우리는 인생이 이러한 일을 일으키기를 마냥 기다릴 필요가 없다. 자기 목적성 활동을 통해 스스로 촉발할 수 있기 때문이다.

사실 신경생리학적으로 보자면 '내적 보상'은 우리가 내면의 행복 체계를 자극해 누리는 감정적 결과의 다른 이름일 뿐이다.

작업 시간 단축 등 어려운 과제에 도전하면 몸에서 흥분 호르몬인 아드레날린이 분출돼 자신감, 활력, 의욕이 생긴다.[19] 퍼즐이나 경주 등 아주 힘든 과제를 완수하면 두뇌에서 노르에피네프린, 에피네프린, 도파민이 분비된다. 그리고 이 셋의 강력한 혼합 효과로 우리는 만족과 긍지를 느끼고 고도의 각성 상태가 된다.[20]

다른 사람을 웃게 하면 두뇌에서 기쁨, 보상과 연관된 신경전달물질인 도파민이 분비된다. 자신이 웃을 때는 효과가 훨씬 더 강력하다.[21] 춤을 추거나 스포츠를 할 때처럼 다른 사람과 함께 몸을 움직이면 무아지경을 일으키는 옥시토신이라는 신경화학물질이 혈류에 들어온다.[22]

마음을 움직일 만큼 감동적인 이야기, 대중매체, 라이브 공연을 접하면 미주 신경이 자극을 받아 목과 가슴이 메거나, 신경계의 운동 반사가 일어나 기분 좋게 몸이 떨리고 온몸의 털이 곤두선다.[23]

포장된 선물이나 살짝 열린 문처럼 불분명한 시각 자극에 노출되면 호기심이 일어나 '체내 아편'이라고도 하는 '흥미' 생화학물질이 분출된다. 여기에는 무엇이든 할 수 있을 것 같은 자신감을 주는 엔도르핀, 그리고 모르핀보다 80배는 강한 '행복' 신경전달물질 베라엔도르핀이 포함된다.

의도적으로 이 행복 체계를 작동시키려고 하는 사람은 거의 없다. 우리는 행복이 신경화학물질을 영리하게 활용하는 과정이라고 생각하지 않는다. 어떤 활동을 할 때 기분이 좋고 만족스럽고 뿌듯하다는 것만 알 뿐이다. 다른 이유 없이 그저 좋아서 그 활동을 한다.

물론 외부에서 본능적 행복 체계를 빠르게 작동하는 방법도 많이 만들어졌다. 중독성 약물과 술, 기름진 음식, 만성적 쇼핑 등이다. 하지만 이 같은 수단은 금방 그 효과가 떨어진다. 과학자들이 증명했다시피 내실 없는 행복 지향 행동은 외적 보상에 대한 쾌락 적응 때문에 갈수록 문제를 일으키다가 결국엔 아예 효력을 잃거나 우리가 감당할 수 없는 지경이 된다. 심하면 목숨을 앗아갈 수도 있다.

다행히도 우리는 이렇게 질 게 뻔한 싸움을 할 필요가 없다. 외적 보상이 아닌 내적 보상에 집중하는 한 행복의 원재료는 절대 고갈되지 않는다. 타고난 신경화학물질계만으로도 얼마든지 행복을 일으킬 수 있다. 단, 힘든 일을 통해 스스로 각성하고, 다른 이유가 아니라 순전히 재미있어서 도전적 활동에 몰두해야 한다.

소설가이자 자칭 행복 탐험가인 엘리자베스 길버트^{Elizabeth Gilbert}의 글이 이를 잘 보여준다. "행복은 개인이 노력한 결과다. …… 자기 행복을 발현하고자 끊임없이 노력해야 한다."[24] 우리는 힘든 일로 행복을 만들어내는 능력을 타고났다. 그리고 내적 보상을 누리고자 노력하면 할수록 행복 유발 능력이 발달한다.

그렇다면 우리 행복에 꼭 필요한 내적 보상은 무엇인가? 확실한 목록은 없지만 학술 논문에 자주 등장하는 핵심 아이디어와 예시가 몇 가지 있다. 지난 10년 동안 긍정 심리학의 성과들을 분석해보니 내적 보상을 네 가지 범주로 나눌 수 있었다.[25]

첫째, 우리는 하루도 빠짐없이 **만족스러운 일**을 갈망한다. '만족스러운 일'의 본질이 무엇이냐고 한다면 사람마다 생각이 다르겠지만, 모든 사람이 동의하는 점이라면 바로 명확히 정의되고 많은 노력을 들여야 하며 노력의 결과를 직접 볼 수 있는 활동에 몰두하는 것이다.

둘째, 우리는 **성공**을 경험하거나 하다못해 성공을 희망이라도 할 수 있기를 갈망한다. 우리는 삶에서 능력 있는 사람이 되고 그 능력을 다른 사람에게 보여주고 싶어 한다. 큰 꿈을 품고 미래를 낙관하며 날로 성장하고 싶어 한다.

셋째, 우리는 **사회적 연결**을 갈망한다. 인간은 대단히 사회적인 생물이고, 아주 내향적인 사람조차도 좋아하는 사람과 함께 있을 때 큰 행복을 느낀다. 우리는 경험과 정을 나누기 원하고, 주로 중요한 일을 함께함으로써 그 바람을 이룬다.

넷째, 우리는 **의미 있는 일**, 또는 자신보다 큰 그 무엇에 속할 기회를 갈망한다. 장대하게 펼쳐지는 사건에 호기심과 경외심을 느끼기 원한다. 무엇보다 개인의 삶을 뛰어넘어 고귀함이 퇴색되지 않는 그 무언가에 속하고 그것을 위해 살아가고 싶어 한다.

이 네 가지 내적 보상이 최상의 인간 경험을 위한 기틀이다. 생존에 필요한 기초적 필요(음식, 안전, 섹스)를 빼면 이만큼 강력하게 의욕을 돋우는 요인도 없다. 그리고 네 가지 모두 우리가 주변 세상, 다시 말해 환경, 타인, 그리고 개인보다 큰 뜻과 프로젝트에 깊이 열중하게 한다.

능동적인 행복의 탐구자, 게이머

외적 보상보다 내적 보상으로 훨씬 큰 행복을 느낄 수 있다면 마땅히 모든 사람이 온종일 불필요한 장애물에 도전하고 자기 목적성 활동에 열중해야 하지 않을까?

소냐 류보머스키가 명확히 짚어냈다시피 불행하게도 "우리는 길을 잘못 든 탓에 엉뚱한 것으로 오랫동안 행복을 누릴 수 있다고 착각한다".[26] 우리는 아메리칸 드림에 속아 넘어갔다. 그런데 아메리칸, 즉 미국인들만 부, 명예, 미모를 좇아 진정한 행복을 포기하는 게 아니다. 소비와 대중문화의 세계화로 온 세상 사람이 외적 보상을 좇는 꿈에 똑같이 속아 넘어가고 있다. 특히 중국, 인도, 브라질 같은 신흥 경제국에서는 점점 더 많은 사람이 꾐에 넘어가 쾌락의 쳇바퀴에 올라서서는 삶의 질을 향상하겠다고 소비를 늘리고 한정된 천연자원을 서로 차지하려고 다투고 있다.

그래도 희망은 있다. 이렇게 영혼을 좀먹고 지구를 황폐화하는 쾌락의 쳇바퀴를 이탈하면서 날로 성장하는 집단이 있기 때문이다. 바로 골수 게이머들이다.

게임이야말로 자기 목적성 활동의 전형이다. 우리는 순전히 좋아서 게임을 한다. 게임은 외적 보상에 대한 욕망을 부채질하지 않는다. 돈 벌고 승진하고 명품을 사 모으는 데 아무 도움이 안 된다. 그 대신 내적 보상을 잔뜩 안겨준다. 게임을 하는 동안 우리는 일에 열중하면서 만족을 느끼고 성공을 희망한다. 매우 체계적으로 시간을 활용하면서 좋아하는 사람들과 끈끈한 관계를 맺는다. 그리고 수많은 사람과 오랫동안 게임을 하다 보면 개인을 넘어 장대한 이야기, 중대한 프로젝트, 세계적 커뮤니티에 속한 기분이 든다.

좋은 게임을 하면 우리가 갈망하는 네 가지를 경험할 수 있다. 좋은 게임은 언제나 생산적이다. 삶의 질을 향상하기 때문이다.

바로 이러한 내적 보상을 향한 방향 전환 때문에 우리가 전 세계적으로 일주일에 30억 시간을 게임에 들인다는 사실을 알고 나면 수많은 사람이 게임의 세계로 대거 이주하는 현상이 놀랍지도 않다. 자발적 자기 보상 활동이 우리를 행복하게 한다는 긍정 심리학의 연구 결과가 어마어마한 규모로 확증되고 있을 뿐이다. 게임이란 현실 도피가 아니라는 사실이 증명되고 있다.

게이머들은 능동적으로 현실의 보상을 증진하고 있다.

03

행복한 생산성의 세계,
와우^{WoW}

게이머들은 「월드 오브 워크래프트」(이하, 「와우^{WoW}」)를 하면서 대단한 만족감을 누린다. 그래서 그들은 총 593만 년이나 플레이했다.

말도 안 되는 소리 같지만 사실이다. 2004년에 대규모 다중 사용자 온라인 롤플레잉 게임 Massively Multiplayer Online Role-Playing Game, MMORPG 「와우」가 서비스를 개시한 후로 전 세계 게이머가 이 게임에 들인 시간을 합하면 무려 500억 시간 이상, 연수로 따지면 593만 년이다.[1]

지금으로부터 593만 년 전이면 인류의 시조가 직립 보행을 시작한 무렵이다.[2] 그러니 인류의 진화 기간과 「와우」의 플레이 시간이 비슷한 셈이다.

플레이 시간, 플레이어 수, 수익, 어느 모로 보나 「와우」는 컴퓨터 게임 역사에서 독보적이다. 「와우」 플레이어가 가상 세계에서 보내는 시간은 일주일에 평균 17~22시간으로 다른 어떤 컴퓨터 게임보다 길다.³ 가입자 수도 2004년 1월 25만 명에서 2010년 1월 1,150만 명 이상으로 꾸준히 늘었다. 유료 게임으로는 명실공히 세계 최대 규모다. (다른 MMORPG와 마찬가지로 「와우」도 가상 세계에 접속하려면 평균 15달러의 월 사용료를 내야 한다.) 「와우」를 개발한 액티비전 블리자드^{Activision} ^{Blizzard}는 사용료로만 전 세계에서 하루 500만 달러 정도를 거둬들인다.⁴

「와우」가 전례 없는 성공을 거둔 비결은 무엇일까? 「와우」의 세계에서는 무엇보다도 '행복한 생산성'을 누릴 수 있기 때문이다.⁵

진정한 재미는 500시간의 노동 후부터

행복한 생산성이란, 확실한 결과가 즉각적으로 나오는 일에 몰입할 때 느끼는 기분이다. 결과가 명확할수록, 결과 도출에 걸리는 시간이 짧을수록 행복한 생산성이 커진다. 그리고 성취감으로 따지자면 「와우」를 따라올 게임이 없다.

「와우」에서 가장 중요한 일은 자기 계발이다. 알다시피 자기 계발은 누가 시키지 않아도 거의 모든 사람이 의욕을 느끼는 활동이다. 「와우」에는 아바타가 있고, 플레이어가 할 일은 경험 축적, 능력 증진, 장비 강화, 기술 및 특성 습득, 평판 향상 등 여러 방면에서 아바타를 더 훌륭하고 강력하고 또 부유하게 성장시키는 것이다.

이렇게 계발 가능한 속성들은 아바타 프로필에 점수와 함께 표시된다. 자기를 계발하려면 점수를 얻어야 하고, 그러려면 끊임없이 퀘스트와 전투를 수행하고 직업 훈련을 해야 한다. 점수를 얻으면 레벨이 올라가고, 레벨이 올라가면 더 어렵고 흥미로운 일들이 생겨난다. 이 과정을 '레벨 업'이라 한다. 일이 어렵고 흥미로우면 의욕이 생기고, 의욕이 생기면 점수를 얻는다. 점수를 얻으면 또 의욕이 생기는데 이런 일련의 과정이 바로 생산의 '선순환'이다. 가상 세계 연구의 권위자 에드워드 캐스트로노버의 말을 빌리자면 「월드 오브 워크래프트」는 실업률이 0퍼센트"다.[6] 「와우」는 작업 흐름이 꼼꼼하기로 정평이 나 있을 만큼 잘 디자인됐기에 절대 할 일이 고갈되지 않고 언제나 다양한 방법으로 아바타를 성장시킬 수 있다.

그렇다면 「와우」에는 어떤 일들이 있을까? 자칫하면 내가 죽을 수 있을 만큼 강력한 적과 싸움을 벌이는 등 아슬아슬하고 위험천만한 일이 있는가 하면, 길을 찾아 왕국의 각 지역을 돌아다니면서 낯선 생물을 발견하고 이상한 지형을 조사하는 탐험도 한다. 또 가죽 세공과 대장 기술 등 전문 기술을 연마하고 재료를 모아 가공해서 장사를 하는 등 잔일도 있다.

다른 플레이어들과 함께하는 일도 많다. 혼자서는 완수할 수 없는 퀘스트를 수행하고, 5~10명, 많게는 25명이 공격대를 꾸려 레이드를 하는 식이다. 이렇게 협업할 때는 으레 본격적으로 과제를 수행하기 전에 전략을 세우는 일이 필요하다. 공격대에서 누가 어떤 역할을 할지 정해야 하고, 더 나아가 여러 차례 예행연습하면서 작전을 다듬어야 할 때도 있다.

이렇게 위험천만한 일, 탐험하는 일, 함께하는 일, 전략을 세우는 일 등을 하다 보면 시간이 훌쩍 지나간다. 할 일이 워낙 많다 보니 대부분 플레이어가 일주일 동안 「와우」에서 보내는 시간이 아르바이트 시간과 비슷하다. 평균 '500시간'을 플레이해야 아바타를 현재 최고 레벨로 성장시킬 수 있는데, 흔히 그 시점에서야 비로소 '진정한 재미'가 시작된다고 한다.[7] 이쯤 되면 순전히 좋아서 하지 않는 한 절대 할 수 없는 일이다.

'진정한 재미'까지 무려 '500시간'! 그런데 플레이어들은 도대체 왜 그 많은 시간을 투자하는 것일까?

일부는 도전의 극치를 경험하리란 기대로 그 많은 일을 감당한다. 플레이어들의 은어로 '만렙'이라고 하는 최고 레벨에 이르면 아드레날린이 쏟아져 나온다. 위험천만한 일과 고도의 정신 활성화를 갈망하는 플레이어는 하루빨리 만렙에 이르고자 레벨 업에 박차를 가한다. 만렙이 돼야 가장 벅찬 상대와 싸우고 가장 힘든 일을 할 수 있으니까, 다시 말해 만렙이 돼야 게임에서 부리는 기개와 배짱이 최고조에 이르기 때문이다.

하지만 굳이 「와우」가 아니어도 가상 세계에서 혈투를 벌이면서 아드레날린 분출을 경험할 수 있는 온라인 게임은 숱하게 많다. 더구나 그런 경험은 애당초 게임을 시작할 때부터 일어나지 않는가? 만약 그런 점이 「와우」에서 누리는 가장 큰 보상이라면 500시간 레벨 업

조건은 특징이 아니라 결함이라고 봐야 한다. 사실 만렙보다 중요성이 크면 컸지 작다고 할 수 없는 요소가 있으니 바로 레벨을 올리는 '과정'이다. 한 플레이어의 말이 이를 잘 보여준다. "그냥 뛰어다니면서 죄다 죽이는 게임을 하고 싶었으면 차라리 「카운터스트라이크 Counter-Strike」를 했을 것이다. …… 그것도 무료로."[8] 게이머들이 「와우」를 비롯해 유료 대규모 멀티플레이 온라인 게임을 하는 까닭은 더 큰 생산성을 경험하는 특혜 때문이다.

초기대작 MMO 「에이지 오브 코난 Age of Conan」이 겨우 250시간 만에 최고 레벨에 도달할 수 있다는 소식이 전해졌을 때 반응이 어땠을까? 블로거들은 "시시하고 기대에 못 미친다"고 평했고, 게임 비평가들은 "그렇게 적은 노력으로" 최고 레벨에 오를 수 있는 MMO라면 게이머들에게 버림받을지 모른다고 우려했다.[9]

현실에서 원래 500시간 걸리는 일을 그 절반인 250시간 만에 끝낼 방법이 생긴다면 다들 반색할 것이다. 하지만 게임은 다르다. 만족스러운 일을 되도록 많이 하고 싶어 하는 수많은 플레이어에게 250시간은 매우 실망스러운 수치다. 이렇게 열정적인 MMO 플레이어들에게 최고 레벨 자체는 부차적인 요소일 뿐, 중요한 것은 성장이다.

그래서 MMO 연구의 일인자이며 세계 최초로 「와우」를 주제로 박사 학위를 받은 닉 이 Nick Yee는 MMO가 사실은 게임의 모습을 띤 대규모 멀티플레이 업무 환경이라고 했다. 그의 말마따나 "인간이 시키는 일을 하라고 컴퓨터를 만들었는데, 이제는 비디오 게임이 오히려 우리에게 일을 시킨다". 사실이다. 하지만 알다시피 일을 더 많이 시켜달라고 부탁하는 쪽은 '우리'다. 우리는 일을 더 많이 받고 싶어 한다. 아니, 더욱 '만족스러운' 일을 더 많이 받고 싶어 한다.

여기서 현실을 바로 잡는 세 번째 방법이 나온다.

게임으로 현실 바로잡기 3 　더욱 만족스러운 일
___

게임과 비교하면 현실은 비생산적이다. 게임 속에서 우리는 더 명확한 임무를 띠고, 더 만족스러운 일을, 더 독립적으로 수행한다.

끊임없이 일하게 되는 3가지 이유

만족스러운 일에는 두 가지 기본 조건이 있다. **명확한 목표**와 그 목표에 이르는 **행동 절차**다. 명확한 목표가 있으면 무엇을 해야 하는지 확실히 알 수 있어 의욕이 생긴다. 그리고 행동 절차가 있으면 즉각 목표를 향해 나아갈 수 있다.

명확한 목표는 있지만 그 달성 방법을 확실히 알 수 없다면? 그러면 그건 일이 아니라 '문제'다. 그렇다고 흥미로운 문제가 있는 상황을 나쁘게 볼 필요는 없다. 그런 상황에서도 얼마든지 열중할 수 있다. 다만, 꼭 만족을 느낀다는 보장이 없을 뿐이다. 문제를 풀려는 의욕만 있고 행동 절차가 없으면 진척 없이 고착 상태에 빠지기 쉽다. 반대로 일이 잘 디자인되어 있으면 반드시 진척이 있다. 일 자체에 '생산성의

보장'이 있다. 그래서 그 같은 일이 우리의 마음을 빼앗는다.

「와우」는 모든 퀘스트에 생산성이 보장된다. 여기저기서 수없이 많은 캐릭터가 특수 임무를 준다. 임무별로 두루마리에 명확한 목표, 목표가 중요한 이유, 행동 절차가 표시된다. 다시 말해 어디로 가서 무엇을 어떤 순서로 해야 하는지, 구체적으로 어떤 증거를 수집해야 성공을 입증할 수 있는지가 설명된다. 그 예로 아래에 전형적인 「와우」 퀘스트를 제시하고 괄호로 설명을 덧붙였다.

⊙ 퀘스트: 훌륭한 무기

은빛 십자군 마상 시합 광장에 있는 제일린 이븐송에게 드락마의 검을 가져가야 합니다. (플레이어의 목표)

하필이면 오늘 같은 날 이렇게 불운한 일이 생기다니! 마상 시합에서 쓸 검이 없어졌습니다. 바로 오늘 오후에 경기가 있는데 말입니다. (목표가 중요한 이유)

한 음유 시인이 말하길, 여행자들이 외로운 여신에게 겨울 히아신스를 바쳐 선물을 얻곤 한다더군요. 수정노래 숲 북서쪽과 얼음왕관의 경계에 무쇠벽 둑이 있는데, 이 히아신스는 오로지 그곳에서 흘러나오는 얼음에서만 자라난다고 합니다. (목적지)

꽃을 모아서 용의 안식처 북동부, 줄드락과 회색 구릉지에 걸쳐 있는 드락마 호수로 가져가십시오. (수행 절차)

얼음왕관에 있는 제일린 이브송에게 돌아가서 드락마의 검을 건네십시오. (성공 증거)

「와우」는 퀘스트를 수행할 때 무엇을 어디서 어떻게 해야 하는지 의문이 생길 틈이 없다. 퍼즐을 풀거나 시행착오를 거쳐 해답을 찾는 게임이 아니기 때문이다. 그냥 일을 해치우고 보상을 받기만 하면 된다.

왜 우리는 이같이 생산성이 보장된 게임에 열광하는가? 『하우 투 비 해피: 행복도 연습이 필요하다』에서 소냐 류보머스키는 "사람에게 구체적인 '목표', 즉 행동하고 기대할 일을 줄 때" 일상생활의 질이 가장 빠르게 향상된다고 말한다.[10] 구체적인 작업에 명확한 목표가 있으면 진취적 추진력, 목적의식이 생긴다고 한다.

바로 그런 까닭에 「와우」에서 퀘스트를 끝내고 또 다른 퀘스트를 받는 것이 경험치와 돈을 받는 것보다 더 큰 보상이다. 각 퀘스트는 그 자체로 행동 절차가 있는 명확한 목표다.

다시 말해 「와우」에서 진정한 보상은 또 다른 할 일을 얻는 것이다. 여기서 가장 눈여겨볼 점이 작업 흐름 디자인이다. 「와우」는 플레이어가 과제를 완수할 때마다 이어서 '약간 더' 어려운 과제에 도전하도록 끊임없이 자극한다. 이렇게 조금씩 도전 난이도가 증가하기 때문에 플레이어는 매번 호기심과 의욕만 느낄 뿐 걱정하거나 무리라는 생각은 절대 하지 않는다. 오랫동안 「와우」를 즐긴 플레이어의 말을 빌리자면 이렇다. "퀘스트를 수락할 때 성공 여부는 생각할 필요가 없다. 생각할 것은 가뜩이나 바쁜 영웅의 일정에서 언제 시간을 내서 퀘스트를 수행하느냐 하는 문제다."[11] 이렇게 목표와 행동 절차가 끊이지 않는 것이 바로 「와우」를 할 때 그토록 힘이 솟는 이유다.

의욕, 그리고 합리적이고 확실한 절차. 이 두 가지가 만족스러운 일의 기본 조건이다. 하지만 진정으로 만족을 느끼려면 시작만큼 '마무리'도 명확해야 한다. 만족스럽게 일을 마무리하려면 노력의 결과를 그 자리에서 두 눈으로 똑똑히 볼 수 있어야 한다.

가시적인 결과에서 만족을 느끼는 까닭은 그 속에서 자신의 유능함이 드러나기 때문이다. 자기 손으로 이룬 것을 보면 자존감이 자란다. 긍정 심리학을 창시한 마틴 셀리그만Martin Seligman은 "자원 구축적 인간 능력 중에서 가장 중요한 것은 작업 생산성"이라고 했다.[12] 여기서 가장 중요한 말은 '자원 구축'이다. 우리가 생산적인 일을 좋아하는 까닭은 자신의 자원을 개발하는 기분이 들기 때문이다.

「와우」는 실시간으로 능력 향상을 화면에 표시하는데 이는 순전히 플레이어가 자원 구축 과정을 더욱 잘 볼 수 있게 하기 위해서다. 체력 +1, 지능 +1, 힘 +1 등으로 끊임없이 플레이어에게 긍정적 피드백을 준다. 이 수치를 볼 때마다 우리는 적에게 더 많은 해를 입힐 수 있거나 더 강력한 마법을 쓸 수 있게 되는 등 자신의 내적 자원이 풍부해짐을 알 수 있다.

또한 아바타의 갑옷, 무기, 보석이 점점 더 근사해지는 것을 보고도 자기 계발 성과를 확인할 수 있다. 그리고 많은 플레이어가 퀘스트 완수 기록을 전부 보여주는 모드^{modification}(게임의 기능을 향상하거나 새로운 기능을 넣는 소프트웨어 – 옮긴이)를 설치해서 자신의 업적을 하나도 빠짐없이 두 눈으로 똑똑히 확인한다.

자기 계발뿐만 아니라 '집단' 계발도 있다. 집단 계발은 최고 레벨 쯤에서 레이드를 할 때 중점이 된다. 레이드는 무엇보다 협력이 중요한 미션이다. 플레이어들은 아주 어려운 레이드를 완수하고자 '길드'에 가입해 다른 플레이어들과 장기 동맹을 맺는다. 유명한 「와우」 안내서에 이런 말이 있다. "레이드의 핵심은 플레이어들이 팀을 만들어 긴밀한 관계를 유지하면서 함께 발전하는 것이다."[13] 길드의 레이드 통계와 업적 통계가 향상될 때마다 플레이어는 다른 사람들과 함께 경축하면서 자원 구축에서 오는 만족감이 배가된다.

하지만 「와우」에서 일을 하면서 받는 피드백 중에서 가장 눈길을 끄는 유형은 따로 있다. 바로 위상 변환^{phasing}이라는 시각 효과인데, 그 범위는 개인이나 집단을 뛰어넘는다. 위상 변환은 우리가 주변 세상에 끼친 영향을 생생하게 보여주는 게 목적이다.

원리는 이렇다. 내가 집에서 컴퓨터로 MMO를 할 때 게임 콘텐츠 중 대부분은 내 하드 드라이브가 아니라 원격 서버에 저장돼 있다. 그리고 원격 서버가 나를 포함해 플레이어 수천 명의 게임 경험을 처리한다. 만일 두 사람이 각자의 집에서 같은 서버에 접속해 게임 상의 같은 지역에 있다면 대개는 보이는 세상도 똑같다. 게임 서버가 두 사람에게 보내는 시각 데이터가 정확히 일치하므로 두 사람이 보는 캐릭터들의 행동, 지형지물의 모양이 똑같을 수밖에 없다.

하지만 위상 변환에서는 서버가 각 플레이어의 지역 내 활동 사항을 비교해 업적에 따라 서로 다른 세상을 보여준다. 영웅적 퀘스트나 힘든 레이드를 완수하고 나면 그렇지 않은 사람과 전혀 다른 세상이 눈앞에 펼쳐진다. 어느 「와우」 문답집에는 이렇게 설명돼 있다. "한 세력이 지역을 점령하는 데 도움을 줬는가? 다음번에 그곳에 가면 상인 등 서비스 캐릭터가 상주하는 야영지가 만들어져 있고 악당은 모두 사라지고 없을 것이다! 지역은 같으나 이전의 업적으로 존재 이유가 달라진 것이다."[14]

아주 강력한 특수 효과다. 우리의 노력이 자신의 캐릭터뿐만 아니라 주변 세상에까지 영향을 미치는 것이다. 한 플레이어가 위상 변환 콘텐츠를 격찬하며 쓴 말을 인용한다. "이를 실현하고자 마법 같은 기술을 사용했는지 아니면 정말 마법을 부렸는지 알 수는 없지만, 전혀 이질감이 느껴지지 않으며 매우 만족스럽다. 내 행동이 주변 세상에 어마어마한 영향을 끼치는 느낌이다."[15]

사실 이는 우리가 현실에서 갈망하던 경험이 아니던가? 『일의 기쁨과 슬픔』에서 알랭 드 보통Alain de Botton은 일이 "의미가 있으려면 반드시 제한된 수의 행위자들이 신속하고 기운차게 일을 처리해야 하고, 따라서 일하는 사람들이 작업 시간 동안 자신이 한 일로 다른 사람들이 어떤 영향을 받을지 그 관계를 상상할 수 있는 환경이 마련돼야 한다"고 했다.[16] 다시 말해 영향을 끼치고자 하는 열망을 충족하려면 자기 손으로 일을 처리하고 그 결과를 신속하게, 시각적으로 확인할 수 있어야 한다. 노력의 성과라고 할 만한 결과가 보이지 않으면 일에서 진정한 만족을 느낄 수가 없다. 그런데 안타깝게도 많은 사람의 일상을 보면 그것이 현실이다.

오토바이 수리공 매튜 크로포드 Matthew Crawford는 『모터사이클 필로소피』에서 육체노동과 사무직 노동이 심리에 끼치는 영향의 차이를 다음과 같이 고찰했다.

많은 사람이 현실적이 아니라 비현실적으로 느껴지는 일을 한다. 사무실에서 일할 때 웬만해서는 노력의 결과를 똑똑히 보기가 어렵다. 하루를 끝낼 때 도대체 무엇이 남는가? 인과관계가 불분명하고 책임이 분산되어 있기에 개인 행위자의 경험이 모호해질 수 있다. …… 더욱 '현실적인' 대안이 있는가?[17]

그저 무언가 일어나게 하는 능력만으로도 즐겁다

크로포드의 의중과 다를지 모르지만 「와우」 같은 게임이 바로 그 대안, 즉 우리가 일상에서 수없이 접하는 빈약한 일들을 대체할 더욱 '현실적인' 대안이다. 흔히 컴퓨터 게임을 가상 경험으로 여기지만 사실 우리는 그 속에서 '현실적 행위자'가 된다. 구체적인 일을 해서 가시적인 결과를 내고, 그로써 가상 세계에 직접적으로 영향을 끼칠 수 있기 때문이다. 그것도 남의 손을 빌리지 않고 자기 손으로 직접 말이다. (다루는 대상이 디지털 데이터와 가상 사물이라고 해서 직접성이 사라지지는 않는다.) 현실 세계가 더 나아지기 전에는 「와우」 같은 게임이 생산 욕구라는 인간의 근본 욕구를 대신 충족할 것이다.

만족스러운 일의 조건은 명확한 목표, 행동 절차, 그리고 직접적이고 생생한 피드백이다. 「와우」는 이 세 가지가 잘 갖춰져 있을 뿐만 아니라 절대 고갈되지 않는다. 그래서 그 속에서 전 세계 게이머가 하루 동안 총 3,000만 시간을 일한다. 수천 개의 퀘스트, 끝이 없는 만렙 경험, 계속해서 새로워지는 장애물과 적들. 역사상 이만큼 큰 만족을 주는 일 체계는 없었다. 아무리 현실의 일을 좋아하는 사람이라고 해도 「와우」의 행복한 생산성에 마음을 빼앗길 것이다. 바로 내가 그러했다.

나도 「와우」를 해보겠다고 컴퓨터 앞에 앉자 친구인 브라이언이 싱긋 웃으며 경고했다. "「와우」는 역사상 가장 강력한 생산성 링거주사야." 농담이 아니었다. 한 시간만 해야지, 하고 앉았는데 정신을 차리고 보니 주말 동안 「와우」에 쏟아부은 시간이 24시간이었다.

퀘스트를 완수하면 꼬박꼬박 경험치와 금화가 들어왔다. 하지만 점수나 보물보다 더 중요한 것은 아제로스라는 온라인 왕국에 발을 들여놓기만 하면 '목표'가 풍성해진다는 사실이었다. 모든 퀘스트에 명확하고 긴급한 지시 사항이 있어 목적지, 해야 할 일, 왕국의 운명이 내 손에 달린 사정을 확실히 일러줬다.

　월요일 아침. 현실 세계의 일로 돌아가야 하지만 그러기 싫었다. 바보 같은 생각인 줄은 알았다. 하지만 마음 한구석에서 계속 경험치와 보물과 +1을 모으고, 할 일 목록에 있는 퀘스트들을 하나하나 끝내고 싶은 바람이 사라지지 않았다. "「와우」를 하는 게 훨씬 생산성이 커!" 남편에게 그렇게 말했던 것 같다.

　물론 현실의 일로 돌아가긴 했다. 그러나 레벨 업을 하고 싶은 마음이 좀처럼 가실 줄을 몰랐다. 현실 세계보다 아제로스 왕국에 있을 때 성취감이 더 컸다. 그게 바로 「와우」라는 생산성 링거주사의 위력이다. 계속해서 일과 보상을 주입하는데 그 효과가 모르핀 링거주사처럼 즉각적이다.

　「와우」를 할 때 우리는 행복에 겨운 생산성을 경험한다. 그 일이 현실이냐 아니냐는 중요하지 않다. 감정적 보상은 현실이니까. 게이머들은 그것으로 충분하다.

　「와우」의 예는 '아주 큰 규모의' 만족스러운 일이다. 플레이어는 이 일터에 어마어마한 시간을 쏟아붓는다. 하지만 '아주 작은 규모의' 게임 역시 유능하고 생산적이라는 느낌을 보상으로 준다. '캐주얼 게임' 유형들로도 1~2분에서 한 시간 사이의 아주 짧은 시간 안에 생산성과 만족감을 느낄 수 있다. 일과 중에 짬짬이 즐기면 일상생활 만족도가 놀랍게 향상된다.

　'캐주얼 게임'은 쉽게 배워서 빨리 즐길 수 있고 다른 게임보다 컴퓨터 메모리와 처리 능력이 훨씬 적게 드는 게임을 가리키는 업계 용어다. (보통 웹브라우저로 온라인에서 플레이하거나 휴대전화로 플레이한다.) 이런 게임은 하루에 고작 15분, 일주일에 몇 번, 이런 식으로 여타 비디오 게임보다 가볍게 즐길 수 있다.

스스로 게이머가 아니라고 생각하는 사람도 아마 캐주얼 게임 몇 개 정도는 해본 경험이 있을 것이다. 가장 쉽게 접하는 게임이 대다수 컴퓨터에 자동으로 설치되는 카드놀이와 지뢰찾기다. 그 밖에 대표적인 게임을 들자면, 밝게 빛나는 보석을 같은 색으로 세 개씩 맞추는 「비주얼드」, 웨이트리스가 되어보는 「다이너 대시 Diner Dash」, 슬롯머신처럼 생긴 몽환적인 분위기의 게임판에 공을 쏴서 말뚝을 빼는 게임으로 내가 가장 좋아하는 「페글 Peggle」이 있다.

캐주얼 게임은 대부분이 싱글 플레이 게임이라 마음이 갈 때마다 몇 분씩 짬을 내 혼자서 즐길 수 있다. 게임의 고취 효과가 가장 필요한 곳, 바로 사무실에서도 플레이가 가능하다.

최근 최고경영자, 최고재무관리자, 사장 등 기업 임원을 대상으로 한 설문조사에서 응답자의 70퍼센트가 업무 중에 짬짬이 캐주얼 컴퓨터 게임을 즐긴다고 밝혔다. 임원 대다수가 날마다 15분에서 1시간 정도씩 컴퓨터 게임으로 휴식한다는 말이다.

왜 임원들이 업무 중에 게임을 하는가? 많은 임원들이 스트레스를 풀기 위해 게임을 즐긴다고 하는데 이는 당연한 말이다. 캐주얼 게임이 웹 서핑과 같이 수동적인 활동보다 스트레스 해소에 훨씬 효과적이라는 것은 더 말할 것도 없다. 이 임원들은 일과 중에 불필요한 장애물에 맞서면서 자신에게 의욕을 불어넣는다. 현실의 일이라는 외적 압력, 즉 부정적 스트레스에서 벗어나 게임 속 일이라는 내적 압력, 즉 긍정적 스트레스로 주의를 돌린다. 이들은 잠깐 컴퓨터 게임을 하고 나면 "자신감과 활력이 생기고 집중력이 증가한다"고 했다. 모두 유스트레스의 특징이다.

어디 그뿐인가? 더욱 흥미로운 사실은 이 게임형 임원의 과반수가 "더 큰 생산성을 경험하고자" 업무 중에 게임을 한다고 응답한 점이다.[18] 더 큰 생산성을 경험하려고 일터에서 게임을 한다니 언뜻 생각하면 말도 안 되는 소리 같다. 그러나 좀 더 생각해보면 그만큼 우리가 간단하고 실제적인 일로 진정한 생산성을 경험하길 갈망한다는 방증이다. 현실에서 일하다 보면 진전이나 변화가 없다는 생각에 낙담할 때가 얼마나 많은가? 우리는 그 실망감을 덜고자 게임의 힘을 빌린다.

알랭 드 보통은 이렇게 썼다. "단 한 푼이라도 돈을 벌기 훨씬 전부터 우리는 끊임없이 일을 해나가야 한다는 사실을 알고 있었다. 우리 행동의 거창한 목적과 상관없이 벽돌을 쌓아올리고, 대야에 물을 부었다 쏟아버리고, 이 구덩이에서 저 구덩이로 모래를 옮길 때 느끼는 만족감을 잘 알았던 것이다."[19] 캐주얼 게임에서는 우리 행동에 거창한 목적이 없다. 그저 무언가를 일어나게 하는 능력만 즐기면 그만이다.

짧고 간단한 비디오 게임으로 생산성을 누리든, 아니면 거대한 세상에 들어가 끊임없이 일에 열중하며 만족을 느끼든 간에, 게임을 하면 자신이 직접 행위자가 되어 영향력을 발휘하는 묘한 즐거움을 만 끽할 수 있다. 이는 어려운 일을 해도 좀처럼 노력의 결실이 보이지 않는 현실 세계에서는 쉽게 경험할 수 없는 일이다.

게임 속 일이 아주 잘 디자인돼 있으면 더 큰 생산성을 경험할 수 있다. 더욱 '현실적'이기 때문이다. 다시 말해 피드백이 더 빠르고 강렬하며 우리의 영향력이 더욱 생생하게 잘 보이기 때문이다. 많은 사람이 일상에서 일에 보람을 못 느끼거나 일을 해도 아무런 영향력을 발휘하지 못한다고 생각하는데, 이런 사람에게는 게임형 일이 진정한 보상과 만족을 주는 활력소다.

한편, 업적을 달성하고 일을 완수하는 것도 보람이 있지만, 반대로 실패를 거듭하는 것도 전혀 다른 방식으로 기운을 북돋운다. 여기서 만족스러운 일을 보완하는 또 다른 유형의 내적 보상을 찾을 수 있다. 바로 성공에 대한 '희망'이다. 꼭 성공을 성취할 필요는 없고 그저 희망만 있으면 된다.

04

게임에만 존재한다,
즐거운 실패

"실패를 좋아하는 사람은 아무도 없습니다. 그런데 왜 게이머들은 전체 게임 시간 중 80퍼센트를 실패로 보내면서도 계속 게임을 즐길까요?"

게임 연구자 니콜 라자로 Nicole Lazzaro가 즐겨 묻는 말이다. 라자로는 경력 20년의 게임 디자인 컨설턴트로서 게임이 감정에 끼치는 영향을 아주 잘 아는 전문가다. 해마다 게임 개발자 콘퍼런스에서 연구 결과와 디자인 권고 사항을 전한다. 지금까지 그가 발표한 연구 결과 중에서 가장 의미 있는 지적은 게이머가 거의 매번 실패를 겪는다는 점이다. 게이머는 다섯 번 중 네 번은 임무를 완수하지 못하거나, 시간이 부족하거나, 퍼즐을 풀지 못하거나, 싸움에 지거나, 점수를 올리지 못해서 죽는다.[1]

자연스레 궁금증이 생긴다. 게이머들은 정말로 실패를 즐기는 걸까? 알고 보니 실제로 그러하다.

라자로는 오래전부터 게이머들이 실패를 좋아한다고 보았다. 최근 핀란드 헬싱키의 M.I.N.D. 연구소 소속 심리학자들이 과학적으로 이를 증명했다. 잘 디자인된 게임을 할 때 우리는 실패를 하더라도 실망하지 않는다. 오히려 행복해한다. 구체적으로 말하자면 마음이 들뜨고 흥미를 느끼며 무엇보다도 낙관적 태도를 보인다.[2]

놀라운 사실이다. 핀란드 연구자들조차도 예상하지 못한 결과였다. 하지만 '재미있는 실패'의 발견만큼 비디오 게임 연구에 크게 공헌한 연구 결과도 없다.[3] 그 이전에는 비디오 게임이 비범한 정신력을 기르는 데 어떤 식으로 도움을 주는지 정확히 알 수가 없었다.

실패할수록 성공에 대한 욕망이 커진다

M.I.N.D. 연구소는 심박계, 뇌파계, 전기 센서 등 감정 반응을 측정하는 생체 측정 장비를 갖춘 첨단 정신생리학 연구 기관이다.

2005년에 비디오 게임 감정 반응을 주제로 새로운 연구 활동을 시작하면서 게이머 32명을 초청해 생체 측정 장비를 연결한 상태에서 인기 게임 「슈퍼 몽키 볼 2 Super Monkey Ball 2」를 플레이하게 했다. 이 게임은 볼링과 비슷한 형식으로, 우주 공간에 떠 있는 울퉁불퉁한 볼링 레인 위에서 원숭이가 든 투명 볼링공인 '몽키 볼'을 이리저리 굴려야 한다. 실수하면 원숭이가 레인 밖으로 데굴데굴 굴러떨어져 허공으로 가라앉는다.

게이머들이 게임을 하는 동안 연구자들은 세 가지 감정 반응 지표를 살폈다. 바로 심박수(감정이 일어나면 박동이 빨라진다), 피부 전도성(스트레스를 받으면 땀이 많이 난다), 얼굴 근육 전기 활성도(기분이 좋으면 큰광대근이 입꼬리를 끌어당겨 미소를 짓는 등 얼굴 근육이 움직인다)이다.

이런 생리 자료를 모두 모으고 나서 몽키 볼을 굴리기 직전, 스트라이크 순간, 볼이 레인 밖으로 빠진 직후 등 게임의 주요 사건을 기록한 자료와 비교했다. 무엇이 가장 강렬한 감정 반응(긍정적 반응과 부정적 반응 모두)을 유발하는지 알아내는 게 목적이었다.

M.I.N.D. 연구진은 게이머가 높은 점수를 얻거나 어려운 단계를 끝냈을 때, 다시 말해 성공으로 피에로를 느끼는 순간에 가장 강렬하고 긍정적인 감정을 보이리라 예상했다. 실제로 그런 순간에 흥분과 만족이 절정에 이르렀다. 하지만 전혀 생각하지 못한 상황에서도 긍정적 감정이 절정에 도달했다는 것을 알아냈다. 실패로 몽키 볼이 레인 밖으로 굴러떨어질 때도 긍정적 감정들이 어우러져 가장 강렬한 반응이 나타난 것이다. 몽키 볼을 잃어버리는 순간 흥분, 기쁨, 흥미가 끝 모르고 치솟았다.

"게임 속의 두말할 나위 없는 실패"에 긍정적 감정 반응을 보이다니 연구진으로서는 당혹스러운 결과였다. 현실에서 실패를 경험하면 보통 실망감에 휩싸이고 흥미와 의욕이 꺾인다. 그리고 실패를 거듭하면 스트레스가 더 쌓이면 쌓였지 줄어들지는 않는다. 그런데 「슈퍼 몽키 볼 2」에서는 성공보다 실패가 더 큰 감정적 보상을 주는 것처럼 보였다.

「슈퍼 몽키 볼 2」에서 플레이어들은 왜 실패를 재미있어 하는가? 그리고 왜 성공할 때보다 더 행복해하는가?

M.I.N.D. 연구진은 이 현상을 이해하고자 플레이어들을 면담하고 게임 디자이너들에게 자문했다. 노력 끝에 특이하게도 플레이어가 「슈퍼 몽키 볼 2」에서 실패를 하고도 자부심을 느낀다고 결론 내렸다.

이 게임에서는 플레이어가 실수를 저지르면 곧바로 아주 재미있는 일이 일어난다. 원숭이가 울면서 허공으로 굴러떨어지는 것이다. 이 애니메이션이 실패를 즐기게 하는 비결이다. 떨어지는 원숭이를 보면 웃음이 터지는데 이는 강력한 보상이다. 하지만 더욱 중요한 것은, 이 애니메이션으로 인해 게임 속 행위자로서 플레이어의 위상이 생생하게 드러난다는 사실이다. 플레이어의 실패는 수동적이고 소극적인 행위가 아니다. 플레이어는 실패로 극적이고 유쾌한 장면을 연출해냈다.

긍정적인 기분이 들고 자신이 행위자라는 의식이 더욱 강해지니 다시 한번 도전하고 싶은 마음이 불끈 솟는다. 원숭이를 허공으로 날려 보낼 능력이 있으니 이번에는 볼링 핀 몇 개를 쓰러뜨리거나 바나나 몇 개를 더 먹지 말란 법도 없다.

이렇게 행위자로서 긍정적으로 주체성을 의식하면 낙관적인 태도가 생길 수밖에 없다. 그게 바로 M.I.N.D. 연구진이 확인한 긍정적 효과, 즉 흥분, 기쁨, 흥미였다. 실패하면 할수록 더 잘하고 싶은 열망이 커진다. 왜? 연구진이 그 이유를 밝혔다. 적절한 유형의 실패 피드백이 곧 보상이기 때문이다. 그래서 우리는 더욱 열중하고 더욱 낙관적으로 성공을 기대한다.

긍정적 실패 피드백이 있으면 자신이 게임의 결과를 좌우한다는 느낌이 강해진다. 그리고 목표 지향적 환경에서 이 지배감은 강력한 성공 동력으로 작용한다. 한 플레이어가 이 현상을 깔끔하게 정리했다. "「슈퍼 몽키 볼」은 중독의 사전적 정의라고 할 만하다. 놀랍게도 중도에 실패해서 강한 실망감을 느끼면서도 동시에 두 주먹을 불끈 쥐고 한 번만 더 해보자 다짐하게 한다."[4] 낙관론자는 역경에 부딪히면 힘이 솟는다. 그리고 힘이 솟을수록 성공이 눈앞에 있다는 믿음이 강해진다. 그래서 게이머는 좀처럼 포기하지 않는다.

우리는 그렇게 낙관적인 태도로 힘에 부치는 일에 맞설 때가 그리 많지 않다. 그래서 많은 게이머가 심술궂고 어려운 게임 콘텐츠를 즐긴다. 「슈퍼 몽키 볼」 시리즈를 평가한 글을 보면 하나같이 "미치도록 어렵다"와 같은 표현을 써가며 호평을 아끼지 않는다. 우리가 이 게임을 좋아하는 이유는 바로 그 때문이다. 좀 더 정확히 말하자면 현실에서는 지독히 어려운 문제에 직면했을 때 그 어떤 감정적 동요 없이 진심으로 희망을 품는 일이란 거의 없기 때문이다.

게이머가 새로 게임을 하려고 앉아서 반드시 성공할 수 있다고 확신하는 것은 당연히 좋은 현상이다. 이유 있는 낙관론은 게임이라는 매체의 기본 중 기본이다. 컴퓨터·비디오 게임에서 모든 퍼즐, 미션, 단계는 게이머가 시간과 의욕만 있으면 틀림없이 풀 수 있고, 완수할 수 있고, 통과할 수 있도록 디자인된다.

하지만 긍정적 실패 피드백이 없으면 그 믿음이 쉽게 무너진다. 실패가 내 뜻과 아무 상관이 없다는 생각이 들면 행위자로서 주체성이 사라지고 낙관론이 시들해진다. 첨단기술 전문 기자 클라이브 톰프슨의 말처럼 "실패가 재미있으려면 게임이 공정하고 플레이어가 반드시 성공할 수 있어야 한다."[5]

그래서 니콜 라자로는 게임 개발자들과 아주 오랫동안 머리를 맞대고 도대체 어떻게 해야 실패를 극적이고 재미있게 디자인할 수 있을지 궁리했다. 간단하고도 강력한 비결이 나왔다. 플레이어가 게임 세계에서 발휘하는 힘을 직접 볼 수 있게 하는 것이다. 거기에 웃음까지 터뜨릴 수 있다면 금상첨화. 실패가 재미있다면 우리는 계속 도전하고, 언젠가 성공하리란 희망을 절대 잃지 않는다.

여기서 현실을 바로 잡는 네 번째 방법이 나온다.

게임으로 현실 바로잡기 4 성공에 대한 더 큰 희망

게임과 비교하면 현실은 절망적이다. 게임 속에서는 실패가 두렵지 않고 성공 가능성도 크다.

가능한 목표에만 집중한다

사실 성공 자체보다 그에 대한 '희망'이 더욱 가슴을 두근거리게 할 때가 많다. 성공하면 기분이 좋긴 하지만 재미있는 일이 사라져버리고 만다. 반대로 실패하면, 그리고 다시 도전할 수 있다면 우리의 임무는 사라지지 않는다. 승리하면 대개 즐거움이 그친다. 하지만 실패하면 즐거움이 계속된다.

"게임은 영원하지 않다." 창의성으로 온라인 게임과 가상 세계를 만들어가는 최고의 디렉터 라프 코스터Raph Koster의 말이다. "나는 잘하는 것을 즐기다가 실력이 더 향상되어 정말 잘하게 되면 그만 싫증이 난다."[6] 그 시점에서 그는 하던 게임을 관두고 다른 게임을 시작한다. 어떤 것을 정말로 잘하게 되면 '그리 잘하지 못했던' 때보다 재미가 없어지기 때문이다.

게임업 종사자들의 애독서가 된 『라프 코스터의 재미 이론』을 보면 게임은 딱 숙달될 때까지만 재미있다고 말한다. "게임의 재미는 숙달에서 비롯된다. 이해에서 비롯된다. …… 게임에서는 '학습'이 마약이다." 그래서 뭘 해도 성공할 수 있게 되면 재미가 시들해진다.[7]

일종의 역설이다. 게임은 우리가 학습하고 실력이 늘어서 마침내 성공할 수 있도록 디자인된다. 누구든 공을 들이면 실력이 늘 수밖에 없다. 그런데 실력이 늘면 게임이 쉬워진다. 그나마 한동안은 더 어려운 단계와 더 지독한 과제에 도전해 '힘든 재미'를 유지할 수 있다. 하지만 계속 플레이하다 보면 계속 실력이 는다. 따라서 시간이 갈수록 불필요한 장애물이 장애물로서의 힘을 잃는 게 당연하다.

그래서 코스터는 이렇게 썼다. "게임은 재미있어지는 게 아니라 언젠가 지루해질 운명이다. 게임이 재미있기를 바라는 사람은 인간 두뇌를 상대로 질 수밖에 없는 싸움을 벌이는 셈이다."[8] 임계점을 지나 언제든 성공할 수 있게 되면 재미는 권태로 변할 수밖에 없다. 이렇게 플레이어가 학습(그리고 재미)에 빠지는 특성 탓에 게임을 '소모성' 재화라고도 부른다.

재미있는 실패는 플레이어가 게임을 더 오랫동안 즐기며 학습하도록 하는 수단이다. 그리고 실패를 즐길 줄 아는 사람은 '긴박한 낙관urgent optimism'의 상태에 더욱 오래 머물 수 있다. 긴박한 낙관 상태란 성공을 거머쥐기 직전에 희망으로 가득 차 온 힘을 다하자고 다짐하는 순간을 말한다.

긴박한 낙관으로 실패에 맞서는 것은 우리가 게임에서 배워 현실에 적용할 수 있는 중요한 감정적 강점이다. 실패에서 기운을 얻을 줄 알면 감정이 튼튼해진다. 그리고 감정이 튼튼해지면 더 오래 버티고 더 힘든 일을 하고 더 복잡한 문제를 다룰 수 있다. 이런 낙관주의가 있어야 인생이 꽃핀다.

학자들은 낙관주의가 건강, 수명, 평온, 직업, 대인관계, 창의성, 불굴의 의지 등 인생의 거의 모든 면에서 삶의 질을 향상하는 데 밀접한 연관이 있음을 밝혔다. 당연한 말이다. 낙관주의는 우리가 자신의 삶, 더 나아가 타인의 삶을 향상하는 방향으로 행동하게 한다. 낙관주의는 인간을 번영하게 만든다. 즉, 인생을 가장 아름답게 가꿔 나가게 한다. 번영의 핵심은 즐거움이나 만족이 아니다. 잠재력을 모두 발휘해 살아가는 것이다. 그러므로 진정한 번영을 누리려면 자신의 능력과 성공 가능성을 낙관해야 한다.

자신의 능력을 낙관하면 그 순간에만 더 행복해지고 마는 게 아니라, 장래에 성공해서 더 큰 행복을 누릴 가능성도 커진다. 학생, 임원, 운동선수를 대상으로 한 수많은 연구 결과를 보면 "내 행동으로 상황을 바꿀 수 있다", "내가 내 운명을 개척한다"와 같은 말에 공감하는 사람이 하나같이 더 큰 성공을 거뒀다.[9] 또 낙관적인 정신 상태에서 집중력, 사고력, 학습 효과가 증진된다는 연구 결과도 있다.[10] 진정한 성공을 거둘 수 있도록 희망이 정신을 준비시키는 것이다.

물론 과유불급이라고 지나친 낙관은 없느니만 못하다. 어느 정도 수준으로 낙관해야 하느냐는 상황에 따라 다르다. 그래서 마틴 셀리그만은 "유연한 낙관주의flexible optimism"를 취하라고 한다. 유연한 낙관주의란 끊임없이 자신의 목표 달성 능력을 헤아려보고 그에 맞춰 노력의 수위를 조절하는 것이다.

유연한 낙관주의를 취하면 성공 가능성을 낙관하되 자신의 능력이나 자신이 결과에 끼칠 수 있는 영향을 과대평가하지는 않는다. 그리고 자신이 달성 불가능한 목표를 좇고 있다거나 별로 영향을 끼칠 수 없는 환경에서 움직이고 있다는 피드백을 받으면 낙관의 수준을 낮춘다. 시간과 노력을 다른 데 쓰면 더 좋다는 사실을 알기 때문이다.

게임은 유연한 낙관주의를 기르기에 딱 알맞은 환경이다. 그리고 일상에서 유연한 낙관주의를 더 잘 실천하려면 확실히 도움이 필요하다. 랜덜프 네스Randolph Nesse 미시건 대학교 진화의학 교수는 유연한 낙관주의가 행복을 좌우한다고, 이미 인간 문명 초기부터 그래왔다고 본다.

네스의 연구 초점은 진화적 관점에서 본 우울증의 기원이다. 도대체 우울증의 존재 이유는 무엇인가? 그는 우울증이 그토록 오랫동안 우리 유전자에 남아 있는 것을 보면 분명히 진화상의 이점이 있으리라고 본다. 어쩌면 맹목적 낙관주의에 빠져 엉뚱한 목표에 자원을 탕진하지 않도록 하는 적응 기제일지 모른다는 생각이다.[11] 현실적으로 달성 불가능한 목표에 힘과 시간을 낭비하지 않으면 진화에 이롭다. 그래서 생산적인 발전을 이룰 명쾌한 방법이 없다면 우리의 신경계는 힘도 의욕도 별로 나지 않는 상태가 된다.

이런 약한 우울증 시기에는 자원을 절약하고 더욱 현실적인 새 목표를 찾을 수 있다는 게 네스의 이론이다. 그런데 만일 고집스레 성취 불가능한 목표를 계속 좇는다면 이 적응 기제가 과용되면서 아주 심각한 우울증이 생긴다.

네스는 이러한 적응 기제와 더불어 우리가 비현실적인 목표를 세우는 경향이 현재 미국에 우울증이 만연한 원인일 수 있다고 본다. 우리는 명성, 부, 명예, 으리으리한 업적 등 과도한 목표를 세운다. '하면 된다'는 정신으로 아주 비현실적인 꿈을 실현하려고 애쓴다. 자신의 참다운 능력에 관심이 없고, 성취 가능한 목표에 공을 들이지도 않는다. 허황한 꿈에 홀린다. 진화 기제가 손을 내저으며 헛수고하지 말라고 해도 소용없다.

그러나 게임을 하면 이 우울의 올가미를 벗어날 수 있다. 게임에서는 달성 가능한 목표에 집중한다는 진화상의 임무를 다할 수 있으니 마땅히 낙관할 이유가 있다. 행복 연구자 소냐 류보머스키는 이렇게 썼다. "우리는 유연하고 적합한 목표를 받아들일 때 최대 행복을 누린다."[12] 좋은 게임은 우리가 성공할 수 있는 환경을 조성하고 우리가 성취할 수 있는 목표를 끊임없이 제공한다. 그리고 일상생활에 유연하고 적합한 목표가 절실할 때 그 목표를 주입할 기회를 준다.

물론 우리가 게임에서 거두는 성공이 현실 세계의 성공은 아니다. 하지만 많은 경우, 우리가 갖은 애를 써가며 손에 넣으려고 하는 돈, 미모, 명성 같은 것보다 게임 속 성공이 한층 현실적이다.

비현실적 목표를 이루려고 인생을 낭비하는 것은 참 우울한 일이다. 헛된 꿈을 좇는 문화에서 벗어나고자 하는 사람에게는 게임이 큰 도움이 된다. 자신을 우울하게 하는 목표에서 시선을 거두고 더 유연한 낙관주의를 기를 수 있기 때문이다. 현재 최고의 게임들은 우리가 성공 가능성을 현실적으로 믿게 해준다. 물론 게임으로 달성 불가능한 목표를 세우는 현대 사회의 문제를 완전히 해결할 수는 없다. 그래도 행복을 증진하고 유연한 낙관주의를 기르는 데는 분명히 도움이 된다. 꿈에서 벗어나 현실적인 목표에 집중함으로써 열심히 일하고 성장하고 새로운 것을 숙달할 수 있는 것이다.

인기 음악 게임 「록 밴드 2 Rock Band 2」가 좋은 예다. 비디오 게임 역사상 「록 밴드」 시리즈만큼 흥미진진하고 현실적인 목표를 준 게임도 없을 것이다. 출시 첫해에만 매출액이 10억 달러를 넘었다.[13] 그리고 2009년 최다 판매 게임, 역사상 가장 성공한 비디오 게임에 등극하기까지 수백만 플레이어에게 야심 찬 희망, 그리고 극적인 실패를 안겨줬다.

록 스타로 성공할 수 있다는 아주 현실적인 희망

록 스타가 된다는 것은 대단한 성공을 의미한다. 지위와 명성의 상징이며 '현실적'으로 웬만한 사람은 성취할 수 없는 일이기도 하다. 하지만 「록 밴드」를 하면 얼마든지 스타의 반열에 오를 수 있다.

「록 밴드」는 최대 4인이 참여해 마이크로 노래하고, 플라스틱 드럼을 치고, 줄 대신 버튼이 달린 플라스틱 기타로 코드를 짚어가며 록 스타가 되는 게임이다. 게임이 보내는 신호에 맞춰 음을 누르거나 노래하면 된다. 그러면 플레이어의 입맛대로 꾸민 록 스타 아바타가 화면에서 열광적인 무대를 선보인다.

물론 비디오 게임으로 진짜 록의 전설이 될 수는 없다. 하지만 친구나 가족과 함께 너바나, 건즈 앤 로지즈, 롤링 스톤즈, 밥 딜런, 비틀즈 등 최고의 록 스타가 되어 불후의 명곡을 연주할 수는 있다. 정말 록 스타가 되어 공연하는 느낌이 드는 건 남이 아니라 바로 자신이 노래하고 연주하기 때문이다.

보컬을 맡으면 실제 가사로 노래하는데 마이크에 음정 감지기가 있어 제때 제 음으로 불렀는지 검사하므로 허투루 불러서도 안 된다. 드럼도 실제와 같은 높이에 압력 감지 드럼 패드 네 개가 달려 있고 아래에 드럼 페달이 있으며 추가로 심벌즈도 두 개 달 수 있어 실제와 매우 비슷하다. 화면에서 떨어지는 신호에 맞춰 제때 제 순서로 치면 정말로 리듬이 만들어진다. 전문 드러머들이 실제 록 드럼 연주와 꽤 유사하다고 했을 정도다.[14]

기타와 베이스는 좀 더 추상적이다. 비디오 게임 이론가이자 연구자로 유명한 야스퍼 율Jesper Juul은 '연주'와 '퍼포먼스'를 구별했다. 전자는 실제로 소리를 내는 것이고, 후자는 소리로 이어지는 복잡한 행동을 하는 것이다. 「록 밴드」의 기타와 베이스는 후자에 속한다.[15]

여러 가지 조합으로 버튼을 누르면 정말로 기타 프렛을 눌러 코드를 연주하는 기분이 들고, 스트럼바를 앞뒤로 움직이면 기타 줄을 튕기는 기분이 든다. 사실상 실제 기타리스트와 똑같은 리듬으로 연주하고 똑같은 손놀림으로 기타를 다루는 셈이다. 실제로 곡을 연주하진 않아도 리듬에 맞춰 실제 곡과 밀접한 관련이 있는 퍼포먼스를 한다고 볼 수 있다.

어떤 악기든 소리를 정확하게 입력할수록 스피커에서 나오는 음악이 더 화려하고 풍성해진다. 드럼을 아무렇게나 치면 곡에서 드럼 트랙이 사라져버린다. 기타 음을 절반만 치면 기타 트랙에서 고른 소리가 나지 않는다. 하지만 플레이어 전원이 훌륭하게 연주하면 원곡 못지않은 곡이 탄생한다.

「록 밴드」 시리즈의 제작자인 알렉스 리고퓰러스Alex Rigopulos는 게임의 목표 중 하나가 "플레이어의 연주로 음악을 되살리는 것"이라고 했다.[16] 그래서 플레이어는 게임을 하며 전율한다. 정말로 곡을 '연주'하는 것은 아니라도 자기 손으로 곡을 되살리고 있기 때문이다. 자신의 노력이 곡에 어떤 영향을 끼치는지 두 귀로 똑똑히 들을 수 있고, 잘하면 더 훌륭한 곡을 연주해낼 수도 있다. 손놀림이나 리듬이 복잡해질수록, 또는 음정 맞추기가 어려워질수록 자신이 곡의 느낌을 좌우한다는 기분이 더욱 생생하게 일어난다.

난이도가 높아질수록 더욱 복잡한 행동을 해야 한다. 그래서 더욱 복잡한 기타 코드를 연주하거나 더욱 현란한 당김음으로 드럼을 치거나 더 정확하게 음정을 맞추다 보면 실제 공연에 더욱 가까워진 느낌이 든다.

이러한 이유로「록 밴드」실력 향상이 정말 가치 있는 목표로 느껴진다. 나의 입김과 손길로 좋아하는 곡을 갈고닦으면서 정복해나가는 것이다. 어디 그뿐인가? 기회가 되면 사람들 앞에서 공연도 할 수 있다. 이 게임이 성공의 희망을 키우는 가장 큰 비결도 여기에 있다.「록 밴드」게임 문화 덕분에 사람들 앞에서 공연할 기회가 아주 많아졌다. 집에서 친구나 가족을 모아놓고 공연할 수 있을 뿐만 아니라, 대도시마다 실제 무대에서 밤새「록 밴드」를 하며 공연할 수 있는 술집도 있다. 그리고「록 밴드」는 라이브 비디오 게임 토너먼트에서도 단골 종목이다.

이처럼 곡을 정복할 수 있을 뿐만 아니라 다른 사람들에게 실력을 뽐낼 수 있다는 점이 낙관성을 키운다. 그리고 극도로 어려운 버전으로 곡을 정복하고자 하는 플레이어에게 다행스럽게도,「록 밴드」에서의 실패는 이보다 더 나을 수 없다고 할 만큼 재미있고 플레이어의 기운을 북돋는다.

「록 밴드」의 재미있는 실패는 음향 효과에서 시작한다. 박자나 음정을 못 맞추거나 음을 너무 많이 틀리면 음악이 흐트러지는 게 귀에 똑똑히 들린다. 처음에는 반주에서 틀린 음이 들린다. 그다음에는 관중의 야유가 들린다. 실패를 거듭하면 음악은 더욱 엉망이 된다. 그리고 갈 데까지 가면 마침내 시각 효과가 등장한다. 플레이어의 아바타가 관중의 야유에 못 이겨 불만 가득한 얼굴로 슬금슬금 무대를 걸어나가고 밴드 구성원들이 험악한 표정으로 서로 주먹질을 해대는 것이다. 우스꽝스럽기 짝이 없는 실패 장면에 웃음이 터질 수밖에 없다.

게다가 '실패의 상황'은 현실이 온라인보다 더 재미있다. 퍼포먼스 체력 막대가 붉은색이 되면 무대에서 쫓겨나기 직전이라는 뜻인데, 그러면 다른 도리가 없다. 마지막이란 생각으로 온 힘과 정신을 모아 악기를 두드리게 된다. 미친 사람처럼 드럼 스틱을 휘두르고, 음역의 한계에 도전하듯 목이 터져라 고음을 내지르고, 정신이 나간 듯 플라스틱 기타 프렛과 스트럼바를 마구 쳐댄다. 막판에 터지는 이 필사적인 플레이는 혼자 게임을 할 때도 재미있지만 한 사람이라도 같이 하는 사람이 있으면 정말 배꼽이 빠질 정도다.

곡을 다 연주하지 못하고 게임이 끝나면 위와 같은 극적인 실패로 긍정적인 감정이 생길 뿐만 아니라 아주 중요한 정보도 얻을 수 있다. 무대에서 쫓겨나기 전에 곡을 몇 퍼센트나 연주했는지 정확한 수치가 나오는 것이다. 이 정보를 보면 긍정적인 관점에서 자신의 성취도를 알 수 있다. 겨우 33퍼센트라고 해도 전체의 3분의 1은 버틴 셈이다. 실패가 아니라 불완전하나마 성공을 거뒀다고 볼 수 있다. 그리고 수치가 올라가면 실력에 더욱 자신이 생기고, 따라서 다시 한번 해보겠다는 도전욕이 솟는다.

이 욕구가 엉뚱한 방향으로 나갈 일은 없다. 게임 환경이 여러 가지 방법으로 성공의 희망을 뒷받침하기 때문이다. 예를 들면 밴드 구성원이 각자 난이도를 달리할 수 있다. 능숙한 드러머는 어려움으로, 아직 목이 덜 풀린 보컬은 보통으로, 풋내기 기타리스트는 쉬움으로 플레이하는 식이다. 이렇게 하면 같은 곡을 합주하면서도 각자에게 맞는 현실적인 목표를 세울 수 있다.

친구들이 함께 즐긴다면 한 사람이 다른 사람을 '음악적 참사'에서 구해줄 수도 있다. 베이시스트가 실패하면 기타리스트가 끝내주는 솔로 연주로 되살릴 수 있다. 드러머가 실패하면 보컬이 후렴을 완벽하게 소화해 다시 게임으로 끌어들일 수 있다. 실패하더라도 아주 쫓겨나기 전에 다른 사람의 도움으로 두 번 살아날 수 있다. 여기서 주목할 점은 다른 구성원의 성공적 연주에 생사가 달렸다는 사실이다. 그래서 한 사람이 실패하면 다른 사람들은 더욱 분발하게 된다.

실시간 피드백 덕분에 실수에서 교훈을 얻기도 한결 쉽다. 드럼이나 현악기를 연주할 때는 맞았는지 틀렸는지 눈으로 확인할 수 있다. 박자를 놓치거나 코드를 잘못 짚으면 바로 알 수 있어서 정확히 어느 부분이 틀렸는지 쉽게 파악할 수 있다. 노래할 때는 보표를 보고 음정이 정확한지, 아니면 높은지 낮은지 알 수 있다. 실시간으로 음을 낮추거나 높이면서 맞출 수 있으므로 같은 곡을 몇 번 하다 보면 정말로 소리가 좋아진다.

이와 같은 특징 덕분에 「록 밴드」는 꼭 학습 환경 같다. 그래서 「록 밴드」를 플레이하면, 사실상 원래 좋아하던 곡의 리듬과 선율을 더 잘 알게 되거나 가족과 친구들 앞에서 더 자신 있게 실력을 뽐낼 수 있게 되는 것뿐이라고 해도, 정말로 음악성이 향상되는 기분이 든다.

게다가 연구 결과를 보면 음악 게임을 할수록 '진짜' 악기를 연주하고 싶은 마음이 커진다고 한다. 2008년에 「록 밴드」와 「기타 히어로 Guitar Hero」 플레이어 7천여 명을 대상으로 한 연구에서 비음악인의 67퍼센트가 게임을 시작하고 나서 마음이 움직여 실제 악기를 잡게 됐다고 응답했다. 그런가 하면 음악인이라고 한 게이머 중 72퍼센트가 음악 게임을 즐기기 시작하면서 실제 악기를 연주하는 시간이 더 늘어났다고 말했다.[17]

「록 밴드」 같은 게임으로 실제 음악성이 길러지는지에 관해 아직 많은 사람을 대상으로 한 연구 결과가 발표되지는 않았다. 그러나 이런 유형의 게임으로 현실적인 낙관성이 길러지고, 이어서 현실에서 음악을 하고 싶은 마음이 생긴다는 데는 의심의 여지가 없다.

「록 밴드」는 네 가지 악기 중 하나를 연주하면서 혼자서 즐길 수도 있지만 게이머 설문 조사 결과를 보면 그런 사람은 거의 없다. 2008년에 퓨 연구소 Pew Research Center가 인터넷과 미국인 생활 프로젝트 Internet & American Life Project로 가정 내 비디오 게임의 역할을 분석한 결과, 「록 밴드」 같은 음악 게임 덕분에 노소를 불문하고 게이머들이 함께 게임을 즐기는 시간이 늘어났다는 사실이 분명해졌다.

낙관성 증진 효과가 가장 큰 비디오 게임이 사회성도 가장 크다는 것은 우연의 일치가 아니다. 우리가 성공을 생각할 때 가장 희망하는 바가 다른 사람과 성공을 나누는 것이다. 우리는 다른 사람에게 능력을 보여주기 원하고, 자신이 이룬 일로 자신의 존재가 드러나길 바란다. 흔히 말하듯이 아무도 알아주지 않는 성공은 아무 의미가 없다. 게임으로 여러 가지 긍정적인 피드백을 얻을 수 있지만 우리는 그 무엇보다 친구와 가족에게 칭찬 듣고 인정받기를 간절히 원한다.

연구 결과, 낙관적인 사람일수록 사회적 지지를 구하고 끈끈한 인간관계를 맺을 확률이 높은 것으로 드러났다.[18] 주체성과 의욕을 강하게 느끼면 다른 사람들을 삶에 더 가까이 끌어들인다. 바로 그런 이유로 게임에서 경험하는 재미있는 실패가 사교적인 자리에 점점 더 모습을 드러내고 있다. 우리는 오프라인에서든 온라인에서든 점점 더 많은 친구와 가족을 불러 함께 게임을 즐긴다. 좋아하는 게임으로 사람들 앞에서 솜씨를 뽐낼 기회를 찾는다. 그리고 「와우」 길드와 자기만의 「록 밴드」처럼 오래 지속되는 팀을 꾸린다.

예전에는 컴퓨터 게임을 하면 사람보다 기계와 더 많이 교류하게 된다는 말이 사실이었을지 모른다. 하지만 아직도 게이머를 외톨이로 생각한다면 그건 순전히 자신이 게임을 안 하기 때문이다.

05

게임으로 다시 잇는
끈끈한 유대감

500만이 넘는 사람이 페이스북에서 온라인 단어 게임 「렉슐러스Lexulous」를 즐기고 있으며 그중 대부분이 엄마와 아들 혹은 엄마와 딸이다.

「렉슐러스」는 2007년에 출시돼 페이스북 최초로 거대 사용자층을 형성한 애플리케이션으로, 무엇보다도 친숙한 게임 방식이 사람들의 마음을 끌었다. 「스크래블」만 할 줄 알면 따로 배울 게 없었다. 게임 방법을 아주 조금 고치고 온라인 채팅 기능을 넣은 비공식 개정판이기 때문이다.[1] 시간 제한이 없고 페이스북을 나가도 게임이 끝나지 않는다. 차례가 돌아오면 페이스북이 홈페이지, 이메일, 휴대전화로 알려준다.

「렉슐러스」가 모든 세대를 아우르는 비결을 한 평가자는 이렇게 요약했다. "소셜 네트워크에 있는 모든 사람이, 심지어 엄마도 「스크래블」은 할 줄 안다."[2] 그래서인지 온라인에 올라온 글들을 보면 '우리 엄마'라는 말이 자주 등장한다. 예를 들면 이렇다. "나는 애틀랜타에 살고 우리 엄마는 텍사스에 사신다. 아주 멀리 떨어져 있지만 우린 밤만 되면 게임을 한다. 그런데 엄마는 번번이 나한테 지니까 좀 쉬셔야 할 듯. (엄마, 사랑해!)"[3]

평생 게임 평을 읽어왔지만 엄마라는 단어가 이렇게 많이 나오는 게임은 처음이다. 아마 많은 사람이 날마다 엄마와 대화할 구실을 찾으려고 「렉슐러스」를 즐긴다고 해도 과언이 아닐 것이다.

온라인 평만 보고 그런 생각을 하는 것은 아니다. 사진 증거도 있다. 플리커Flickr나 포토버킷Photobucket 같은 사진 공유 사이트를 보면 '엄마와 함께하는 온라인 「스크래블」', '엄마한테 「렉슐러스」를 이겼다' 같은 제목으로 승리의 순간을 담은 스크린샷이 심심찮게 올라온다.[4] 가족끼리 단어 게임을 하면서 어떤 일상적 장면이 연출될지 어렴풋이 그려볼 수 있다. 그냥 별 뜻 없이 하는 말이 많지만 잘 들여다보면 끊임없이 서로 안부를 묻는다. 다음은 플리커에서 엿들은 이야기들이다. "인턴 시작했니? 어때?"[5], "아직 무릎이 아프구나. 얼음 잔뜩 대고 있다."[6], "일 끝나고 뭐하고 있니?", "아버지가 잘 지내냐고 하신다."[7] 함께 게임을 할 수 있어서 행복하다는 말도 있다. 엄마가 두 딸에게, "할 때마다 져도 너희 둘을 볼 수 있어서 좋구나. :)"[8] 물론 가장 많은 말은 이 한마디, "사랑해."[9]

올라온 스크린샷을 보면 사람들이 날마다 「렉슐러스」를 하는 게

꼭 엄마 때문은 아닌 듯하다. 아빠, 형제자매, 친척, 예전 직장 동료, 멀리 있는 친구, 출타 중인 배우자와 함께하는 게임도 무척 많다. (나는 출장 중에 「렉슐러스」를 가장 많이 한다. 상대는 대부분 남편인데 단순히 안부만 묻는 게 아니라 정말로 뭔가 함께하고 있다는 느낌이 들어서 좋다.)

두 사람이 모두 온라인에 있지 않아도 게임을 즐길 수 있으니 상대가 멀리 떨어져 있거나 바빠도 상관없다. 말 그대로 하루에 몇 분씩만 해도 게임이 이어진다. 그리고 현실의 친구나 가족과 함께 게임을 이어간다면 자신이 가장 아끼는 사람과 날마다 능동적으로 연결될 기회가 확보된다.

이렇게 「렉슐러스」에서 가까운 사람들끼리 모이는 현상이 꼭 게임 디자인 때문이라고 할 수는 없다. 페이스북에 가입된 사람 중 아무나, 아예 모르는 사람도 상대로 삼을 수 있지만 대부분이 이미 페이스북 '친구'로 등록된 사람하고만 게임을 한다. 우리는 사랑하는 사람들과 안부를 나누려고 일부러 「렉슐러스」를 한다. 연락할까 말까 망설이던 사람은 「렉슐러스」가 계기가 된다. 내가 말할 '차례'가 됐다고 일러주니 능동적인 연결 상태를 유지하는 데 도움이 된다. 그리고 게임에서 질 상황에 놓이면 이제는 게임으로 이어지는 게 즐겁고 보람 있을 뿐만 아니라 중독성까지 생긴다.

「렉슐러스」의 중독성은 '비동시적' 게임 방식에서 나온다. 두 사람이 꼭 같은 시간에 온라인에 접속하지 않아도 되니 하고 싶을 때 자기 차례를 받아서 게임을 할 수 있다. 몇 분에 한 번씩 단어를 주고받으며 빠르게 진행되는 게임도 있긴 하지만, 그보다는 플레이어들이 하루에 한두 번, 아니면 그 이하로 차례를 받아 아주 천천히 진행되는 게임이 더 많다.

이와 같은 비동시성 때문에 흐름을 예측할 수가 없으므로 기대가 더 커진다. 다음 차례에 무엇을 할까 생각하지만 언제 차례가 돌아올지 알 수 없다. 행동하고 싶지만 페이스북 친구가 게임으로 돌아오길 기다려야 한다. 그런데 보통은 친구가 아직 접속 중인지, 또는 게임에 신경 쓰고 있는지 알 수 없으므로 다음 수를 기다리는 마음이 점점 더 커진다. 이를 두고 누군가 이렇게 말했다. "중독적으로 게임을 하되 참을 줄 알아야 한다."[10]

이렇게 중독성이 있다 보니 평소 온라인에서는 잘 만나지 않았던 사람들과도 교류를 시작하게 된다. 새로운 게임을 시작하면 앞으로 얼마 동안 상대방과 최소 열 번은 교류하겠다고 약속하는 셈이다. 그래서 동시에 5개, 10개, 20개의 게임을 하고 있다면 사실상 일상에서 좋아하는 사람들과 소소하게 교류하는 일정을 수백 개나 만든 것과 같다.

《월스트리트 저널》 기사에 나온 통계를 보니 「렉슐러스」 등록 플레이어 중에서 연달아 30일 이상 접속해 있는 사람이 날마다 전체의 3분의 1 정도라고 한다.[11] 이를 보면 소셜 네트워크 게임의 고착성이 얼마나 대단한지 알 수 있다. 소셜 네트워크 게임은 우리가 좋은 게임을 할 때 의욕이 증진된다는 점을 영리하게 이용한다. 흥미와 낙관성을 키워 평소 아쉬워하던 욕구를 충족할 수 있게 돕는 것이다. 가족과 친구에게 더 강한 연결감을 느끼고 싶은 욕구 말이다.

요컨대 소셜 네트워크 게임을 하면 우리가 사랑하지만 평소 잘 만나지 못하거나 대화가 부족한 사람과 *끈끈하고 능동적인* 연결 관계를 유지하는 일이 더 쉽고 재미있어진다.

독립 특파원 에릭 와이너 Eric Weiner가 쓴 『행복의 지도』를 보면 세계 여러 나라의 행복 경향이 나온다. 와이너는 연구로 다음과 같은 사실을 확인했다. "우리의 행복은 절대 가족과 친구와 이웃 같은 타인과 떼놓고 생각할 수 없다. …… 행복은 명사나 동사가 아닌 접속사다. 바로 결합 조직 세포인 것이다."[12] 「렉슐러스」 같은 게임은 인간관계의 결합 조직 세포를 강화하고자 디자인됐다. 게임 속 움직임 하나하나가 접속사 역할을 한다.

우리 삶에는 사회적 접속사가 더 많이 필요하다. 수많은 경제학자와 긍정 심리학자가 지적하다시피 전 세계적으로 개인과 사회가 부유해질수록 사회성이 줄어드는 문제가 일어나고 있다. 와이너는 이렇게 썼다. "가장 큰 행복의 근원은 타인이다. 돈은 우리를 타인과 단절시킨다. 물리적으로도 상징적으로도 주위에 벽을 둘러치게 한다. 우리는 복작거리는 대학 기숙사에서 아파트로, 단독주택으로 옮겨가고, 재력이 뒷받침되면 땅을 사서 독채를 짓고 산다. 위로 올라간다고 생각하지만 사실은 벽으로 자신을 고립시킬 뿐이다."[13] 「렉슐러스」 같은 게임의 힘을 빌리면 이 벽을 조금씩 무너뜨릴 수 있다.

호의가 또 다른 호의를 부르는 선순환의 구조, 소셜 게임

「렉슐러스」가 소셜 네트워크 게임 최초로 게임사에 한 획을 그으며 큰 성공을 거두자 이후 페이스북을 중심으로 장르 전체가 눈부시게 발전했다. 2010년 초, 페이스북에서 가상으로 작물을 기르고 가축을 돌보는 농장 경영 게임 「팜빌 FarmVille」이 전체 플레이어 9천만, 일일 접속자 약 3천만이라는 경이로운 기록을 세웠다.

단일 온라인 게임으로는 전례 없는 규모다. 현재 세계 인구 75명 중 1명이 「팜빌」을 즐기고, 200명 중 1명이 날마다 가상 농장을 관리하려고 접속하는 셈이다. 「팜빌」이 이렇게 전 세계적으로 선풍적인 인기를 끈 까닭은 무엇인가? 「와우」의 행복한 생산성에 「렉슐러스」의 쉬운 게임 방식과 사회적 연결성을 결합했기 때문이다.

「팜빌」의 재미 중 절반은 경험치와 금화를 모아 레벨을 올리고 더 우수한 작물과 장비, 더 특이한 동물, 더 큰 부지를 사는 데서 나온다. 게임에 접속하면 그냥 마우스를 움직이고 클릭하는 것만으로 땅을 갈고, 씨앗을 사서 심고, 작물을 거둬들이고, 동물을 보살펴주면서 살림을 불릴 수 있다. 작물은 실시간으로 12시간에서 나흘 정도 자라야 수확할 수 있으므로 습관처럼 날마다 확인해야 한다. 처음에는 협소한 토지에 딸기와 콩만 기를 수 있다. 시간이 흐르면 드넓은 '대농장'에서 다양한 곡식과 식물을 재배하고 토끼, 얼룩무늬말, 금계도 키울 수 있게 된다.

이 같은 자기 계발 작업으로도 대단한 만족감을 누릴 수 있지만

「팜빌」의 진가는 개인을 넘어서는 사회성에 있다. 처음 게임에 접속하면 이미 가상 농장을 가꾸고 있는 페이스북 친구 명단이 뜬다. 그중 몇 명 또는 전부를 게임 속 '이웃'으로 삼아 농장이 어떻게 운영되는지 궁금할 때마다 들어가서 볼 수 있다.

그렇다고 이웃과 직접 교류하는 것은 아니다. 「렉슐러스」처럼 「팜빌」도 완전히 비동시적인 게임이다. 농장을 가꾸고 있으면 "첼시의 농장에 일손이 필요합니다. 도와주시겠습니까?", "랄프의 작물이 좀 부실해 보입니다. 비료를 좀 뿌려주시겠습니까?" 하는 식으로 슬쩍 친구나 가족의 농장 방문을 권하는 팝업창이 뜬다. 대부분 플레이어가 「팜빌」을 하는 시간 중 절반 정도는 다른 농장에서 잎을 긁어모으고 너구리를 쫓아내고 닭에게 모이를 주는 등 타인을 도우며 보낸다. 날마다 아보카도 나무, 분홍색 건초더미, 오리 같은 선물도 하나씩 무료로 보낼 수 있다. 게임에 다시 접속하면 그 사이에 나를 도와준 이웃 목록이 나오고, 이웃이 보낸 선물더미 속에서 원하는 것을 골라 가질 수 있다.

물론 실제 선물은 아니다. 이웃의 호의도 일상에 직접적인 도움이 되는 것은 아니지만 그렇다고 그런 손길이 무의미하다고 할 수는 없다. 누군가가 베푼 선물과 호의 하나하나가 게임에서 목표를 달성하는 데 도움이 되기 때문이다. 그리고 이는 선순환이다. 다른 사람이 내 농장에 도움을 준 사실을 알게 되면 얼른 보답하고 싶은 마음이 생긴다. 그러다 보면 날마다 소셜 네트워크에서 다른 사람의 상태를 확인하고 도움을 주는 습관이 생긴다.

이것으로 현실의 교류를 대체할 수는 없겠지만, 이렇게 가상으로 친구와 가족과 교류하면 일상에서 너무 바빠서 달리 만나거나 연락할 기회가 없는 탓에 자칫 소원해지는 일을 막을 수 있다. 「렉슐러스」나 「팜빌」 같은 게임을 하면 날마다 얼굴을 비추고 자기 몫을 함으로써 관계에 양분을 공급하고 자기 차례가 올 때마다 우정과 사랑의 손짓을 보낼 수 있다.

여기서 현실을 바로 잡는 다섯 번째 방법이 나온다.

게임으로 현실 바로잡기 5 　더 강해진 사회적 연결성

게임과 비교하면 현실은 끊어져 있다. 게임은 유대를 강화하고 더욱 적극적으로 관계를 유지하게 한다. 사람들과 교류하는 시간이 많을수록 '친사회적 감정'이라는 긍정적 감정이 잘 일어난다.

사랑, 흠모, 존경, 헌신 등 친사회적 감정은 다른 사람을 향한 호의적 감정이다. 유대 관계를 이어가는 데 도움이 되므로 장기적 행복에 없어서는 안 될 요소다.

오늘날 우리가 게임을 할 때 생기는 친사회적 감정 중 대부분은 게임 디자인과 별로 상관이 없다. 오히려 오랫동안 게임을 함께하면서 생기는 부수 작용에 가깝다. 우리 부부가 좋은 예다. 우리는 6주 동안 서로의 아파트를 오가며 미스터리 어드벤처 게임 「그림 판당고 Grim Fandango」를 즐기면서 사랑에 빠졌다. 하지만 게임 속에 사랑에 빠질

만한 요소가 있었던 것은 아니다. 사랑은 우리가 퍼즐을 풀면서(물론 누가 키보드와 마우스를 잡느냐를 협상해가면서) 가상 세계를 헤쳐 나가는 과정에서 나온, 다시 말해 오랜 시간을 함께 보낸 결과였다.

마찬가지로 어떤 짝이나 집단이든 간에 온라인이나 오프라인에서 꾸준히 게임을 함께하면 서로 칭찬하고, 공동 목표를 위해 노력하고, 다른 사람의 실패를 안타까워하다 보면 사랑에 빠질 가능성이 커진다. (「렉슐러스」 스크린샷을 둘러보면서 엿들은 대화 중에서 가장 인상 깊었던 말이 떠오른다. "이번에도 아주 아슬아슬했어. 진 사람이 이긴 사람이랑 결혼하기?"[15])

게임을 함께하면 이렇게 다양한 사회적 이점이 있지만 그중에서도 매우 중요한 친사회적 감정이 있다. **행복한 수치심**happy embarrassment과 **대리 자부심**vicarious pride이다. 왜 이 두 가지 친사회적 감정이 중요한지, 또 현실 교류보다 온라인 게임에서 왜 이러한 감정이 더 잘 일어나는지 알아보자.

조롱과 놀림이 기껍다, 행복한 수치심

「렉슐러스」 플레이어들이 아무렇게나 받은 알파벳들로 듣지도 보지도 못한 단어를 만드는 것보다 훨씬 잘하는 일이 있으니 바로 은근히 상대의 속을 긁으며 킥킥대는 것이다. 약 올리기에 가장 좋은 수단은 조롱이다.

장난스럽게 상대를 조롱하는 말은 실제 게임 플레이만큼이나 소셜 네트워크 게임의 재미에 중요한 요소이다. 우리는 좋아하는 사람과 함께 좋은 게임을 해서 완승하거나 완패할 때 찾아오는 독특한 감정적 보상을 무척 좋아한다. 그리고 그보다 더 좋아하는 것이 그 일을 놓고 조용히 또는 공개적으로 약 올리기다.

아래는 「렉슐러스」 플레이어들이 페이스북에 공개적으로 쓴 말이다. 이런 발언은 소셜 네트워크의 모든 친구(게임 상대도 당연히 포함)가 볼 수 있고, 어떨 때는 전 세계가 볼 수도 있다.

> **"페이스북에서 엄마하고 「렉슐러스」 한 판.**
> **내가 이기고 있다. 히히히!"** [16]
>
> **"우리 엄마를 완전히 정벅했다!"** [17]

한 번도 엄마를 '정벅'해본 적 없다면 무슨 소리인가 할 것이다. '정벅하다(pwn)'는 자랑하지 않고는 못 배길 만큼 큰 승리를 거뒀다는 말이다. '정복하다(own)'에서 유래한 말로, 표준 키보드에서 'ㅗ'와 'ㅓ'('o'와 'p')가 붙어 있어서 자주 오타가 나다 보니 아예 이렇게 자리를 잡았다. '정복하다'는 오래전부터 게이머들이 "나 이 게임 진짜 잘해. 정복했어."처럼 우쭐댈 때 쓰는 말이다.[18]

왜 '정벅'이 사회적 교류의 형태로서 날로 인기를 더해가고 있는가? 그리고 왜 우리는 '정벅'당하는 처지가 돼도 웃으면서 참는가?

최근 과학 연구 결과를 보면 서로 약 올리기는 가장 빠르고 효과적으로 서로를 향한 긍정적 감정을 강화하는 방법이다. 친사회적 감정 연구의 권위자로서 약 올리기의 심리적 유익함을 알아보는 여러 가지 실험을 시행한 바 있는 대커 켈트너 Dacher Keltner 캘리포니아 대학교 교수는 약 올리기가 긍정적 관계를 형성하고 유지하는 데 크나큰 도움을 준다고 본다.[19]

"약 올리기는 사회적 백신과 같다. 수용자의 감정계를 자극한다." 조롱하는 말로 약을 올리면 상대에게 아주 약한 부정적 감정이 일어난다. 아주 조금 화가 나거나 기분이 상하거나 당혹스러워지는 것이다. 이 미약한 자극에는 두 가지 강력한 효과가 있다. 일단 신뢰를 확인하는 효과가 있다. 약 올리기는 상처를 줄 능력을 드러내 보이는 동시에 상처를 줄 의사가 없음을 표시하는 행위다. 강아지가 친해지고 싶다는 뜻으로 다른 강아지를 물고 장난치듯이 우리도 상대를 해칠 수 있지만 절대 안 그러겠다는 뜻으로 하얀 이를 드러낸다. 거꾸로 다른 사람이 나를 약 올리도록 허락하는 것은 기꺼이 약자가 되겠다는 뜻이다. 이는 상대가 나의 감정을 존중한다고 믿는다는, 적극적인 신뢰의 표시다.

다른 사람이 자신을 약 올리도록 허락하면 그 사람이 스스로 강력함을 느끼게 하는 효과도 있다. 사회관계에서 우월한 지위를 누릴 기회를 주는 것이다. 인간은 사회적 지위의 변화를 굉장히 민첩하게 알아챈다. 상대가 우월한 지위를 누리게 하면 그가 나를 향해 품는 긍정적 감정이 강해진다. 왜냐하면 자신의 사회적 지위를 향상시켜주는 사람에게 호감을 갖는 것이 인지상정이기 때문이다.

이것이 행복한 수치심의 핵심인데 켈트너의 연구 결과를 보면 우리는 본능적으로 이러한 감정을 느끼게 돼 있다. 그는 이 복잡한 사회적 효과를 설명할 생리학적 근거를 마련하고자 사람들이 얼굴을 마주하고 장난스러운 말로 약 올리는 것을 연구하여 정리했다. 그 결과를 보면 약 올리기를 당하는 사람은 하나같이 시선 회피, 고개 숙이기, 어색한 웃음, 얼굴 만지기 등 열등한 지위의 신호를 보내고 나서 상대를 달래고 화해하려는 행동을 했다. 그 후 아주 잠깐 웃음이 스쳐 지나가는데, 이 미세한 표정에서 우리가 신뢰하는 사람에게 놀림당하기를 정말로 좋아한다는 사실이 드러난다. 또 한편으로 약 올리는 사람들의 응답을 보면 당하는 사람이 열등한 지위를 뚜렷하게 드러낼수록 이후에 그 사람에 대한 호감이 커진다는 사실을 알 수 있다.

켈트너의 연구 결과를 보면 이는 모두 무의식적 행동이다. 우리가 상대를 약 올리고 상대가 약 올리는 것을 허락하는 까닭은 대부분 그렇게 하면 기분이 좋아지기 때문이다. 그런데 도대체 왜 기분이 좋아지는 것일까? 이런 행동들이 신뢰를 형성하고 호감을 키우기 때문이다. 다들 왜 사회적 연결성이 커지는지 정확한 이유는 의식하지 못하지만 서로 약을 올리고 나면 분명히 긍정적인 감정을 느낀다. 그리고 이 감정적 보상 때문에 같은 행동을 연습하고 되풀이하게 된다.

이렇게 서로 '정벽'하고 조롱하는 현상을 보면 소셜 네트워크 게임은 선의의 약 올리기를 연습하고 실행하기에 안성맞춤인 공간이다. 특히 경쟁적인 게임을 하면 서로 장난스럽게 우월함을 표현할 구실이 생긴다.

자기 지위를 낮춰서 관계를 증진하는 법도 있는데 방법은 간단하다. 바보처럼 굴면 된다. 이를 알면 왜 '파티 게임'이라는 비디오 게임 장르가 그렇게 인기를 끄는지 이해할 수 있다. 파티 게임은 사람들이 모인 자리에서 즐기는 게임으로, 쉬워서 처음 하는 사람도 금방 익숙해진다. 파티 게임이라고 하면 「록 밴드」를 빼놓을 수 없는데 친구와 가족 앞에서 록 스타 같은 퍼포먼스를 하면 자기 지위가 올라가기도 하지만 반대로 행복한 수치심을 겪기도 한다.

「록 밴드」보다 몸을 더 많이 쓰는 닌텐도 위^{Wii} 게임 「춤춰라 메이드 인 와리오」도 좋은 예다. (위 리모트 컨트롤러는 가속도계로 손의 움직임을, 광학 센서로 플레이어가 가리키는 지점을 인식한다.) 위의 파티 게임이 다 그렇듯이 이 게임도 몸을 직접 움직여야 한다. 두 팔로 새처럼 날갯짓하기, 훌라후프 돌리는 척하기, 가상의 할머니 입에 가상의 틀니 밀어넣기 등 바보 같은 행동을 해야 하는 '미니 게임'이 200여 가지다. 플레이어는 화면의 그림을 보고 5초 안에 동작을 파악해야 한다. 그렇게 짧은 시간 안에 생각하고 움직이려다 보면 자연히 팔다리를 버둥거리면서 우스꽝스러운 몸짓을 하게 되고 아예 넘어지기도 한다.

어느 평가자의 말대로 이런 생각이 들 법도 하다. "이 말도 안 되는 게임이 그렇게 인기 있을 리가 없을 텐

「춤춰라 메이드 인 와리오」 광고 속 게임 화면과 플레이
사진 닌텐도 주식회사, 2007

데?"[20] 그런데 실은 어마어마하게 인기가 있다. 「춤춰라 메이드 인 와리오」는 200만 장이 넘게 팔렸다. 배우기 쉽고 감정적 보상이 빨리 오기 때문이다. 생각해보라. 가상의 코를 후빈답시고 게임 컨트롤러를 위아래로 밀었다 내렸다 하는 광경을. 선뜻 그렇게 할 수 있다면 주위 사람들을 정말 믿는다는 뜻이다.

사촌이 땅을 사야 배부르다, 대리 자부심

최근에 게이머 천여 명을 대상으로 한 대규모 연구 결과를 보면 게이머들이 좋아하는 게임을 하면서 느끼고 싶어 하는 10대 감정 중 8위에 '나케스naches'라는 생소한 친사회적 감정이 올랐다. 나케스는 자신이 가르치거나 지도한 사람이 성공할 때 느끼는 가슴 벅찬 자부심을 뜻하는 이디시어(독일어에 히브리어와 슬라브어가 섞인 언어로 주로 유럽과 미국 유대인들 사이에서 쓰인다 – 옮긴이)로, 순위 목록에서 놀라움과 피에로 다음을 차지했다.[21]

나케스가 '정벅'이나 '피에로'처럼 게임업계에서 많이 쓰는 말은 아니다. 하지만 연구에 참여한 게이머 중에 다른 사람이 게임 하는 것을 보면서 어깨너머로 조언하고 격려할 때, 특히 그 게임이 이미 자신이 정복한 게임일 때 일어나는 일종의 대리 자부심이 좋다고 한 사람이 많았다. 인지심리학과 게임 디자인 전문가인 크리스토퍼 베이트먼Christopher Bateman은 연구 결과를 정리하면서 나케스라는 용어로 이 현상을 설명하고 이렇게 밝혔다. "플레이어들은 친구와 가족에게 게임을 가르치기를 정말 좋아하는 것 같다. 무려 53.4퍼센트가 그렇게 하면 즐거움이 커진다고 했다."[22]

친구와 가족에게 게임을 지도할 때 기분이 좋아지고 관계가 더 친밀해지는 것은 당연한 일이다. 감정 연구의 선구자이자 나케스 현상의 전문가인 폴 에크먼Paul Ekman은 나케스가 진화 과정에서 형성된 집단 생존 기제일 수도 있다고 본다. 친구와 가족을 응원하면 기분이 좋아지니 자연스럽게 다른 사람의 성장과 성취에 자신의 자원을 투자하게 된다. 서로 성공하도록 돕고, 그 결과로 모두가 이득을 보는 상호 후원망이 형성된다.[23] 그리고 에크먼은 나케스가 생존과 긴밀히 연결된 감정이다 보니 강렬하게 느낄 수밖에 없다고 한다. 우리는 자신의 성공을 두고는 '가슴 벅찬 자부심' 운운하지 않지만 다른 사람의 성공에는 그렇게 말한다. 이러한 언어 습관을 보면 나케스가 개인적 피에로보다 훨씬 폭발적인 감정임을 알 수 있다.

하지만 우리는 자신이 도와주거나 격려하지 않은 사람이 성공할 때는 폭발적인 자부심을 느끼지 않는다. 오히려 질투하거나 화가 치밀어 오른다. 후원의 손길을 내밀어 적극적으로 성취에 공헌하지 않았을 때는 감정계가 대리 자부심을 일으키지 않는다. 자기 몸을 던져서 열렬히 지도해야만 나케스라는 감정적 보상을 느낄 수 있다.

부모라면 누구나 일생을 나케스 상태에서 살아간다. 하지만 안타깝게도 부모로서 자식을 대할 때가 아니라 친구나 부부 사이에서는, 또는 자녀로서 부모를 대할 때는 나케스를 느낄 기회를 잘 알아채지 못한다. 일상의 학교나 직장에서는 서로를 지도하게 할 만큼 큰 자극이나 유인이 없기 때문이다. 우리가 속한 문화는 개인의 성취를 떠받든다. 마틴 셀리그먼의 말을 빌리자면 "자아의 융성"이며 "공동성의 쇠퇴"다.[24] 그는 이렇게 썼다. "우리가 사는 사회는 개인의 즐거움과 고통, 성공과 실패를 전례 없이 중대하게 생각한다."[25] 이렇게 성공과 실패를 전적으로 개인의 일로 여기면 굳이 내 시간이나 자원을 들여 다른 사람의 성취에 관여할 필요가 없다.

우리에겐 나케스가 더 많이 필요하다. 이 대목에서 둘 이상이 한 방에 모여 싱글 플레이 게임을 함께하는 사람이 점점 늘어나는 까닭을 알 수 있다. 업계 동향 연구 자료를 보면 앞으로 타인의 독려와 도움을 받으며 게임을 하는 경향이 점점 커지리라고 한다.[26] 그럴 만하다. 그 이유를 보면 일상생활과 게임의 큰 차이가 드러난다. 일단 컴퓨터·비디오 게임은 완전히 반복 가능한 장애물이다. 그리고 우리는 친구와 가족에게 실질적으로 도움을 줄 수 있음을 미리 알고, 그들이 어떤 상황을 헤쳐 나가야 할지도 정확히 안다.

이를 가장 잘 보여주는 예가 싱글 플레이 퍼즐 게임 「브레이드Braid」다. 「브레이드」는 인디 게임 개발자 조너던 블로우Jonathan Blow가 제작한 게임으로 악명 높은 난이도를 자랑한다. 플레이어는 괴물들이 사는 퍼즐의 방 37개를 통과해 공주를 구해야 한다. 출시되자마자 격찬을 받긴 했으나 한편으로는 퍼즐 위주라서 다 끝내고 나서 다시 게임을 할 가치가 별로 없으리라고 우려하는 사람도 많았다. 한 평가자의 말대로 퍼즐은 한 번 풀고 나면 "단 몇 초라도 다시 붙잡을 마음이 잘 안 생기니까."[27]

하지만 많은 사람이 다시 「브레이드」를 붙잡는다. 바로 나케스 때문이다. 게이머 블로그와 포럼에 올라온 수많은 이야기로 증명됐다. 사람들은 친구와 가족이 난관에 부딪혀 골머리를 앓다가 자신의 조언과 응원으로 무릎을 탁 치게 되는 순간을 보며 뿌듯함을 느낀다. "막 게임을 끝내고 이제는 아내가 하는 걸 보고 있는데 이거 참 재미있네요." 남편이 아내를 가르치며 남긴 글이다.[28] 이런 글도 있다. "간밤에 끝냈는데 다른 건 다 풀고 마지막 퍼즐 조각 두 개만 우리 애들한테 도움을 받았습니다. '우리 엄마 대단한데!'라고 했을 거예요."[29]

게임에서 나오는 사회적 보상이 꼭 이미 알고 지내던 사람과 더욱 끈끈한 관계를 맺는 것만은 아니다. 시기만 잘 맞으면 낯선 사람과 접촉함으로써 또 다른 성격의 감정적 보상을 누릴 수 있다. 그 보상 중에는 대규모 멀티플레이 온라인 게임 환경에만 있는 것이 있으니 바로 연구자들이 말하는 '은근한 사교성 ambient sociability'이다. 이는 홀로, 또 함께 플레이하는 경험으로, 아주 내향적인 사람도 좋아할 만한 사회적 교류 방식이다.

같은 게임을 하는 것만으로도 반갑다, 은근한 사교성

적극적으로 교류할 마음은 없지만 그래도 곁에 누가 있었으면 좋겠다 싶을 때가 있다. 그래서 '홀로 함께' 플레이한다는 개념이 나왔다.

MMO라고 하면 협동 퀘스트와 집단 레이드가 떠오른다. 하지만 사실은 대다수 플레이어가 홀로 플레이하기를 좋아한다. 8개월 동안 「와우」 플레이어 15만여 명을 연구한 결과, 플레이어가 다른 플레이어와 거의 교류하지 않고 개인의 목표를 위해 움직이는 시간이 평균적으로 전체 플레이 시간의 70퍼센트로 드러났다.[30] 연구를 수행한 스탠퍼드 대학교와 팰로 앨토 연구소PARC 소속 연구원들은 뒤통수를 맞은 기분이었다. 어차피 다른 사람들한테 눈길도 주지 않을 텐데 뭐 하러 월 사용료를 내고 대규모 멀티플레이 게임 세상에 들어간단 말인가?

플레이어들과의 면담으로 그 현상을 더욱 깊이 파고드니 그들은 직접적인 교류가 없을지라도 가상 환경을 '공유'한다는 사실 자체를 좋아하는 것으로 드러났다. 그들은 강한 '사회적 현존감social presence'을 느꼈다. 사회적 현존감이란 커뮤니케이션론에서 나온 용어로, 타인과 같은 공간을 공유할 때 느끼는 기분을 말한다.[31] 서로 싸우거나 함께 퀘스트를 수행하지 않아도 플레이어들은 서로 함께한다고 생각했다. 스탠퍼드 대학교와 PARC 연구진은 이런 현상을 '홀로 함께 플레이하기playing alone together'라고 이름 붙였다.[32]

어떤 「와우」 플레이어는 홀로 함께 플레이하기를 좋아하는 이유를 이렇게 설명했다. "세상에 나 혼자만 있는 게 아니라는 기분이 들기 때문이다. 게임 속에서 주위에 실제 플레이어들이 있다는 게 참 좋다. 그 사람들이 무엇을 하고, 무엇을 이루는지 보는 것도 재미있고, 서로 자기 할 일 하다가 우연히 마주치는 것도 재미있다."[33] 여기서 나타나는 사회적 현존감은 좀 특별한 구석이 있다. 바로 목표를 공유하고 같은 활동에 열중함으로써 현존감이 더욱 커진다는 점이다. 플레이어들은 서로 '잘 알아본다'. 무엇을, 왜 하는지 공감하기 때문이다. 서로의 행동을 이해하고 그에 깃든 의미를 보는 것이다.

은근한 사교성은 아주 가벼운 사회적 교류다. 직접적인 유대 관계가 생기진 않지만 타인과 연결된 느낌을 갈망하는 우리의 욕구는 충족된다. 그리고 우리 삶의 사회성이 좀 더 확장된다. 자신이 어떤 사회적 장에서 구경꾼이 아니라 행위자라는 느낌이 들고, 원하기만 하면 다른 사람과 접촉할 수 있기 때문이다. 스탠퍼드 대학교와 PARC 연구진은 내향적인 플레이어가 홀로 함께 플레이하기를 더 좋아하리라고 가정했다. 그리고 최근 이를 뒷받침하는 인지과학 연구 결과들이 나왔다. 내향성과 외향성을 논하는 학자들의 말을 들어보면 다들 두뇌 활동의 두 가지 차이점을 언급한다.

첫째, 일반적으로 내향적인 사람은 외적 감각자극에 더 민감하다. 두뇌에서 사물, 공간, 사람 등 외부 세계의 정보를 처리하는 피질 영역이 어느 자극에나 강하게 반응한다. 반면에 외향적인 사람은 피질 각성도가 낮다. 외부 세계에 열중하려면 '더 많은' 자극이 필요하다. 그래서 외향적인 사람은 더 강한 사회적 자극을 찾고, 내향적인 사람은 열중도가 더 낮은 활동을 하고 나서도 정신이 고갈된 느낌을 받는다.

한편, 외향적인 사람은 사회적 보상, 이를테면 미소 짓는 얼굴, 웃음, 대화, 피부 접촉에 반응해 더 많은 도파민을 분비한다. 내향적인 사람은 이러한 사회적 보상 체계에는 덜 민감하고 문제 해결, 퍼즐, 단독 탐구 같은 '정신' 활동에 매우 민감하다. 이를 통해 연구자들은 타인과 함께 있고 자극이 강한 환경에 있을 때 외향적인 사람들이 더 행복해 보이는 이유를 알 수 있다고 한다. 그 상황에서 내향적인 사람보다 긍정적 감정을 훨씬 강렬하게 느끼기 때문이다.

그런데 일부 게임 연구자들은 은근한 사교성과 가벼운 사회적 교류로 두뇌를 훈련함으로써 사회적 교류에서 오는 보상을 키울 수 있다고 본다. 그중 한 사람인 니콜 라자로는 내향적인 사람은 정신 활동의 보상에 아주 민감한데, 그들이 사회성 있는 온라인 환경에서 정신 활동을 하면 사회적 경험을 긍정적 감정과 연결할 수 있다고 주장한다. 다시 말해 「와우」 같은 게임을 하면 내향적인 사람이 사회적 교류를 좀 더 편하게 여길 수도 있다는 말이다.

아직 이 이론을 구체적으로 뒷받침하는 연구 결과는 없지만 초기 면담 결과와 사람들이 공개한 일화들을 보면 더 깊이 파고들 만한 주제임은 분명하다. 앞에서 말한 「와우」 플레이어가 쓴 글을 보면 온라인 세상에서 혼자 움직이면서도 가벼운 사회적 교류에 끌려들어가는 이유가 드러난다. "여기서 힐 heal(다른 플레이어의 체력을 회복하는 기술-옮긴이)하고, 저기서 버프 buff(다른 플레이어의 능력치를 향상하는 기술-옮긴이)하고, 다른 플레이어를 죽이려는 적을 물리치고, 빨리 좀 도와달라거나 정보를 달라고 부탁하고, 충동적으로 즉석에서 무리를 형성한다."[34] 이 플레이어는 이러한 예상치 못한 사회적 교류에 마음이 열려 있다. 그리고 무엇보다도 바로 이 같은 교류 때문에 홀로 함께 즐기기를 좋아한다. "누가 시키지도 않았는데 실제 사람들 사이에서 갑자기 생겨나는 모험"의 가능성을 갈망하는 것이다.

그런 것들이 왜 중요한가? 그리고 내향적인 사람이 더 많은 사회적 교류에 마음을 열고, 다른 사람과 함께하는 활동에서 더 큰 보상을 누린다면 어떠한 점이 좋은가?

긍정 심리학자들의 거듭된 연구로 외향성은 행복을 증진하고 삶의 질을 향상하는 것과 밀접한 관련이 있다고 밝혀졌다. 외향적인 사람은 사회적 유대와 애정을 유발하는 경험을 더 많이 찾는다. 그래서 내향적인 사람보다 더 큰 호감을 사고 더 큰 지원을 받는데, 사실 이 두가지는 삶의 질에 중대한 영향을 끼치는 요소다. 내향적인 사람도 호감과 인정을 받기 원하고, 외향적인 사람만큼 도움이 필요하다. 다만, 동기가 부족해 긍정적인 사회적 감정과 사회적 왕래를 이끌어낼 기회를 찾지 않을 뿐이다.[35]

다행히도 은근한 사교성이 큰 영향력을 발휘해 아주 내향적인 사람에게도 사회적 교류에 대한 욕구를 불러일으킬 수 있다. 많은 게이머가 이를 직접 확인하고 있다. 물론 은근한 사교성이 현실의 사회적 교류를 대체하기는 어렵다. 하지만 삶의 질 향상으로까지 나아가는 다리가 될 수는 있다. 내향적인 사람이 사회 활동의 내적 보상을 본래 기질적으로 느끼던 것보다 더 크게 느끼도록 도와주기 때문이다.

게임 디자이너 대니얼 쿡먼 Daniel Cookman 은 게임 상대로 낯선 사람을 선택하느냐 현실에서 아는 사람을 선택하느냐 하는 문제는 사실상 "새로운 관계를 형성하느냐 기존 관계를 강화하느냐" 하는 문제라고 했다.

"우리는 어느 쪽이 더 강렬하게 마음을 끄는지 생각해봐야 한다. 기존 친구와 맺은 강하고 안전한 관계인가, 새로운 사람과 맺는 약하고 '위험한' 관계인가?" 쿡먼 자신(그리고 게이머 대부분)은 대체로 기존 관계를 강화하는 편을 택한다고 한다. 보상이 더 크고 일상과 더 뚜렷하게 이어져 있기 때문이다.

쿡먼의 말대로 게이머들은 전반적으로 기존 관계를 강화하는 편을 택한다. 특히 온라인 게임을 보면 실제로 아는 사람과 플레이하는 편이 더 좋다는 사람이 갈수록 늘어나고 있다.

최근 3년 동안 미국 젊은 층의 인터넷 사용 실태를 연구한 결과를 보면 18세 이하 게이머는 전체 게임 시간 중 61퍼센트를 현실의 친구, 가족과 함께 보낸다.[36]

하지만 쿡먼도 인정하다시피 생각해볼 요인이 하나 더 있다. 낯선 사람과 함께 플레이하느냐 친구와 함께 플레이하느냐? "이 질문에 의미 있는 대답을 하려면 우선 좀 더 개인적인 질문에 대답해야 한다. '당신은 외로운가?'"[37]

게임의 사회적 보상을 이야기할 때 빼놓을 수 없는 게 외로움을 달래는 효과다. 대개 우리는 친구와 함께 게임을 하려고 한다. 하지만 그럴 여건이 되지 않으면 혼자 하는 것보다는 낯선 사람과 함께하는 편을 택한다. 웬만한 사람은 다 그렇다.

쿡먼은 이렇게 정리했다. "일인칭 슈팅 게임에서 낯선 사람이 내게 고함을 지르는 게 과연 끈끈한 우정으로 이어질까 싶긴 하지만, 그래도 외톨이로 있는 것보다는 확실히 더 낫다."[38]

10~20대 게이머가 주로 찾는 게임 웹사이트 '정벅하거나 당하거나Pwn or Die'에 들어가면 '비디오 게임이 현실 생활에 주는 12가지 이점'이라는 짤막한 글이 있다. 글에 담긴 12가지 목록의 꼭대기에는 '외로움을 줄여준다'가 있다. "동네에 애들이 없을 때, 밤이 늦었을 때, 단짝이 아주 멀리 떨어져 있을 때 비디오 게임을 하면 다른 사람과 교류할 기회가 생긴다."[39]

현실에서 서로 얼굴을 마주하고 교류할 공간이 있으면 더욱 보상이 크지 않을까? 아마 그럴 것이다. 시선 접촉, 피부 접촉 등으로 사회적 보상이 강화된다는 증거도 많다. 하지만 만나고 싶다고 항상 만날 수 있는 것은 아니다. 더군다나 우울하거나 외롭다 보면 마음이 잔뜩 가라앉아서 일어나 외출할 기운도, 현실의 친구나 가족을 만날 기운도 생기지 않을 때가 있다. 이럴 때 온라인 게임을 디딤돌 삼으면 은근한 사교성 등에 힘입어 더욱 긍정적인 감정 상태, 이어서 더욱 긍정적인 사회적 경험을 누릴 수 있다.

15년 전, 정치학자 로버트 퍼트넘Robert Putnam은 미국이 '나 홀로 볼링' 족의 나라로 변하고 있다고 염려했다. 그는 확대 공동체의 붕괴를 주제로 책을 써서 큰 반향을 일으켰는데, 갈수록 사람들이 타인의 눈을 피해 몇몇 사람하고만 어울리려 하고 공적 조직이나 더 큰 사회적 환경에는 무심해져 가는 걱정스러운 사회 동향을 지적했다.

퍼트넘은 일상에서 확대 공동체가 무너지는 현상이 삶의 질을 크게 떨어뜨리는 요인이라고 보았다. 워낙 설득력 있는 주장이라 그 이후로 지금까지 전문가들은 그 동향을 뒤집을 방법을 고민하며 갑론을박을 벌어왔다. 공공기관도 전통적인 공동체의 기틀을 재구축하려 온갖 수단을 동원했다. 그러나 게이머들이 알아가고 있다시피 전통적인 교류 방식을 재구축해서는 문제가 해결되지 않는다. 해법은 재구축이 아니라 재창조에 있다.

우리가 생각하는 일상적 공동체의 기틀을 게이머들이 재창조하고 있다는 사실은 두말하면 잔소리다. 게이머들은 사회적 자본을 조성하는 새로운 방법을 실험하고, 볼링 모임보다 더욱 강력한 유대감과 연결감을 주는 관습을 만들어나가고 있다.

사회 구성원 사이에서 가족, 친구, 이웃과 분리돼 있다는 단절감이 날로 커지고 있을지도 모르지만, 우리는 게이머로서 이 현상을 뒤집을 전략을 채택하고 구사하고 있다. 게임이 삶에 점점 더 깊이 파고들어 일상의 조각들을 엮으면서 없어서는 안 될 요소로 자리매김하고 있다. 우리는 「렉슐러스」와 「팜빌」 같은 게임으로 비동시적 교류를 하면서 사회적 관계를 더욱 강하고 끈끈하게 한다. 「춤춰라 메이드 인 와리오」와 「브레이드」 같은 게임으로 서로 약을 올리고 가르치는 시간을 늘려가면서 신뢰를 쌓고 우애를 돈독히 한다. 그리고 「와우」 같이 은근한 사교성이 있는 세계를 만들어 아주 내향적인 사람도 사회적 체력을 기르고 삶에서 더욱 강하게 사회적 연결감을 느낄 수 있게 한다.

단언하건대 게이머들은 절대 혼자서 게임을 하는 게 아니다. 그리고 함께 게임을 하면 할수록 우리가 의도적으로 전 세계적 공동체를 만들어가고 있다는 의식이 강해진다. 이제 승리만 바라보고 게임을 하던 시대는 끝났다. 우리에게는 더 큰 사명이 있다.

그 사명이란 바로 세계의 장대한 어떤 것의 일부가 되는 것이다.

06

누구나 영웅이 될 수 있다

2009년 4월, 「헤일로 3 Halo 3」 플레이어들은 벅찬 가슴으로 모두가 함께 이룬 어마어마한 업적을 자축했다. 가상의 적 코버넌트 Covenant 를 상대로 사살 횟수 100억을 달성한 것이다. 이는 전 세계 남녀노소 인구를 모두 합한 수치의 1.5배다. 이 기념비적 업적을 달성하기까지 「헤일로 3」 플레이어들은 565일 동안 가상의 대전쟁에서 인류를 멸절하려는 사악한 외계인 연합에 맞서 제3차이자 최종 군사 작전을 펼쳐 지구를 지켰다. 모두 힘을 모아 코버넌트를 하루에 1,750만, 한 시간에 73만, 1분에 1만 2천 회씩 사살한 셈이다.

이 과정에서 가상과 현실을 막론하고 지구상 최대의 군대가 결성됐다. 1,500만 명이 넘는 사람이 SF 게임 속 연방우주사령부를 위해 싸운 것이다. 이 정도면 현실 세계에서 군사력 상위 25개국의 현역

장병 수를 모두 합한 수치와 비슷하다.[1]

100억 사살은 그냥 무수한 사람이 게임을 하다 보니 운좋게 나온 결과가 아니다. 「헤일로」 플레이어 모두가 힘을 합해 이룬 성과다. 이들은 100억 사살이 커뮤니티의 위력을 보여주는 상징이 되리라 봤다. 다른 어떤 게임 커뮤니티보다 큰 업적을 달성하고자 하는 마음도 있었다. 그래서 커뮤니티 차원에서 모든 플레이어의 실력을 극대화하고자 구슬땀을 흘렸다. 서로 팁과 전략을 나누고, 24시간 쉬지 않고 교대로 '코옵co-op, co-operative', 즉 협동 플레이를 했다. 그리고 "거사를 치르려면 바로 그대가 필요하다"라는 식으로 「헤일로」 온라인에 등록된 모든 사람에게 참전을 촉구했다.[2] 마치 절대 지체해서는 안 되는 임무처럼. 한 게임 블로거는 이렇게 선언했다. "우리는 우리의 본분을 다할 것이다. 그대도 그렇게 하겠는가?"[3]

그러니 런던《텔레그래프Telegraph》의 샘 리스Sam Leith 기자가 「헤일로 3」 커뮤니티를 다룬 기사에서 다음과 같이 쓴 것도 당연하다. "최근 몇 년 사이에 비디오 게임을 즐기는 방식이 크게 변했다. 예전에는 혼자 하는 활동이었던 것이 지금은 …… 대단한 규모의 집단 활동이 되었다."[4] 게이머들은 이제 자기 자신만을 위해 게임을 하지 않는다. 서로를 위해, 그리고 더 큰 것의 일부가 되는 짜릿함을 좇아 게임을 한다. 마침내 목표가 달성되자 「헤일로」의 플레이어들은 온라인 포럼에 벌 떼처럼 몰려들어 서로 축하하고 자신의 공로를 알렸다. 한 플레이어가 남긴 글이다. "간단히 계산해봤는데 나는 32,388명을 죽였으니 100억 중 0.00032퍼센트다. 좀 더 큰 공을 세웠으면 좋았을 텐데

······ 자, 그럼 1,000억을 향하여!"[5] 다들 이 같은 반응을 보이면서 「헤일로」 포럼 여기저기서 1,000억이라는 새로운 목표가 입에 오르 내렸다. 함께 이룬 업적에 고무된 플레이어들은 더 엄청난 목표에 도 전할 각오가 돼 있었다. 그리고 훨씬 더 큰 커뮤니티를 끌어들일 준비 도 다 돼 있었다. 한 게이머가 "겨우 몇백만 게이머가 그런 일을 했잖 아. 60억 인류가 전력을 다한다면 어떨지 생각해보라고!"라며 제안한 것처럼 말이다.[6]

「헤일로」를 제작한 시애틀 소재의 게임 스튜디오 번지Bungie도 보 도자료를 내고 「헤일로」 커뮤니티에 공개 서한을 보내서 100억 달성 의 기틀이 된 협력 정신을 치하하며 함께 축배를 들었다. "우리는 코 버넌트의 급소를 찔렀다. 우리 땅에 발을 들여놓은 죗값을 치르게 한 것이다. 병사여, 그대가 우리 편에 선 것을 자랑스럽게 생각한다. 용 맹하고 훌륭한 일을 해내었다. 이제 200억을 향해 나아가자."[7]

이런 생각이 들 수도 있다. 그래서 뭐가 어쨌다는 거지? 코버넌트 는 실제가 아니라 그냥 게임 속에서만 존재할 뿐이다. 플레이어들이 실제로 경축할 만한 일을 했나?

코버넌트는 하나든 100억이든 1,000억이든 아무리 많이 사살해봤 자 아무 '가치'가 없다. 가치는 중요성을 따지는 척도다. 그리고 아무 리 「헤일로」에 죽고 못 사는 마니아라도 가상 세계에서 외계인의 침 공을 막고 인류를 구한들 실제 세계에서는 별로 중요하지 않다는 사 실을 잘 안다. 현실의 위험을 막은 것도, 현실의 생명을 구한 것도 아 니니 말이다.

하지만 또 다르게 생각하면 외계인 사살이 가치가 없다고 해서 꼭 그들의 행위에 '의미'가 없다고 볼 수는 없다.

의미란 우리가 더 큰 것의 일부라는 느낌이다. 우리의 행동이 개인의 삶을 넘어 그 이상의 세계에 영향을 끼친다는 확신이다. 무엇인가가 의미 있다는 말은 그것이 자신이나 가까운 친구와 가족뿐만 아니라 훨씬 큰 집단, 말하자면 공동체, 조직, 더 나아가 전 인류에게 중요하고 유용하다는 뜻이다.

우리는 모두 더 많은 의미를 찾으려고 한다. 어떻게 하면 인생에서 더 많은 의미를 찾을 수 있을까? 사실은 아주 간단하다. 철학자, 심리학자, 영적 지도자들이 입을 모아 말하듯 삶에 의미를 부여하는 유일한 비결은 '일상 행위를 자신보다 더 큰 것에 연결하는 것'이다. 그 대상은 크면 클수록 좋다. 마틴 셀리그만은 이렇게 말했다. "자아는 의미를 끌어내기에 아주 형편없는 장소다." 큰 규모의 사회적 맥락을 벗어나면 우리는 '무의미'하다. 셀리그만의 조언처럼 "더 큰 실체에 귀속할수록 더 큰 의미를 끌어낼 수 있다"[8]

그리고 그 점이 바로 「헤일로 3」 같은 게임을 함께 플레이할 때 일어나는 효과다. 코버넌트 사살이 가치 있다는 말이 아니다. 하지만 수백만 명과 함께 거대한 목표를 향해 달려가면 기분이 좋아진다. 의미가 있다는 느낌이 든다. 코버넌트 100억 사살 같은 목표에 매진하는 행위는 곧 큰 뜻에 자신을 귀속하는 것, 그리고 그 뜻을 성취하는 데 크게 기여하는 것이다. 「헤일로」 플레이어들이 100억 사살을 자축하던 날, 인기 게임 사이트인 조이스틱Joystiq는 이렇게 보도했다. "이제 우리는 「헤일로 3」 캠페인에서 적을 사살하는 순간순간이 실제로 의미가 있다는 사실을 확실히 안다."[9]

'실제' 의미를 경험하고 싶다고 해서 꼭 '실제' 가치가 있는 일에 기여해야 하는 것은 아니다. 그냥 무엇이라도 기여할 기회만 얻으면 된다. 그러자면 똑같은 거대 목표에 관심 있는 사람들과 접촉할 수단이 필요하다(그 목표가 이치에 닿지 않아도 상관없다). 그리고 함께하는 일의 장대한 규모를 따져볼 기회도 있어야 한다.

여기서 현실을 바로 잡는 여섯 번째 방법이 나온다.

게임으로 현실 바로잡기 6 　**장대한 규모**

게임과 비교하면 현실은 보잘것없다. 우리가 게임을 하면 더 큰 것의 일원이 되고 우리의 행동은 장대한 의미를 지니게 된다.

여기서 핵심은 '장대함epic'이다. 「헤일로」 같은 블록버스터 게임 (3,000만~5,000만 달러, 또는 그 이상의 제작비가 들어간 게임)은 그냥 '더 큰 것'이 아니다. 규모가 어마어마하니 가히 '장대하다'고 할 만하다.

장대함은 요즘 게임 문화에서 가장 중요한 개념이다. 게이머들은 쉽게 잊을 수 없을 만큼 만족스러운 경험을 했을 때 이 표현을 사용한다. 한 게임 평론가는 이렇게 썼다. "「헤일로 3」는 장대하다. 다른 게임은 할 수 없는 방식으로 플레이어에게 능력을 부여한다. 단발적인 순간이 아니라 지속적인 사건이 있다. 영혼이 깨어나고 전율이 등

골을 타고 내려가는 경험을 선사한다."[10]

'장대함'을 정의한다면 평범함을 초월하는 것, 특히 규모와 강도에서 그러한 것이라고 하겠다. 장대한 규모를 따지자면 블록버스터 비디오 게임을 따라올 매체가 없다. 특히 세 가지 면에서 그러하다.

첫째, 블록버스터 비디오 게임은 '행동을 위한 장대한 맥락'을 마련한다. 즉, 공동의 이야기를 만들어 개인의 플레이가 더 큰 사명과 이어지게 한다.

둘째, 블록버스터 비디오 게임은 '장대한 환경'에 몰입하게 한다. 즉, 거대한 교류 공간에서 흥미와 놀라움을 자아낸다.

셋째, 블록버스터 비디오 게임은 '장대한 프로젝트'에 열중하게 한다. 즉, 몇 달 또는 몇 년 동안 플레이어들이 힘을 모아 거대한 규모로 노력한다.

게이머들이 장대한 게임을 사랑하는 데는 다 이유가 있다. 단순히 클수록 좋아서 그런 것이 아니라 클수록 경외심이 커지기 때문이다.

경외심은 독특한 감정이다. 여러 긍정 심리학자의 말을 들어보면 경외심이야말로 우리를 꼼짝 못하게 할 만큼 가장 강력하고 만족스러운 긍정적 감정이다. 신경심리학자 폴 페어솔Paul Pearsall은 경외심을 일컬어 '긍정적 감정의 오르가슴'이라고 했다.[11]

경외심은 자신보다 더 큰 것을 접했을 때 느끼는 감정이다. 영성, 사랑, 감사, 무엇보다도 섬기고자 하는 욕망과 긴밀하게 연결돼 있다.

『선의 탄생』에서 대커 켈트너는 이렇게 설명했다. "경외심을 경험하는 것은 더 큰 사건과 사물의 체계에서 자신의 자리를 찾는 것이다. 이기심의 강권을 가라앉히는 것이다. 사회 집단에 숙이고 들어가는 것이다. 우리 모두를 하나로 합치고 우리 인생의 노력을 고결하게 하는 어떤 거대한 과정에 참여하는 것을 경건한 마음으로 바라보는 것이다."[12] 다시 말해 경외심은 그냥 좋은 '기분'에 그치지 않는다. 좋은 '행동'을 하게 한다.

앞에서 「헤일로 3」 플레이어가 "전율이 등골을 타고 내려간다"고 했을 때 느낀 감정도 틀림없이 경외심이다. 등골이 서늘한 느낌은 으스스하다, 소름끼치다, 목메다 등과 함께 심리학에서 말하는 경외심의 전형적 증상이다.

경외심을 느낀다는 것은 의미 있는 행위를 찾는 감정의 레이더라 할 수 있다. 경외심은 의미가 나올 법한 근원을 발견했다는 신호다. 섬기고 하나 되고 더 큰 뜻에 기여할 진짜 기회를 찾았다는 뜻이다.

요컨대 경외심은 집단행동을 하라는 부름이다. 그러니 「헤일로」 플레이어들이 집단행동에 몰두하는 것도 우연이 아니다. 게임이 장대하고 경외심을 자아내니 마땅히 그럴 수밖에 없다. 요즘 최고의 게임 디자이너로 불리는 이들은 개인이 더 큰 것의 일원이 될 기회를 마련하는 데 전문가들이다. 「헤일로」 제작진은 그중에서도 최고다. 「헤일로」는 줄거리, 음악, 마케팅, 온라인 커뮤니티 조직 방법 등 어느 모로 보나 플레이어에게 게임 플레이가 의미 있다는 인상을 심어주도록 만들어졌다. 여기에는 똑같은 기법이 계속 반복되는데 알고 보면 간단하다. 바로 항상 개인을 더 큰 것과 연결하는 것이다.

「헤일로」가 정확히 어떤 방식인지 자세히 들여다보자.

웅장한 서사가 영웅을 만든다

> 500년 후의 미래. 적대적 외계 종족들의 연합체 코버넌트가 수단과
> 방법을 가리지 않고 인류를 멸절하려 한다. 귀관은 마스터 치프 하
> 사관 존 117. 한때 평범한 인간이었으나 지금은 생체 기술에 힘입어
> 초인적 속도, 체력, 지능, 시력, 반사 능력을 자랑하는 슈퍼 솔저다.
> 귀관의 임무는 코버넌트를 저지하고 지구를 구하는 것이다.

「헤일로」의 기본 줄거리다. 다른 블록버스터 비디오 게임과 다르
지 않다. 노련한 게임 개발자 트렌트 폴랙Trent Polack의 말마따나 "요즘
게임을 보면 게이머가 온통 세상을 구하는 데만 관심이 있다고 생각
할 만하다". 사실 폴랙의 이전 게임들도 그와 마찬가지로 사악한 외계
인의 손에서 은하계를 구하라고(「갤러틱 시빌라이제이션 2 Galactic Civiliza-
tions II」), 악신들에게서 우주를 구하라고(「데미갓 Demigod」), 거인의 침략
에서 세상을 구하라고(「엘러멘털: 워 오브 매직 Elemental: War of Magic」) 했다.

세상을 구하는 게임이 왜 이렇게 많을까? 업계 종사자를 대상으로
한 글에서 폴랙은 비디오 게임에서 '장대한 규모'의 이야기가 늘어나

는 현상을 이렇게 설명했다. "은하계를 구하거나 다시 깨어난 악마를 물리치는 등 전형적인 선악 대립 구도를 장대한 규모로 펼쳐 보이면 플레이어의 힘에 대한 환상이 충족된다."[13]

나도 폴랙과 같은 생각이긴 하지만, 이렇게 세상을 구하는 이야기로 정확히 어떤 '종류'의 힘에 대한 환상이 충족되는지 확실히 짚고 넘어갈 필요가 있다.

온갖 강력한 무기로 쏘고 부수는 비디오 게임은 어떤 차원에서 보자면 파괴의 미학과 그 상황을 지배하는 데서 오는 긍정적 기분이 큰 비중을 차지한다.[14] 시중의 슈팅 게임이 다 그렇다. 그러나 그런 즐거움은 세상을 구하는 장대한 이야기가 없어도 얼마든지 누릴 수 있다. 아타리의 「브레이크아웃」처럼 이야기 없이 단순한 게임에서도 아주 쉽게 그리고 더 잘 느낄 수 있다.

그런데 세상을 구하는 장대한 이야기가 있는 게임은 그 이야기를 통해 플레이어가 또 다른 종류의 힘을 맛보게 한다. 바로 의미 있는 행동을 하는 힘, 더 큰 그림에 영향을 끼치도록 활약하는 힘이다. 이야기가 바로 더 큰 그림이고, 플레이어의 행동이 바로 영향을 끼치는 활약이다.

폴랙은 이렇게 말했다. "이야기는 의미를 위한 무대를 마련한다. 플레이어의 행동에 틀을 잡는다. 우리 디자이너들은 말하지도, 보여주지도 않는다. 다만 '활동'을 알려줄 뿐이다. 즉, 플레이어가 하는 행동과 플레이어가 이루는 업적을 알려줄 뿐이다." 이 업적이 모여서 플레이어의 이야기가 만들어지고, 이 이야기가 바로 의미를 갖는다.

모든 게임이 대의명분처럼 느껴지진 않는다. 게임이 '대의'처럼 느껴지려면 두 가지 조건을 충족해야 한다. 첫째, 게임의 이야기가 행동의 **집단적 맥락**이 돼야 한다. 즉, 개인이 아니라 공동 경험이어야 한다. 그래서 장대한 게임들은 모두 거대한 온라인 플레이어 커뮤니티와 연계돼 있다. 수십, 수백만 플레이어가 똑같은 맥락에서 함께 행동하고, 포럼과 위키에서 그 행동에 관해 대화한다. 둘째, 플레이어가 집단적 맥락에서 행동할 때 봉사하는 기분이 들어야 한다. 각 플레이어의 노력이 결과적으로 다른 모든 플레이어에게 이득이 되어야 한다는 말이다. 즉, 모든 행동 하나하나가 모여서 최종적으로 더 큰 것이 만들어져야 한다.

이렇게 이야기를 집단적 맥락으로 발전시키고 개인의 업적을 봉사처럼 느껴지게 하는 데는 「헤일로」를 따라올 게임이 없다고 본다.

다른 블록버스터 비디오 게임들처럼 「헤일로」도 토론 포럼, 위키, 파일 공유(플레이어가 멋진 플레이 영상을 올리고 공유할 수 있도록) 등 훌륭한 온라인 커뮤니티 기능을 갖췄다. 하지만 번지와 엑스박스 라이브Xbox Live는 이런 평범한 맥락 구축 도구에 안주하지 않았다. 거기서 더 나아가 획기적인 도구를 제공해 플레이어가 어마어마한 집단 노력의 자취를 더듬을 수 있게 하고, 사상 처음으로 집단 봉사의 장대한 규모를 헤아릴 기회를 제공했다.

「헤일로」플레이어들은 저마다 변화의 주역으로서 싸운 이야기가 있다. 이렇게 개인이 「헤일로」커뮤니티와 대전쟁에 기여한 내용이 모두 온라인 '개인 복무service(봉사와 같은 단어 – 옮긴이) 기록'에 빠짐없이 기록되고 분석돼 있다. 번지의 표현을 빌리자면 '개인의 「헤일로」 이력 전체'가 갈무리돼 있는 셈이다.

복무 기록은 번지 공식 웹사이트에 저장되고 다른 플레이어도 얼마든지 볼 수 있다. 개인이 완료한 캠페인 레벨, 획득한 훈장, 달성한 도전 과제가 모두 나온다. 그리고 온라인에서 플레이한 레벨과 대결이 단 하나도 빠짐없이 시간별, 플레이별로 정리돼 있다. 「헤일로」 플레이어 각자가 지난 6년(「헤일로」 시리즈가 처음으로 온라인화된 2004년 이후) 동안 벌인 수천 번의 전투가 한곳에 고스란히 저장되고 열거된 셈이다. 복무 기록은 그냥 통계에만 그치지 않는다. 정렬 가능한 표, 그래프, 열 지도 같은 시각 자료도 마련돼 있다. 이로써 자신의 강점과 약점, 이를테면 중대한 실수를 저지른 지점, 꾸준히 대승을 거둔 지점, 가장 능숙하게 다루는 무기, 가장 서툴게 다루는 무기, 도움이 되는 동료, 도움이 안 되는 동료 등을 파악할 수 있다. 번지가 꼼꼼히 데이터를 수집하고 공유하는 덕에 개인이 「헤일로」에서 하는 모든 행동이 모여서 더 큰 것을 이룬다. 바로 수년간의 활동을 총망라하는 대전쟁 복무 이력이다.

하지만 이는 그냥 개인 이력이 아니다. 그보다 훨씬 큰 의미다. 혼자가 아니라 수백만 플레이어가 함께 대전쟁에 기여했고, 저마다 온라인에 복무 기록이 있다. '복무(봉사)'가 바로 여기서 가장 중요한 개념이다. 개인 복무 기록은 그냥 자기소개가 아니다. 플레이어가 더 큰 조직에 기여한 역사를 담은 기록이다. 자기소개 대신 '복무 기록'이라는 말을 쓰는 것을 볼 때마다 그런 사실을 떠올리게 된다. 온라인에서

「헤일로」를 하며 적을 사살하고 임무를 완수할 때 플레이어는 '기여'를 하는 셈이다. 능동적으로 대전쟁 역사에 새로운 순간을 빚어내는 것이다.[15]

그런 순간이 모두 모이면 어떻게 될까? 수백만 명의 복무 기록을 하나로 합하면 「헤일로」의 진짜 이야기, 대전쟁의 총 역사가 드러난다. 이로써 게이머 한 사람 한 사람이 커뮤니티, 즉 같은 명분으로 전쟁을 치르는 사람들의 조직에 연결된다. 그리고 유례가 없을 만큼 방대한 데이터가 복무 기록으로 수집되고 공유되는 것을 보면 플레이어들의 집합적 이야기가 얼마나 장대할지 가늠할 수 있다. 최근 번지가 플레이어들에게 공개한 자료를 보면 지난 9개월 동안 개인 복무 기록 서버가 플레이어의 데이터 요청을 받아 처리한 양이 1,400조 바이트를 웃돈다고 한다. 컴퓨터학 용어로 하면 1.4페타바이트다.

유사 이래 인류가 남긴 모든 언어권의 기록물을 합치면 약 50페타바이트가 된다고 한다.[16] 「헤일로」 플레이어들이 아직 그 수준에 이르진 못했지만, 인류의 기록 역사에 비하면 찰나의 시간밖에 안 되는 6년의 시간 동안 그 정도 데이터를 만들어냈다는 점에서 시작이 나쁘지 않다.

「헤일로」 인류 박물관은 집단적 맥락 구축의 혁신적인 예이다. 이 박물관은 '대전쟁에서 용맹하게 싸운 모든 용사'를 위해 27세기에 건립된 온라인 박물관이다. 물론 실제 박물관은 아니고, 엑스박스 마케팅팀이 「헤일로 3」에 더욱 의미 있는 맥락을 더하고자 만들었다.

이 박물관에는 켄 번즈^Ken Burns 감독의 「남북전쟁^Civil War」 시리즈에 나올 법한 고전적 기법으로 만든 영상이 있어 경건한 음악과 함께 대전쟁 참전 용사 및 역사가 인터뷰와 코버넌트 전투 장면이 나온다. 한 블로거는 이렇게 썼다. "「헤일로」 인류박물관의 영상은 히스토리 채널에서 바로 가져왔다고 해도 손색이 없을 정도다. …… 비디오 게임의 이야기를 이렇게 숭상하듯 다루다니 참 보기 좋은 일이다."[17]

숭상은 깊은 경외, 존경, 사랑의 표현으로 아주 크고 진중한 일에 걸맞은 감정이다. 그만큼 「헤일로」 인류 박물관의 핵심을 잘 표현하는 말도 없다. 인류 박물관의 목적은 「헤일로」에 진중하게 임하는 플레이어들의 자세를 높이 평가하고, 「헤일로」의 꽃이라고 할 만한 장대한 감정을 불러일으키는 것이었다.

과연 효력이 있었다. 실제로 이 영상은 플레이어의 심금을 울렸다. 한 플레이어의 말대로 "실존하지 않은 영웅들의 업적을 기린다"는 점은 아무런 장애가 되지 않았다.[18] 유명한 게임 기자 브라이언 크리센티Brian Crecente는 "보고 나서 소름이 돋았다"고 썼다.[19] 온라인 포럼과 블로그도 진심으로 감동했다는 글로 도배됐다. 다음은 정곡을 찌르는 한 플레이어의 글이다. "정말 가슴이 뭉클하다. 그들은 허구로 실제를 만들어냈다."[20]

그렇다고 박물관이 실제로 미래에서 왔다고 할 만큼 그럴듯한 것은 아니다. 하지만 박물관이 자아내는 '감정'은 그럴듯하다. 온라인 인류 박물관은 「헤일로」 경험, 다시 말해 수백만 플레이어가 수년 동안 복무한 역사가 얼마나 대단한지 헤아려볼 수 있는 곳이다. 대전쟁은 진짜가 아니지만, 그토록 많은 참전자가 기울인 노력의 규모를 생각할 때 일어나는 경외심은 진짜다.

한 플레이어는 이렇게 정리했다. "「헤일로」를 통해 슈팅 게임도 의미심장한 이야기를 갖출 수 있다는 사실이 증명됐다. 우리는 「헤일로」 안에서 자신이 더 큰 것의 일부가 되었다고 느낀다."[21]

하지만 「헤일로」는 더 큰 이야기에 그치지 않는다. 「헤일로」는 또한 더 큰 환경이기도 하다. 여기서 플레이어를 더 큰 것에 연결하는 또다른 전략이 나온다. 바로 장대한 환경 구축, 다시 말해 플레이어가 최대 기량을 발휘할 수 있도록 고도의 몰입 환경을 조성하는 것이다.

장엄한 환경이 영웅을 부른다

장대한 환경이란 엄청난 규모에 힘입어 깊은 경외와 경탄을 자아내는 공간이다. 세상에는 에베레스트산, 그랜드캐니언, 빅토리아 폭포 등과 같이 장대한 자연 환경이 아주 많다. 그 앞에서 우리는 겸허해진다. 자연의 위력과 위용에 비하면 작디작은 자신을 보는 것이다.

장대한 '인공' 환경은 다르다. 자연의 작품이 아니라 디자인과 기술의 산물로 '인간'의 위업이다. 그래서 우리는 그 앞에서 겸허와 긍지를 동시에 느낀다. 개인으로서는 작아지는 자신을 느끼지만, 힘을 합하면 훨씬 큰 것을 이룰 수 있다는 자신감이 생긴다. 그 이유는 장대한 인공 환경(만리장성, 타지마할, 마추픽추 등)이 엄청난 규모의 협업으로 빚어진 결과이기 때문이다. 장대한 인공 환경은 인간이 힘을 합하면 놀라운 규모의 업적을 이룰 수 있다는 증거다.

「헤일로 3」도 틀림없이 그러한 환경이다. 34개 플레이 환경으로 20만 광년 이상의 가상공간을 아우른다. 어느 레벨에서는 사람이 바글대는 상업도시 보이 ^{Voi}에서 전투가 벌어지고 다음 레벨에서는 우리 은하계 너머 저 멀리 있는 디 아크 $^{The Ark}$라는 사막이 전장이 된다.

플레이 공간의 규모만 중요한 게 아니다. 그 환경이 얼마나 다양하고 세심하게 만들어졌는지도 눈여겨봐야 한다. 샘 리스는 이렇게 썼다. "「헤일로 3」 같은 게임을 만드는 전자공학 작업은 그 규모 면에서 중세 성당 축조에 비견할 만하다." 이 '게임 성당'을 만들고자 3년 동안 250명이 넘는 미술가, 디자이너, 작가, 프로그래머, 엔지니어가 땀을 흘렸다. 다시 리스의 글이다. "이 작업의 규모와 복잡성은 음향 효과만 봐도 알 수 있다. 오디오가 54,000개, 대사가 40,000줄이다. 발소리만 해도 누가 무엇을 밟느냐에 따라 2,700개로 세분화돼 있다."[22]

말하자면 헤일로는 컴퓨터 디자인과 엔지니어링 작업의 새 지평을 열었다. 「헤일로」 플레이어가 전율하며 감탄하는 것도 바로 이 지점이다. 그들은 환경 자체보다 그 환경을 만든 사람들의 땀과 열정과 이상에 더 큰 경외심을 느낀다. 그런 점에서 「헤일로」 플레이어들 역시 장대한 환경을 만들어낸 힘에 경외, 경탄, 감사하는 마음을 품는 인류 문화의 오랜 전통을 따른다고 볼 수 있다.

장대한 환경이 최초로 만들어진 때는 신석기 시대로, 지금으로부터 1만 1천여 년 전이다. 다시 말해 인간은 문자를 사용하기 6천 년 전에 이미 경외와 협력을 자아내는 물리 환경을 조성하고 있었다.

세계의 장대한 인공 환경 중 가장 오래된 것은 터키 남동부의 괴베클리 테페^{Göbekli Tepe}다. 발굴된 지는 20년이 채 되지 않았으나 스톤헨지보다 무려 6천 년이나 앞서 지어진 것으로 추정된다. 총 10만 제곱미터에 이르는 땅에 3미터 높이의 돌기둥을 둘러 지름 10~30미터의 원을 최소 20개는 만들었다.

같은 시기에 같은 지역에서 만들어진 다른 석조 주택이나 고분, 사원 등과는 비교도 할 수 없을 만큼 어마어마한 규모를 자랑한다. 발굴 당시에는 그때까지 고고학자들이 본 그 어떤 유적보다 훨씬 크고 높고 웅장한 구조물이었다. 현장에 있었던 고고학자 한 명은 "전례 없는 규모의 예배소, 인류 최초 '언덕 위의 예배당'"이라고 표현했다.[23]

규모만 아니라 특이한 나선형 설계도 눈길을 끌었다. 괴베클리 테페는 복잡한 통로들이 이어진 형태이다. 참배객이 어둠 속에서 길을 따라 올라가면 십자 모양의 지성소에 이르는 구조로 보이는데, 꼭 미로와 같다. 이렇게 특이한 양식으로 설계한 까닭은 온몸이 떨리는 경탄과 함께 흥미와 호기심을 자아내기 위함인 듯하다. 이 모퉁이를 돌아가면 무엇이 있을까? 이 길을 따라가면 어디에 닿는 걸까? 참배객들은 넘어지지 않으려 서로 꼭 붙들고 어둠 속에서 더듬더듬 길을 찾아 걸어갔을 것이다.

그런데 이 같은 예가 괴베클리 테페만은 아니다. 이후 연구자들이 밝혀냈다시피 신석기 시대의 장대한 석조 예배당은 어렵지 않게 찾아볼 수 있었다. 가장 최근에는 2009년 8월 스코틀랜드 북부에서 작업하던 고고학자들이 총면적 500제곱미터, 천장 높이 6미터, 벽 두께 5미터의 석조 건축물 잔해를 발굴했는데 역시 미로 같은 구조에 건축 시기도 신석기 시대였다.[24] "이 정도로 크고 복잡한 건물은 보는 사람을 놀라게 하고 경외심을 불러일으키기 위해 세운 것입니다." 이 고대 예배당이 처음으로 발견됐을 때 발굴 감독 닉 카드 Nick Card 가 기자들에게 한 말이다.

이러한 건축물이 여기저기서 모습을 드러내자 최근 고고학계에서는 깜짝 놀랄 만한 이론이 등장했다. 거대 석조 예배당이 인류 문명의 발전에 지대하게 기여했다는 이론이다. 이 건축물 덕분에 인간 사회가 이전과 비교도 할 수 없을 만큼 큰 협력을 이끌어냈고, 그로써 기존 문명이 완전히 재창조됐다는 것이다. 이 같은 신석기 예배당을 심층 탐구한 《스미소니언 Smithsonian》 기사에서 앤드루 커리 Andrew Curry 는 이렇게 밝혔다.

오래전부터 학자들은 인류가 농사를 짓고 안정된 공동체에서 살아가는 법을 터득하고 나서야 비로소 사원을 세우고 복잡한 사회 체계를 지탱할 시간, 조직, 자원이 생겼다고 생각했다. 그러나 …… [어쩌면] 그 반대였다. 그러한 석조 건축물을 조성하고자 대대적으로 단합했기에 복잡한 사회를 건설할 기초가 마련된 것이다.[25]

이에 덧붙여 커리는 다른 학자의 말을 인용한다. "이 건축물들이 복잡한 신석기 사회의 진정한 기초라고 해도 과언이 아니다."[26]

오늘날 장대한 환경 때문에 게이머들이 힘을 모으는 것도 당연한 일이다. 이미 1만 1천 년 전부터 인류는 장대한 환경으로 인해 서로 협력하여 놀라운 업적을 이루지 않았던가.

비디오 게임이 처음으로 장대한 환경을 만들어낸 것은 아니다. 우리 조상의 전통을 물려받았을 뿐이다. 하지만 비디오 게임 덕분에 이전보다 훨씬 더 많은 사람이 전과 비교도 할 수 없을 정도로 쉽게, 그것도 날마다 장대한 환경을 이용할 수 있게 되었다.

고고학자들은 참배객들이 150킬로미터 이상을 걸어 평생에 단 한 번 괴베클리 테페를 방문했으리라 본다. 하지만 지금은 원하면 언제든 장대한 환경에 쉬이 빠져들 수 있다. 블록버스터 비디오 게임을 실행하기만 하면 세계 어디서든 그곳으로 순간 이동할 수 있는 것이다.

이 장대한 게임 환경은 실제 세계가 아니지만 그 속을 누비는 경험만큼은 실제다. 가상 환경을 만들려면 어마어마한 규모로 협업해야 한다. 미술가와 프로그래머 수백 명이 함께 모여 몇 년 동안 머리를 맞대고 구슬땀을 흘려야 한다. 이렇게 만들어진 웅장한 환경에 첫발을 내딛는 순간, 게이머는 평범한 사람들이 힘을 합쳐 비범한 공간을 만들어냈다는 데에 진정한 경외심을 느낀다.

그뿐만 아니다. 비디오 게임 개발자들은 또 다른 방법으로 장대한 인공 환경 축성술을 발전시켰다. 경외심을 자아내는 음향을 넣은 것이다. 게임 경험에서 사운드 트랙이란 그저 배경의 일부가 아니라 매우 중요한 요소다. 특히 「헤일로」의 가슴 터질 듯한 음악이 그러하다.

「헤일로 3」 사운드 트랙을 보면 '고결한 뜻 Honorable Intentions', '때가 왔다 This Is the Hour', '영원히 잊지 않으리 Never Forget' 같은 제목이 있다. 내가 가장 좋아하는 곡은 '경이에 휩싸이다 Ambient Wonder'. 이 짧은 제목에 장대한 환경의 취지가 그대로 담겨 있다. 바로 경외와 경탄으로 플레이어를 뒤덮고 에워싸는 공간을 만드는 것이다.

「헤일로」 음향 감독 마틴 오도널 Martin O'Donnell은 음악을 만들 때 다음과 같은 점을 늘 염두에 둔다고 밝혔다. "음악으로 인해 「헤일로」의 영상에 중요성, 무게감, '먼 옛날' 같은 느낌이 더해져야 합니다." 곡들을 살펴보면 듣는 이를 황홀경에 빠지게 하는 그레고리오 성가, 현악 합주, 타악기 연주, 카왈리 보컬, 수피 기도 같은 음악이 포함돼 있다.[27] 모두 예나 지금이나 우리에게 장대한 감정을 자아내는 데 사용되는 음악 기법으로, 비디오 게임에서 그 활용도가 점점 커지는 추세다. 한 「헤일로」 플레이어는 이렇게 말했다. "훌륭한 비디오 게임을 하면 온몸의 털이 곤두서고 얼얼한 기분에 속이 내려앉는다. 나는 「헤일로」 사운드 트랙을 들을 때마다 그렇다."[28]

이렇게 대단한 시청각 환경이 모두 합해지면 엄청난 규모로 힘을 합쳐 이야기를 전하고 임무를 완수하는 장대한 프로젝트가 탄생한다.

장대한 환경을 접하면 장대한 프로젝트를 수행하고 싶은 마음이 생긴다. 장대한 환경이 바로 우리 모두 힘을 합치면 무엇을 할 수 있는지 여실히 보여주는 증거이기 때문이다. 실제로 장대한 환경을 접하면 인간의 능력에 대한 인식이 '확장'된다. 그래서 「헤일로 3」와 같이 장대한 환경을 탐험하면 마음이 꿈틀대고, 거기서 대규모 협력이라는 장대한 성취가 일어난다.

게임 전문 기자 마거릿 로버트슨^{Margaret Robertson}은 이렇게 썼다. "「헤일로」는 언제나 기분 좋은 공간이다. 여기서 좋은 기분이란 희열이 아니라 고결함을 뜻한다. …… 명예와 책임을 중시하는 마음이 생겨 내가 정말 더 나은 사람이 된 듯한 기분이 든다. …… 아무리 더 나은 곳으로 간들 더 나은 사람이 될 수 없다면 다 무슨 소용인가?"[29]

상상을 초월하는 대규모 프로젝트

100억 사살 달성도 커뮤니티의 중대한 성과지만 「헤일로」 플레이어가 그보다 더 많은 시간을 들인 장대한 프로젝트가 두 개 있다. 둘 다 집단 지식 프로젝트다. 하나는 위키와 토론 포럼에서 「헤일로」 세계를 문서로 정리하는 프로젝트, 다른 하나는 서로 전투력과 협동력을 강화하는 프로젝트다. 두 프로젝트 모두 위키와 토론 포럼이 주 무대였다.

이렇게 「헤일로」 세상을 문서로 정리하고 실력을 향상하고자 들인 노력의 규모를 가늠해보자. 플레이어들이 번지의 「헤일로」 공식 포럼에 올린 토론 글만 세어봐도 2,100만 개를 웃돈다. 그런가 하면 세계 최대 「헤일로」 위키는 150만 가입자가 작성하고 편집한 글이 6천 개에 육박한다. 「헤일로」 플레이어들은 서로 실력을 향상하고자 지식도

공유한다. 헤일로피디아Halopedia 위키는「헤일로」시리즈의 장대한
세계관을 구축하는 데 중점을 두고, 헤일로 위키Halowiki(헤일로피디아
의 '자매 사이트'를 자처한다)는 멀티플레이 전략과 기술에 초점을 맞춘
다. 다음은 '가치' 선언문으로 플레이어가 장대한 지식 공유 프로젝트
에 참여할 의지를 북돋는다.

> 헤일로 위키의 목적은 단 하나, 고수와 하수를 가리지 않고 모든 플
> 레이어가 실력을 향상하고「헤일로 3」온라인 경험에서 훨씬 큰 재
> 미를 찾을 수 있도록 돕는 것입니다. 지식을 나누고 다른 사람의 지
> 식을 받아들이십시오. 고수들도 지식을 나눠야 합니다. 그러면 결국
> 모든 사람의 실력이 나아지고 함께하는 재미가 더 커질 것입니다.
> 능력의 한계에 도전합시다![30]

헤일로 위키가 다루는 영역도 헤일로피디아만큼 방대하다. 팁 부
문만 봐도 '팀플레이에서 피해야 할 나쁜 습관', '의사소통 팁', '운송
수단을 효과적으로 활용하는 방법', '궁지에 몰렸을 때 최후의 수단'
등 150개가 넘는 범주가 있고, 각 범주마다 여러 게이머가 작성한 수
백 가지 조언이 나열돼 있다.

전략 부문은 보다 복잡한 조언이 약 100개의 범주로 정리돼 있다.
범주 중 일부를 예로 들자면 '근거리 무기 정복', '『손자병법』에 나오
는 전략', 그리고 '게임에서 죽는 것을 두려워하지 않도록 두뇌를 재
교육하는 방법' 등이다.

헤일로 위키에는 모두 합해 1,000개가 넘는 부문이 있고, 이로써 플레이어가 게임을 하며 체득한 지식이 집단 지성 자원으로 발전한다. 결과적으로 이 자원은 「헤일로」 커뮤니티의 모든 구성원에게 실력 향상 말고도 더 큰 의의가 있다. 위키에 지식을 더할 수 있다는 것은 곧 자신에게 수백만 명이 유용하게 쓸 지식이 단 하나라도 있다는 말이다. 설사 그 지식이 사소한 내용일지라도 수백만 명이 반길 유익한 일을 한다는 데서 오는 긍정적인 감정은 전혀 사소하지 않다.

「헤일로」는 2001년에 1편이 출시됐으니 벌써 10년째 장대한 게임 디자인의 한계에 도전하고 있는 셈이다. 하지만 게이머가 더 큰 것의 일부가 될 방법을 궁리하는 사람이 「헤일로」 개발자들만은 아니다. 그 밖에도 많은 온라인 게임 개발자가 새로운 방법을 창안하고 있다.

장대한 게임 디자인과 관련해 최근 아주 흥미로운 실험이 있었다. EA 스포츠EA Sports가 대학 미식축구 게임인 「NCAA 미식축구NCAA Football」 시리즈와 관련해 실시한 '시즌 대결Season Showdown' 프로젝트다. 시즌 대결은 스포츠 비디오 게임 장르(전체 게임 매출의 15퍼센트 이상을 차지할 정도로 대단히 인기 있는 장르)에서 처음 있는 뜻 깊은 시도다. 이 프로젝트의 목적은 「헤일로」와 같이 세계를 구하는 게임에서 볼 수 있는 장대한 감정적 보상을 스포츠 게임에서도 똑같이 만들어내는 것이다.

"모든 경기가 중요하다."는 「NCAA 미식축구 10」의 표어다. 모든 경기가 중요한 것이야 당연한 말인데 겨우 그뿐인가? 아니다. 모든 경기가 전국 대회에 영향을 끼친다. 실제 전국 대회는 아니지만 그렇다고 해서 완전한 가상이라고도 볼 수 없다.

「NCAA 미식축구 10」 온라인에 등록하면 일단 팀을 정해야 한다. 플레이어는 오하이오 주립대학교, 노트르담 대학교, 스탠퍼드 대학교, 플로리다 주립대학교, 육군사관학교, 서던캘리포니아 대학교 등 실제 대학 120개 중 하나를 선택할 수 있다. 그러면 온라인 미식축구 시즌이 진행되는 동안 플레이어가 온라인에서 올린 점수가 모두 그 팀의 점수에 더해진다. 그리고 매주 팀 점수를 합산해 학교 대항전의 승자를 가린다.

시합은 현실의 NCAA 일정을 그대로 반영한다. 예를 들어 그 주간에 실제로 오리건 주립대학교와 스탠퍼드 대학교가 맞붙는다면 두 팀의 팬들도 온라인으로 5가지 부문에서 대결을 벌인다. 그리고 현실의 승패와 상관없이 5가지 부문 중 3부문에서 이긴 팀이 그 주간의 승자가 된다. 현실에서 고전하는 팀의 팬들이 가상 세계에서나마 승리하여 패배를 만회하고자 더욱 열성적으로 임하니 온라인에서 난전이 벌어질 수밖에 없다.

연말이면 온라인에서 가장 우수한 성적을 거둔 팀들이 콘퍼런스 결승전에서 맞붙는다. 절정은 전국 결승전이다. 역시 현실 세계와 똑같은 주간에 전국 결승전을 치른다. EA 스포츠 관계자의 말을 빌리자면 "전국 결승전은 가장 열렬한 「NCAA 미식축구 10」 팬들의 대결"이다.

그래서 「NCAA 미식축구 10」의 시합 하나하나에 다른 스포츠 비디오 게임보다 더 큰 의의가 있다. 혼자만 즐기기 위해 게임을 하는 것이 아니다. 이 게임을 통해 플레이어는 자신이 아끼는 팀을 공개적으로 응원하는 팬 집단의 움직임에 동참한다.

「NCAA 미식축구 10」의 혁신성은 현실을 맥락으로 삼아 그 속에서 개인 플레이어가 행동하게 한다는 데 있다. 게임 속 리그는 허구이긴 하지만 현실의 옷을 입은 허구다. 플레이어를 장대한 이야기에 연결하고자 새롭게 맥락을 만들어낼 필요가 없다. 기존 대학 미식축구 이야기와 전통을 활용하면 그만이다. 그래서 기존 커뮤니티, 즉 팬 층을 바탕으로 의미 있는 사회적 맥락을 마련한다. 팬들이 그 속에서 장대함을 느끼는 까닭은 평소 대단히 좋아하지만 직접 참여할 수 없었던 크나큰 조직과 직접적으로 연결되기 때문이다.

좋아하는 팀을 응원하는 일도 재미있지만, 그보다 더 의미 있는 것은 능력의 한계에 도전하고 그 성과를 확인하는 일이다.「NCAA 미식축구 10」에서 플레이어는 좋아하는 팀과 그저 하나가 되는 게 아니라 그 팀을 위해 직접 '봉사'한다. EA 스포츠가 마련한 방식으로 학교의 명성을 드높이고자 땀 흘리는 것이다. 이를 두고 한 블로거는 이렇게 말했다. "내가 치르는 경기 하나하나가 학교의 목표 달성을 돕는다."[31] 말하자면 더 큰 뜻, 그것도 이미 예전부터 자신이 중요시해왔던 뜻을 위해 힘을 보태는 것이다.

철학적 관점에서 놀이를 탐구한 20세기 네덜란드의 석학 요한 호이징하Johan Huizinga는 이렇게 말했다. "모든 놀이에는 '의미'가 있다."[32] 지금은 게임 세계의 규모가 커지고 집단 게임 디자인이 발전한 덕에 대체로 게임 플레이에 '더 큰' 의미가 있다. 현재 게임 개발자들은 어떻게 하면 더욱 효과적으로 경외심을 자아내는 맥락을 만들어 더욱 큰 집단 노력과 영웅적 봉사를 이끌어낼 수 있을까에 대해 계속 고심하고 있다. 그 결과로 게임 커뮤니티들은 초대형 목표를 설정하고 장대한 의미를 만들어내는 데 과거 어느 때보다 열심이다.

일상에서 하는 일이 하찮게 여겨지거나 더 큰 뜻에 힘을 보태기가 쉽지 않을 때, 우리는 게임으로 그 욕구를 채울 수 있다. 장대한 규모의 게임을 하면 할수록 위기에 대처하는 능력, 경외심을 자아내는 더 큰 것의 일부가 되는 능력이 향상된다.

이 장 앞부분에서 「헤일로」 플레이어의 말을 인용했다. "60억 인류가 전력을 다한다면 어떨지 생각해보라!" 물론 현실적으로 불가능한 일이다. 하지만 재미있는 생각 실험을 해볼 수는 있다. 「헤일로 3」 같은 게임을 전 인류가 함께 플레이한다면 과연 어떤 일이 벌어질까?

무의미한 질문이라고도 할 수 있을 것이다. 어차피 가상 전쟁인데 60억이 모인들 무슨 의미가 있는가? 하지만 이렇게 생각해보자. 60억 인구가 가상 전쟁에서 모두 '같은 편'에 서서 싸운다면?

그런 일은 분명히 실제 의미가 있다고 본다. 설사 현실 세계에서 가치를 창출하지 못한다 해도 그러하다. 한 가지 목표에 전 세계인의 관심을 집중시킬 수 있다면? 설사 단 하루만이라고 해도, 설사 그 목표가 비디오 게임에서 외계인을 해치우는 것이라 해도, 그것은 참으로 경외심을 자아내는 일이다. 인류 역사상 가장 큰 집단행동으로 아마 전 지구가 전율하게 될 것이다.

게이머들은 60억이 다 함께 가상의 적과 싸우러 오는, 그 경외와 경탄의 순간을 상상할 수 있다. 순전히 가슴 떨리는 즐거움을 누리고자 엄청난 규모로 힘을 합쳐 장대한 목표를 향해 나아갈 준비도 돼 있다. 전 지구인이 그런 행복을 좇는다면 지구를 구할 수도 있다. 가상의 외계인이 아니라 무관심과 잠재력 낭비로부터 말이다.

『나 세대 Generation Me』를 쓴 심리학 교수 진 M. 트웬지 Jean M. Twenge 는 요즘 젊은 세대, 특히 1980년대 이후 출생자들이 "과거 어느 때보다 불행"하다고 말했다. 왜일까? 갈수록 '자기 존중'과 '자기 충족'을 강조하는 문화 때문이다. 그런데 수많은 심리학자, 철학자, 영적 지도자들이 보여주다시피 진정한 충족은 다른 사람에 대한 도리를 다하는 데서 온다. 우리는 "자신의 존재"가 아니라 "자신의 의미 있는 행위"로 다른 사람에게 존중받기를 원한다.

트웬지의 연구 결과, 타인에 대한 도리를 무시하고 자신에게만 집중하면 할수록 불안과 우울 증세가 심해진다. 그럼에도 우리는 홀로 행복해지려는 노력을 그치지 않는다. 자신을 최우선시하면 언젠가는 원하는 것을 손에 넣으리라고 착각하기 때문이다. 사실 진정한 행복은 나를 '더 많이' 생각할 때가 아니라 '더 적게' 생각할 때, 다시 말해 개인의 욕구보다 훨씬 크고 중대한 무언가에서 자신이 얼마나 작은 존재인지를 직시할 때 찾아온다.

집단 노력에 참여하고 경외심을 받아들이면 잠재력을 발휘해 의미 있는 삶을 살고 세상에 의미 있는 자취를 남기는 데 도움이 된다. 설사 자취를 남기는 곳이 가상 세계라 할지라도 대의를 위해 봉사한다는 것이 어떤 기분인지는 알 수 있다. 두뇌와 육체가 장대한 의미의 진가를 알고 그것을 감정적 보상으로 추구하도록 훈련되는 것이다.

최근 연구 결과를 보면 게임 세계에서 그 같은 보상을 많이 누려본 사람일수록 현실 세계에서도 더 추구하게 된다.

2009년에 미국, 일본, 싱가포르, 말레이시아의 8개 대학 연구자가 모여 '도움 행위'가 필요한 게임을 즐기는 시간과 일상에서 타인을 돕는 태도가 어떻게 관련돼 있는지 살펴보고자 세 가지 합동 연구를 진행했다. 대상은 각각 13세 이하, 13~19세, 대학생으로 모두 3,000명이 넘었다. 결과는 모두 똑같았다. 다른 사람을 도와야 하는 게임을 많이 하는 사람일수록 현실 생활에서 친구, 가족, 이웃, 더 나아가 낯선 사람을 돕는 경향이 아주 크게 나타났다.[33]

장대한 규모의 게임만을 선별해 연구한 결과는 아니지만 규모가 커져도 바탕은 그대로일 것이다. 아니, 오히려 더 큰 경향이 나타나리라고 본다. 연구진 중 한 사람인 브래드 부시먼Brad Bushman 미시간 대학교 사회 연구소 커뮤니케이션과 심리학 교수의 말을 인용한다. "이 결과에서 친사회적 게임과 도움 행위의 상향식 소용돌이를 엿볼 수 있다."[34] 게임에서 도움을 주는 행동을 자주하면 현실에서도 동일하게 행동한다는 말이다. 이를 보면 게임 세계에서 장대한 뜻을 위해 즐거이 봉사하는 법을 익힐수록 현실 세계에서도 장대한 노력에 기여할 가능성이 커진다고 해도 틀린 말이 아니다.

심리학자 에이브러햄 매슬로Abraham Maslow는 말했다. "자신이 무엇을 원하는지 알기란 보통 일이 아니다. 드물고 어려운 심리적 성취다."[35] 하지만 요즘 최고의 게임들에는 그처럼 쉽지 않은 자기 인식을 성취할 수 있도록 강력한 도구가 마련돼 있다.

게임은 우리가 삶에서 바라는 바를 정확히 보여준다. 바로 더 만족스러운 일, 성공에 대한 더 큰 희망, 더 강한 사회적 연결성, 자기보다 큰 것의 일원이 될 기회이다. 게임으로 이 네 가지 보상을 날마다 누릴 수 있으므로 우리는 삶의 질을 마음껏 향상할 수 있다. 그리고 그러한 게임을 친구, 가족, 이웃 등 아끼는 이들과 함께 즐긴다면 그들의 삶도 함께 윤택해진다. 그래서 우리는 게임을 하면서 진정한 행복의 근원을 보는 눈을 키우고, 잠재력을 극대화하는 방법을 익힌다.

하지만 그 지식을 현실 세계에도 적용할 수 있을까? 게임업계는 인간의 4가지 갈망을 채우고 확실한 몰입과 피에로의 근원을 제공함으로써 우리의 행복을 키우고 감정을 더욱 튼튼하게 했다. 하지만 완벽하진 않다. 우리는 '현실의 삶'을 더욱 알차게 즐기는 법을 배우지 못했다. 그 대신 지난 35년 동안 '게임 속의 삶'을 더욱 알차게 즐기는 법만 배웠다.

우리는 현실을 고치지 않고, 일상에서 자꾸만 부닥치는 권태, 불안, 소외, 무의미 등을 대체할 매력적인 대안을 만들어내는 데만 힘을 쏟았다. 이제 바야흐로 게임에서 얻은 교훈을 접목해 일상을 디자인해나갈 때다. 우리는 대체 현실을 만들어야 한다. 다시 말해 이전과 달리 마치 게임처럼 현실 세계와 교류하고 현실의 삶을 살아갈 방법들을 마련해야 한다.

다행히도 대체 현실 조성 프로젝트는 이미 순조롭게 진행 중이다.

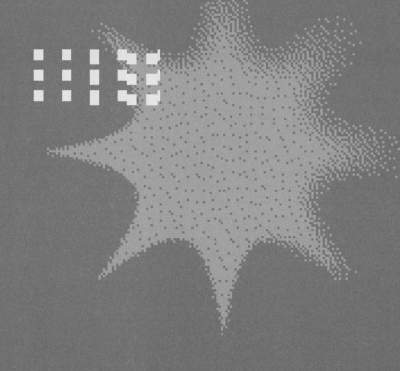

삶은 실험이다. 실험은 많이 할수록 좋다.

＿랄프 왈도 에머슨Ralph Waldo Emerson

게임,
현실을 혁신시키다

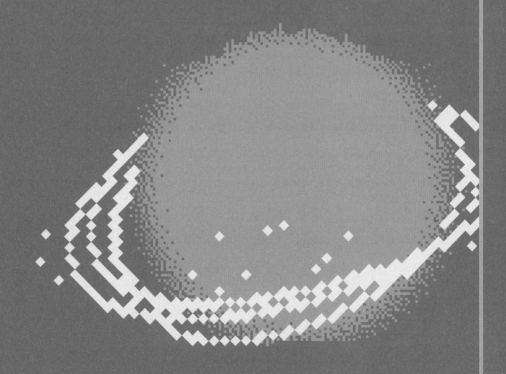

07

대체 현실이 우리에게
줄 수 있는 것

아파트 현관을 지날 때마다 나는 대체 현실로 들어선다. 이 대체 현실은 생김새도 움직이는 방식도 일반 현실과 똑같지만 한 가지 커다란 차이가 있다. 화장실을 청소하고 싶으면 아무도 모르게 해야 한다는 점이다.

내가 토요일 아침에 욕조를 닦을 것 같은 눈치면 남편 키야시^{Kiyash}는 더 일찍 일어나 살금살금 화장실로 가서 조용히 선수를 친다. 하지만 나도 이 대체 현실을 살만큼 살았으니 마음만 먹으면 얼마든지 반격할 수 있다. 평일 엉뚱한 시간에 청소해 허를 찌르는 것이다. 시간이 불규칙할수록 남편보다 먼저 집안일을 끝내기가 쉬워진다. 만일 이 수법도 더는 안 통하는 때가 오면 그때는 청소용 솔을 꼭꼭 숨겨버리면 된다.

굳이 궂은 일을 먼저 하겠다고 다투는 이유는 바로「허드렛일 전쟁 Chore Wars」이라는 무료 온라인 게임을 하고 있기 때문이다. 그리고 41층 닌자 대륙에서는 현실 왕국의 화장실 때를 없애는 일이 허드렛일 중에서 경험치 XP를 가장 많이 준다. 41층 닌자 대륙은 게임 속에서 우리 아파트에 붙인 이름이다. (우리 부부는 41층에 살고, 남편은 닌자광이다.)

본격 가사 도움 서바이벌, 허드렛일 전쟁

「허드렛일 전쟁」은 대체 현실 게임 Alternate Reality Game, ARG, 즉 현실을 더욱 즐겁게 살 수 있도록 현실(가상 환경이 아니다)에서 플레이하는 게임이다. 「허드렛일 전쟁」은 한마디로「와우」의 축소판인데 두드러지는 차이가 하나 있다. 온라인 퀘스트가 모두 현실 세계의 청소와 연결되고, 낯선 사람이나 멀리 있는 친구가 아니라 가족, 동거인, 직장 동료와 함께한다는 점이다. 이 게임은 실험 정신으로 똘똘 뭉친 영국인 게임 제작자 케번 데이비스 Kevan Davis가 2007년에 내놓았는데, 그의 말을 빌리자면, '허드렛일 관리 시스템'이다.[1] 사람들이 집안일을 들여다보고, 여느 때보다 더 많이, 더 활기차게 집안일을 하도록 의욕을 불어넣는 게 목적이다.

「허드렛일 전쟁」을 하려면 먼저 현실의 가정이나 직장에서 '모험단'을 꾸려야 한다. 즉, 가족, 동거인, 동료가 온라인으로 등록해서 함께 왕국 이름을 정하고 게임 속에서 자신을 대신할 아바타를 만들어야 한다.

아바타를 만든 사람은 게임 데이터베이스에 만들어놓은 '모험'을 수행할 자격이 생긴다. 우리 부부가 만든 모험은 식기세척기 비우기, 커피 물 끓이기 등이다. 롤플레잉 게임인 만큼 허드렛일에 판타지 요소를 보태면 좋다. 41층 닌자 대륙을 예로 들자면 강아지의 털을 빗겨주는 일은 '털과 허물로 괴로워하는 견공 처녀 구하기', 빨래는 '마술로 깨끗한 옷 짓기'다.

플레이어는 허드렛일 하나를 끝낼 때마다 게임에 접속해 성공을 알린다. 그리고 정해진 만큼 경험치, 가상 금화, 보물, 아바타 능력 강화제, 가상 능력 점수를 받는다. 이를테면 선반에서 아무것도 떨어뜨리지 않고 먼지 털기를 끝내면 민첩성 10점 증가, 재활용 분리수거 쓰레기를 모두 내놓으면 체력 5점 증가 등이다. 그리고 모든 모험을 자기 손으로 직접 만들기 때문에 게임 내 보상을 잘 배분하면 다들 꺼리는 허드렛일을 좀 더 매력적인 일로 바꿔놓을 수 있다. 그래서 우리 집에서는 서로 화장실을 청소하겠다고 난리다. 무려 경험치 100이 걸린 모험이다.

허드렛일을 많이 할수록 경험치와 가상 금화도 많이 쌓이고 아바타의 레벨도 빨리 올라간다. 하지만 「허드렛일 전쟁」은 아바타를 키우는 것만이 전부가 아니다. 현실의 보상도 있다. 게임 설명서를 보면 가상 금화를 현실에서 사용할 방법을 마련하면 좋다고 제안한다. 가령, 자녀와 게임을 한다면 가상 금화를 용돈으로 바꿔줄 수 있고, 동거인끼리는 술 한 잔, 직장 동료끼리는 커피 심부름으로 바꿀 수 있다. 우리 부부는 자동차가 한 대뿐이어서 같이 타고 다닐 때면 금화 경매로 어떤 음악을 들을지 결정한다.

하지만 아바타 레벨 업, 금화 축적, 음악 선택권보다 훨씬 만족스러운 점이 있다. 아홉 달 동안 「허드렛일 전쟁」을 함께한 지금, 남편의 아바타가 내 아바타보다 많은 경험치를 쌓았다는 사실이다. 아바타 수치는 조작이 불가능하기 때문에 거의 1년 동안 남편이 나보다 집 청소를 더 열심히 했다는 것을 확실히 알 수 있다.

이건 분명히 저도 이기는 게임이다. 남편은 41층에서 으뜸가는 닌자가 됐으니 만족하고, 나는 남편보다 허드렛일을 적게 하니 좋다. 덤으로 집도 어느 때보다도 더 깨끗해졌다. 「허드렛일 전쟁」 덕분에 예전에는 서로 꺼리던 일이 창의적이고 재미있는 일로 탈바꿈했다. 다시 말해 집안일을 억지로 하는 것이 아니라 좋아서 하도록 현실이 바뀌었다.

우리 가족만 그런 것은 아니다. 「허드렛일 전쟁」은 호평받고 사랑받는 일종의 비법으로 인터넷에서 이미 입소문이 났다.

텍사스 주에 사는 한 학부모는 「허드렛일 전쟁」을 두고 이렇게 말했다. "우리 집에는 세 아이가 있어요. 위에서부터 아홉 살, 여덟 살, 일곱 살이에요. 아이들에게 게임 속 각자의 캐릭터와 수행할 모험을 보여줬더니 정말로 벌떡 일어나 자기가 고른 일을 끝내겠다고 달려가더라고요. 여덟 살 먹은 아들이 생전 처음으로 이불을 갰지 뭐예요! 남편이 토스터를 청소했을 때는 너무 놀라 기절할 뻔했죠."

또 다른 플레이어의 증언이다. "우린 런던에서 여자 둘과 남자 여섯이 한집에 살아요. 나 말고는 청소하는 사람이 없어서 슬슬 성질이 나던 차였죠. 어젯밤에 우리 계정을 만들고 '모험'을 좀 정했는데요, 아침에 일어나보니, 세상에, 애들이 전부 청소를 하고 있지 뭐예요. 정말로 이게 꿈인가 생시인가 싶더라니까요. 그냥 경쟁 체제로 바꾼 것뿐인데 지금 남자애들은 서로 이기겠다고 아주 난리예요!"[2]

흔히 우리는 허드렛일을 억지로 해야 하는 일로 여긴다. 잔소리를 못 이겨서 하거나 더는 안 하고 버틸 수 없을 지경이 돼야만 하거나 둘 중 하나다. 한마디로 재미없는 일이다. 그런 일을 '하고 싶어서' 하도록 하니 「허드렛일 전쟁」이 대단하다고 할 수밖에 없다.

하지만 더 중요한 점이 있다. 집안일이라는 방정식에 '의미 있는 선택'을 영리하게 삽입했다는 사실이다. 모험단을 꾸릴 때 가장 먼저 하는 일은 다양한 모험을 만드는 것이다. 모험은 의무가 아니다. 누구나 자유롭게 선택한다. '꼭 필요한' 허드렛일이란 없다. 플레이어는 자발적으로 모험을 택해 수행한다. 그리고 이 자발적 참여성을 강화하는 요인이 있으니 바로 선택의 전략성이다. 플레이어는 모험을 선택할 때 머리를 굴릴 수밖에 없다. 쉽고 빠르게 해치울 수 있는 허드렛일을 많이 해서 경험치를 모을 것인가? 아니면 어렵고 번거로운 일을 해서 다른 플레이어가 금화를 가져가지 못하도록 막을 것인가?

좋은 장애물에는 반드시 임의적인 제약이 들어가야 한다. 「허드렛일 전쟁」 고수들은 바로 여기서 진짜 재미를 느낀다. 모험에 새로운 규칙을 더하면 경험치와 금화를 손에 넣기가 더 어려워진다. 가령,

5분 안에 세탁물을 치우면 경험치가 두 배라는 식으로 시간 제한을 둘 수 있다. 아무한테도 들키지 않고 쓰레기통을 비우라는 식으로 은신 능력을 요구할 수도 있다. 아니면 우스운 제약을 붙일 수도 있는데 이를테면 큰소리로 노래하거나 뒷걸음치면서 허드렛일을 하라는 식이다.

어찌 보면 터무니없는 소리로 들린다. 허드렛일을 어렵게 하면 더 재미있어진다니 말이 되는가? 하지만 좋은 게임이 다 그러하듯 제약이 흥미로울수록 즐거움이 커진다. 「허드렛일 전쟁」으로 우리는 평범하기 짝이 없는 일을 색다르게 수행하는 방법을 쉽게 창안하고 시험할 수 있다. 흔히 허드렛일을 판에 박힌 일이라고 생각하지만 꼭 그렇지만도 않다. 게임을 접목하면 방 정리처럼 단조로운 일로도 도전 정신이나 창의성을 자극해 피에로를 이끌어낼 수 있다.

현실에서 허드렛일을 하면 부엌이 반짝반짝 빛나거나 차고가 깔끔하게 정리되는 등 눈에 띄는 결과가 나온다. 이 정도 피드백으로도 만족감이 들 만하다. 하지만 「허드렛일 전쟁」은 더욱 강렬한 피드백으로 일상의 소소한 만족을 증대한다. 바로 아바타의 성장이다.

온라인 롤플레잉 게이머라면 누구나 알다시피 레벨 업은 지금까지 나온 피드백 방식 중 가장 만족감이 크다. 허드렛일을 할 때마다 더 강하고 능숙해지는 아바타를 보면서 느끼는 보람은 깨끗해진 방을 볼 때와 전혀 다르다. 그러니까 우리는 그 모든 일을 그저 다른 사람들을 위해서만 하는 것이 아니다. 플레이할수록 자신의 강점이 길러진다.

무엇보다 좋은 점은 항상 발전한다는 사실이다. 다시 옷이 더러워지거나 방에 먼지가 앉아도 아바타는 계속해서 더 강하고 영리하고 민첩해진다. 바로 이 대목에서 「허드렛일 전쟁」의 기발함이 드러난다. 일상적인 허드렛일에서 가장 실망스러운 부분이 사라졌다. 허드렛일의 성과는 금세 빛을 잃을지 몰라도 그 일로 얻은 경험치는 아무도 앗아가지 못한다.

개인의 성공은 멀티플레이 환경에서 보상이 더 크다. 그런 면에서도 「허드렛일 전쟁」은 참 잘 디자인된 게임이다. 나의 모든 개인 활동이 더 큰 사회적 경험에 연결된다. 허드렛일은 혼자 할지라도 나에게는 함께 게임을 하는 경쟁자들이 있다. 그래서 다른 사람과 나의 아바타를 비교해 내가 어느 정도로 성장했는지, 어떤 면에서 남다른지 알수 있다. 그런가 하면 일을 할 때마다 늘 모험에 대한 평가로 받을 긍정적인 사회적 피드백에 대해 생각한다. 경쟁자의 장난스러운 조롱도 좋고, 설마 그렇게 큰일을 할 수 있을지 몰랐다며 눈을 휘둥그레 뜨는 표정도 좋다.

「허드렛일 전쟁」이 평생 즐길 수 있는 게임은 아니다. 좋은 게임이 다 그렇듯이 실력이 늘면 결국엔 싫증이 나고 만다. 하지만 설사 몇 주, 몇 달 만에 게임 속 집안일에 관심이 식더라도 그동안 함께 허드렛일을 한 긍정적인 경험은 잊지 못할 기억으로 남는다. 그리고 그 결과로 한동안 허드렛일을 대하는 태도가 달라진다. 이 정도면 아주 큰 성과다.

이렇게 「허드렛일 전쟁」은 판에 박힌 집안일을 집단의 모험으로 바꾸는, 불가능해 보이는 일을 해냈다. 그 비결은 불필요한 장애물을 넣고 더욱 의욕을 불러일으키는 피드백 시스템을 마련한 것이었다. 이 사례에서 현실을 바로 잡는 일곱 번째 방법이 아주 잘 드러난다.

게임으로 현실 바로잡기 7   진심 어린 참여

게임과 비교하면 현실은 몰입이 어렵다. 게임을 할 때 우리는 의욕이 충만해 무엇을 하든 온 힘을 다한다.

어떤 일에 진심으로 참여하려면 '자발성', '자기 주도성', '강렬한 관심', '열렬한 마음'이 있어야 한다.

- 억지로 하거나 건성으로 한다면 진정한 참여가 아니다.
- 결과가 어떻게 나올지 관심 없다면 진정한 참여가 아니다.
- 미온적인 태도로 어서 끝나기만을 기다린다면 진정한 참여가 아니다.

그리고 일상에 참여하는 태도가 미온적일수록 행복을 누릴 기회는 줄어든다. 아주 당연한 이치다. 우리가 열망하는 감정적, 사회적 보상을 얻으려면 적극적, 열성적, 자발적 참여가 필요하다. 그리고 플레이어가 도피하거나 요령을 피우지 않고 매 순간에 충실하게 참여하도록 하는 것이 대체 현실 프로젝트의 가장 뚜렷한 특징이며 이 책

7~10장의 초점이다.

'대체 현실'은 아직 많은 사람에게 낯선 용어다. 대체 현실 개발도 아직은 실험성이 다분한 분야다. 대체 현실 게임은 2002년부터 기술 산업 용어로 사용됐지만 게임업계 외부 사람들은 물론이고 게임 디자이너와 게이머 중에도 아직 생소하게 여기는 사람이 많다.

그래도 게임 개발자들의 노력으로 게임이 기존의 한계를 벗어나 현실 생활에 더 큰 영향을 끼치게 되면서, 대체 현실 개념은 게임의 미래를 이야기할 때 빼놓을 수 없는 주안점으로 자리 잡아가고 있다. 게임 기술로 현실 세계의 활동을 개척할 수 있다는 생각은 널리 알릴 가치가 있다. 그렇게 하면 무엇보다도 우리가 게임에서 가장 좋아하는 점과 현실에서 가장 바라는 점을 혼합할 혁신적인 아이디어를 배양할 수 있기 때문이다.

얼마 전 트위터에서 대체 현실 게임의 정의를 두고 대체 현실 게이머와 개발자 50여 명이 함께 이야기를 나눴다. 우리는 대체 현실 게임의 잠재적 기술과 형식적 구성 요소를 구구절절하게 설명하지 않고도 그 정수를 짧게 표현할 수 있는 말을 생각해보았다.

머리를 맞대니 지금껏 접한 말 중에서 대체 현실 게임의 본질을 가장 잘 드러내는 정의가 나왔다. "대체 현실은 '반反도피주의' 게임이다."

대체 현실 게임은 우리가 가상 환경에 머물 수 없거나 그것을 원하지 않는 상황에서 4대 내적 보상(더 만족스러운 일, 성공에 대한 더 큰 희망, 더 강한 사회적 연결성, 더 많은 의미)을 좀 더 쉽게 얻을 수 있도록 디자인된다. 그렇다고 기존 컴퓨터·비디오 게임이 주는 보상 자체를 줄이지는 않는다. 그 보상을 현실 생활에서 더 쉽게 누릴 수 있게 하는 것이 대체 현실 게임의 취지다.

다시 말해 대체 현실 게임은 현실에서 도피하고자 플레이하는 게임과 정반대로 현실을 더욱 알차게 살고자 플레이하는 게임이다. 대체 현실 게임 개발자들은 우리가 게임처럼 현실에도 충실하게 참여하기를 바란다.

위의 공통 목표를 제외하면 각각의 대체 현실 게임은 저마다 형태, 규모, 범위, 예산 등이 크게 차이 난다. 「허드렛일 전쟁」 같은 대체 현실 게임은 비교적 작은 게임이다. 개인의 아주 구체적인 생활 영역 하나만 선택해 개선하고자 한다. 반대로 공동체나 사회 전체를 끌어들이는 원대한 목표의 게임도 있다. 이를테면 공교육 제도를 개선한다든가, 플레이어가 진정한 삶의 목표를 찾게 한다든가, 더 나아가 죽음에 이르는 과정을 더욱 긍정적인 자세로 경험하게 한다는 식이다.

물론 모든 대체 현실 게임이 더 나은 삶을 목표로 내걸고 디자인되진 않는다. 역사를 보면 대부분의 대체 현실 게임도 대다수 컴퓨터·비디오 게임처럼 그저 재미와 정서적 만족을 내세우며 디자인됐다. 하지만 연구해보니 대체 현실 게임은 가상공간이 아니라 현실 세계를 배경으로 플레이하므로 대부분은 현실 생활 개선에 작용한다.[3] 그래서 다른 사람들은 '기능성' 대체 현실 게임과 '오락성' 대체 현실 게임을 구별할지 몰라도 나는 모든 대체 현실 게임이 삶의 질을 증진할 가능성이 있다고 본다. 실제로 최근 대체 현실 게임(2001~2006년에 나온 초기 대체 현실 게임과 달리 2007년 이후에 나온 대체 현실 게임) 중에는 공공연히 삶의 질 향상이나 세계 변화를 내걸고 디자인된 게임이 대단히 큰 비중을 차지한다. 이 같은 대체 현실 게임의 '긍정적 효과'에 관해서는 이어지는 장에서 자세히 살펴볼 것이다.

일부 대체 현실 게임은 예술가, 연구자, 인디 게임 개발자, 비영리 조직 등이 적은 예산으로 제작하고 플레이 테스트한다. 또한 비교적 작은 집단, 다시 말해 플레이어 수백, 수천 명을 대상으로 개발된다. 반대로 규모 있는 재단이나 포춘 500대 기업에서 수백만 달러를 후원받는 게임도 있다. 이러한 대규모 게임은 수만, 수십만, 그리고 가끔 어마어마한 성공을 거두면 수백만 명까지 끌어들일 수 있다.[4]

그럼에도 여전히 대체 현실 게임 대부분은 소규모 미래 탐지기 역할을 할 뿐이다. 새로운 가능성의 영역을 보여주는 쇼케이스다. 아직 단일 대체 현실 게임으로 세상이 바뀌는 일은 일어나지 않았다. 하지만 대체 현실 게임 전체를 통틀어 보면 우리가 더 많은 게임으로 현실 생활을 향상할, 중요하고도 수없이 많은 방법이 하나씩 차근차근 증명되고 있다.

이제부터 몇 가지 획기적인 대체 현실 프로젝트를 살펴본다. 그 과정에서 좋은 대체 현실 게임은 모두 두 가지 중요한 특징이 있음을 알게 될 것이다.

첫째, 좋은 게임이 다 그렇듯이 좋은 대체 현실 게임도 '선택'이어야 한다. 만일 「허드렛일 전쟁」이 '의무'라면 그 매력과 효과가 크게 떨어질 것이다. 대체 현실 게임은 '대안'으로 남아 있을 때만 유용하다.

하지만 선택만으로는 충분하지 않다. 좋은 게임이 다 그러하듯 좋은 대체 현실 게임도 일단 활동이 시작되고 나면 마음을 사로잡는 목표, 흥미로운 장애물, 잘 디자인된 피드백 시스템이 필요하다. 이 세 가지 요소가 창의적으로 능력의 한계에 도전해 난관을 극복하고자 하는 인간의 본능적 욕구를 자극시켜 충실한 참여를 이끌어낸다.

그리고 바로 이 대목에서 **최적의 경험 디자인** optimal experience design 을 이야기하지 않을 수 없다. 기존 게임과 마찬가지로 대체 현실 게임도 더 재미있고 마음을 움직이는 게임이 있게 마련이다. 기존 컴퓨터·비디오 게임과 마찬가지로 대체 현실 게임도 가장 좋은 게임은 우리가 더 만족스러운 일을 하고, 성공에 대해 더 큰 희망을 느끼며, 더욱 *끈끈*하고 활동적인 사회관계를 맺고, 나아가 더 큰 것에 기여할 기회를 선사하는 게임이다.

이 모든 목표를 달성한 대체 현실 게임이 바로 공교육 개선이라는 대담한 목표로 디자인된 「퀘스트 투 런 Quest to Learn」이다. 이 게임은 학생들로 하여금 자신이 좋아하는 비디오 게임에 열중하듯 학교 교육에 참여하게 하는 방법을 제시한다.

세계 최초의 게임 학교, 퀘스트 투 런

1990년 이후에 태어나 인터넷을 사용하며 자란 첫 세대, 즉 '날 때부터 디지털'인 요즘 아이들은 이전 세대와 다른 게임 방식을 열망한다.

다들 태어나서 지금까지 정교한 게임과 가상 세계를 자연스럽게 접했기에 고도로 열중해 적극적으로 참여하는 상태를 당연시한다. 극도의 긍정적 활성화가 어떤 느낌인지 잘 알기에 그것을 느끼지 못하면 흥미를 잃고 실망한다.[5] 그럴 만하다. 정교한 게임을 하며 자랐으니 의욕, 피드백, 도전이 약한 환경에서는 활력이 떨어질 수밖에 없다. 그래서 디지털 네이티브인 아이들이 이전 세대보다 더 기존 교실 환경을 힘들어한다. 대체로 현행 학교 교육은 '필요한' 장애물만 꼬리에 꼬리를 물고 이어져 부정적 스트레스를 일으킨다. 획일적인 일을 의무적으로 해야 하고, 실패하면 영원히 기록이 남는다. 그러니 가상 환경과 교실 환경의 격차가 점점 커질 수밖에 없다.

『디지털 네이티브 가르치기Teaching Digital Natives』를 쓴 마크 프렌스키Marc Prensky는 현재의 교육 위기를 이렇게 설명했다.

> 모든 학생은 저마다의 삶 속에 자신이 진정으로 몰두하고 있는 그 무엇이 있다. 그것은 자신이 좋아하고 잘하는 일, 창의력을 발휘해 몰입할 수 있는 일이다. …… 비디오 게임은 이처럼 완벽하게 창의적인 몰입 작업의 전형이다. 이러한 세상에 익숙한 아이들에게 학교는 시시하기 짝이 없고 견딜 수 없는 곳이다. 게임 없이 자란 이전 세대와 달리 요즘 세대는 진정으로 몰두하는 상태가 무엇인지 잘 안다. 그래서 무엇이 빠졌는지도 정확히 안다.[6]

이 같은 격차를 줄이고자 교육계는 지난 10년 동안 학교 교육에 점점 더 많은 게임 요소를 더했다. 그래서 역사, 수학, 과학, 외국어 등 각종 과목과 기술을 가르치는 데 도움이 되는 교육 게임이 개발돼 커다란 시장을 형성하고 꾸준히 성장하고 있다. 이 게임이 제구실을 하면, 다시 말해 강력한 교육 콘텐츠에 훌륭한 게임 디자인을 접목하면 평소 학교생활에 좀처럼 열중하지 못하던 학생들에게 큰 도움이 될 수 있다. 하지만 교육 게임은 임시방편일 뿐이다. 집중도의 차이가 워낙 크다 보니 교육 게임 몇 개로 13년 교육 과정에서 의미 있는 변화를 이끌어내기란 달걀로 바위 치기다.

그러면 대체 어떻게 해야 변화를 이끌어낼 수 있을까? 프렌스키를 비롯해 게임을 토대로 일대 개혁을 해야 한다고 주장하는 교육 혁신가들이 점점 늘어나고 있다. 이들이 이상적으로 보는 학교는 게임으로 학생을 가르치는 곳이 아니다. 하나부터 열까지 그 자체가 바로 게임인 곳이다. 다시 말해 고도의 집중을 이끌어내는 멀티플레이 게임의 핵심 기제와 참여 전략을 접목해 모든 수업, 활동, 과제, 교수 및 평가 방법을 디자인하는 것이다. 이러한 게임 기반 개혁 운동은 아이디어의 차원을 넘어 일찌감치 실행 단계에 들어섰다. 그래서 학생들이 졸업할 때까지 대체 현실의 게임으로 학교생활을 할 수 있게 하는 새로운 공립학교가 이미 등장했다.

뉴욕 시의 「퀘스트 투 런」은 6~12학년 학생을 위한 자율형 공립학교이다. 세계 최초의 게임 기반 학교로, 전 세계 학교의 본보기가 되는 것이 설립자들의 바람이다.

「퀘스트 투 런」은 맥아더 재단과 빌 앤 멀린더 게이츠 재단의 후원으로 2년 동안 교육가와 게임 개발 전문가가 힘을 합쳐 수업 과정을 디자인하고 전략을 세운 끝에 2009년 가을 문을 열었다. 애런 B. 슈워츠 Aaron B. Schwartz 교장은 예일 대학교 출신으로 10년 동안 학교 현장과 뉴욕 시 교육청에서 각각 교사와 행정가로 일하면서 다양한 경험을 쌓은 교육 전문가다. 그리고 교육 과정 개발을 진두지휘한 케이티 세일런 Katie Salen은 10년 동안 게임업계에 몸담은 전문가이며 게임 기반 교육의 권위자다.

이 학교의 대학 입시 교육 과정은 여러 면에서 다른 학교와 비슷하다. 온종일 시간표대로 수학, 과학, 지리, 영어, 역사, 외국어, 컴퓨터, 예체능 등을 배운다. 하지만 학습 방식은 여느 학교와는 전혀 다르다. 학생들은 아침에 일어나서 저녁에 숙제를 끝낼 때까지 게임형 활동에 열중한다. 6학년 라이 Rai의 하루로 「퀘스트 투 런」 학생들의 생활을 들여다보자.

오전 7시 15분, 아직 학교 갈 시간도 아닌데 라이는 '퀘스트'로 분주하다. 어제 학교 도서관에서 책 속에 숨겨진 수학 과제를 찾아내고 지금 그 비밀 미션을 수행 중이다. 일어나자마자 친구 조와 실리어에게 문자 메시지를 보내 일찍 학교에서 만나기로 약속한다. 다른 아이들이 찾기 전에 수학 암호를 풀어야 하니 말이다.

이는 필수 과제가 아니라 비밀 과제, 즉 자발적 학습 퀘스트다. 꼭 완수해야 할 필요가 없을 뿐만 아니라 완수하려면 먼저 숨겨진 과제를 찾아 자격을 얻어야 한다.

비밀 미션을 수행하고 있으니 의무적으로 학습하고 연습하는 것이 아니다. 스스로 택한 목표, 더군다나 신이 나는 목표를 위해 자발적으로 움직이는 것이다. 그 목표란 다른 아이들보다 먼저 암호 해독하기. 물론 학교 공부가 모두 특별한 비밀 미션일 수는 없다. 하지만 책마다 암호가, 교실마다 단서가, 유인물마다 퍼즐이 있다면 누구보다 먼저 비밀 문제를 찾고 싶은 마음에 학교생활에 충실히 임하지 않을 사람이 얼마나 될까?

오전 9시, 영어 시간. 지금 라이는 성적보다 레벨 업에 온 정신이 쏠려 있다. 이야기하기 수업에 열심히 참여해서 벌써 5점을 받았다. 이제 7점만 더 받으면 이야기의 '달인' 반열에 오를 수 있다. 오늘은 작문 미션도 완수해 점수를 더할 생각이다. 반에서 처음으로 이야기의 달인이 되지 못할 수는 있어도 달인이 될 기회를 영영 놓칠 염려는 없다. 퀘스트를 더 수행하면 차근차근 최고 레벨에 올라 A 성적에 상응하는 성과를 거둘 수 있다.

레벨 업은 정규 곡선에 따라 A에서 F로 점수를 매기는 기존 성적 체계보다 훨씬 평등한 성취 모형이다. 누구나 열심히 노력하면 레벨 업 할 수 있기 때문이다. 이로써 단 한 번에 성적이 결정되는 기존 체계를 대체하거나 보완할 수 있다. 그리고 퀘스트에 실패하더라도 성적표에 지울 수 없는 오점이 남지 않는다. 더 많은 퀘스트를 수행해 원하는 만큼 점수를 얻으면 그만이다. 이 같은 성적 체계는 부정적 스트레스가 아닌 긍정적 스트레스를 일으켜 학생이 수행평가가 아니라 학습 자체에 집중하게 한다.

오전 11시 45분, 라이는 학교 컴퓨터에 접속해 '전문 능력 거래소'

의 자기소개를 업데이트한다. 전문 능력 거래소는 학생들이 자신의 특수한 학습 능력을 광고하는 곳이다. 라이는 자신을 지도 제작의 달인으로 소개할 생각이다. 얼마 전까지만 해도 지도 제작이 전문 영역에 속하는지도 몰랐다. 자신이 좋아하는 3차원 가상 세계에서 다른 플레이어들이 더 쉽게 길을 찾을 수 있도록 재미 삼아 지도를 만들었을 뿐이다. 그런데 지리를 가르치는 스마일리 선생님이 라이의 지도를 보고는, 8학년 선배들이 아프리카의 수공예 구슬 장식, 태피스트리, 항아리 같은 일상용품에서 과거의 단서를 찾는, 다시 말해 '숨겨진 역사'를 찾는 단체 퀘스트를 할 예정이라고 말했다. 그래서 발견 지점과 연관 지어 사물에 깃든 이야기를 만들어내고 다른 학생들이 재미있게 탐험할 수 있도록 지도를 만들려면 훌륭한 디지털 지도 제작자가 필요하다고 귀띔해줬다.

전문 능력 거래소는 비디오 게임으로 보면 자기가 어떤 게임을 잘하고 좋아하는지 알리는 온라인 자기소개이며 또한 플레이어가 새로운 팀원을 찾을 수 있게 해주는 게임 주선 시스템이다. 이 시스템은 협력을 장려할 목적으로 디자인된다. 공개적으로 자신의 강점과 관심사를 알리면 다른 사람의 의뢰로 자신이 잘하는 일을 하게 될 가능성이 커진다. 교실에서는 학생들이 팀 프로젝트에 기여할 방법을 더 잘 찾을 수 있게 된다. 그리고 이 같은 프로젝트, 즉 자신보다 더 큰 것의 일원으로서 자신이 잘하는 일을 할 수 있으면 또래 사이에서 진정한 긍지를 기르는 데 도움이 된다. 진정한 긍지란 자기도취에서 오는 텅 빈 자존심이 아니라 자신이 기여한 바를 보고 느끼는 실속 있는 자기

존중감이다.

　오후 2시 15분, 금요일마다 학교에는 초빙 강사, 아니, '비밀 조력자'가 찾아온다. 오늘 비밀 조력자는 컴퓨터 프로그램으로 음악을 만드는 작곡가 제이슨이다. 그는 즉석에서 노트북으로 실제 작곡 과정을 보여주더니 몇 주 후에 돌아와 학생들이 '보스 레벨'에 도전하는데 코치로서 도움을 주겠다고 한다. 보스 레벨에 도전하려면 팀을 꾸려서 직접 작곡해야 한다. 팀마다 연주해야 할 부분이 다르고, 들리는 말로는 컴퓨터 암호를 풀 수학 전문가가 필요하다고 한다. 라이는 그 자리가 탐나서 앞으로 2주 동안 수학 과제를 더욱 열심히 하기로 마음먹는다.

　퀘스트 웹사이트의 설명을 보니 보스 레벨은 "2주간의 '집중 수업'이며 학생들은 그때까지 익힌 지식과 기술을 활용해 복잡한 문제의 해법을 내놓아야 한다"고 돼 있다. '보스 레벨'은 비디오 게임에서 그대로 가져온 말이다. 보스 레벨에서 플레이어는 보스 몬스터(또는 그에 상응하는 것)에 맞닥뜨리는데, 이 몬스터는 아주 강력해서 그때까지 게임에서 익힌 모든 기술을 아낌없이 발휘해야 한다. 일반 학교의 개념으로 보면 중간·기말고사에 해당한다.「퀘스트 투 런」은 학기 중 여러 시점에 보스 레벨을 두어 학생들이 배운 것을 실천하도록 이끈다. 학생들은 장대한 과제에 도전하는데, 실패해도 부끄러워할 필요가 없다. 보스 레벨이기 때문이다. 좋은 게임이 으레 그렇듯이 보스 레벨은 더 열심히 노력하고 연습하고자 하는 의욕을 부추긴다.

　협동 퀘스트처럼 보스 레벨도 팀으로 도전하고, 학생들은 저마다

'수학 전문가' 등 특별한 역할을 할 자격을 얻어야 한다. 「와우」의 대규모 레이드와 마찬가지로 각 참가자는 자신의 능력을 아낌없이 발휘해야 한다. 이 대목에서 학생들이 성공에 더 큰 희망을 품게 하는 「퀘스트 투 런」의 주요 전략 한 가지가 드러난다. 기본 수업 과정 외에도 학생들은 자신이 소질이 있거나 잘할 수 있게 된 과목과 활동을 더 잘하고자 아주 많은 시간과 공을 들인다. 이 전략 덕분에 모든 학생이 진정으로 어떤 일에 탁월해져야겠다는 마음을 품고, 언젠가 자신이 비범한 인재가 될 법한 영역에 관심을 쏟아붓게 된다.

오후 6시, 라이는 집에서 베티라는 가상 인물과 이야기하고 있다. 베티에게 대분수 나눗셈을 가르치는 게 목표다. 베티는 「퀘스트 투 런」에서 '교육 가능체'라고 하는 것으로, '아이들이 디지털 캐릭터에게 특정한 문제 해결 방법을 가르치게 하는 평가 도구'다. 다시 말해 라이보다 '더 적게' 알도록 디자인된 소프트웨어 프로그램이다. 그리고 라이가 할 일은 프로그램을 '가르치는' 것, 다시 말해 베티가 이해할 때까지 해결 방법을 보여주고 참을성 있게 설명하는 것이다.

「퀘스트 투 런」에서는 이러한 교육 가능체가 쪽지시험을 대신하므로 압박감 속에서 문제를 풀 때 생기는 불안감을 줄인다. 교육 가능체를 가르칠 때 학생들은 학업 성취도를 평가받는다고 생각하지 않는다. 자신이 습득한 지식과 능력으로 다른 사람을 가르치며 그것을 증명한다고 여긴다. 여기에는 강력한 나케스(대리 자부심) 요소가 있다. 학습량이 많을수록 전수할 내용이 많다. 실제로 좋은 비디오 게임에서는 이 같은 방식으로 학습이 작용하고, 「퀘스트 투 런」은 이를 토대로 큰 규모로도 활용할 수 있는 평가 체계를 마련했다.

비밀 미션, 보스 레벨, 전문 능력 거래소, 비밀 조력자, 점수, 그리고 문자 성적을 대신하는 레벨제. 「퀘스트 투 런」은 두말할 나위 없이 새로운 학습 환경이다. 그 사명 또한 최근 어떤 자율형 공립학교에서도 찾아볼 수 없을 만큼 특별하다. 이처럼 공교육 제도에 게임성을 주입한다는 것은 유례를 찾아볼 수 없는 일이다. 그 결과로 탄생한 학습 환경에서 학생들은 비법을 나누고, 지적 강점을 초능력으로 선전하며, 장대한 문제에 도전하고, 실패를 두려워하지 않는다.

「퀘스트 투 런」은 2009년 가을에 6학년 학급으로 시작했고 해마다 전년도 학생이 진학할 때마다 새로운 6학년 학급을 만들 예정이다. 처음으로 12학년이 졸업하는 때는 2016년, 그들이 대학을 졸업하는 때는 아마 2020년이 될 것이다. 나는 졸업반 학생들이 창의적 문제 해결 능력, 투철한 협업 정신, 혁신적 사고 능력을 갖춰 현실 세계의 만만찮은 문제에 진심으로 도전할 준비가 된 사람이 되리라 믿어 의심치 않는다.

심신 회복 게임, 슈퍼베터

'자살하거나 이걸 게임으로 만들거나 둘 중 하나야.' 4주 동안 인생에서 가장 끔찍한 시간을 보내고 나니 이젠 이 두 가지 선택만 남은 것 같았다.

2009년 여름, 이 책을 반쯤 썼을 무렵에 뇌진탕을 입었다. 자리에서 일어나다가 장식장 문이 열려 있는 줄도 모르고 그대로 머리를 박았으니 참 바보 같은 짓이다. 머리가 띵하고 눈앞에 핑핑 별이 돌면서 욕지기기 났다. 남편이 대통령 이름을 묻는데 기억이 나지 않았다.

뇌진탕은 몇 시간이나 며칠 만에 낫기도 하지만 훨씬 오랫동안 뇌진탕후 증후군이 남기도 한다. 나는 후자였다. 머리가 아프고 어지럼증이 가시지 않았다. 고개만 들었다 하면 공중제비를 도는 느낌이었다. 그리고 항상 정신에 안개가 끼어 있었다. 사람 이름이나 물건을 놓아둔 곳을 자꾸 까먹었다. 글을 좀 읽거나 쓰려고 해도 몇 분만 있으면 눈앞이 아예 흐려졌다. 생각이 똑똑치 않으니 이야기하다가 횡설수설하기 일쑤였다. 다른 사람들하고 같이 있거나 공공장소에 가기만 해도 증세가 더 나빠지는 것 같았다. 그때 아무렇게나 갈겨 쓴 글. "모든 게 힘들다. 쇠망치가 생각을 꾹꾹 누른다. 머리의 공기가 다 빠져나가 텅 빈 느낌이다. 생각을 할 수 없다면 나는 누구인가?"

이 증상을 겪은 지 닷새째 되던 날, 의사는 신경 검사에서 모든 기능이 정상으로 나왔으니 걱정하지 말라고 하면서도 완쾌하려면 꼬박 한 달은 걸린다고 했다. 그동안에는 증상이 말끔히 사라지지 않는 한 읽고 쓰고 일하고 달리면 절대 안 됐다. 머리를 아프게 하거나 안개를 더 짙게 하는 일은 금물. (컴퓨터·비디오 게임도 정신을 너무 많이 자극하므로 금물이라는 사실을 알고 얼마나 슬펐던지!)

받아들이기 어려운 말이었다. 한 달이나 두 손 놓고 이 끔찍한 기분을 견뎌야 한다니 그날이 오긴 올까 싶었다. 그나마 목표라도 있으니 다행이었다. 달력을 보고 날짜를 확인했다. 8월 15일이면 나아질 거야. 그렇게 믿었다. 아니, 믿어야만 했다.

그러나 한 달이 지나도 전혀 호전될 기미가 보이지 않았다. 그제야 알게 된 사실인데 한 달 만에 낫지 않으면 다음 회복 기간은 석 달이었다. 그 안에도 낫지 않으면 그다음은 1년.

또 두 달을 텅 빈 머리로 살라고? 설마 꼬박 1년? 하늘이 무너져 내리는 기분이었다. 이성적으로 생각해보면 더 나빠지지 않는 것만 해도 다행이었다. 시름시름 앓다가 죽는 것보다야 낫지 않은가. 하지만 마치 진정한 자아는 온데간데없고 환영만 남은 느낌이라 하루빨리 정상 생활로 돌아가고 싶은 마음뿐이었다.

의사는 뇌진탕에 불안과 우울이 따라오는 게 정상이라고 했다. 그러면서도 불안과 우울로 뇌진탕 증세가 악화돼 두뇌 회복이 훨씬 어려워진다는 말을 덧붙였다. 불안과 우울이 심할수록 증상이 심해지고 회복 기간이 길어진다는 말이었다. 물론 증상이 심하고 오래가면 불안과 우울도 깊어진다. 한마디로 악순환이다. 그것을 깨뜨리지 않으면 빨리 나을 가망이 없었다.

나는 악순환의 덫에 걸려 있었다. 이 덫에서 벗어나려면 낙관적인 자세를 길러야 하고 그러자면 방법은 딱 하나, 게임뿐이었다.

이상한 생각이었으나 그 밖에는 다른 방법이 정말 하나도 없었다 (텔레비전을 보고 느릿느릿 산책하는 것을 빼면). 건강 관리 게임은 한 번도 만들어본 적 없었다. 하지만 새로운 맥락에서 나의 대체 현실 이론을 시험해볼 절호의 기회였다. 읽거나 쓰기는 어려워도 다행히 창의성은 살아 있었다.

고민할 것도 없이 멀티플레이 게임이어야 했다. 아무리 가까운 가족과 친구라도 내가 얼마나 불안하고 우울한지, 회복 기간이 얼마나 고통스러운지 설명해봤자 잘 이해를 못 했다. 도와달라고 하자니 이색하기도 하고 부끄럽기도 했다. 그들에게 "나 지금 인생에서 가장 힘든 시기를 겪고 있으니까 좀 도와줘요."라고 속 시원하게 털어놓을 방법이 필요했다. 그렇다고 짐이 되긴 싫었다. 사람들이 나를 돕도록 '초청'하고 싶었다.

다른 대체 현실 프로젝트와 마찬가지로 일단 사태의 실상을 알아야 그것을 재창조할 수 있었다. 그래서 며칠 동안 얼마 안 되는 집중 시간(당시는 하루 한 시간)을 다 들여 온라인에서 뇌진탕후 증후군을 공부했다. 의학계의 여러 학술지와 보고서를 보니 전문가들이 뇌진탕뿐만 아니라 모든 상해와 만성 질병에 적용할 수 있다고 동의하는 3대 극복 전략이 있었다.

첫째, 낙관적인 태도를 유지하고 목표를 세우며 긍정적인 발전 사항에 집중한다. 둘째, 가족과 친구의 도움을 받는다. 셋째, 증상을 온도계처럼 읽는 방법을 익힌다. 그때그때 몸과 마음의 느낌을 보면 활동을 늘여야 할지 줄여야 할지, 아니면 쉬어야 할지 알 수 있으므로 조금씩 활동 강도를 높일 수 있다.[7]

딱 봐도 이 세 가지 전략은 좋은 멀티플레이 게임에 그대로 적용되는 것이었다. 플레이어는 뚜렷한 목표가 있고, 그때그때 발전 사항을 확인하며, 점점 더 어려운 문제에 도전하고(단, 준비가 됐을 때만), 좋아하는 사람들과 교류한다. 이 회복 전략에서 딱 하나 빠진 점이 있다면 의미, 다시 말해 흥미로운 이야기, 영웅적 목표, 더 큰 것의 일부가 되는 느낌이었다.

여기서 「슈퍼베터SuperBetter」가 탄생했다.

「슈퍼베터」는 심신 회복을 멀티플레이 모험으로 옮긴 슈퍼히어로 게임이다. 목적은 사람들이 더 빠르게 상해에서 회복하거나 만성 질환을 극복할 수 있도록 도우면서 재미는 키우고 몸과 마음의 고통은 줄이는 것이다.

게임은 다섯 개 미션으로 시작한다. 적어도 하루에 하나씩은 수행하기를 권장하므로 일주일도 안 돼 모든 미션을 완수할 수 있다. 물론할 만하다 싶으면 훨씬 빨리 끝낼 수도 있다. 이제부터 각 미션의 지시 사항을 발췌하고 디자인에 얽힌 이야기와 플레이 방법을 설명하겠다.

미션 #1: 「슈퍼베터」 비밀 신분을 만드십시오. 당신은 이 모험의 주인공입니다. 좋아하는 이야기에서 아무나 고를 수 있습니다. 「007」, 「가십 걸」, 「트와일라잇」, 「해리 포터」 등 가장 좋아하는 이야기를 선택하십시오. 그들의 초능력을 빌려 직접 주인공으로 활약할 것입니다.

나는 「뱀파이어 퇴치사 버피」로 했다. 그래서 나는 뇌진탕 퇴치사 제인이 되고 내 증상은 뱀파이어, 악마 등 내가 운명적으로 싸워야 할

어둠의 세력이 됐다. 이 임무의 핵심은 이제부터 자신을 무능력자가 아니라 능력자로 보는 것이다. 이로써 플레이어는 자신의 선택으로 상해나 질병을 견뎌내는 영웅이 된다.

미션 #2: 동지를 모으십시오. 슈퍼히어로로라면 곁에 힘이 되어 주는 절친한 무리가 있게 마련입니다. 가장 의지가 되는 사람들을 택해 함께 게임을 하자고 초청하십시오. 그리고 각 사람에게 구체적인 역할을 부탁하십시오. 배트맨은 로빈와 알프레드, 제임스 본드는 M, Q, 미스 머니페니가 필요합니다. 「트와일라잇」의 벨라라면 적어도 에드워드, 제이콥, 앨리스 정도는 있어야 합니다. 각 사람에게 캐릭터와 관련된 구체적인 임무를 부여하십시오. 상상력을 발휘하고, 필요한 게 있으면 무엇이든 망설이지 말고 부탁하십시오! 세계를 구하는데 부끄러워서 도와달라는 소리를 못하면 말이 되겠습니까? 그리고 동지 중 적어도 한 사람에게 매일 또는 매주 당신의 업적을 알려달라고 하십시오. 다시 말해 당신이 최근 슈퍼히어로로서 거둔 놀라운 성과를 치하해 달라고 하십시오.

뇌진탕 퇴치사 제인으로서 나는 쌍둥이 여동생을 '와처(버피의 후견인)'로 삼았다. 임무는 날마다 내게 전화해 뇌진탕 퇴치 활동을 보고받는 것. 거기에 더해 조언도 하고 내가 도전해볼 만한 일도 제안해야 했다. 나는 주말에 잠깐 목소리만 듣는 게 아니라 날마다 전화 통화를 하고 싶었는데, 「슈퍼베터」를 플레이하기 전에는 그런 처지를 설명할 길이 없었다.

남편은 '윌로우(버피의 단짝으로 컴퓨터에 능한 수재)'로 삼았다. 임무는 나를 위해 점수를 매기고, 기록을 남기며, 재미있는 기사를 읽어주고, 두통 없이 컴퓨터로 하고 싶은 일을 할 수 있게 도와주기. 끝으로 친구 내털리와 로멀, 거기에 미니닥스훈트 모리스는 '잰더(익살스러운 캐릭터)'가 됐다. 임무는 일주일에 한 번씩 와서 기운 북돋아주기.

그렇다면 왜 동지를 모으는가? 사회심리학 연구 결과를 보면 만성 상해나 질병을 겪을 때 가족과 친구에게 도와달라고 하기가 가장 어렵다고 한다. 하지만 손을 내밀어 정말로 필요한 것을 부탁하면 큰 변화가 생긴다. 사회적 고립을 막을 수 있을 뿐만 아니라 돕고 싶지만 방법을 모르는 사람들이 구체적으로 할 수 있는 일이 생긴다.

그렇다면 업적은 왜 필요한가? 피에로를 느끼면 낙관주의와 정복감이 강해지고, 그러면 연구로 증명됐다시피 무릎 부상에서부터 암에 이르기까지 모든 상해와 질병의 치료 속도가 빨라진다. 그런데 업적은 다른 사람이 인정해줄 때 더 의미가 있다. 그래서 가족이나 친구가 업적을 밝히고 치하해줘야 한다. 남편은 「뱀파이어 퇴치사 버피」의 에피소드 제목으로 업적 달성을 알렸다. (예를 들어 하루 종일 메일을 무시한 날은 '마음에서 멀어지면 눈에서도 멀어진다' 업적을 달성했다고, 뇌진탕 이후 슬픔을 가라앉히려고 자꾸 손을 댔던 쿠키와 아이스크림 대신에 채소로 저녁 식사를 했을 때는 '수확' 업적을 달성했다고 일러줬다. 당시 둘 다 내겐 장대한 투쟁이었다.)

미션 #3: 악당들을 찾으십시오. 이 싸움에서 이기려면 적을 알아야 합니다. 온종일 무엇이 기분을 상하게 하는지 주의 깊게 살펴보고 악당 목록에 올리십시오. 악당들과 오래 싸울 수 있는 날도 있고 그렇지 않은 날도 있습니다. 그런데 싸울 때마다 대탈주를 하고 싶은 마음이 들 것입니다. 즉, 악당의 손에 만신창이가 되기 전에 달아나고 싶어질 것입니다. 악당은 언제든 발견하는 대로 목록에 추가할 수 있고, 한 놈을 완전히 극복하면 목록에서 지우고 그에 대한 영원한 승리를 선포할 수 있습니다.

게임을 시작할 때 내 목록에 있는 악당들은 주로 기분이 안 좋아지는 줄 알면서도 자꾸만 몰래몰래 하게 되는 활동이었다. 이를테면 메일 읽고 답하기, 달리기같이 격렬한 운동, 「페글」, 커피 마시기.

증상의 유인을 많이 밝힐수록 고통을 많이 덜 수 있다. 그리고 대탈주를 감행하면 잠재적 실패 순간('생각보다 참기가 너무 어려워!', '하고 싶은 것도 못하면서 살란 말이야?')이 승리의 순간('유인을 간파해서 된통 당하기 전에 극복했어!')으로 바뀐다.

치료 과정에서 가장 기억에 남는 일은 동네 커피점에서 모든 직원의 도움을 받아 아침마다 마시는 아이스커피의 카페인 함량을 줄인 것이다(물론 정말로 하기 싫었다). 그들의 제안을 따라 처음에는 카페인을 아주 조금 넣은 90퍼센트 디카페인 커피에서 시작해 조금씩 카페인 함량을 늘리다가 마침내 두뇌가 다시 자극을 받을 준비가 다 됐을 때 비로소 카페인 커피에 입을 댔다.

> 미션 #4: 능력 강화제를 찾으십시오. 다행히 당신에게는 초능력이
> 있습니다. 어쩌면 흔히 생각하는 초능력과는 다를지 모릅니다. 그래
> 도 분명히 하고 나면 금방 기분이 좋아지는 재미있는 일들이 있을
> 것입니다. 그 능력을 목록으로 만들고, 악당들이 이기려고 들면 언제
> 든 활용할 수 있게 준비하십시오. 그렇습니다. 날마다 능력 강화제를
> 있는 대로 다 모으십시오!

    뇌진탕을 치료하고자 나는 두뇌 손상과 무관한 감각들로 할 수 있
는 일에 집중했다. 촉각은 괜찮으니까 셰틀랜드쉽독을 껴안고 앉을
수 있었다. 청각도 괜찮으니까 창가에 앉아서 팟캐스트를 들을 수 있
었다. 내가 찾은 초능력 중 최고는 후각과 관련이 있었다. 나는 각종
향수 냄새를 즐겨 맡기 시작했다. 향수 매장에 가서 샘플 10개 정도
를 카드에 뿌리고 집에 가져와서는 저녁 내내 맡으면서 향이 어떻게
변하는지 느끼고 노트 구별하는 방법을 익혔다. 전혀 머리 아플 일 없
이 가장 열중할 수 있는 일이었다. 그리고 마침내 어지럼증이 어느 정
도 가셨을 때는 능력 강화제 목록에 남편과 함께 오랫동안 샌프란시
스코의 언덕을 걷는 일을 올릴 수 있었다.
    능력 강화제는 무엇이든 하루를 즐겁게 보낼 수 있게 해준다. 자신
이 선택해서 할 수 있는 긍정적인 활동이 있으면 부정적 스트레스나

우울함의 악순환을 끊을 가능성이 커진다.

> 미션 #5: 슈퍼히어로의 할 일 목록을 만드십시오. 모든 미션을 다 할
> 수 있는 것은 아니지만 큰 꿈을 가져서 나쁠 것 없습니다. 목표를 목
> 록으로 만드십시오. 지금 당장 할 수 있다고 확신하는 것부터 아프
> 기 전에는 꿈에도 생각 못했던 것까지 무엇이든 괜찮습니다. 단, 자
> 부심을 느끼고 강점을 뽐낼 수 있는 것이어야 합니다. 날마다 발전
> 해서 목록에서 할 일을 하나씩 지울 수 있도록 노력하십시오. 동지
> 들에게 도움과 조언을 구하는 것도 잊지 마십시오.

마지막 아이디어는 뉴질랜드에서 재활을 담당하는 어느 작업요법
사의 웹사이트에서 읽은 질문에서 나왔다. "만일 제가 고통을 없애 드
릴 수 없다면 그 외에 삶에서 무엇을 개선하고 싶으십니까?"[8] 결과의
불확실성은 오래전부터 좋은 게임의 특징이었다. 우리는 자신이 얼마
나 잘하는지 보려고 게임을 하지, 승리가 보장돼서 게임을 하지는 않
는다. 「슈퍼베터」는 완치를 보장하지 않는다. 완치에 실패할 수도 있
다. 하지만 실패가 덜 걱정스럽다. 그 밖에도 아주 많은 목표를 추구
하고 아주 많은 활동으로 보상을 누릴 수 있기 때문이다. 그래서 나는
반드시 게임을 하면서 자신이 여전히 할 수 있는 긍정적 활동을 많이
찾을 수 있어야 한다고 봤다. 그리고 그 덕에 치료와 회복 과정에서
어떤 일이 일어나더라도 더 즐겁게 살 수 있다는 진정한 희망이 자라

났다.

내 슈퍼히어로의 할 일 목록에서 가장 쉬운 일은 동네 사람들에게 쿠키 구워주기였다. 마음에 쏙 들어서 세 번이나 했다. 그보다 어려운 일은 가장 좋아하는 보라색 가죽 힐 부츠를 신을 기회를 찾는 것이었다. 그렇게 하면 밖에 나가 사람들을 만날 기운이 솟을 것 같았다. (이 항목은 친구들과 무리 지어 영화관에 다녀오고 나서 지웠다. 좀 과하게 차려입지 않았나 싶었지만 기분은 정말 좋았다.) 목록에서 가장 어려운 일은 당연히 이 책 마무리 짓기.

5대 미션을 완수하고 나면 이후 과제는 꾸준히 동지들과 연락하고, 악당들과 싸워 대탈주 하면서 능력 강화제를 모으고, 슈퍼히어로 할 일 목록에 있는 일들을 해나가는 것이다. 게임 일지를 쓰거나 날마다 유튜브에 동영상을 올리거나 트위터로 업적 달성을 알리는 식으로 게임 플레이를 기록으로 남겨도 좋다.

날마다 하루가 끝날 무렵에 동지 중 한 사람과 비밀회의를 하라. 대탈주, 능력 강화제, 슈퍼히어로 점수를 올리라.

다른 동지들에게도 되도록 자주 연락해서 자신이 슈퍼히어로급 치료를 위해 한 일을 말해주라. 그리고 할 일 목록에 어떤 항목을 더하면 좋을지 조언을 구하라. 날마다 업적 달성을 알려주는 동지가 적어도 꼭 한 명은 있어야 한다. 그리고 그 성과를 트위터나 페이스북에 올려서 친구들이 항상 진척 상황을 알게 하라.

이것이 바로 「슈퍼베터」 플레이 방법이다. 그런데 이렇게 하면 정말로 치료 효과가 있을까? 플레이를 시작하고 처음 며칠 동안 나는 머리를 부딪친 이후로 가장 기분이 좋았다. 그저 침대에 누워서 얼른 머리가 낫기만을 기다리는 게 아니라 그 어떤 것이라도 해서 '능동적'으로 회복에 관여하고 있다는 생각 때문이었다.

증상이 곧장 나아지진 않았지만 삶에서 긍정적인 힘을 끌어내려는 의욕이 마구 샘솟았다. 몸 상태가 아무리 안 좋아도 날마다 대탈주를 적어도 한 번은 하고, 능력 강화제를 적어도 하나는 취하고, 점수도 올리고, 업적도 달성했다. 꼭 몸이 나아야만 할 수 있는 일은 아니었다. 그저 회복 과정에 충실히 참여하고자 노력만 하면 됐다.

여기에 과학적 표본 검사로 입증할 수 있는 것은 별로 없다. 내 경우에는 불행의 안개가 먼저 걷히고, 곧이어 증상의 안개가 걷히기 시작했다는 말밖에는 할 수 없다. 뇌진탕 퇴치사 제인으로 플레이한 지 2주 만에 증상이 약 80퍼센트 정도 나아졌고(남편의 도움으로 통증과 집중력 문제를 10점 척도로 기록한 자료를 토대로 했다), 하루에 무려 4시간씩 일할 수 있게 됐다. 한 달이 지나자 거의 다 나은 느낌이었다.

게임을 해서 회복 속도가 빨라졌다고 확신할 수는 없지만 큰 도움은 됐다고 본다. 그리고 게임 덕분에 회복 과정에서 고통이 많이 줄어든 점은 분명하다. 뇌진탕을 당하고 줄곧 비참한 기분이었으나 게임을 시작하자 그런 마음이 싹 가셨다. 동지들이 게임에 합류하니 비로소 그들이 내 처지를 이해한다는 생각이 들고 더는 안개 속을 홀로 헤맨다는 기분이 들지 않았다.

트위터에서 뇌진탕으로부터 승리했음을 선언했더니 다른 사람들도 게임으로 상해나 질병을 극복할 수 있게 모든 규칙과 미션을 올려

달라는 요청이 물밀듯이 들어왔다. 극복 대상도 만성 요통, 대인공포증, 폐질환, 편두통, 금연 금단 증상, 당뇨, 화학요법, 전염성 단핵증 등 다양했다.

그래서 블로그에 규칙을 공개하고 「슈퍼베터」라는 보편적인 이름을 붙였다(모든 사람이 뱀파이어 퇴치사 버피가 되기를 바라진 않으니까).[9] 그리고 동영상, 블로그 포스트, 트윗을 등록할 때 누구든 찾을 수 있도록 '#SuperBetter' 해시태그를 붙이자고 했다. ('해시태그'를 쓰면 손쉽게 온라인 콘텐츠를 관련 주제에 연결할 수 있고, 다른 사람이 그 주제에 관해 올린 콘텐츠도 쉽게 찾을 수 있다.) 그게 전부다. 웹 애플리케이션이나 자동 점수 계산 시스템을 개발하기는커녕 게임용 소셜 네트워크도 안 만들었다. 게임이라고 해서 꼭 컴퓨터 프로그램이어야 한다는 법은 없다. 체스나 숨바꼭질도 게임이다. 플레이어들이 서로 전수할 규칙만 있으면 그만이다.

대체 현실 게임은 그저 좋은 아이디어로 새로운 관점에서 문제를 보게 하면 그만이다. 물론 「슈퍼베터」는 의학계의 전통적 조언이나 치료 방법을 대체할 의도가 없다. 다만 훌륭한 조언을 더욱 훌륭하게 증폭하고 환자가 더욱 능동적으로 치료 과정에 참여할 수 있게 할 뿐이다.

몸이 아프면 얼른 낫고 싶은 생각밖에 안 든다. 그러나 회복 기간이 길어지면 그만큼 견디기도 어려워진다. 회복이 쉽지 않다는 가혹한 현실에 맞닥뜨렸을 때 좋은 게임이 있으면 그런 현실에 좀 더 준비된 자세로 맞설 수 있다. 좋아하는 슈퍼히어로 이야기와 맞물린 대체 현실이라면 낙관적 태도를 견지하기가 좀 더 수월해진다. 더 합리적인 목표를 설정하고 더 효과적으로 진척 상황을 확인할 수 있으니까. 우리는 힘겨운 투쟁의 순간에도 성공의 기쁨을 누린다. 날마다 가족과 친구의 도움으로 피에로 순간을 만끽할 수 있기 때문이다. 우리는 더욱 강력한 사회적 지원 체계를 만든다. 다른 사람에게 도움을 청하기보다 같이 게임을 하자고 하기가 더 쉬우니까. 그리고 우리는 인생에서 가장 힘든 시련을 극복하고자 땀 흘리는 장대한 노력 속에서 진짜 의미를 찾고 진짜 캐릭터를 만들어낸다. 이것이 바로 슈퍼히어로급 치료를 부르는 좋은 게임의 힘이다.

이 장에서 소개한 세 가지 게임은 대체 현실을 개발하고 삶의 질 문제를 해결하는 3대 방안을 잘 보여준다.

「허드렛일 전쟁」은 **생활 관리** 대체 현실 게임이다. 생활 관리 대체 현실 게임은 현실 생활을 게임처럼 관리하게 해주는 소프트웨어나 서비스를 뜻한다.

「퀘스트 투 런」은 **조직** 대체 현실 게임이다. 조직 대체 현실 게임은 게임 디자인으로써 새로운 제도를 만들고 새로운 조직 활동을 창출한다.

「슈퍼베터」는 **콘셉트** 대체 현실 게임이다. 소셜 미디어와 네트워크 도구로 새로운 게임 아이디어, 미션, 규칙을 바이러스처럼 퍼뜨려서 플레이어가 자기 삶에 맞게 변용시켜 사용할 수 있게 한다.

대체 현실 제작 방법이 이 세 가지만은 아니다. 뒤에서 살펴볼 테지만 플레이어들이 물리적 장소에 모여서 딱 한 시간이나 하루 정도 게임을 하는 **현장** 대체 현실 게임도 있고, 멀티미디어 이야기 도구(동영상, 글, 사진, 소리, 그래픽 소설 등)를 활용해 몇 주, 몇 달, 길면 몇 년에 걸쳐 현실 세계의 게임 미션으로 주옥같은 이야기를 만들어내는 **이야기** 대체 현실 게임도 있다.

물론 독자가 이 책을 읽을 무렵이면 분명히 새로운 대체 현실 게임이 수십 개, 어쩌면 수백 개쯤 나와서 많은 사람이 플레이하고 있을 것이다. 이 같은 움직임은 이제 막 시작됐다. 대체 현실 게임 운동이 어떻게 전개될까? 늘 그렇듯이 이번에도 과거에서 길잡이를 찾을 수 있다.

컴퓨터·비디오 게임 혁명이 일어나기 직전인 1970년대 초에 이만큼 주목받진 못했어도 후대에 중대한 영향을 끼친 또 다른 게임 혁명이 있었다. 스포츠의 협동성, 사회성, 수용성 증진을 부르짖은 신게임 운동New Games Movement이다.

신게임 철학은 간단히 두 가지로 요약할 수 있다. 첫째, 실력이 모자란다고 해서 벤치만 지키는 사람이 없어야 한다. 둘째, 경쟁 게임의 목표가 승리여선 안 되고 상대 팀보다 더 오랫동안 더 열심히 플레이해서 더 큰 재미를 느끼는 것이어야 한다.

이 운동을 시작한 샌프란시스코의 대안 문화 단체에서 고안해낸 각종 새로운 스포츠를 보면 하나같이 종래의 운동 경기보다 우습고 볼거리가 많았다. 그중에서 가장 유명했던 게임을 꼽자면 '땅 공earth-ball'(여러 사람이 지름 2미터의 공을 함께 굴리는 게임)과 낙하산 게임(20~25명이 빙 둘러서서 낙하산 천의 가장자리를 잡고 펄럭여 여러 모양과 물결을 만드는 게임)이다. 신게임 운동가들은 베이에어리어Bay Area에서 성대한 축제를 열고, 나중에는 신게임이 체육 교육과 공공 레크리에이션 프로그램에 포함될 수 있도록 전국 수만 개 학교, 공원, 레크리에이션 기관의 관계자를 교육하기도 했다.

지금 잘나가는 게임 개발자 중 많은 사람이 학교와 공원에서 신게임을 하며 자랐다. 신게임이 현재 멀티플레이 및 대규모 멀티플레이 게임 디자이너에게 끼친 영향도 쉽게 찾을 수 있다. MMO의 협동 미션, 게임기의 256인 전투 환경 등을 보면 요즘 비디오 게임은 가상 세계에 뿌리내린 신게임이라고 할 만하다. 사실 신게임 이론은 지난 10년 동안 게임 개발자 콘퍼런스에 참여할 때마다 사람들 입에 오르지 않은 적이 없다. 이는 많은 게임 개발자가 1976년에 출간돼 별로 유명하지도 않고 절판된 지도 오래된 『신게임론New Games Book』을 어떻게든 손에 넣었다는 방증이다.

『신게임론』에는 새로운 스포츠를 즐기는 방법을 안내하는 글뿐만 아니라 신게임 운동의 철학을 설명하는 글도 있다. 많은 업계 친구가 이 책을 한 장 한 장 넘기면서 게임 디자인의 영감을 얻었다고 털어놨다.

이 책에 내가 하도 읽어서 책장이 너덜너덜해진 글이 있다. 「놀이 커뮤니티 만들기 Creating the Play Community」라는 제목의 글이다. 저자인 버니 디코번 Bernie DeKoven 은 당시 신게임 재단의 공동대표였고 현재 내로라하는 놀이 이론가다. 이 글에서 디코번은 신게임 운동에 발 벗고 나설 플레이어들의 커뮤니티를 만들자고 했다. 그는 이렇게 물었다. 누가 기꺼이 신게임을 해보고 신게임이 실제로 구게임보다 나은지 판단하는 데 도움을 줄 것인가? 만일 신게임이 구게임보다 낫다면 커뮤니티는 다른 사람들에게 신게임 플레이 방법을 가르쳐야 한다. 만일 신게임이 더 낫지 않다면 플레이어들은 개선 방안을 제안하거나 새로 테스트할 자신만의 신게임을 만들어나가야 한다. 이어지는 그의 설명이다.

게임들이 다 새로우니 우리는 실험을 하고 있는 셈이다. 아무도 그 무엇도 보장할 수 없다. 게임이 제대로 돌아가지 않으면 손봐서 제대로 돌아가게 할 수 있는지 알아봐야 한다. 새로운 게임인 만큼 아직 공식적인 틀이 잡히지 않았다. 그 틀을 짜는 것은 게임을 플레이하러 온 우리 모두의 몫이다. 우리가 판단을 내린다. 우리 각자에게는 우리 모두 즐길 수 있는 것을 찾을 책임이 있다.[10]

바로 이러한 커뮤니티가 현재 대체 현실 게임을 중심으로 형성되고 있다. 대체 현실을 개발하려면 개방적이면서도 비판적인 눈으로 무엇이 진정으로 우리 삶의 질을 향상할지, 무엇이 현실 생활에 더욱 충실히 참여하는 데 도움이 될지, 반대로 무엇이 우리를 산만하게 할지를 생각해봐야 한다. 앞으로 수많은 대체 현실이 구상될 텐데 이 움직임을 이끌어 나가는 사람이 게임 개발자들만은 아니다. 새로운 대체 현실이 좋은 게임인지 판단하는 일은 다름 아닌 플레이어들의 몫이다.

대체 현실 게임 디자인 '방법론'은 곧 우리가 열망하는 4가지 보상을 가장 잘 만들어내는 게임 디자인 원리로 요약된다. 기존 컴퓨터·비디오 게임 개발자들이 이 같은 보상을 누릴 혁신적 방법을 끊임없이 고안하면서 길을 이끌어가는 가운데, 대체 현실 게임 개발자들은 이미 그러한 디자인 전략과 개발 도구를 빌려 와 세상을 더욱 게임과 유사하게 할 핵심 도구로 갈고 닦기 시작했다.

하지만 다양한 가능성을 플레이 테스트를 하여 무엇이 좋은 대체 현실인지 판단하려면 분명히 염두에 둬야 할 세 가지 기준이 더 있다.

첫째, '언제' '어디서' 대체 현실이 필요한가? 어떤 상황과 공간에서 대체 현실이 필요하고, 반대로 현실에 간섭하지 말아야 할 때는 언제인가?

둘째, '누가' 대체 현실 게임에 합류해야 하는가? 가족과 가까운 친구를 제외하고 누구를 초청해서 플레이해야 도움이 되는가?

셋째, '무엇'이 대체 현실 게임의 핵심 기제로 삼아야 할 활동인가? 게임 디자인은 목표, 제약, 피드백이 있는 체계지만, 이 체계 안에서 우리는 플레이어에게 거의 모든 것을 요청할 수 있다. 어떤 습관을 장려해야 하는가? 어떤 행동을 증진해야 하는가?

이후 세 장에서 이 세 가지 기준을 바탕으로 대체 현실의 대표적 유형 세 가지를 살펴본다. 세 유형을 미리 소개하자면 어려운 활동의 보상을 키우고자 디자인된 대체 현실, 새로운 현실 세계 커뮤니티를 조성하고자 디자인된 대체 현실, 행복지수가 최고인 사람들의 생활 습관을 현실 생활에 적용할 수 있게 돕고자 디자인된 대체 현실이다.

08

현실에서의 레벨 업

....

"인생에서 딱 한 가지 후회스러운 점이 있다면 바로 제 '언데드 사
제'가 저보다 더 똑똑하다는 겁니다." 오스틴 컨벤션 센터에 모인 청
중 앞에서 나는 그렇게 말했다. 엄밀히 말해 사실이다. 중학교부터 대
학원까지 내가 현실에서 받은 A를 다 합해도 내 「와우」 캐릭터의 지
능 수치에 못 미친다. 하긴, 학교를 영영 떠나고 나면 더 똑똑해진다
해도 점수를 받을 수가 없긴 하다.

나는 SXSW 인터랙티브 SXSW Interactive라는 연례 디자인·기술 콘퍼
런스에서 기조연설 중에 그렇게 탄식했다. 주제는 당연히 현실 세계
가 좋은 게임만큼 흡인력이 없는 까닭과 그 개선 방안이었다. 청중에
게 진심으로 말했다. "제가 이 연설을 하면서 똑똑한 말을 할 때마다
지능 +1을 받는다면 기분이 훨씬 좋을 겁니다. 하다못해 대중연설

+1이라도 몇 번 받았으면 좋겠습니다." 연설은 아무리 즐겁게 해도 체력 소모가 심하다고 덧붙였다. 몇 번씩 파워포인트 슬라이드 오른쪽 위에 +1이 뜬다면 기운이 솟을 텐데 말이다.

캘리포니아로 돌아오고 며칠이 지나서 이메일을 한 통 받았는데 발신자는 ratings@plusoneme.com으로 낯선 주소였다. 제목은 '클레이가 당신의 강점을 인정했습니다'. 클레이가 누구지? 내가 아는 사람 중엔 그런 이름이 없었다. 일단 열어보기로 했다.

당신의 친구 클레이 존슨이 당신의 강점을 인정해 +1 해줬습니다. 구체적으로 다음 능력을 인정했습니다.

지능 +1
대중연설 +1
영감 +1

축하합니다. 좋은 하루 보내십시오.

몇 분 후 클레이 존슨 Clay Johnson이 직접 보낸 이메일이 도착했다.

SXSW에서 부탁하신 대로 대중연설에 +1을 드렸습니다! 조금 전에

메일함에 들어왔을 겁니다. 연설 중에 하신 말씀을 듣고 '대중연설 +1을 받지 말란 법 있어?' 하고 생각해 플러스원 미 *plusoneme.com*를 제작했습니다. 훌륭한 연설이었습니다. 제게 주신 영감의 결과를 확인해보십시오.

링크를 따라가 봤더니 아니나 다를까 창의성, 아량, 속도, 패션, 경청, 의지력 등 37개 강점에 점수를 주고 확인할 수 있는 작지만 알찬 웹 애플리케이션이 나왔다.

이 애플리케이션은 단언컨대 어느 롤플레잉 게임보다도 능력치가 다양하다. +1을 보낼 때마다 이유도 붙일 수 있다. 예를 들면 '의지력 +1, 회의에서 우리의 아이디어를 밀어붙였으니까', '인내력 +1, 오늘 밤 먼 길을 운전해 집으로 왔으니까' 하는 식으로 말이다. 그리고 누구에게나 이메일로 +1을 보낼 수 있다. 상대가 등록된 플레이어가 아니어도 상관없다. 만일 사이트에 가입해서 프로필을 만든 사람이면 계속해서 +1이 축적된다. (나는 직장에서 혁신적인 일을 할 때마다 혁신 +1을 달라고 동료에게 부탁해 지금까지 혁신 +25를 모았다.)

블로그나 소셜 네트워크 페이지에 +1 피드를 넣어서 가족과 친구에게 강점의 레벨 업 속도를 보여줄 수도 있다. 현실 생활에서 레벨 업 하고 싶었다면, 다시 말해 열심히 일하면서 그 일에 얼마나 솜씨가 늘었는지 객관적으로 평가할 수단이 필요했다면 플러스원 미가 바로 그 해법이라고 해도 틀린 말이 아니다.

처음으로 +1을 받은 이후로 나는 클레이 존슨을 점점 알아갔다. 알고 보니 그는 정부의 투명성과 민주성 제고를 목표로 하는 오픈소스 개발자 커뮤니티, 선라이트 연구소^{Sunlight Labs}의 명예 소장이었다. 우리는 게임 피드백 시스템으로 참여 민주주의를 증진하는 방법을 놓고 열띤 토론을 벌였다. 솔직히 말해 언젠가 유권자가 자기 손으로 뽑은 공직자에게 더 좋은 피드백을 줄 수 있게 정부용 플러스원 미^{plusoneme.gov}가 나온다고 해도 별로 놀라지 않을 것이다.

플러스원 미는 게임이 아니다. 고유한 목표도 없고, +1을 주거나 받는 방법에도 제약이 없다. 차라리 게임에 대한 고찰, 공개적인 탐구의 일환이라고 하는 편이 낫겠다. 현실 생활에서 장애물에 도전하거나 열심히 일할 때마다 계속해서 실시간으로 피드백을 받는다면 어떤 기분일까? 더 의욕이 솟을까? 더 보람을 느낄까? 더욱더 자신의 한계에 도전하게 될까?

대체 현실 프로젝트가 점점 늘어나는 모습을 보면 이 모든 질문에 자신 있게 '예'라고 답할 수 있다. 현실 생활과 관련해 자발적으로 도전할 수 있는 장애물을 마련하고 더 나은 피드백을 제공함으로써 우리가 '현실 생활에서 레벨 업'할 수 있게 하는 시스템은 실제로 우리가 더욱 열심히 노력하도록 하는 효과가 있다. 그리고 여기서 현실을 바로 잡는 여덟 번째 방법이 나온다.

시의적절하고 의미 있는 보상

게임과 비교하면 현실은 의미도 보상도 없다. 게임을 할 때 우리는 힘껏
노력해서 더 큰 보상을 받는다.

나는 비행기 타는 것을 끔찍이 싫어하지만 1년에 150시간 이상을
그렇게 끔찍하게 보낸다. 세월이 지나면서 나아지긴 했어도 여전히
비행기에서 먹고 자고 일하진 못한다. 절대로 '즐겁게' 비행기를 탈
수가 없다. 거의 항상 불안감으로 안색이 안 좋다. 설사 비행을 잘 끝
마쳤다고 하더라도 스트레스와 시차로 진이 다 빠져서 적어도 몇 시
간, 길면 꼬박 하루나 그 이상이 지나야 회복된다.

미국인 2,500만 명 이상이 비행을 두려워하고, 상용 고객 중 52퍼
센트가 항공기 탑승에 가장 어울리는 말로 '답답함'을 꼽았다.[1] 우리
건강과 행복에 상당한 영향을 끼치는 것이다.

통제권의 부재는 본질적으로 스트레스를 유발한다. 행복과 신체
건강에도 큰 타격을 입힌다고 밝혀졌다. 그리고 부정적 영향이 즉각
사라지는 것도 아니다. 어떤 경험으로 위험이나 무력감을 느끼면 면
역계가 약해져 이후 몇 시간이나 며칠 동안 불안, 우울, 비관의 수위
가 높아진다.[2]

물론 게임을 하면 통제권을 되찾는 데 도움이 된다. 진정한 게임은
언제나 자발적이기에 게임 플레이는 자유를 행사하는 행위다. 또한
목표를 향해 나아가고 실력을 기르는 과정에서 유능감과 지배감도

생긴다.

그토록 많은 사람이 여객기를 탈 때 하나같이 안절부절못한다는 점을 보면 공항과 항공기야말로 게임 디자인으로 개입해야 할 대상임이 틀림없다. 만일 우리가 비행을 두려워하지 않고 오히려 기대할 수 있다면, 그리고 비행을 시작하는 순간에 무력감이 아니라 유능감을 느낄 수 있다면 전 세계 상용 고객의 삶의 질이 치솟으리라 본다. 그리고 비행기 타기가 끔찍하게 싫어서 지금은 어디를 가고 싶어도 그냥 포기하고 마는 사람들도 더 많은 곳을 돌아다닐 수 있을 것이다.

비행의 보상을 키우려면 어떻게 해야 할까? 마일리지 같은 보상 프로그램으로는 어림도 없다. 안 그래도 답답하거나 무서운데 더 태워준다고 더 행복해질 리 없다.

바로 여기에 '내적' 보상 프로그램이 필요하다. 그 비결을 보여주는 새로운 탑승객용 게임이 두 개 있다. 세계 최초 공항용 비디오 게임 「젯셋Jetset」과 고도 3킬로미터 이상에서 비행기 대항전으로 플레이하도록 디자인된 기내용 게임 「데이 인 더 클라우드Day in the Cloud」다.

빠져나올 수 없다면 들어가자, 비행 게임

「젯셋」은 애틀랜타 소재 퍼쉐이시브 게임즈Persuasive Games가 아이폰용으로 만든 만화 형태의 공항 보안 검색대 시뮬레이션이다. 게임을 실행하면 아이폰 화면에서 가상 탑승객이 금속 탐지기를 지나가고 가상 수하물이 엑스레이 기계를 통과한다. 플레이어는 보안요원이다. 화면을 톡 쳐서 금지 품목을 압수하고 수상한 탑승객의 몸을 수색할 수 있다. 너무 느리면 탑승객이 여객기를 놓치고, 너무 조급하면 금지 품목이나 부정 탑승객이 빠져나간다. 시간이 지날수록 줄이 길어지고, 보안 벨트의 움직임이 빨라지며, '압축 치즈 반입 금지', '애완용 뱀 반입 금지', '푸딩컵 반입 금지', '로봇 반입 금지' 같은 새로운 제약을 지키기가 어려워진다.

게임 수석 디자이너인 이언 보고스트Ian Bogost는 출장이 잦은 사람으로, 보안 검색대에서 한없이 답답함을 느끼다 이 게임의 아이디어를 떠올렸다. 풍자적 요소가 강해 게임을 하다 폭소를 터뜨렸다는 플레이 평이 많이 나온다.[3] 보고스트는 이렇게 스트레스 상황에서 웃게하는 게 이 게임의 주요 목적 중 하나라고 했다. "공항 보안 검색, 참 속 터지죠. 보고 있으면 진이 다 빠져요. 그래도 이 게임으로 상용 고객들이 그런 광경에 눈살을 찌푸리기보다는 웃을 수 있었으면 좋겠습니다."

「젯셋」은 휴대전화만 있으면 어디서든 플레이할 수 있지만 정식으로 레벨 업 하고 가족과 친구에게 보낼 기념품을 입수하려면 실제 공항에서 플레이해야만 한다. 그래서 「젯셋」은 휴대전화의 GPS 데이터로 플레이어가 세계 어디에 있는지 확인한다. GPS 좌표가 게임 데이터베이스에 저장된 100개 공항 중 한 곳과 일치하면 해당 공항용으로 만들어진 레벨에 들어갈 수 있다. 그 레벨을 끝내면 그 지역만의 업적이 달성된다. 「젯셋」식으로 말하면 '기념품'이 들어온다. 예를 들면 앨버커키 국제공항에서는 가상 풋고추를, 로스앤젤레스 국제공항에서는 거대한 가상 선글라스를 얻을 수 있다.

이렇게 받은 가상 기념품은 게임의 모바일 페이스북 애플리케이션을 이용해 가족이나 친구에게 선물로 보낼 수 있다. 그러면 그 공항에서 게임 레벨을 획득했다는 사실뿐만 아니라 이제 곧 비행기에 오르거나 방금 막 내렸다는 사실도 알리는 셈이다. 즉,「젯셋」을 플레이하면 가까운 사람들에게 실시간으로 여행 소식을 전할 수 있다.

많은 공항을 다닐수록 기념품과 트로피를 많이 모을 수 있다. 그런데 항상 똑같은 공항만 이용한다면? 점점 더 어려운 레벨에 도전해서 지역 기념품의 등급을 높일 수 있다. 현실 생활에서 비행기를 자주 이용하면 가상 보안 등급이 올라간다.「젯셋」은 공항용「팜빌」이라고 해도 틀린 말이 아니다. 스트레스성 환경에서 행복한 생산성과 사회적 연결성을 느끼게 하기 때문이다. 또한 현실 환경에서 현실 경험을 향상하므로 단순한 현실 도피용 오락거리가 아니라 대체 현실 게임이다.

가상 기념품과 능력 강화제가 플레이어에게 현실적 가치가 있을까? 보고스트의 바람이다. 그는 기념품과 능력 강화제를 디자인할 때 상용 고객이 마일리지와 좌석 업그레이드보다 더 큰 재미와 의욕을 느낄 만한 목표를 제공하는 것을 주안점으로 삼았다.

"출장 다니는 사람들 보면 비행기 타기가 지겹다고 하면서도 마일리지 쌓기에 집착하는 경우가 아주 많습니다. 가뜩이나 싫어하는 걸 보상으로 받는다니 자기 무덤 파는 격이죠." 더군다나 금전적 가치가 큰 보상으로 사람들의 환심을 사고 의욕을 일으키는 방법은 한계가 있을 수밖에 없다. 항공사가 무료로 내줄 수 있는 좌석도, 우대할 수 있는 VIP 고객도 한정돼 있다. 그래서 보고스트도 지적했다시피 보상을 받는 사람이 너무 많아지면 항공사는 원칙을 바꿔서 쉽게 보상을 받지 못하게 해버린다. 그리 공정치 못한 처사다.

반면에 「젯셋」처럼 좋은 게임의 내적 보상은 무한정이다. 긍정적 감정은 모든 플레이어가 제한 없이 누릴 수 있고 만족감, 자부심, 사회적 연결감은 완전히 재생 가능한 자원이다. 목표가 내적 보상이라면 더 많은 사람에게, 더 빈번하게 보상을 주면 그만이다.

보안 검색대나 탑승구 앞에서 줄지어 기다리는 것만큼 강제적이고 단조로운 활동을 잘 보여주는 예도 없다. 하지만 「젯셋」은 기다리면서 수행할 수 있는 특수하고 '자발적'인 임무, 다시 말해 불필요한 장애물이다. 현실의 보안 검색과 탑승 절차로 만들어진 강제적 장애물이 아니라 게임 속 불필요한 장애물에 집중하면 부정적 스트레스에 휩싸여 있던 정신이 즉시 긍정적으로 활성화된다. 보안 검색과 탑승 절차를 '빠져나올' 수는 없어도 게임으로 '들어갈' 수는 있다. 별것 아닌 것 같아도 상황과 분위기를 반전시키는 데 매우 효과적인 방법이다. 외부 압력을 느끼지 않고 게임의 긍정적 스트레스에 집중할 수 있기 때문이다.

「젯셋」의 가장 큰 매력은 피할 수 없는 것을 즐기게 한다는 데 있다. 플레이어는 끔찍이 싫은 순간을 어영부영 보내지 않고, 오로지 그 공항에서만 허락되는 게임 레벨을 플레이함으로써 자신의 위치를 최대한 활용해 그 순간을 적극적으로 보낸다.

순간을 최대한 활용하는 것은 삶의 질을 향상하는 데 매우 중요한 기술이다. 언제든 스스로 행복해질 능력이 있다는 생각이 일어나 자기효능감이 커진다. 「젯셋」으로 보안 검색대와 탑승구 앞에서 느끼는 답답함이 영영 사라지지 않을진 몰라도 스스로 경험을 개선하는 능력을 인식할 수는 있다. 이를 보면 앞으로 '위치 기반 게임'이 어떤 식으로 삶의 질을 향상할지가 보인다.

좋은 위치 기반 게임은 어떤 공간이든 내적 보상의 터로 변화시킨다. 어떤 장소가 게임터가 될지 생각해보라. 내가 꼽는 세 가지는 치과, 차량 관리청, 대중교통이다.

불쾌하거나 답답한 일을 피할 수 없는 장소에서 경험을 개선하는 확실한 방법은 오직 그곳에서만 플레이할 수 있는 좋은 게임을 디자인하는 것이다. 공항에서 그런 문제를 해결하려면 「젯셋」을 하면 된다. 하지만 공중에 있을 때는 어떻게 할까? 「데이 인 더 클라우드」가 등장할 대목이다.

도전을 받아들이십시오.

온 땅을 탐색하십시오.

단, 일어서지만 마십시오.

__「데이 인 더 클라우드」의 초청문 4

「데이 인 더 클라우드」는 출발 공항과 도착 공항이 서로 반대인 일반 여객기 두 대를 택해서 온라인으로 재치와 창의력을 겨루는 장대한 싸움을 벌이게 한다. 탑승객들은 착륙 전까지 최대한 많은 점수를 얻고자 힘을 모은다. 두 비행기가 모두 착륙하면 더 많은 점수를 거둔 비행기의 탑승객 전원이 승자가 된다.

「데이 인 더 클라우드」는 버진 아메리카와 구글 앱스가 창안한 프로모션이다. 처음에는 로스앤젤레스와 샌프란시스코 국제공항을 오가는 비행기들만 대상으로 해서 플레이 테스트했다. 아직 버진 아메리카 전 항공기로 확대되진 않았으나 기존 기술을 활용해 기내 경험을 어떻게 혁신할 수 있을지 전망하기에 아주 좋은 사례다.

이 게임은 좌석 간 채팅과 메신저 등의 기능을 갖춘 버진 아메리카의 최신형 기내 엔터테인먼트 시스템, 기체의 위치와 고도와 속도를 표시하는 실시간 구글 맵, 노트북과 휴대전화와 PDA용 와이파이 인터넷을 활용한다.

기체의 고도가 3킬로미터(와이파이 장치가 켜지는 지점)를 넘어서면 플레이어는 게임에 접속해 다시 고도가 3킬로미터 이하가 되기 전까지 각종 퍼즐과 창의력 과제를 풀 수 있다.

고도가 올라가면 퍼즐과 문제의 난이도도 따라 올라간다. 예를 들어 고도가 낮을 때는 간단한 미로나 영화 퀴즈 등이 나온다. 고도가 높아지면 멘사 수준의 암호 해독처럼 더 어려운 문제를 해결하거나 게임 캐릭터의 '진짜' 온라인 메일함을 뒤져서 개인 정보를 캐내는 것처럼 더 흥미진진한 목표를 달성해야 한다. 퍼즐을 좋아하지 않는 사람은 창의력 과제에 도전할 수 있다. 예를 들면 이렇다. "「데이 인 더 클라우드」의 주제가를 작사하십시오. 반드시 전반부는 4행 노랫말, 후반부는 기억하기 쉬운 4행 후렴구여야 합니다. '구름', '권운', '층운', '난운'과 운이 맞는 낱말이 하나 이상씩 있어야 합니다."[5]

이러한 퍼즐과 과제는 사실상 혼자서는 비행시간 내에 끝낼 수 없도록 디자인됐다. 그래서 비행 친구planemate가 필요하다. ('비행 친구'라는 단어조차 아직 생소한데 이를 보면 우리가 그동안 비행기의 사회적 공간성을 간과했음을 알 수 있다.) 탑승객들은 힘을 합쳐 각종 과제를 분담, 공략하고 해법을 나눠야 한다. 같은 줄에 있는 사람과 짝을 이뤄 노트북을 같이 쓸 수도 있고, 좌석 뒤에 달린 커뮤니케이션 시스템으로 생각과 답을 주고받을 수도 있다.

더 많은 탑승객이 참여할수록 더 높은 점수를 얻기가 쉬워진다. 그러니 상냥하거나 호기심 많아 보이는 사람, 아니면 따분해 죽겠다는 표정으로 앉아 있는 사람을 적극적으로 끌어들여볼 만하다. 그리고 비행 친구하고만 협력할 수 있는 것도 아니다. 온라인 게임이니까 인터넷에 접속해야 하고, 그러면 이메일, 트위터, 메신저로 손쉽게 가족과 친구의 도움도 빌릴 수 있다. 사실 「데이 인 더 클라우드」를 하는 많은 플레이어가 지상에 비공식 트위터 팀을 꾸려서 게임 중에 도움을 받았다. (선정된 항공기의 모든 탑승객이 사전에 게임에 대해 들은 것은 아니었으나 나중에 게임 관계자에게 들어보니 미리 준비하고 탑승하는 사람이 비행기마다 10명쯤 된다고 했다.) 이 지상 협력체가 비행 중에 일종의 개인 지원 시스템 역할을 해서 게임에 도움이 될 뿐만 아니라 비행기 안에서 흔히 느끼는 불안함과 지루함을 이겨내는 데도 보탬이 된다.

게임 타이머는 비행시간이 얼마나 남았는지, 즉 퍼즐을 풀고 창의력 과제를 완수할 시간이 얼마나 남았는지를 보여준다. 기체가 3킬로미터 이하로 내려가면 최종 점수가 계산돼 양 비행기에 전달된다. 한 플레이어는 비행을 마치고 블로그에 이렇게 썼다. "별안간 머리 뒤에서 '이겼다!' 하고 온 비행기가 떠나갈 듯한 환호성이 들려왔다."[6] 승리한 탑승객들은 비행기에서 내릴 때 출구에서 개선 행진하는 영웅처럼 버진 아메리카 직원들의 환대를 받았다.

구름 위에서 두 비행기가 시속 수백 킬로미터로 각각 북쪽과 남쪽을 향해 날아가고, 그 안에서 똑같은 문제를 두고 탑승객들이 머리를 맞대고 힘을 합친다니, 아주 근사한 장면 아닌가?

그런데 재미는 있을 것 같지만 문득 이런 생각이 들지도 모른다. 굳이 왜 비행기에서 게임을 해야 하지? 비행기야 세계 이쪽에서 저쪽으로 사람들을 안전하게 실어 나르면 그것으로 그만 아닌가? 우리가 항상 '재미'와 '모험'과 '발전'을 추구해야 할 필요가 있을까?

물론 꼭 그런 것만은 아니다. 비행기에서도 푹 자거나 골똘히 일할 수 있다면, 마음 편하게 책을 읽거나 경치를 구경할 수 있다면 굳이 게임에 몰입하지 않아도 여느 때와 같은 비행 현실을 누리면 된다. 많은 사람이 그렇게 할 것이다. 실제로 「데이 인 더 클라우드」 플레이 테스트 기간에 대상 비행기에 탄 사람 중 절반가량만 게임을 하고 나머지 절반은 자기 할 일을 했다.

하지만 비행기 타기를 괴로워하는 사람도 수백만이다. 그런 사람들이 겪는 스트레스, 불안, 피로의 문제도 이만저만이 아니다. 어떠한 일로 인해 많은 사람이 어려움을 겪는다면, 날마다 그처럼 큰 고통이 일어난다면 당연히 할 수 있는 한 상황을 개선하기 위해 노력해야 한다. 비행공포증이 있거나, 비행기에서 쉽게 지루함을 느끼거나, 좀처럼 잠을 못 자는 사람은 기내 게임에 열중해 긍정적 자극을 받으면 조금씩 비행을 즐기게 된다. 「데이 인 더 클라우드」를 보면 전혀 다른 비행 현실을 바라는 욕구, 그리고 그 욕구를 해결할 기술이 이미 갖춰졌다는 사실을 분명 알 수 있다.

다른 방안도 생각해볼 수 있다. 예를 들면 기내에서만 즐길 수 있으며 플레이어가 중단한 지점을 기억했다가 다시 비행기에 타면 재개되는 롤플레잉 게임이다. 게임의 판타지 맵은 실시간 구글 지도를 완벽히 반영한다. 각 퀘스트는 실제로 비행기가 왕국의 해당 지역을 날고 있을 때만 수행할 수 있다.

또 GPS 기반 협력 과제를 해결하려면 비행기의 위치에서 반경 150킬로미터 이내의 지상에 있는 사람과 짝을 이뤄서 그 위를 날아가는 동안 함께 가상 행동을 해야 한다. 그래서 만일 캔자스주에서 네브래스카 주로 넘어갔는데 마침 그 위를 날아가는 15분 동안 지상에서 게임에 접속해 더 많은 점수를 얻도록 도와줄 사람이 있다면 상황이 돌변하는 것이다.

물론 상용 고객 마일리지도 지금보다 훨씬 가치가 커진다. 예를 들면 경험치로 전환해 기내 아바타의 기술과 능력을 향상하는 등 다양하게 활용할 수 있다. 또 새로운 좌석 업그레이드 모델도 제시한다.

가장 먼저 정해진 점수에 이르는 사람에게 퍼스트클래스 좌석을 주는 것이다. 어느「데이 인 더 클라우드」플레이어는 플레이 테스트 후에 이렇게 밝혔다. "이 시점에서 승무원이 다가와서 퍼스트클래스 좌석이 남는데 내가 사실상 최고의 플레이어니까 그쪽으로 옮기지 않겠느냐고 묻는다. 난 선뜻 결정을 내리지 못한다. 새로 사귄 옆자리의 친구들을 잃고 싶지 않으니까."[7] (결국 이 사람은 승무원을 설득해 다 같이 퍼스트클래스로 가서 함께 게임을 즐겼다.)

이처럼 기내 게임을 통하여 임무를 수행하고 다른 탑승객들과 한편이 되며 비행기 아래에 사는 사람들과 접촉할 수 있다면 그저 목적지로 날아가는 것 이상의 놀라운 경험을 하게 된다.

기내 게임을 보면 일상생활과 연결된 게임을 개발해야 하는 근본적인 이유를 알 수 있다. 이 게임은 사람들이 현실 세계에서 고통을 덜고 더욱 즐겁게 살아가는 데 도움이 된다. 괴로운 경험을 해야 할 때 도전욕을 불러일으키는 목표가 있고 점수와 레벨과 업적을 확인할 수 있으며 가상의 보상이 있다면 그 경험을 헤쳐 나가기가 수월해진다. 이렇게 우리가 힘든 일에서 얻는 보상, 구체적으로 '내적' 보상을 최대화하는 것이 앞으로 게임 개발자들이 해야 할 가장 중요한 일이다.

그렇다면 이 같은 게임이 우리가 본래부터 좋아하던 활동에는 어떠한 영향을 끼칠 수 있을까? 더 큰 의욕을 불러일으킬 수 있을까?

점수, 레벨, 업적을 넣어 이미 좋아하는 일을 더 좋아하게 하려면 위험이 따른다. 원래 하던 일, 그것도 원래 좋아하던 일에 돈이나 상과 같은 외적 보상을 주면 오히려 의욕이 떨어지고 보상의 가치도 줄어든다고 경제학에서 입증된 바 있다. 하지만 게임 점수와 업적은 아직 외적 가치가 없다. 그러니 명예나 성취감, 피에로가 보상의 주축인 한은 게임 피드백으로 유쾌한 경험의 가치가 떨어질 위험은 그리 크지 않다. 그렇다고 아예 없다고 할 수도 없다. 돈이나 상처럼 점수와 레벨도 우리를 홀려 애당초 활동을 좋아한 이유를 까맣게 잊어버리게 할 수 있으니까.

그러니 언제 어디에 게임형 피드백 시스템을 도입할지 신중하게 판단해야 한다. 인생의 모든 영역에서 더 어려운 과제에 도전하고, 더 많은 점수를 얻고, 더 높은 레벨에 도달하는 데 치중하면 긍정적 피드백에서 오는 만족감에 도취할 위험이 있다. 그래서 활동을 그 자체로 즐기지 못한다면 이 역시 큰일이다.

그렇다면 무엇 때문에 그 위험을 감수하는가? 게임형 피드백 시스템으로 우리가 활동에 들이는 노력을 측정하면 그 활동의 수행 능력을 좀 더 쉽게 기를 수 있기 때문이다. 19세기의 걸출한 수리물리학자 켈빈 경 Lord Kelvin의 말대로 "측정할 수 없으면 개선할 수도 없다". 우리는 실력이 더 나아졌는지 나빠졌는지 판단할 실시간 데이터가 필요하다. 그리고 양적 기준(달성하고자 하는 바를 구체적인 수치로 나타낸 목표)이 있으면 노력을 집중하고 의욕을 키워 더욱 열심을 내는 데 도움이 된다.

실시간 데이터와 양적 기준, 이 두 가지가 바로 게이머가 어떤 게임을 하든 꾸준히 실력이 향상되는 이유다. 꾸준히 성과가 측정돼 진척도, 점수, 레벨, 업적의 형태로 되돌아온다. 그래서 자신이 언제 어떻게 발전했는지 한눈에 알아볼 수 있다. 그리고 이렇게 즉각적이고 긍정적인 피드백에 마음이 동해 더 열심히 노력하고 더 어려운 과제에 도전하게 된다.

그러니 원래 좋아하는 활동에 게임성을 더하는 방안도 생각해볼 만하다. 실력이 늘어나고 더 높은 곳으로 시선이 향하게 되니 말이다.

세계인과 함께 달리는 나이키 플러스

나이키 플러스Nike+ 러닝 시스템은 동기 부여 플랫폼으로, 원래 달리기를 좋아하는 사람들, 특히 더 멀리, 더 빨리 달리고 싶어 하는 사람들 사이에서 널리 인기를 끌고 있다.

나이키 플러스

기록! 기록! 오늘 아침에도 벌떡 일어나 달렸다. 기록을 향상해야 하니까! 현실 세계에서 성취도가 점수로 계산된다! 누가 나와 함께 하겠는가? 도전은 언제든 환영한다! [8]

_신규 나이키 플러스 러너가 게시판에 올린 글

처음 나이키 플러스를 착용하고 나간 날, 난 이전 어느 때보다 빠르게 달렸다. 그날도 평소 즐겨 달리는 버클리힐즈의 7킬로미터 코스를 달렸다. 6년 동안 1주일에 두어 번씩 달리면서 41분 43초보다 빨리 완주한 적이 없었다. 하지만 나이키 플러스를 달고 처음 달린 날은 39분 33초 만에 주파해 생애 최고 기록보다 2분을 앞당겼다. 대체 어디서 그런 속도가 나왔을까? 더 나은 실시간 피드백이 있고 집에 돌아가면 온라인 보상을 받으리란 확신이 있어서 의욕이 샘솟았으니 당연한 결과였다.

물론 달리기도 그 자체로 보상이다. 엔도르핀이 분비되고, 정신이 맑아지고, 지구력이 좋아지고, 칼로리가 소모되고, 몸이 튼튼해진다. 하지만 자기와의 싸움이기도 하다. 일부러 시간을 내고, 더 자고 싶어 하는 몸을 억지로 일으켜 세우고, 눈이 오고 비가 와도 나가고, 지루함과 싸우며 지극히 단조로운 활동을 계속해야 한다. 물론 자기가 좋아서 달리는 것이지만, 그래도 의욕은 중요한 문제다. 그래서 나이키 플러스는 러너스 하이 runner's high(숨이 턱까지 차오르는 고비를 넘겼을 때 찾아오는 황홀감−옮긴이)와 신체 단련 외에 또 다른 내적 보상의 층을 더하도록 디자인됐다.

나이키 플러스가 생소한 독자를 위해 작동 방식을 간단히 설명하자면 이렇다. 먼저 포커 칩만 한 크기에 20달러 정도 하는 저렴한 센서를 구입해 나이키 운동화 깔창에 쏙 밀어 넣는다. 이 센서는 가속도계로 사람의 움직임에 반응하고, 무선 송신 장치로 아이팟에 속도와 거리를 전달한다. 그래서 좋아하는 음악을 들으며 달리면 아이팟 화면에 실시간으로 달리기 기록이 표시된다.

실시간 피드백 유무에 따라 달리는 속도와 지속 시간이 크게 달라진다. 일단 속도 감소(피곤하거나 집중력이 떨어지면 무의식적으로 그렇게 된다)를 알아챌 수 있으면 페이스 유지에 큰 도움이 된다. 그리고 빠르게 달릴수록 수치 변화를 눈으로 직접 확인할 수 있어 그 자체로 큰 보상이 돼 스스로 박차를 가하게 된다. 기존에는 목표 시간을 설정하고 그냥 달렸지만 나이키 플러스를 쓰면 거기서 더 나아가 한 걸음 한 걸음 내디딜 때마다 현재 속도가 목표 달성에 적합한지 확인할 수 있다.

집에 돌아와 아이팟을 컴퓨터에 연결하면 나이키 플러스 시스템이 데이터를 업로드해 사용자의 러닝 프로필에 등록한다. 바로 이 지점에서 온라인 보상이 나온다. 1킬로미터를 달릴 때마다 점수가 더해지고, 점수가 기준치를 넘으면 레벨 업 한다. 현재 나이키 플러스에는 여섯 개 레벨이 있는데 마치 무술 띠처럼 노랑, 주황, 초록, 파랑, 자주, 검정 순이다. 좋은 MMO가 다 그렇듯이 나이키 플러스도 처음에는 레벨 업이 수월하지만 갈수록 어려워진다. 지금까지 나는 437킬로미터를 뛰어서 초록 레벨이고, 563킬로미터를 더 뛰어야 파랑 레벨이 된다. 만만찮은 거리이긴 하지만 레벨 업 하고자 하는 의욕이 충만하니 437킬로미터를 뛴 것보다 더 적은 시간 안에 달성할 수 있으리라 본다.

나이키 플러스는 센서가 수집한 데이터를 바탕으로 하여 개인 최단 시간이나 최장 거리 기록을 깼을 때, 그리고 누적 10킬로미터 달리기나 100일 동안 100킬로미터 달리기 등 훈련 목표를 달성했을 때

트로피를 준다. 또한 달리기 성과가 아주 좋으면 미처 숨을 고르기도 전에 랜스 암스트롱 Lance Armstrong 같은 유명한 선수가 "축하합니다! 방금 최고 속력을 갱신했습니다!" 또는 "수고했습니다! 최장 거리를 갱신했습니다!" 하는 식으로 격려의 말을 전한다.

러닝 프로필과 업적은 원하면 비공개로 할 수도 있고, 반대로 나이키 플러스 친구들한테, 또는 페이스북을 통해 지인들에게, 아니면 트위터로 전 세계 사람에게 자랑할 수도 있다. 나이키 플러스는 여러 가지로 의욕을 북돋는데 그중에서도 '파워송'이 가장 눈여겨 볼 만하다. 파워송은 비디오 게임의 체력 회복제나 능력 강화제 같은 음악이다. 달리다가 힘이 떨어지거나 의욕이 시들해지거나 속도가 느려질 때 아이팟 가운데 버튼을 누르기만 하면 미리 저장해놓은 음악이 저절로 튀어나온다. 나는 힘겹게 달리는 중에 가운데 버튼을 누르면 꼭 지금껏 몰랐던 초능력이 발휘되는 느낌이 든다. 발걸음이 빨라지고 가슴이 콩닥거리고 귓속에서 주문처럼 노랫말이 울리니 가상 세계에서 뽐내던 마법 능력을 현실 세계에서도 부리는 기분이든다.

나이키 플러스는 실시간 기록, 레벨제, 개인 업적, 능력 강화 음악이 한데 어우러져 더 나은 피드백과 보상으로 사람들이 여느 때보다 더 많이 노력하고 더 큰 포부를 품도록 하는 대단히 좋은 게임이다. 무엇보다 나이키 플러스가 정말로 대단한 까닭은 온라인 커뮤니티 때문이다. 나이키 플러스는 그냥 달리기 게임이 아니라 대규모 달리기 게임이다.

나이키 플러스 온라인 커뮤니티는 200만 명이 넘는 활동 회원이 달리기 데이터를 모으고 공유해 챌린지에서 경쟁하고 단체 목표 달성에 힘을 보탠다.

누구나 챌린지를 만들고 누구든 함께하자고 초청할 수 있다. 챌린지는 최고 점수를 놓고 다투는 경쟁형과 정해진 시간 안에 모든 참가자가 서로 도와가며 목표를 달성하는 협력형으로 나뉜다. 부부나 형제 사이에서 일주일 동안 더 먼 거리를 달린 사람을 가리는 식의 일대일 대결이 될 수도 있고, 정해진 시간 안에 누적 1,000킬로미터를 달릴 수 있느냐를 놓고 동네끼리, 부서끼리 대항하는 10~50명 규모의 단체전이 될 수도 있다.

자격 제한 없이 수백, 수천, 수만 명이 참가하는 공개 챌린지도 있다. 이 글을 쓰는 지금, 사용자가 등록한 공개 챌린지가 7,000건을 웃돈다. 그 속을 들여다보면 '지구 한 바퀴'라고 해서 각 참가자가 40,075킬로미터를 달린다는 꽤 야심찬 계획을 내세운 협력형 개인 챌린지가 있는가 하면, 반려견과 함께 달리는 사람들끼리 겨루는 경쟁형 단체 챌린지도 있다. (이 챌린지는 견종에 따라 50개 팀이 있는데 현재 래브라도와 비글이 누적 거리에서 선두를 달리고 그 뒤를 잡종견이 바싹 쫓고 있으며, 속력으로는 오스트레일리아셰퍼드가 일등이다.)

챌린지 덕분에 개인 목표를 뒷받침하는 사회적 맥락이 생기니 달리기가 한결 뜻 깊어진다. 달리는 걸음 하나하나가 모여서 더 큰 걸음을 이룬다. 경쟁심이 의욕에 불을 댕긴다면 경쟁형 챌린지에, 연대와 책임에 의욕이 불끈 일어난다면 협력형 챌린지에 참여하면 된다.

알다시피 아바타 없는 MMO 게임은 그 존재가 무의미할 정도다.

나이키 플러스라고 예외는 아니다. 나이키 플러스 커뮤니티에 가입하면 '미니'라고 하는 조그만 달리기 친구를 만들게 된다. 미니는 자기 모습과 비슷하게 꾸밀 수 있고, 달리기 거리와 빈도에 따라 활기와 생기가 달라진다. 연달아 며칠을 달리면 잔뜩 들떠서 뛰어다니지만 한두 주 게으름을 피우면 축 늘어져서 입을 삐쭉 내밀고 살짝 핀잔을 준다.

미니는 나이키 플러스에 접속할 때마다 만날 뿐만 아니라 다른 사람들이 볼 수 있도록 페이스북 프로필이나 블로그에 넣을 수도 있고 달리기 생각을 하지 않을 때조차도 미니와 얼굴을 마주할 수 있도록 미니가 놀고 있는 모습을 담은 화면 보호기를 내려받을 수도 있다.

얼마 전에 이 같은 전방위 아바타 피드백이 굉장히 효과적이라는 연구 결과가 나와 많은 글에 소개됐다. 이 연구에서 스탠퍼드 대학교 가상 인간 상호작용 연구소VHIL, Virtual Human Interaction Lab 연구진은 실험을 통해 우리가 운동할 때 자신과 비슷하게 꾸민 아바타가 날씬해지거나 건장해지는 모습을 보면 운동 지속 시간과 강도가 늘어난다는 사실을 밝혔다.[9] 아바타로 '대리 강화vicarious reinforcement'를 받은 참가자들은 아바타 피드백을 받지 않은 참가자보다 운동 반복 정도가 평균 8배 정도 많았다. 이를 보면 앞으로 집이나 헬스장처럼 화면을 보면서 운동하는 곳에서는 미니 같은 아바타가 많이 이용되리라 전망한다. (사실 「위 핏Wii Fit」이나 「EA 스포츠 액티브EA Sports Active」 같은 가정용 운동 게임도 아바타 피드백으로 플레이어가 운동에 더욱 열중하게 한다.)

그런데 운동하는 사람이 꼭 화면 앞에 붙어서 아바타 피드백을 받

나를 약 올리는 나이키 플러스 미니 나이키, 2009

으란 법은 없다. VHIL의 다른 실험에서 피실험자에게 자신을 닮은 아바타가 연구소를 뛰어다니는 짧은 애니메이션을 보여주자 연구소를 나서고 24시간 동안 달리기를 한 시간이 평소보다 평균 한 시간 정도 늘어났다. (임의로 만든 아바타는 의욕 증진 효과가 없고, 오직 피실험자와 비슷하게 꾸민 아바타만 효과가 있었다.)

연구진은 가상의 분신이 긍정적 활동을 하는 모습을 보면 현실 세계에서 긍정적 경험을 한 기억이 되살아나 그 활동에 다시 열중하게 된다고 잠정적으로 결론 내렸다. 그러면서 잊지 않고 실험 참가자 전원이 캘리포니아 북부의 건장한 대학생들이라는 점을 덧붙였다. 즉, 달리기를 싫어하는 사람이 아바타를 보고 한 시간을 달린다는 증거는 어디에도 없었다. 아바타는 달리기와 얽힌 긍정적 기분을 강화할 뿐이다.

어제 두어 주 만에 달리기를 했더니 아이팟 속에서 미니가 활짝 웃는 얼굴로 덩실덩실 춤을 추면서 말했다. "나는 달리기의 화신이다!" 오늘도 달렸더니 이번에는 허들을 넘으면서 소리쳤다. "뭐든 할 수 있을 것 같아! 기분 끝내준다!" 어쩌면 내 마음속의 달리기꾼을 그렇게 똑같이 그려내는지 정말로 스탠퍼드 연구진의 결론처럼 미니를 보면 새삼 내가 달리기를 좋아하는 이유가 떠올라 빨리 나가서 달리고 싶어진다.

하지만 또 다른 요인이 있다. 따지고 보니 내가 더 달리려고 하는 이유는 미니를 행복하게 해주고 싶어서다.

사실 이 같은 정서적 연결감은 게임과 절대 뗄 수 없는 감정이다. 특히 엑스박스의 「비바 피냐타」Viva Piñata」(피냐타라는 야생 동물들이 살아가는 생태계를 가꾸는 게임)나 닌텐도의 「피크민」(선량하지만 아둔하고 연약한 생명체 무리를 책임지는 게임) 같은 보호, 육성 게임에서 두드러진다. 이렇게 가상 생명체에게 느끼는 애착 감정을 연구한 MIT의 주디스 도너스Judith Donath는 게임 캐릭터의 행복이 우리 손에 달렸다고 느끼면 보호하고 양육하고자 하는 본능이 작용한다고 했다. "그들과 함께 놀며 시간을 보내노라면 꼭 보호자가 되어 책임 있고 이타적인 행위를 하는 기분이 든다. 그들에게 감정을 이입하고 그들의 행복을 위해 땀 흘리게 된다."[10] 당연히 자신의 보살핌으로 가상 생명체가 행복해질수록 좋은 보호자라는 만족감이 커진다.

가상 생명체의 행복이 점수, 레벨, 업적만큼 눈에 띄는 피드백 시스템은 아니다. 하지만 보상 체계의 혁신을 싹 틔울 씨앗의 하나로서 우리가 훌륭한 게임 디자인 전략을 현실 활동에 접목해 의욕을 북돋는 데 도움이 될 것은 분명하다.

우리가 GPS, 동작 센서, 생체 측정 장치(예를 들면 심장 박동이나 혈당 측정기)를 이용해서, 아니면 직접 데이터를 입력해서라도 나날의 활동을 살피고 기록하면 현실 생활에서도 마치 우수한 게임을 할 때처럼 진척도를 파악하고 목표를 설정하고 도전을 받아들이고 서로 도울 수 있게 된다. 나이키 플러스 시스템의 놀라운 성공을 보면 그 전략 중 일부를 일상에 접목시켜 우리가 더 빨리, 더 자주, 아니면 더 수준 높게 하고자 하는 다른 활동에 활용하는 방안도 생각해볼 만하다.

이 책을 쓰는 동안 글쓰기 플러스 시스템이 있으면 얼마나 좋을까 하는 생각이 들었다. 그날그날 내가 쓴 글의 분량에 따라 작가 '미니' 의 기분과 활기가 달라졌을 것이다. 열흘 연속 글쓰기 같은 업적을 달성하거나 일일 최대 분량을 기록으로 남길 수도 있고 내 글이 얼마나 복잡한지, 가령 한 문장에 몇 단어를, 한 문단에 몇 문장을 쓰는지도 파악할 수 있었을 것이다. 그 데이터로 더 잘 읽히고 구성도 다양한 글을 쓸 수 있었을 테고. 현실에서 친하게 지내는 작가, 좋아하는 작가와 친선 대결도 펼치고. 나날의 글쓰기 기록을 커티스 시튼펠드 Curtis Sittenfeld, 스콧 웨스터펠드 Scott Westerfeld 같이 좋아하는 소설가와 실시간으로 비교하면 글 쓰고 싶은 마음이 무럭무럭 일어났을 텐데 말이다.

프로젝트든 도전욕을 일으키는 취미든 간에 끝을 보고자 한다면 게임 같은 피드백과 전방위 지원이 강하고 풍부할수록 좋다. 미래에는 요리 플러스, 독서 플러스, 음악 플러스처럼 모든 활동에 '플러스' 가 붙을지도 모를 일이다.

어쩌면, 사회생활 플러스도 가능하지 않을까? 바로 그 같은 생각에서 플레이어가 사회생활을 더욱 활기차게 하도록 자극하는 소셜 네트워크 애플리케이션 「포스퀘어 Foursquare」가 탄생했다.

시장이 된 자가 배지를 차지한다, 포스퀘어

「포스퀘어」의 기저를 이루는 생각은 간단하다. '밖에 나가서 사람들과 어울리는 시간이 늘어나면 더욱 행복해질 것이다.'

「포스퀘어」는 뉴욕에 사는 독립 개발자 데니스 크롤리^{Dennis Crowley}와 나빈 셸바두라이^{Naveen Selvadurai}가 만든 게임으로, 빨간 고무공으로 하는 아이들 놀이에서 이름을 따왔다. 참여 방법은 간단하다. 언제든 공공장소에서 여기가 좀 괜찮다는 생각이 들면 휴대전화 애플리케이션을 켜서 시스템에 위치를 알리면 된다. 이를 '체크인'이라고 하는데 식당, 술집, 카페, 박물관 등 어디서든 할 수 있다. 사용자가 체크인하면 「포스퀘어」가 그 근방에 있는 친구들을 알려주고 또한 친구들에게도 실시간으로 알림 메시지를 보내므로 시간과 장소가 맞으면서로 만날 수 있다. 그뿐만 아니라 언제 어디에 있었고 누구와 함께 있었는지(일행도 「포스퀘어」를 하는 경우)가 기록된다. 2010년 중반을 기준으로 「포스퀘어」 시스템을 이용해 사회생활을 데이터로 남기고 공유하는 사람이 백만 명을 웃돈다. 그리고 이 중 4분의 3 이상이 한 달에 적어도 30번은 체크인한다.[11]

이 데이터를 토대로 「포스퀘어」는 사용자가 얼마나 자주 외출하는지, 얼마나 많은 곳을 돌아다니는지, 매주 얼마나 많은 사람과 시간을 보내는지, 좋아하는 장소에 얼마나 자주 가는지 등 사회생활 통계를 산출한다. 이러한 통계는 그 자체로만 보면 무의미하다. 기존 활동을 수치로 나타내는 데이터에 지나지 않기 때문이다. 그런데 왜 다들

「포스퀘어」에 열중할까? 해답은 그 데이터를 바탕으로 하는 도전과 보상 시스템에 있다.

「포스퀘어」에서 가장 인기 있는 부분은 '시장^{mayor}' 자리를 놓고 벌어지는 경쟁이다. 규칙은 이렇다. "어떤 장소에서 체크인 회수가 가장 많은 사람이 그곳의 '시장'이 됩니다. 하지만 더 많이 체크인하는 사람이 나타나면 그 사람에게 '시장' 자리를 빼앗깁니다." 시장으로 등극하는 순간, 친구들에게 이를 알리는 메시지가 날아간다. 어디 그뿐인가? 시장을 특별 대우하는 식당과 술집도 있다. 일례로 샌프란시스코의 마시 카페^{Marsh Café}는 현직 시장에게 음료를 무료로 제공한다. 물론 손해 보는 장사는 아니다. 그런 혜택 덕분에 플레이어들이 더욱더 시장직을 차지하거나 지키려고 애를 쓰게 되고 덩달아 자주 찾게 되니 매출도 오른다. 기존 오프라인 기업이 이같이 인기 있는 현실 기반 게임을 적극 활용해 서비스를 개선하는 방법을 보여주는 좋은 본보기이기도 하다. 현재 이렇게 「포스퀘어」 플레이어에게 혜택이나 경품을 제공하는 매장이 새크라멘토 동물원에서부터 노스캐롤라이나 대학교 학생회관의 패스트푸드점 웬디즈^{Wendy's}에 이르기까지 수백 개나 된다.

왜 다들 시장이 되려고 노력할까? 좋아하는 장소의 시장이 되려고 애쓰다 보면 좋아하는 일을 계속해서, 그것도 더 많이 할 수 있기 때문이다. 행복해지는 장소에서 아무리 오랜 시간을 보내도 헛되이 시간을 보냈다는 죄책감을 느끼지 않기 때문이다. 그리고 자신의 시장직을 노리는 사람이 포착되는 순간, 선의의 경쟁자가 생겨 의욕이 솟고 좋아하는 장소에 더 자주 가게 된다. 나이키 플러스 챌린지 때문에 더 빨리 더 오래 뛰는 것과 같은 이치다.

「포스퀘어」는 가상 트로피와 배지가 있는 개인 업적 시스템도 갖췄다. 트로피는 한 도시에서 중복을 제외하고 10번째, 25번째, 50번째, 100번째 장소에서 체크인하면 자동으로 프로필에 등록된다. 그러니 트로피를 손에 넣으려면 한 장소의 시장이 되는 정도로 만족해서는 안 된다. 자주 가는 곳을 과감히 벗어나 활동 영역을 넓혀야 한다. 트로피만 아니라 배지도 다양한데 예를 들어 자갓Zagat(세계적 권위의 레스토랑 가이드 – 옮긴이)이 선정한 뉴욕, 샌프란시스코, 시카고 등 대도시의 음식점에서 체크인하면 미식가 배지를,「포스퀘어」친구 10명 이상과 같은 시간에 같은 장소에서 체크인하면 일행 배지를 획득할 수 있다.

왜「포스퀘어」를 하면 사회생활이 전보다 더 나아질까? 간단하다. 「포스퀘어」를 잘하려면 좋아하는 일을 더 많이 해야 하기 때문이다. 좋아하는 곳에 더 자주 찾아가고, 한 번도 해본 적 없는 일을 시도하고, 한 번도 가본 적 없는 곳에 가고, 평소 시간을 내서 얼굴을 보는 일이 드물었던 친구와 더 자주 만나야 한다. 요컨대「포스퀘어」는 기존 활동이 아니라 새로운 시도 그리고 사회성을 키우려는 노력에 보상을 준다.

이같이 사회생활에 재미있는 통계를 더할 때의 커다란 이점이 또 하나 있다. 다들 자신의 기록을 남기기 위해 잊지 않고 체크인하면서 자신이 있는 장소를 알린다. 그러면 친구들끼리 찾기가 쉬워지고, 따라서 서로 만날 일이 많아진다.

　이렇게 친구들을 더 자주 만나고 일상의 틀을 깰 때 따르는 보상은 사실 가상 배지, 사회생활 점수, 온라인 자랑과 아무 상관이 없다. 그렇다면 진정한 보상은 무엇일까? 첫째, 탐험가가 된 기분처럼 긍정적인 감정이 생긴다. 둘째, 라이브 음악을 더 많이 듣고 신기한 음식을 더 많이 먹는 등 새로운 경험을 한다. 셋째, 좋아하는 사람들을 더 자주 만나면서 유대가 더욱 끈끈해진다.

　「포스퀘어」는 이러한 보상을 대체하지 않는다. 다만 우리의 관심이 그 보상을 향하도록 끌어줄 뿐이다.

　물론 본래 활달한 모험가형인 사람들도 있지만 그와 달리 내향적인 사람들의 경우에는 밖에 나가 새로운 시도를 한다는 게 만만히 볼 일은 아니다. 특히 생활 영역을 지켜야 할 그럴듯한 이유가 많다면 더욱 그러하다.

　게이머들 사이에서 유명한 티셔츠가 있다. 엑스박스 라이브와 유사한 배지 안에 살짝 열린 문을 그려놓고 옆에다 다음과 같은 문구를 써놨다. "도전과제 달성: 외출".[12] 장난이긴 하지만 비가상 세계에서 의미 있고 균형 잡힌 삶을 살기가 사실상 하나의 도전임을 엿볼 수 있다. 가상과 현실의 모험 사이에서 균형을 잡으려고 분투할 때 「포스퀘어」 같은 게임이 우리를 슬쩍 바른 방향으로 밀어 넣고 가장 만족스러운 보상이 나올 만한 데에 노력을 집중할 수 있게 도와준다. 좋은 게임의 도움으로 다시 현실로 돌아오는 것이다.

09

공통의 경험이 재미를 만든다

춥고 우중충한 어느 날 오후, 당신은 번화가를 걷고 있다. 한창 생각에 잠겨 있는데 별안간 귀에서 여자의 속삭임이 들린다. "근처에 애인이 있습니다." 주위를 둘러보지만 다들 방금 당신처럼 자기 세계에 빠져 있다. 근처에 애인이 있다고 하더라도 누군지 알 길이 없다.

그리고 다시 목소리가 들려와 이번에는 게임 수치를 업데이트한다. "당신의 생명은 이제 레벨 6입니다." 애인이 지나가기 전보다 1레벨이 올랐다.

방금 거리의 낯선 사람이 도움을 준 것이다. 그런데 누구지? 저 계단에 앉아 이어폰을 꽂고 있는 아이일까? 음악을 듣고 있는 것 같은데 혹시 저 아이도 애인을 찾고 있을까? 아니면 블루투스 이어폰을 꽂고 서성이는 저 남자인가? 업무 전화를 하는 척하면서 몰래 도움의 손길을 내밀었나? 아니면 벌써 지나가 버렸나? 또 혼자 남았네.

몇 걸음 가기도 전에 다시 목소리가 들리는데 이번에는 정신이 번쩍 든다. "근처에 춤꾼이 있습니다." 곧이어, "근처에 '또 다른' 춤꾼이 있습니다. 당신의 생명은 이제 레벨 4입니다." 이럴수가! 누가 생명을 두 개나 훔쳐간 거지?

연이어 순식간에 빼앗겼으니 두 사람이 함께 플레이하고 있는 게 틀림없다. 몸을 돌리자 손을 잡고 저쪽으로 걸어가는 연인이 보인다. 모자 밑에 이어폰을 끼고 있겠지. 좀 전엔 미처 못 봤지만 분명히 춤꾼들이야. 당신은 그들이 한 바퀴를 빙 돌아 다시 목숨을 앗아가기 전에 황급히 걸음을 옮긴다.

어서 다른 애인들을 찾아서 줄어든 생명을 회복해야 한다. 레벨 0이 되면 탈락하고 만다. 그런데 인파 속에서 어떻게 다른 플레이어를 찾지? 게임 안내에는 이렇게 적혀 있다. "낯선 사람에게 다가가서 물어보십시오. '애인이세요, 춤꾼이세요?'" 하지만 처음 보는 사람에게 어떻게…… 군중을 둘러보면서 똑같이 누군가를 찾고 있는 사람을 찾는 편이 더 낫지. 그러면 자연스럽게 가장 유력한 사람에게 눈길이 갈 테니 그 곁으로 가서 생명이 늘어나는지 줄어드는지만 확인하면 그만이다.

아무 일 없으면 플레이어가 아니니까 귀찮게 할 필요 없다. 하지만 생명 레벨이 올라간다면 살며시 웃으면서 눈을 맞추면 된다. 나 믿을 만한 사람이에요, 하는 표시로 말이다.

낯선 사람과 서로 편안함을 주고받는 법을 익히는 것이 이 게임의 핵심 과제다. 게임 이름도 「낯선 사람의 편안함 Comfort of Strangers」. 영국인 개발자 사이먼 에번즈 Simon Evans 와 사이먼 존슨 Simon Johnson 이 디자인한 도시 야외 공간용 게임이다. 이 게임은 블루투스 인식 기능이 있는 PDA와 휴대전화를 이용해 몇 미터 안에 다른 플레이어가 있으면 헤드폰이나 이어폰으로 알리고 플레이어들이 서로 지나가면 생명의 증감을 보고한다. 플레이어 중 절반이 '애인' 팀, 나머지 절반이 '춤꾼' 팀이 돼서 겨루는 구도다. 같은 편을 만나면 생명을 얻고, 다른 편을 만나면 잃는다.

타인에서 커뮤니티로, 모일수록 즐겁다

「낯선 사람의 편안함」은 익명으로 플레이한다. 애플리케이션을 내려받아 실행하고 거리를 거닐지만 다른 누가 플레이하고 있는지, 얼마나 많은 사람이 플레이하고 있는지는 알 수 없다. 화면에도 도움 될 만한 내용이 안 뜨니 PDA를 주머니에 넣고 아주 신중하게 플레이해야 한다. 플레이어를 찾는 실마리는 단 하나, 헤드폰이나 이어폰 착용이다. 하지만 요즘 공공장소에서 그러고 다니는 사람이 한둘이 아니다 보니 군중 속에 얼마든지 섞여 들 수 있다.

게임을 시작할 때는 자신이 애인인지 춤꾼인지도 알 수 없다. 귀에다 생명이 늘었다거나 줄었다고 속삭이는 목소리를 듣고 직접 알아내야 한다. 모두 생명 10개로 시작하고 한 팀이 완전히 탈락하면 게임이 끝난다.

에번즈와 존슨은 이 게임의 취지가 도시 생활과 떼려야 뗄 수 없는 고독함과 익명성을 불러일으키면서 낯선 사람들이 잠시나마 서로 의미 있는 존재가 될 기회를 마련하는 것이라고 했다. "플레이어는 군중 속에 묻혀 도시인이라면 언제 어디서나 느끼게 마련인 익명의 자유와 고독에 노출된다. 그리고 계속 게임을 하고 싶은 마음에 즉석에서 임시 사회집단을 형성한다."[1] 직감적으로 누가 플레이어인지, 즉 누가 게임 커뮤니티의 일원인지 척척 알아보는 능력을 길러야 한다. 그러다 보면 낯선 사람을 피해야 할 장애물이 아니라 혹시라도 관계를 맺을 수 있는 사람으로 여기게 된다.

「낯선 사람의 편안함」은 정서적인 면에 큰 영향을 끼친다. 낯선 사람이 우리 삶에서 한 역할을 담당할 수 있다는 인식이 강해질 뿐만 아니라 다른 사람에 대한 진지한 호기심과 사람 사이의 관계에 대한 열망이 커진다. 게임을 시작할 때면 혼자 플레이하는 기분이 들 수도 있다. 그러다 다른 플레이어를 만나게 되면, 설사 다른 편이라 하더라도, 마음이 놓인다. 사이먼 존슨에게 이 게임의 사회적 목표에 관해 물어보니 이 같은 현상은 의도된 결과였음을 알 수 있었다.

우리는 플레이어가 주변의 낯선 사람과 접촉할 방법을 찾았으면 좋겠다 싶어서 홀로 길을 잃고 헤매는 기분이 들게 하려고 했습니다. 누가 플레이어이고 아닌지가 불분명하도록 게임을 만든 거죠. 플레이어와 플레이어가 아닌 사람의 경계를 잘 이용한 덕에 플레이어는

다른 낯선 플레이어를 찾으면 설사 다른 편이라 하더라도 항상 마음
이 편안해집니다. 행동을 이해한다는 것만으로 같은 게임의 일원임
을 알 수 있죠.[2]

「낯선 사람의 편안함」은 플레이어가 망설이지 않고 얼마나 적극적
으로 낯선 사람에게 다가가느냐, 또 요령을 익혀가면서 군중 속에서
서로 얼마나 끈끈하게 붙어 있느냐에 따라 짧은 게임이 되기도 하고
긴 게임이 되기도 한다.

　이론적으로 보자면 이 게임이 대단한 인기를 끌 경우 일상 속에서
언제든 즐길 수 있게 된다. 그냥 게임을 켜고 돌아다니다 보면 일상적
인 일을 하다가 언제든 다른 플레이어와 마주치는 것이다. 하지만 현
실적으로 보자면 아직은 신생 게임인 탓에 플레이어 수가 임계 규모
를 넘지 않아 시도 때도 없이 즐기기는 무리다. 그러다 보니 플레이어
들은 온라인에서 정확하게 시간과 장소를 정해 게임을 계획한다. 이
렇게 미리 일정을 잡으면 플레이어는 정체를 드러낼 필요가 없고, 또
어느 정도 밀집도가 보장되기에 서로 마주칠 가능성이 크다.

　「낯선 사람의 편안함」 같은 게임은 임계 규모가 대단히 중요하다.
그래서 에번즈와 존슨은 2008년에 영국 브리스톨에서 혁신적 야외
게임을 위한 인터레스팅 게임즈Interesting Games 축제, 줄여서 이그페스
트Igfest를 조직했다. 축제의 목적은 도시를 더욱 재미있고 친근한 공
간으로 발전시키고자 구슬땀 흘리는 게임 개발자들을 지원하고 드러
내 보이는 것이다. 이외에도 2006년에 조직된 뉴욕의 컴 아웃 앤 플

레이 Come Out & Play 축제, 2007년에 조직된 런던의 하이드 앤 식 위켄 더 Hide & Seek Weekender 축제, 2005년에 조직된 서울의 도시적 유희 축 제(본래 행사명은 '도시적 유희와 위치기반 미디어' 국제 워크샵—옮긴이) 등 게 임의 힘으로 현실 세계에서 커뮤니티 소속감을 키우고자 하는 실험 적 도시 게임 축제가 전 세계에서 계속 늘어나는 추세다.

이 축제는 대중에게 야외 게임을 알리는 것이 목적이며 임계 규모 를 넘는 규모의 플레이어가 모여 주말 또는 일주일 내내 게임을 즐긴 다. 그리고 여기서 현실을 바로 잡는 아홉 번째 방법이 나온다.

게임으로 현실 바로잡기 9 **낯선 사람들과 더욱 재미있게**

게임과 비교하면 현실은 고독하다. 게임을 하면 다른 사람들과 하나가 되 어 새로 강력한 커뮤니티를 만들 수 있다.

새로 커뮤니티를 만든다는 것은 무슨 뜻일까? 커뮤니티와 군중의 차이를 명확하게 표현할 수는 없지만 대략적인 구별은 가능하다. 커 뮤니티는 느낌이 좋다. 소속감, 일체감, 동질감이 든다. 대개는 관심사 가 같은 사람들이 그것을 더욱 적극적으로 추구하고자 서로 교류하 면서 형성된다. 다시 말해 모든 사람의 **긍정적 참여**가 필수 조건이다.

낯선 사람들을 모아 커뮤니티를 탄생시키려면 기본적으로 두 단계 를 거쳐야 한다. 1단계, 낯선 사람들 사이에서 공통 관심사를 찾는다. 2단계, 그 관심사를 두고 서로 교류할 기회와 수단을 제공한다.

이 방면으로는 우수한 멀티플레이 게임을 따라올 것이 없다. 멀티플레이 게임은 서로 공통점이 없다고 생각하는 사람들이 모였다고 하더라도 공통 목표에 관심을 집중하게 한다. 그리고 그들이 이전에는 서로 교류할 마음이 없었다고 하더라도 동기를 부여하고 수단을 제공해 공통 목표를 추구하게끔 한다.

낯선 사람들로 구성된 게임 커뮤니티가 오래갈까? 꼭 그렇지만은 않다. 경우에 따라서는 게임과 수명을 같이 한다. 그럴 때는 게임이 끝나면 플레이어들끼리 만나거나 이야기하는 일이 없다. 그래도 괜찮다. 흔히 오랫동안 안정적으로 유지되는 커뮤니티를 최고로 여기고, 또 세월이 갈수록 커뮤니티가 강력해지는 것도 틀림없는 사실이다. 하지만 고작 며칠, 몇 시간, 아니, 몇 분만 유지되더라도 실익은 있다.

커뮤니티에서 우리는 인류학에서 말하는 '코뮤니타스communitas', 즉 커뮤니티 정신을 느낀다.[3] 코뮤니타스란 다함께 끈끈히 결속돼 있다는 강력한 사회적 연결감이며 고독과 소외감을 물리친다.

코뮤니타스를 살짝 맛보기만 해도 그 맛을 잊지 못해 다시 사회로 나오게 되고, 주위 사람들의 삶에 더 적극적으로, 더 긍정적으로 관여하고자 하는 의지가 새록새록 솟아난다. 이전에는 마뜩찮거나 시시했던 공간이라 해도 그 속에서 일순간이나마 커뮤니티를 경험하면 태도가 싹 달라진다. 그냥 지나가거나 지켜보기만 했던 공간이 적극적으로 움직이고 봉사하는 공간으로 탈바꿈하는 것이다.

「낯선 사람의 편안함」을 디자인한 에번즈와 존슨은 일상 게임에서 코뮤니타스를 경험하면 세상을 더 나은 곳으로 바꾸는 커뮤니티 활동에 대한 갈망이 싹튼다고 본다. 즉석에서 낯선 사람들과 공통 목표를 향해 나아가는 법을 터득하면 두 사람이 말하는 '다중지성 swarm intelligence'이 길러져 긍정적 목표를 위해 더 많이, 더 잘 연대하게 된다. "이 게임들을 만들면서 우리는 다중지성으로 일어날 수 있는 다른 혁신들을 꿈꿉니다. 저탄소 미래, 집단 창의성, 더 적게 갖고도 행복하게 사는 세상 같은 것 말입니다."

그리 급진적인 생각도 아니다. 그 이유를 밝히기 위해 특정한 공유 공간에서 예상치 못한 코뮤니타스의 순간을 경험케 하고자 디자인된 두 게임을 살펴보자. 국립박물관용 게임인 「유령이 나타났다 Ghost of a Chance」와 노인 복지관용 게임인 「바운스 Bounce」다. 둘 다 낯선 사람과 더 즐겁게 어울리는 것과 게임으로 커뮤니티 참여 능력을 기르는 것이 점점 중요해지고 있음을 똑똑히 보여주는 획기적인 프로젝트다.

게임하는 만큼 더 보이는 박물관 참여 게임

많은 박물관들이 연회비를 내고 언제든 관람할 수 있는 회원제를 운영한다. 운영 자금을 모으고 관람을 장려하기에는 좋지만 회원 커뮤니티를 생각한다면 무의미해 보인다. 회원 중 대부분이 일반 관람객과 마찬가지로 전시물만 구경할 뿐 서로 교류가 없고 심지어는 서로의 존재조차 모른다.

얼마 전에 스미소니언 미국예술박물관 Smithsonian American Art Museum

이 회원들에게 진정한 소속감을 주는 새롭고 실험적인 회원제를 선보였다. 회원들이 박물관 소장품에 실제 콘텐츠를 더하고 박물관이 아닌 온라인에서도 힘을 합치게 하는 회원제다. 이렇게 회원 참여도를 높인 회원제 모형의 실효성을 가늠하고자 박물관 측은 주요 시설 중 하나인 루스 재단 센터 Luce Foundation Center를 무대로 6주 동안 펼쳐질 대체 현실 게임인 「유령이 나타났다」를 개발했다.

루스 재단 센터는 흔히 스미소니언의 '대량 보관소'라고 한다. 바닥부터 천장까지 조각, 회화, 공예품, 민속품 등 미국 미술품 3,500점 이상이 유리 진열대에 빽빽이 전시돼 있다. 스미소니언의 방대한 소장품을 최대한 많이 보여주는 게 목표인 만큼 관내 다른 전시장들은 비교가 안 될 정도이다.

가득 들어찬 미술품 사이에서 마음을 확 사로잡는 특별한 작품을 찾기란 마치 보물찾기와 같다. 이 센터의 취지는 관람객을 교육해서 미술품이 하는 말에 귀를 기울이게끔 하는 것이다. 교육 자료도 대체로 예술이 창작자의 인생과 시대를 들여다보는 창이라는 데 초점이 맞춰져 있다. 이곳에서는 왠지 역사가 유령처럼 예술 작품 속에 깃들어 관람객에게 속닥속닥 이야기를 들려주려고 기다리고 있는 듯한 기분이 든다. 우리가 그 이야기를 들을 수 있고 또 예술 작품을 통해 우리 자신의 역사를 들려줄 수 있다면? 「유령이 나타났다」는 바로 그 생각에서 비롯됐다.

「유령이 나타났다」는 얼핏 보면 진짜 같은 박물관 보도자료에서 시작한다. 회원들과 박물관 웹사이트의 일반 방문자들은 루스 재단 센터의 신임 큐레이터 대니얼 리브^{Daniel Libbe}와 데이지 포추니스^{Daisy Fortunis}를 만나라는 권유를 받는다. 보도자료에는 앞으로 두 사람이 블로그와 소셜 네트워크에 업무 관련 글을 올린다고 되어 있다. 그런데 아래에 작은 글씨로 쓰인 내용을 읽어보면 대니얼과 데이지는 진짜 큐레이터가 아니라 스미소니언이 실험적으로 만든 새로운 게임의 캐릭터다. 더 자세히 알고 싶으면 페이스북에서 친구로 등록하고 블로그를 읽어보라고 한다.

바로 이 시점에서 대니얼과 데이지가 아주 특이한 현상을 겪고 있음을 알게 된다. 루스 재단 센터에 출몰하는 두 유령과 자주 만난다는 것이다. 이들은 150년 전에 살았던 남자와 여자로, 역사가 자신들을 잊었다고 길길이 날뛰면서 박물관의 귀중한 작품들을 다 때려 부수겠다고, 박물관 유리 전시대에 다른 누구도 아닌 자기들의 이야기가 오르기 전에는 절대 잠들지 않겠다고 으름장을 놓는다.

대니얼과 데이지는 겁이 나긴 했지만 기지를 발휘해 일일 전시회를 열기로 유령들과 합의를 본다. 전시회 이름은 당연히 '유령이 나타났다'. 하지만 이 세상 사람이 아닌 유령들이 진짜 예술품을 만들 수는 없는 노릇이다. 그래서 대니얼과 데이지는 박물관 회원들에게 도움을 구한다. 두 유령의 역사를 해석해 예술 작품으로 빚어내는 것은 회원, 즉 플레이어들의 몫이다. 두 큐레이터는 이렇게 나온 작품들을 특별 행사에 전시하겠다고 약속한다.

그래서 확립된 게임 방식은 이렇다. 매주 유령들이 대니얼과 데이지에게 자신들의 삶에서 극적이었던 대목을 새로이 알려주면서 어떤 예술 작품이 그 비밀스러운 역사를 가장 잘 표현할 수 있을지 신비한 언어로 설명한다. 그러면 대니얼과 데이지가 게임 회원들에게 그 새로운 정보를 전달하고, 회원들은 중대한 사명을 띠고 현실에서 실제로 예술 작품을 만들어 전시회에 출품할 목적으로 스미소니언에 보낸다.

예를 살펴보자. 첫 번째 미션에서 플레이어는 유령 중 하나가 소중한 친구, 귀한 집 아가씨에 대한 기억으로 괴로워하고 있음을 알게 된다.

> 그 친구는 다른 시대의 여자아이. 홍조 띤 얼굴로 지나갈 때면 크리놀린(치마의 부풀린 모양을 잡아주는 버팀대 – 옮긴이)으로 모양 잡은 태피터(광택 나는 평직 견직물 – 옮긴이) 치마가 살랑이지. 고개를 돌려서 사르륵 윤기 나는 곱슬머리를 날리는 법을 혼자서 터득했어. 타원형 거울 앞에서 여동생과 몇 시간이고 연습했지. 스무 살, 활짝 꽃핀 그녀. 자신의 진가를 잘 알지. 눈앞에는 크나큰 모험이 기다리고 있어. 배필, 여행, 그리고 가정생활. 그러니까 정원을 가꾸고 집을 청소하고 하인들을 잘 다스리는 일……[4]

이제 플레이어의 과제는 이 아가씨가 가장 아끼는 보석, 유령들이 말하는 '서발턴 배반자의 목걸이'를 재주껏 만들어내는 것이다. 유령은 목걸이 디자인을 놓고 말을 아끼며 시적인 설명만 남겼다. "내가 바라는 목걸이는 지나침도 모자람도 없이 그녀의 목을 감싸나 이내 다시 훔칠 수 있을 만큼만, 오로지 그만큼만 그 자리에 머물러야 하리."

플레이어들은 과제를 두고 온라인 포럼에서 의견을 나눴다. 도대체 '서발턴subaltern'이 무슨 뜻이지? (이로써 이 말이 사회에서 힘이 약하거나 신분이 낮은 사람을 뜻하는 정치학 용어임을 알게 됐다.) 고색창연한 목걸이여야 하나? 아니면 이야기를 현대식으로 해석한 목걸이? 이렇게 생각을 모아 이야기의 의미를 풀어내고, 그 속에 숨은 문화적 단서를 밝히고, 어떻게 하면 그 설화와 얽혀 그렇게 강렬한 감정을 자아낼 목걸이를 만들 수 있을지 궁리했다.

플레이어 커뮤니티는 자신도 어쩔 수 없는 사회적 기대를 무겁게 짊어지고 살아가는 귀한 집 따님의 심정이 목걸이에 배어 있어야 한다고 결론지었다. 한 플레이어는 네모꼴 천 조각 10여 장에 각각 부릅뜬 눈을 인쇄해 '나를 지키는 자'라는 목걸이를 만들었다. 눈들을 하나씩, 둘씩, 셋씩 붙이고 전체를 예쁜 분홍 리본으로 엮었다. 여성스러우면서도 섬뜩한 분위기다. 다른 플레이어가 보낸 '포위'라는 목걸이는 가시철사에 루비를 끼워 만든 모양이다. 제목도 디자인도 착용자가 재력과 신분의 덫에 걸려 다른 삶을 살 기회조차 빼앗긴 채 옴짝달싹하지 못하는 상황을 잘 드러낸다.

플레이어가 보낸 공예품은 모두 온라인 목록에 오르고 루스 재단 센터에 전시됐다. 그래서 전 세계의 플레이어가 온라인으로 또는 임시 전시회를 직접 찾아와서 과제를 각기 다르게 해석한 결과물을 볼 수 있었다. 스미소니언 회원과 팬을 합해서 모두 6천여 명이 온라인

으로 참여했고, 「유령이 나타났다」 전시회 개회식에도 250명이 참석했다.[5]

공개적으로 박물관 디자인 작업을 도와달라고 요청해도 될 텐데 왜 군이 게임을? 두 가지 이점이 있기 때문이다. 첫째, '게임'은 엄숙한 예술 공모전이 아니니까 여느 때 같으면 '내가 무슨 예술을……'이라고 생각하던 사람도 부담을 덜고 마음 편히 참여할 수 있다. 둘째, 이야기와 실마리가 있는 게임 체계 덕분에 평소에는 전시회 준비에서 소외됐던 많은 회원(주로 학생과 청소년)이 설사 작품을 출품하진 않더라도 온라인 토론과 작품 분석으로나마 그 과정에 참여할 수 있다. 이러한 플레이어들이 「유령이 나타났다」 전시회의 '가상 큐레이터'에게 힘을 보탰다.

커뮤니티에 들어가려면 그 커뮤니티의 목표, 구성원들이 인정하는 목표 달성 전략 및 수단을 알아야 한다. 「유령이 나타났다」에 참여하는 박물관 애호가는 이 두 가지를 모두 배운다. 게임이라고 해도 플레이어는 예술가이자 큐레이터로 정중한 대접을 받는다. 박물관들의 첨단기술 도입에 주도적 역할을 하는 전문가 니나 사이먼 Nina Simon은 당시 이렇게 밝혔다. "게임 공예품은 소장품 데이터베이스에 정식으로 등재되고 예약제 관람, 흰 장갑 착용 관리 등 다른 공예품과 같은 방식으로 다루어진다. 이로써 박물관의 비밀스러운 규례가 게이머들이 지켜야 할 새로운 규정이 된다. 이 규정으로 박물관의 내부 업무가 드러나므로 즐거움이 한층 더해진다."[6] 즉, 게임 플레이를 통해 그간 관람객이 큐레이터의 업무에 범접하지 못하게 막았던 '제4의 벽'(연극에서 무대와 객석을 가르는 보이지 않는 벽-옮긴이)이 완전히 무너진다. 이로써 박물관 회원제에 대한 관념이 뿌리째 흔들리면서 비로소 진정한 박물관 '커뮤니티'가 등장할 여건이 마련된다.

흔히 박물관이라고 하면 지식, 예술, 아이디어를 소비하는 공간으로만 생각한다. 하지만 「유령이 나타났다」에서는 그 공간을 의미 있는 사회참여 공간으로 발전시키는 방법이 드러난다. 그 원동력은 게임 커뮤니티의 3대 요소인 협업, 창조, 더 큰 목표에 대한 기여다.

전화 통화로 넘는 세대 극복, 바운스

어떻게 하면 젊은이들을 설득해 할아버지, 할머니에게 더 자주 전화하게 할 수 있을까? 내친 김에 '다른 사람'의 할아버지, 할머니에게까지 전화하게 하려면?

「바운스」는 이 두 가지 목표를 축으로 세대 간 교류를 증진하고자 디자인된 통화 게임이다. 플레이 시간은 딱 10분. 게임을 시작하면 '노장 경험 요원'(플레이어보다 최소 스무 살 연장자)과 실시간으로 전화 연결된다. 플레이어는 컴퓨터 화면을 보고 상대와 함께 과거에 대한 이야기를 나누면서 인생에서 공통된 경험을 찾는다. 예를 들면 이렇다. 두 사람이 자기 손으로 만든 공통된 물건은 무엇인가? 두 사람이 공통으로 부모님에게 배운 유용한 기술은 무엇인가? 두 사람이 공통으로 가본 적 있는 먼 지역은 어디인가? 플레이어의 목표는 시간이다 가기 전에 노장 경험 요원과 접점을 최대한 많이 밝혀내는 것이다.

「바운스」는 나를 포함해 모두 네 사람의 캘리포니아 대학교 컴퓨터학자와 예술가가 땀 흘려 만든 작품이다. 우리는 세대 차이를 극복할 만큼 강력한 유대감을 이끌어내는 컴퓨터 게임을 디자인하고자 했다.

실버타운, 노인 복지관, 요양원 등은 자칫하면 사회적으로 고립되기 쉬운 기관이기 때문에 이와 같은 게임이 절실하다. 어떤 점에서는 환경이 문제다. 단일 목적 시설로 오가는 발길이 많지 않다 보니 서로 다른 세대의 집단과 어울릴 기회가 드물다. 문화적인 문제도 있다. 하버드와 스탠퍼드의 굵직굵직한 연구 결과들을 보면 노인에 대한 편견이 사회에 만연해 고질적인 병폐로 자리 잡은 게 현실이다. 이 문제는 특히 미국, 그중에서도 30세 이하 인구에서 심하게 나타난다.[7] 젊은이들은 고령자라고 하면 흔히 기력 감퇴, 지위 하락, 능력 저하 같은 부정적 특성을 떠올려 설사 사랑하는 사람이라 하더라도 나이 든 사람과는 교류를 꺼린다.

우리 팀은 여름 내내 브레인스토밍하며 더욱 게임성이 큰 방법으로 세대 차이를 좁힐 게임을 구상했고, 그 일환으로 나는 소중한 어른 두 분, 바로 친할아버지 허브(당시 92세)와 시할머니 베티(87세)와 많은 시간 전화 통화를 했다. 두 분을 대상으로 '사용자 연구'를 한 셈이다. 목적은 게임에 익숙하지 않은 노년층도 쉽고 빠르고 재미있게 익힐 수 있는 게임 방식과 그들이 게임 기술을 꺼리지 않고 잘 사용하도록 하는 방법을 파악하는 것이었다.

두 분과 그렇게 오래 통화를 했더니 아주 큰 보람이 있었다. 알다시피 전화는 양쪽 모두에게 친숙한 기술이라 누구나 언제든 쉽게 사용할 수 있다. 전화 통화가 그렇게 쉽기도 하고 보람도 크다면, 젊은 사람들이 노인과 통화하면서 재미를 느낄 만한 거리를 마련하면 되겠구나 하는 생각이 들었고 그렇게 게임의 방향이 잡혔다.

그런데 전화 통화로 게임을 만든다는 것이 어떻게 가능할까? 전화 통화는 두 사람이 해야 만족도가 가장 높으므로 우리는 동시에 두 사람이 게임을 하는 쪽으로 가닥을 잡았다. 유일한 규칙이라면 플레이어의 나이가 스무 살 이상 차이 날 것. 전화야 당연히 두 사람이 다 사용하지만 개인용 컴퓨터는 어르신 중에 꾸준히 쓴 사람이 별로 없으므로 둘 중 한 사람만 사용하면 되도록 했다. 한 사람이 게임 웹사이트에 접속해서 상대 플레이어에게 전화하는 식이다.

게임 이름은 두 사람이 살아온 이야기가 통통 튀듯이[bounce] 쉽고 빠르게 오가기를 바라는 마음에서 「바운스」라고 지었다.

웹사이트는 플레이어들에게 공통 인터뷰 질문을 던진다. 두 사람이 공통으로 수영해본 적 있는 바다나 강이나 호수는? 두 사람이 공통으로 친구에게 추천한 책은? 두 사람이 공통으로 초조함을 느낀 경험은? 각 질문에 대해 두 사람 모두에게 해당하는 한 가지 답을 찾는 게 과제다. 예를 들면 "두 사람 다 태평양에서 수영해봤다", "두 사람 다 첫 데이트 때 초조했다" 등등. 양쪽에 다 들어맞는 답이 나오면 한 사람이 게임 데이터베이스에 입력한다. 플레이어는 10분 동안 데이터베이스에 저장된 100가지 질문 중 최대 10개까지 답할 수 있고 곧

란한 질문은 그냥 통과할 수 있다. 게임 웹사이트가 10분을 재서 끝나면 점수를 보여준다.

우리는 캘리포니아주 새너제이시에 있는 한 노인 복지관의 도움을 받아 게임을 실험했다. 이 같은 게임은 아무나 플레이어로 끌어들이면 곤란하다. 전화를 거는 사람이 긍정적으로 게임에 임하는 태도가 어느 정도 보장돼야 한다. 그래서 이메일과 소셜 네트워크로 믿을 만한 가족, 친구, 동료에게 복지관 전화번호를 돌렸다. 근처 번화가에서 열리는 예술·기술 축제 참가자들에게도 전화번호를 나눠줬다. 그러한 축제에 참여하는 사람이라면 게임을 망치려 드는 '훼방꾼'이 아니라 긍정적인 플레이어가 될 확률이 높기 때문이다. 우리는 복지관에서 실시간 짝 맞춤 프로그램을 사용해 전화를 걸어온 플레이어와 어르신을 연결시켰다.

낯선 사람과 이야기하기가 껄끄러울 수 있기 때문에 어르신에게나 젊은 사람에게나 다소 위험한 제안이었다. 그래도 게임이 뚜렷한 체계를 세우고 대화 주제를 제공하니 안정적으로 진행되었다. 그리고 서로 같은 목표(높은 점수)를 위해 힘을 합치다 보니 금세 서로 교감을 느꼈다.

플레이어마다 전략이 달랐다. 예를 들면 다짜고짜 지금까지 수영해본 장소를 줄줄이 읊는 사람이 있는가 하면 상대에게 "어디서 자라셨어요? 근처에 호수가 있었나요? 바다에 가본 적 있으세요?"라고 묻는 사람도 있었다. 공통된 답이 나오면 곧바로 탄성이 튀어나왔다. "세상에, 잠깐만요! 저도 그 강 알아요! 어릴 때 부모님이랑 여동생이

랑 거기서 뗏목을 탔거든요!" 공통되지 않은 답이 나오면 이번에는 게임과 상관없이 이야기가 예기치 못한 곳으로 빠진다. "알래스카에서 수영했다고? 그러고도 멀쩡했어?"

프로토타입은 큰 성공이었다. 한 번 플레이했던 사람들 중에 많은 사람들이 또 게임을 하겠다고 전화를 걸어왔고 어르신들도 게임을 하고 나서 기분이 훨씬 좋아졌다고 했다. '노장 경험 요원'이라는 칭호도 장난스러운 분위기를 조성하고 어르신들에게 참여할 수 있다는 자신감을 불어넣음으로써 즐거움에 한몫 단단히 했다. 하지만 디자인에서 가장 성공적인 요소는 점수(10개 중 답한 개수)와 시로 표현되는 게임 성적이었다.

우리는 게임을 마칠 때 두 플레이어가 재미있는 이야기만 나눈 게아니라 무언가를 창조했다는 기분이 들었으면 했다. 그래서 게임이 끝나면 웹사이트에서 플레이어들의 답으로 짤막한 자유시가 지어지게 했다. 이 시는 출력하거나 이메일로 보낼 수 있고 캡처해서 온라인으로 볼 수도 있었다. 최종 점수와 함께 나온 자유시를 살펴보도록 하자.

루즈몽, 웨딩 촬영, 헛간에서 탱고,
클럽을 구부린다, 시나몬 번, 소의 혓바닥,
치마 속, 태평양에서, 암실 만들기.

한 토막 한 토막에 일면식도 없고 못해도 스무 살은 차이가 나는 두 사람이 지금껏 살아오면서 공통으로 경험한 것들이 담겨 있다.

나는 초조할 때면 클립을 구부리는 버릇이 있고, 헛간에서 탱고를 춘 적 있는 두 사람을 만나본 적은 없지만, 전화로 처음 만난 그 두 사람이 그때까지 인생에서 얼마나 많은 사건을 똑같이 경험했는지 알아가는 광경은 그려볼 수 있다.

요컨대 이 게임의 재미는 아주 단순한 데 있다. 전화가 울린다, 낯선 사람이다, 그런데 나와 전혀 다른 상대방이 나와 비슷한 흥미진진한 삶을 살았다니 세상에 이런 우연이! 물론 이 게임은 친척이나 이웃과도 플레이할 수 있고 여러 차례 플레이해도 상관없다. 수천 번을 해도 할 때마다 질문과 이야기가 달라지기 때문이다.

전혀 다른 세대의 사람과 공유하는 흥미로운 인생 경험이 얼마나 많은지 깨달으면 관계 맺을 수 있는 사람의 수에 제한이 사라진다. 「바운스」같은 게임을 하면 서로 알면 알수록 삶에 큰 힘이 되는 사람에게 더욱 쉽게 다가갈 수 있게 된다.

이 장에서 설명한 세 게임을 보면 우리가 게임의 도움으로 신속하고 효과적으로 연대해서 코뮤니타스의 순간을 경험하고 사회 공통 영역에 더욱 활발히 참여할 수 있음을 알 수 있다.

커뮤니티 게임은 현실 생활에 큰 이점이 있다. 우리를 새로운 관심사로 이끌기 때문이다. 내가 이 정도로 관심이 있었나 싶을 정도로 공공영역이나 공공기관에 큰 관심을 느끼게 되거나, 이야기하거나 예술 활동 등을 다른 사람과 함께하고 싶은 마음이 생긴다. 게임이 끝나더라도 자기도 모르는 사이에 그 영역이나 기관, 활동에 이전보다 적극적으로 관여하고 있을지 모른다.

한편, 우리가 느끼는 코뮤니타스는 금방 일어났다 사그라지는 사회적 연결의 불꽃에 지나지 않을 수도 있다. 그러나 함께 게임을 하는 시간이 아무리 짧다 하더라도 우리가 낯선 사람과도 참으로 많은 것을 공유한다는 사실만큼은 분명히 알게 된다는 점에서 유의미하다. 그래서 원하면 언제든, 또 필요하면 언제든 다른 사람과 연결될 수 있다는 확신이 생긴다.

그리고 그런 확신이 있으면 가상이든 현실이든 간에 외로움을 느낄 까닭이 전혀 없다.

10

행복을 포위하는 군중 게임

길을 가다 큰 소리로 낯선 사람 칭찬하기. 공동묘지에서 포커 치기. 발 안 움직이고 춤추기. 의사들이 일반적으로 내릴 만한 처방은 아니다. 이런 활동을 지시한 심리학자도 아마 여태껏 한 사람도 없었을 것이다. 이 세 가지 지시 사항은 모두 긍정 심리학 지침서에 나온 실질적 권고 사항에서 영감을 받은 것이다. 그 권고 사항이란 예를 들면 아래와 같다.

- 일주일에 두 번 사심 없이 친절을 베푼다. 두뇌의 보상 중추는 우리가 먼저 웃을 때보다 다른 사람을 웃게 할 때 더 강력한 '도파민 타격'을 경험한다.
- 날마다 5분씩 죽음을 생각한다. '외상 후 행복 posttraumatic bliss'이라

는 평온하고 흐뭇한 심리 상태를 자아내면서 현재에 감사하고 인
생의 즐거움을 더욱 많이 누릴 수 있다고 한다.

- **춤을 더 많이 춘다.** 좋아하는 음악에 맞춰 몸을 움직이는 행위는 유
포리아euphoria라고 한다. 이는 더없는 행복의 상태에 이르는 데
가장 확실할 뿐만 아니라 가장 안전한 길이다.

이 세 가지 지침은 요즘 가장 많이 처방되는 행복 활동 중 일부다.
그리고 서두의 세 가지는 여기에 '게임성'을 더한 지시 사항일 뿐이다.

그렇다면 행복 활동은 정확히 무엇인가? 날마다 복용하는 긍정 심
리학의 종합 비타민 정도로 설명할 수 있겠다. 임상 시험으로 조금만
복용해도 행복도가 상승한다고 밝혀졌고, 일상생활에 쉽게 적용할 수
있도록 디자인된 활동이다. 학술 논문을 보면 위에서 제시한 세 가지
활동 말고도 날마다 감사 표현하기, 부정적 사건을 겪을 때마다 긍정
적인 면을 열거하기 등 수십 가지 활동이 있다. 그리고 한 가지 공통
점이 있으니 하나같이 누구든 습관을 들이기만 하면 '반드시' 더 행복
해진다는 것이 연구로 입증됐다는 사실이다.

물론 말처럼 쉬운 일이라면 이미 우리 모두 훨씬 행복해졌을 것이
다. 사실 어느 모로 보나 인류 전체의 행복도가 1990년대에 긍정 심
리학이 태동하기 전보다 월등히 나아졌다고 말하긴 어렵다. 전 세계
적으로 임상 우울증과 경우울증 발병률이 급속도로 증가하고 있어
최근 국제보건기구가 우울증을 심장질환, 천식, 당뇨보다 더 위험한,
인류 건강을 가장 심각하게 위협하는 만성 질환으로 꼽았을 정도다.[1]

미국만 해도 남들 앞에서는 다들 행복한 얼굴을 하고 다니지만 가면 뒤로는 생활 만족도가 놀랄 만큼 저조한 것이 현실이다. 최근 전국 규모 설문조사에서 미국 성인 과반수가 "삶에 의욕이 부족"하고 "세상살이에 적극적이고 생산적이라는 느낌이 안 든다"고 응답했다.[2] 탄탄한 증거에 바탕을 둔 자기 도움 self-help(흔히 자기 계발로도 번역하지만 여기서는 앞에서 긍정적으로 쓰인 말과 구별하고자 이렇게 표현한다 – 옮긴이) 기법이 잡지와 블로그에 수도 없이 실릴 뿐 아니라 긍정 심리학 서적으로도 널리 알려져 그 어느 때보다 활용하기가 쉬운데 참 역설적인 일이다.

그렇다면 무엇이 문제인가? 행복해지는 방법을 머리로만 알기 때문이다. 아는 것은 반드시 실천해야 한다. 그것도 한 번이 아니라 꾸준히 말이다. 그런데 시간이 갈수록 피부로 느끼는 사실이지만 과학적인 연구 결과를 일상에서 행동으로 옮기기가 그리 쉬운 일이 아니다.

새로운 행복 습관을 기르려면 도움이 필요하다. 자기 도움이라고 해서 혼자 할 수 있다고 생각하면 오산이다. 혼자 아무리 발버둥 쳐봐도 우리의 전체적 행복도를 높이기란 달걀로 바위 치기에 불과하다. 체계가 잡혀 있고 사회적 지원도 있는 임상 실험실이나 교실을 벗어나 자기 도움의 지시 사항을 홀로 실천하기란 무척 어려운 일이다. 활동에 따라 혼자서 하기가 '불가능하거나', '싫거나' 둘 중 하나다. 이유는 크게 세 가지다.

첫 번째이자 가장 중요한 이유는 소냐 류보머스키의 탄식에서 잘 드러난다. "왜 막강한 행복 활동 중 많은 수가 그토록 …… 작위적으로 보일까?"[3] 류보머스키는 미 국립정신보건원 National Institute of Mental

Health에서 연구 보조금을 지원받아 10여 가지 행복 활동을 실험했다. 그리고 그 활동들이 명백히 효과가 있는데도 불구하고 많은 사람이 시도 자체를 거부한다는 사실을 밝혔다. 다들 한목소리로 행복 활동은 진부하고 감상적이며 지나치게 낙관적이라고 불평한다.[4]

"이는 진솔한 반응이어서 반박할 수가 없다."[5] 우리는 어떤 활동을 억지로 해야 한다고 생각하면 진솔하지 않다는 느낌이 들어 본능적으로 거부한다. 또 많은 사람이 그렇게 해서 일어나는 좋은 기분의 순수성에 매우 회의적이다. 감사는 일정을 정해놓고 하는 게 아니라 마음에서 우러나와야 하잖아? 계속 좋은 면만 찾으라니 너무 순진한 것 아니야? 오늘 친절한 행동을 하고 싶은 마음이 안 생길 수도 있는 것 아닌가? 선량하게 행동하고 좋은 기분을 느끼라고 하면 우리는 마음이 내키지도 않는데도 기꺼이 하는 게 아니라 그런 마음이 들 때까지 기다리는 게 '진짜'라고 생각한다. 어디 그뿐인가? 노골적이라고 할 만큼 긍정적인 활동을 곱지 않게 보는 시선도 있다. 요즘 대중문화는 역설, 냉소, 냉담에 경도돼 있는 반면 행복 활동에 매진하는 것은 그러한 정서적 풍토에 맞지 않는다.

긍정 심리학자 마틴 셀리그먼은 "행복이 가짜라는 생각이 팽배해서" 긍정 심리학을 행동으로 옮기는 데 "큰 걸림돌"이 된다고 본다.[6] 과학은 우리의 본능적인 반응에 맥을 못 춘다. 더군다나 긍정 심리학이 아무리 훌륭한 조언을 한들 우리 안에 있는 냉소주의자와 회의주의자가 받아들이려 하지 않는다. 행복 활동이 많은 사람에게 공감을 얻으려면 선량한 행복으로 좋은 기분을 느끼라는 식이 아니라 좀 더 본능을 자극하는 형태가 돼야 한다.

스스로 간단한 행복 활동을 하지 못하게 가로막는 두 번째 걸림돌은 내 식대로 표현하자면 '자기 도움의 역설'이다. 자기 도움은 대체로 개인적이고 사적인 활동이다. 두려움 이겨내기, 직업 목표 설정하기, 만성 통증 극복하기, 규칙적 운동 시작하기 같은 활동은 혼자서 충분히 해낼 수 있다고 봐도 무방하다. 하지만 나날의 행복으로 시선을 돌리면 개인적이고 사적인 활동에는 한계가 있다. 수많은 과학 연구 결과에서 드러나듯이 혼자서는 오랫동안 행복을 유지할 길이 거의 없기 때문이다.

전 세계 행복 경향을 연구한 에릭 와이너는 이렇게 썼다. "'자기 도움 산업 단지'는 도움이 안 된다. 행복이 우리 안에 있다고 하는 바람에 우리는 밖을 내다봐야 할 때 도리어 안을 향하고 만다. …… 타인, 공동체, 인류 연대야말로 분명한 행복의 원천이다."[7] 핵심을 정확히 짚어내는 말이다. 자기 도움은 대체로 '비사회적'이지만 행복 활동은 반대인 경우가 아주 많다. 더군다나 긍정 심리학 연구 결과를 보면 어떤 활동이 진정으로 '의미'가 있으려면 훨씬 큰 프로젝트나 커뮤니티와 연결돼야 하는데 자기 도움은 대개 집단과 관련 없이 전개된다. 특히 그 조언이 책의 형태로 나온다면 더욱 그러하다.

자기 도움으로 행복에 접근하는 태도는 지금까지 나온 긍정 심리학 연구 결과를 거의 모두 위배한다. 설사 작위성의 문제를 넘어선다 해도 행복을 자기 도움 과정으로 생각하면 실패가 불 보듯 뻔하다. 이상적으로 보자면 행복은 집단적 과정으로 여겨야 한다. 행복 활동은 가족, 친구, 이웃, 낯선 이, 동료, 그 밖에 우리 삶의 사회적 토양을 이루는 모든 사람과 함께해야 한다.

마지막 세 번째는 행복학에만 국한되지 않는 자기 도움의 문제점이다. 바로 행동보다는 생각을 바꾸기가 더 쉽다는 점이다. 탈 벤샤하르 하버드 대학교 심리학 교수의 말을 빌리자면 대체로 우리는 적극적으로 삶을 변화시키기보다는 새로운 것을 배우는 편을 택한다. "이론에서 실천으로 옮겨가기는 어렵다. 깊이 뿌리 내린 사고 습관을 바꾸고 자신과 세상을 변화시키자면 대단히 많은 노력이 필요하다. 흔히 사람들은 이론을 행동으로 옮기기가 얼마나 어려운지 알고 나면 이론을 내팽개친다."[8] 그래서 우리는 아예 시도하지 않거나 혹은 시도하더라도 금세 싫증이나 실망을 느낀다.

자기 도움 베스트셀러 『해피어』의 권말에서 벤샤하르는 독자가 책에서 읽은 내용을 실천에 옮기도록 최후의 설득 작업을 벌인다. "아주 쉽게 불행에 이르는 방법이 있다. 아무것도 안 하는 것이다." 하지만 애석하게도 우리 중 대부분이 행복에 관한 책이나 잡지 기사를 읽고 그의 우려처럼 손 하나 까딱하지 않는다. 활자는 지식을 전달하기에는 아주 유용하지만 동기를 부여하기에는 그리 효과적이지 않다. 자기 도움만으로는 사회에 만연한 우울증을 벗어날 수 없다. 우리는 행복학을 전달하는 수단 말고도 사람들이 과학적으로 입증된 행복 활동에 열중하게 할 수단이 필요하다. 그래서 길에서 낯선 사람 칭찬하기, 공동묘지에서 포커 치기, 발 안 움직이고 춤추기 같은 아이디어가 나왔다.

위의 세 가지 활동은 모두 내가 되도록 많은 사람에게 평소 시도하지 않았을 행복 활동에 참여할 기회를 마련해주고자 디자인한 대규모 공공 게임들에서 나온 지시 사항이다.

큰 집단이 주로 직접 만나 플레이하는 게임인 이들 '군중 게임crowd games'은 각각 「크루얼 투 비 카인드 Cruel 2 B Kind」, 「툼스톤 홀덤 Tombstone Hold 'Em」, 「톱 시크릿 댄스오프 Top Secret Dance-Off」로, '행복 해킹happiness hacking'이라는 새로운 디자인 기법의 훌륭한 예다.

행복에 이르는 구체적인 접근법, 행복 해킹

'해킹hacking'이라는 용어는 1950년대에 MIT 학생들이 '창의력을 발휘해 조금씩 기술을 개선하는 행위'라는 뜻으로 처음 사용했다.[9]

당시 해커들은 주로 라디오를 가지고 놀았고, 그렇게 해서 나온 핵hack(해킹의 결과)을 관심 있는 사람들에게 자랑스레 보여줬으니 해킹은 사회적 활동이라 할 수 있었다. 요즘은 해킹이라고 하면 으레 컴퓨터를 떠올리고, 악랄하고 불법적인 컴퓨터 활동과 결부시킨다. 그러나 기술 커뮤니티에서는 주로 영리하고 창의적인 프로그래밍, 특히 이전에는 손이 많이 갔던 일을 손쉽게 할 수 있게 하는 프로그래밍을 뜻한다. 초기 MIT 해킹처럼 성공적인 핵을 자랑하고 자유로이 공유하는 전통은 지금도 여전하다.

최근 들어, 특히 실리콘밸리에서, '해킹'의 뜻이 확장돼 독창적이고 실제적인 문제 해결법을 가리키는 말로 사용되기 시작했다. 주로 컴퓨터와 관련되지만 항상 그런 것은 아니다. 좋은 예가 '생활 해킹life hacking' 운동이다. 생활 해커들은 일상생활에서 간단히 생산성을 향상할 요령을 찾는다. 이를테면 '10/2 원칙'이다. 10/2 원칙은 10분 일하고 나서 2분 동안 재미있고 비생산적인 일(이메일 확인, 간식 먹기, 인터넷 뉴스 보기)을 하는 것이다. 한 번에 10분쯤은 쉽게 집중할 수 있으니까 결과적으로 1시간 중 능률적으로 일하는 시간이 50분이 되는 셈이다. 이 정도면 많은 사람에게 어마어마한 생산성 향상이다. 생활 해커들은 사람들이 이 습관을 쉽게 기를 수 있도록 번갈아가며 10분과 2분마다 소리를 내는 컴퓨터, 휴대전화 애플리케이션을 개발했다.

생활 해킹은 자기 도움과 정반대를 지향한다. 혼자가 아니라 여러 사람이 해법을 마련하고 시험하는 것이다. 탁월한 생활 해커 멀린 만Merlin Mann은 "자기 계발 서적은 주로 고상한 생각을 말하지만 생활 해킹은 소소한 해법으로 일을 처리하고 생활 문제를 해결하는 데 중점을 둔다"고 말했다.[10] 컴퓨터 핵이든 생활 핵이든 간에 좋은 핵의 조건은 특수한 장비나 지식 없이도 누구나 쉽고 자유롭고 값싸게 사용할 수 있어야 한다는 것이다.

바로 이 정신에 근거해 나도 몇 해 전에 '행복 해킹'이란 새말을 만들었다.[11] 행복 해킹은 '긍정 심리학 연구' 결과를 '게임 체계'로 옮기는 실험적 디자인 기법으로, 행복 활동의 작위적인 느낌을 크게 줄이고 더 큰 사회적 맥락에서 행복 활동을 할 수 있게 한다. 또 게임 기술로 행복 활동의 난이도를 높이고 새로운 것을 더해 항상 도전욕을 자극하고 신선한 느낌이 들게 한다.

요즘 나는 게임을 디자인할 때 검증된 행복 활동을 적어도 하나쯤은 게임 체계에 응용한다. 그런가 하면 새로운 연구 결과 몇 개만 갖고 게임을 개발할 때도 있다. 그런 식으로 나는 현실을 바로 잡는 열 번째 방법을 실제로 활용한다.

게임으로 현실 바로잡기 10 행복 해킹

게임과 비교하면 현실은 견디기 어렵다. 게임을 하면 좋은 조언을 받아들이고 행복에 더 유익한 습관을 기르기가 한결 수월해진다.

칭찬에 쓰러지는 게임, 친절한 암살자

학술 논문마다 빠짐없이 추천하는 행복 활동 두 가지는 감사 표현하기와 친절한 행동하기다. 최근 연구 결과를 보면 꼭 상대방을 알지 못해도 얼마든지 감사와 선행의 이득을 누릴 수 있다. 낯선 사람에게 스치듯 감사를 표하거나 친절을 베풀기만 해도 행복에 큰 영향력을 미친다고 한다. 그리고 낯선 사람한테서 긍정적 반응을 받으면 일상이 훨씬 풍요롭고 만족스럽게 느껴진다.

낯선 사람과 맺는 긍정적 관계를 가리켜 사회학에서는 '일시적 대중 사교 행위 transitory public sociality'라고 한다. 우리는 이를 거리, 공원,

열차, 식당, 운동장, 찻집 등 모든 공공장소에서 경험할 수 있다. 이런 일시적 교류는 대체로 그 시간이 짧고 익명으로 일어난다. 다른 사람과 눈이 마주친다, 미소 짓는다, 길을 터준다, 떨어뜨린 물건을 주워준다, 갈 길을 간다, 이런 식이다. 하지만 이렇게 짧은 만남이라고 하더라도 쌓이고 쌓이면 기분에 큰 영향을 끼친다.

연구자들은 하루에 단 몇 분만이라도 낯설지만 친절한 사람과 같은 공간을 쓰면 낙천적이고 자신 있는 자세가 길러지고 주변 환경이 더 안전하고 친밀하게 느껴져 한층 즐거운 삶을 살 수 있다고 한다.[12] 호의에 보답할 때도 마찬가지로 이익이 있으니 우리가 베풀거나 협력하면 두뇌의 보상 중추에 반짝하고 불이 들어온다고 한다.[13]

하지만 낯선 사람이 항상 친절하리란 법은 없다. 그리고 일부 연구자들의 말을 들어보면 같은 공간을 쓰는 시간이 길어지면 친절함은 도리어 줄어든다.

대커 켈트너가 간단히 이 이론을 검증하는 방법을 고안했다. 그 방법이란 공유 환경의 사회적 안정성을 측정하는 수학 기법으로, 한자의 어질 '인仁'을 써서 '인의 비율jen ratio'이라고 한다. 특정한 시간과 장소에서 낯선 사람들 사이에 일어나는 긍정적 교류의 총합과 부정적 교류의 총합을 비교해 산출한다.[14] 비율이 높으면 공간의 사회적 안정성이 크므로 시간을 보낼수록 행복도가 올라간다. 반대로 비율이 낮으면 사회적 안정성이 낮으므로 많은 시간을 보낼수록 행복도가 떨어진다.

인의 비율을 측정하려면 시간을 정해놓고 그 공간을 유심히 관찰하면 된다. 낯선 사람들 사이에서 일어나는 사소한 교류를 모두 헤아려서 긍정적인 교류와 부정적인 교류의 합, 다시 말해 서로 웃거나 친절을 베푼 횟수와 무례하거나 적대적이거나 무심하게 군 횟수를 계산한다. 긍정적인 교류(함박웃음, 진심 어린 감사, 문 잡아주기, 걱정 어린 물음)는 비율의 왼편에, 부정적인 교류(비꼬기, 딴청 피우기, 부딪혀놓고 그냥 지나치기, 소리죽여 흉보기)는 오른편에 기록한다.

인의 비율은 단순하지만 어떤 장소가 행복에 도움이 되는지 해가 되는지 파악하는 데 매우 유용하다. 사회적 안정성과 사회적 공간에 관한 몇 년 치 연구 결과들을 살펴보고 나서 켈트너는 이렇게 결론지었다. "미국은 '인'이 줄어드는 징후가 뚜렷이 보인다. …… 인의 비율이 0으로 수렴하고 있다."[15]

그러면 어떻게 해야 일상 공유 공간에서 인의 비율을 높일 수 있을까? 쉽다고 할 수는 없지만 명백한 해법이 있긴 하다. 바로 많은 사람의 마음을 움직여 더 많이 웃고, 더 많이 인사하고, 더 많이 감사하고, 더 많이 칭찬하는 것이다. 물론 긍정 심리학자들이 진작에 권고한 바다. 그러나 류보머스키의 연구에서 드러났다시피 이러한 권고 사항이 개인 행동으로 이어지는 일은 매우 드물다. 혼자 힘으로 거대한 공공 영역의 인의 비율을 올려야 한다고 생각하면 주눅 들지 않을 사람이 어디 있는가? 효과적으로 인의 비율을 끌어올리려면 혼자가 아니라 무리가 움직여야 한다. 그런데 우리 사회는 아직 일부러 낯선 사람에게 감사를 표하거나 친절을 베푸는 전통이 전혀 확립돼 있지 않다.

게임 디자이너로서 볼 때는 이 같은 행동의 도전성과 사회성을 키우면 확실히 문제 해결에 도움이 될 듯하다. 임의의 제약, 멀티플레이 장애물, 피드백 시스템만 있으면 낯선 사람에게 친절 베풀기를 게임으로 발전시킬 수 있다.

그렇다면 친절 게임은 정확히 어떤 형태일까? 그리고 어떤 사람이 플레이할까? 나는 몇 년 전에 이 문제를 궁리하던 끝에 좋은 친구이자 동료 게임 개발자이며 퍼쉐이시브 게임즈의 설립자 중 한 명인 이언 보고스트와 함께 낯선 사람에게 '몰래' 친절 베풀기를 바탕으로 하는 게임을 개발하기로 했다. 방식은 대학교에서 많이 하는 「암살자」 게임과 비슷하다. 「암살자」는 메일로 암살 대상을 지정받아 캠퍼스에서 그의 뒤를 밟다가 기회를 노려 물총 같은 장난감 무기로 제거하는 게임이다. 하지만 우리가 개발한 게임은 시간도 더 짧고(한두 시간) 장소도 훨씬 좁은 공간(몇 골목 내, 공원, 광장 등)에 국한된다. 그리고 장난감 무기가 아니라 친절로 상대를 죽인다. 무엇보다도 따로 대상을 지정받지 않으므로 가까이 있는 사람이면 누구든 감사나 칭찬의 희생자로 삼을 수 있다. 그리고 암살되면 게임에서 빠지는 게 아니라 오히려 힘을 합쳐서 더 크고 눈부신 선행을 베풀게 된다.

우리는 셰익스피어의 비극 「햄릿」에 나오는 명대사("I must be cruel, only to be kind." 친절하기 위해선 잔인해져야 해요."-옮긴이)를 따와서 게임의 제목을 「크루얼 투 비 카인드」, 줄여서 「C2BK」로 지었다. 「C2BK」는 2006년에 샌프란시스코와 뉴욕에서 첫선을 보인 이래 디트로이트, 미시간, 요하네스버그, 스톡홀름, 시드니 등지에서 플레이됐다. 게임 방식은 다음과 같다.

「C2BK」는 선의의 암살 게임입니다. 게임을 시작하면 메일이나 문자 메시지로 세 가지 비밀 무기를 지정받습니다. 이 무기들은 일반 행인에게는 사심 없는 선의의 행동으로 보입니다. 하지만 다른 플레이어에게는 그를 무릎 꿇리는 치명적 공격입니다. 어떤 플레이어는 칭찬에, 어떤 플레이어는 미소에 암살 당합니다. 웃으며 도와주겠다는 말에 쓰러질 수도 있습니다.

공격 대상은 게임을 하는 모든 플레이어입니다. 하지만 누가 게임을 하고 있는지는 알 수 없습니다. 표적에 대한 정보는 이름도, 사진도, 아무것도 없습니다. 오직 지정된 게임 시간 동안 게임 지역 내에 있으리란 사실만 확실할 뿐입니다. 만나는 사람은 누구든 표적일 수 있습니다. 확인하려면 비밀 무기로 공격하는 수밖에 없습니다.

방심하지 마십시오. 사냥꾼은 또 다른 사냥꾼의 사냥감이기도 합니다. 다른 플레이어들도 똑같은 비밀 무기를 받고 한 걸음 한 걸음 다가오고 있습니다. 표적을 암살하려고 눈에 띄는 행동을 했다가는 오히려 다른 플레이어에게 비밀 신분이 발각될 수 있습니다. 그러니 침착하게 공격하십시오. 무고한 행인을 겁주지도 말고 비밀 신분을 들키지도 마십시오.

서로 동시에 알아보고 죽이려고 할 때가 한두 번이 아닐 것입니다! 그래서 가위바위보처럼 무기의 우열을 정했습니다. 예를 들어 진심 어린 인사는 감사하는 말을 이기고, 끝내주는 칭찬은 윙크하며 웃는 얼굴을 이깁니다. 그런데 양쪽이 똑같은 무기를 내민다면 무승부입니다. 서로 돌아서 반대 방향으로 달려간 후 30초가 지나야만 다시 공격할 수 있습니다. 암살당한 플레이어는 암살자와 힘을 합쳐 생존 플레이어들의 뒤를 밟습니다. 팀이 커지다 보면 결국에는 선의의 암살단이 두 무리로 통합돼 서로 무기를 겨누고 최후의 혈전을 치르게 됩니다.

교전 중에 무고한 시민이 희생당할 수 있을까요? 물론 그렇습니다. 하지만 여러분의 비밀 무기는 사심 없는 선의의 행동이기에 오직 다른 플레이어에게만 친절이 잔혹한 공격이 될 뿐입니다.

위와 같은 기본 규칙에 더해 사용 가능한 무기를 데이터베이스로 정리하고 플레이어들에게도 추천을 받았다. 그중 일부를 소개하자면 다음과 같다.

- 아름다운 이 동네에 온 것을 환영한다.
- "오늘 정말 근사해 보이시네요!"라고 말한다.
- "저 새는 정말 멋지지 않아요?" 하는 식으로 멋진 것을 가리켜 보인다.
- 신발을 칭찬한다.
- 구체적인 도움을 제안한다.
- 지금 하고 있는 일에 관해 칭찬한다.
- '입이 떡 벌어질 만큼 굉장하다'는 찬사를 보낸다.

- 윙크하며 웃는다.
- 근처에 있는 구체적인 사물에 관해 궁금한 점이 있으면 무엇이든 답해주겠다고 한다.

「C2BK」의 팀플레이, 런던
앨릭스 사이먼즈Alex Simmons, 하이드 앤 식 축제, 2008

　장난감 무기를 친절한 행동으로 대체한 것 말고도 디자인과 관련해 두 가지 중대 결정 사항이 있었다. 플레이 장소와 시간을 축소하고, 플레이어의 수와 정체를 감추기로 한 것이다. 「암살자」는 대개 장소도 시간도 광범위한 탓에 국지적 환경에는 별로 큰 영향을 못 끼친다. 그래서 우리는 플레이 장소와 시간을 줄여서 게임의 '집중도'를 높임으로써 게임의 영향력과 강도를 키웠다. 한편, 기존 「암살자」에서는 플레이어가 표적의 정체를 정확히 안다. 그래도 그냥 지나가던 사람이 교전에 휘말리는 일이 매번까진 아니어도 가끔 일어나는데 희생자로서는 달가울 리 없다. (게임과 아무 상관도 없는데 난데없이 물총 세례를 받으면 누가 좋아할까!) 하지만 「C2BK」를 만들면서 우리는 모르는 사람이 공격당하길 바랐다. 긍정적 교류로 인해 플레이어의 점수는 몰라도 인의 비율은 확실히 향상될 테니 말이다. 사실 '오발'(비플레이어를 향한 공격)은 많으면 많을수록 좋다.

　물론 갑작스레 '피격'되면 누구나 당황한다. 하지만 한편으로는 재미도 느낄 수 있다. 시나리오가 척척 맞아 들어간다면 '희생자'는 진심 어린 환영, 칭찬, 감사를 받는다. 게임 초기에는 플레이어들이 소극적이고 팀 규모가 작으므로 그 정도에서 그친다. 그런데 시간이 흘러 플레이어들이 대담해지고 팀이 커지면 낯선 사람들도 수상한 분위기를 감지하고 왜 다들 감사하고 친절을 베풀지 못해서 안달일까 하는 의문이 생긴다. 이렇게 선의의 행동에 고개를 갸웃하며 정확한 이유를 궁금해하는 것, 우리가 의도한 바다. 게임이 막바지에 이르면 아드레날린 넘치는 플레이어들이 스무 명씩 떼 지어 다니며 칭찬을 날린다. 지나가다 그런 일을 당한다면? 날마다 겪는 일시적 대중 사교 행위와는 전혀 다르다. 절대로 평범한 선행으로 착각할 리 없다. 그런데 이 극적 요소에는 다른 긍정적 효과도 있다. 주변 환경에 양념처럼 신선함과 신기함을 살짝 더하는 것이다. 선행으로 기운 북돋기! 즉, 이렇게 극적인 면을 넣은 까닭은 사람들을 흔들어 자신의 사회적 거품을 터뜨리고 나오게 하기 위해서다.

어떤 사람은 오랫동안 인의 비율이 낮았기에 남들보다 더 냉소적이고 더 지쳐 있다. 그러면 낯선 사람이나 낯선 무리에게 환영, 감사, 칭찬을 받아도 처음에는 무덤덤할 수 있다. 그래서 우리는 각종 '무기'를 치밀하게 플레이 테스트해서 어느 때고 긍정적 반응을 일으키는 행동들만 추려냈다. 나는 다양한 「C2BK」 플레이 현장을 관찰하고 촬영하면서 플레이어뿐만 아니라 지나가는 많은 사람도 이득을 본다고 판단할 만한 근거를 찾았다. 지금까지 연구한 결과를 보면 뚜렷한 긍정적 반응(미소, 호기심과 놀라움으로 휘둥그레진 눈, 쾌활한 대답)이 멍한 시선이나 부정적 반응과는 비교도 되지 않을 만큼 많았다.

그래도 역시 가장 큰 이득을 보는 사람은 플레이어들이다. 「C2BK」를 플레이하면 감사를 표현하고 사심 없는 선행을 베푸는 근본적인 행복 활동에 더욱 빠져들게 되기 때문이다.

일단 「C2BK」를 하면 선행이 더욱 재미있어진다. 선행에 두 가지 장애물이 있기 때문이다. 첫째, 공격 대상을 모른다. 둘째, 다른 플레이어에게 들키지 않고 몰래 지나가야 한다. 내내 신분을 숨기고 표적을 찾아서 숨이 찰 정도로 돌아다녀야 한다. 보는 사람마다 플레이어인지 아닌지 궁금할 수밖에 없다. 낯선 사람이 표적이 되기도 하고 동지가 되기도 한다. 그가 똑같은 비밀을 안고 있는지 확인하려면 긍정적으로 교류하는 수밖에 없다.

또 「C2BK」는 아드레날린을 분출시킨다. 「C2BK」에서는 칭찬하기가 용기 있는 행위가 된다. 낯선 사람을 무시하는 사회적 관행을 극복하려면 배짱이 필요하다. 그리고 언제 다른 플레이어가 추격할지 모르니 얼른 해치워야 한다. 뜨거운 피에로 순간도 있다. 플레이어들은 혼자서든 팀으로든 암살에 성공하면 크게 환호성을 외친다. 그리고 그 순간에 이르기까지 오발이 많으면 많을수록 피에로가 강렬해진다. 내가 여러 「C2BK」 현장을 관찰하면서 어림짐작하기로는 평균적으로 비플레이어 공격 횟수가 플레이어 공격 횟수의 5배 정도다.

그리고 「C2BK」는 일반적인 선행보다 참신하다. 각기 다른 환경에서 낯선 사람에게 친절을 베풀 방법을 생각하게 한다. 플레이 환경은 무궁무진하다. 보통은 시내 중심가를 무대로 하지만 그렇다고 꼭 길가나 공원에서 하라는 법은 없다. 공공장소나 공유 공간이라면 어디든 인의 비율 향상으로 이득을 볼 수 있다. 「C2BK」 플레이 보고가 들어오는 곳을 보면 사무용 고층 건물, 예술 축제, 도서관, 쇼핑가, 컨벤션 센터, 아파트 단지, 대학교 기숙사, 대중교통, 해변 등 각양각색이다.

끝으로 「C2BK」를 하면 행복 활동에 협력자가 생긴다. 친구들을 모아 팀을 꾸리고, 무리가 점점 늘어나면(내가 참여한 최대 규모의 「C2BK」는 가로세로 세 블록 범위 안에 200명이 넘는 플레이어가 있었다.) 친절로 사람을 죽이는 공동 임무를 수행하고 있다는 사명감이 자라난다. 이렇게 가슴 벅찬 경험을 하고 나면 자신의 선행 능력에 대한 인식이 완전히 바뀐다. 정식 「C2BK」를 겨우 한두 번만 했을 뿐인데 이후로 친절한 행동을 언제 어디서나 쓸 수 있는 특수 무기로 생각하는 습관이 들기도 한다. (실제로 게임을 처음 한 플레이어들이 몇 주, 몇 달 후에 내게 하는 말이 그렇다.) 게임을 하면서 감사 표현과 친절한 행동에서 더 큰 흥분, 피에로, 사회적 에너지를 느끼므로 그 두 가지 행복 활동을 보는 눈이 확 달라진다.

수많은 행복 핵이 그렇듯이 「C2BK」도 상품이 아니다. 소프트웨어도 라이선스도 이용료도 없다. 공유 공간에서 인의 비율 향상이라는 문제를 해결하고자 만들어졌고, 누구나 가져다가 마음껏 수정해 어디에나 쓸 수 있다. 개발비도 얼마 안 들었다. 이언 보고스트와 나는 무보수로 일했고, 아마 플레이 테스트하고 출시하기까지 우리가 지출한 돈은 500달러도 채 안 될 것이다.

「C2BK」는 아무 이동통신기술이나 사용해도 상관없다. 그중에서 가장 많이 쓰는 플랫폼은 문자 메시지, 휴대전화 이메일, 트위터다.

이 핵을 더욱 널리 보급하고자 「C2BK」 웹사이트에 몇 가지 필수 도구를 올려놨다. 6분짜리 동영상은 게임 시작부터 종료까지 하이라이트를 모은 것으로, 신규 플레이어가 빨리 적응하는 데 도움이 된다. 1쪽짜리 '커닝 페이퍼'는 게임 규칙과 잦은 질문에 대한 답변이 정리돼 있으니 출력해서 게임을 할 때 가지고 다니면 된다.

언제 어디서 「C2BK」가 플레이되는지 일일이 확인하기는 어렵다. 주최자가 따로 허가받을 필요가 없으니 우리야 자발적 보고만 듣고 알 뿐이다. 게임을 출시하고 3년이 지난 지금도 거의 매달 어디서 게임을 주최한다는 소식이 들어온다. 지금까지 「C2BK」가 플레이된 곳을 살펴보면 최소 4대륙, 10개국, 50여 개 도시다.

최근에 역대 가장 흥미로운 「C2BK」 플레이 장소에 대한 소식을 들었다. 바로 유럽 최대 고딕 축제인 '암흑의 여름Summer Darkness'이다. 축제의 개최지인 네덜란드 위트레흐트시에서 주최자 3인이 이메일을 보내왔다. "가장 큰 목표는 유럽 전역에서 오는 고스족과 그 외의 '민간인'들이 거리에서 함께 플레이하도록 하는 것입니다."

노골적인 행복 활동을 작위적이라고 여길 무리가 있다면 바로 고스족이다. 고딕 문화를 추종하는 이들은 어둡고 야릇하고 기괴한 인상을 풍긴다. 고딕 소설, 음악, 양식은 고독과 소외의 정서가 깊이 깔려 있다. 그리고 암흑의 여름은 '어두운 지하 생활' 축제를 표방한다. 그러니 낯선 사람에게 활짝 웃으며 감사를 표하고 사심 없이 친절을 베풀기는커녕 외향적인 교류를 아예 기대하기 어려운 곳이라고 해도 무리가 아니다.

이런 커뮤니티도 「C2BK」에 마음이 끌렸다니 아주 노골적인 선행도 짓궂은 오락으로 탈바꿈할 수 있음을 보여주는 놀라운 증거라고 본다. 행복 해킹이 통한다는 증거다. 이렇게 긍정 심리학의 조언을 억지로가 아니라 정말로 원해서 실천하게 할 수 있다. 몸에 좋은 약을 입에도 달게 한달까?

관습을 뒤엎어라, 공동묘지에서의 포커 게임

「툼스톤 홀덤」은 텍사스 홀덤 포커를 공동묘지에서 즐길 수 있도록 수정한 게임이다. 그리고 두말할 것 없이 내가 디자인한 게임 중에서 가장 큰 논란을 불러일으킨 작품이기도 하다.

실제 공동묘지에서 게임을 한다고 하면 눈살을 찌푸리는 사람이 한둘이 아니다. 특히 미국은 망인을 애도할 때 아주 점잖고 엄숙한 마음가짐을 요구하는 문화가 있어서 더하다. 공동묘지는 19세기와 20세기 초만 해도 공원과 오락 공간으로서 인기가 있었으나 지금은 잠깐 들러서 추도만 하는 곳으로 변했다. 유서 깊거나 경치 좋은 곳은 다른 목적으로 찾아오는 사람들도 있긴 하지만 그런 방문객도 대부분 눈에 띄는 행동을 삼간다. 그러나 나는 「툼스톤 홀덤」만큼 자랑스러운 게임이 없다. 이유는 하나, 전국 각지에서 사람들이 플레이하고 나서 죽음과 먼저 떠난 이들을 생각하는 태도가 더욱 긍정적으로 바뀌었다고 전해오기 때문이다. 그게 바로 이 게임의 핵심이다. 「툼스톤 홀덤」은 더욱 사교적이고 즐겁게 죽음을 기억할 수 있도록 개발된 행복 핵이다.

죽음에 관해 생각하는 것은 가장 많이 권장되는 행복 활동이지만 한편으로는 가장 마음에 안 내키는 활동이기도 하다. 우리는 죽음에 관한 생각을 함양하기보다는 몰아내는 데 익숙하다. 그래서 「툼스톤 홀덤」은 사람들이 좀처럼 몰라주는 공동묘지의 사회적이고 오락적인 측면을 되살려서 한결 편한 마음으로 죽음에 관해 생각하고 더 큰 보상을 얻을 수 있도록 하는 게 목적이다.

「툼스톤 홀덤」을 플레이하려면 먼저 묘비를 카드로 보는 법을 익혀야 한다. 묘비 모양은 카드의 무늬, 고인의 이름과 사망 일자는 카드의 숫자에 해당한다. 이렇게 묘비를 카드로 읽을 수 있으면 주변에서 패를 찾아 맞출 수 있다. 묘비 글씨가 깨끗하게 보존돼 있기만 하면 어느 공동묘지든 게임의 무대가 된다. 플레이 방법은 다음과 같다.

「툼스톤 홀덤」은 묘비 머리를 딱 네 개로 구분합니다. 뾰족하면 스페이드, 조각상이 있으면 클로버, 둥글면 하트, 평평하면 다이아몬드입니다. 이렇게 카드의 무늬를 읽습니다. 카드의 숫자는 사망 연도의 마지막 숫자입니다. 사망 연도가 1905년이면 5, 1931년이면 에이스입니다. 그런데 묘비에 새겨진 이름이 둘이라면? 연도와 상관없이 잭입니다. 이름이 셋이면 퀸, 넷이면 킹. 어쩌면 나뭇잎, 흙, 오물을 치워야 카드가 제대로 보일지 모릅니다. 오래된 묘비를 보존하는 데 도움이 되니 좋은 일입니다. 단, 예를 갖추십시오.

이제 패를 봅시다. 플레이 방식은 텍사스 홀덤과 비슷하지만 순서는 거꾸로입니다. 먼저 플롭(공통 카드)을 공개합니다. 일반 카드 다섯 장입니다. 그러고 나서 모든 사람이 판돈을 내고 짝끼리(두 사람이 한 조가 되어 플레이합니다) 3분 동안 가장 좋은 홀드 카드(당사자만 볼 수 있는 카드) 두 장을 찾습니다. 홀드 카드 두 장은 공동묘지 어디서든 고를 수 있습니다. 단, 이번에는 일반 카드가 아니라 묘비입니다. 조건은 두 사람이 신체를 맞닿은 채로 두 묘비를 짚을 수 있어야 한다는 것입니다. 예를 들면 한 사람이 한 손을 하트 10에, 다른 손을 짝의 발끝에 대고, 짝은 몸을 쭉 펴서 다른 하트를 짚어 플러시를 만드는 식입니다. 몸이 떨어지거나 묘비에 닿지 않으면 무효입니다.

마음에 드는 묘비 두 개를 찾아서 각각 포커 칩을 올려두면 자기 카드가 됩니다. 그러면 다른 사람들은 그 카드를 홀드 카드로 취할 수 없습니다. 빨리 움직여야 합니다. 3분이 다 돼서 누구든 시계를 보고 '집합' 하고 외치면 다들 플롭이 있는 곳으로 쏜살같이 달려가서 어떤 카드를 찾았는지 말해야 하니까요. 승자만 패를 증명하면 됩니다. 그리고 승자가 모든 돈을 가져갑니다. 무승부일 때는 먼저 플롭으로 온 쪽이 이깁니다.

참, 「툼스톤 홀덤」은 베팅도 블러핑도 없습니다. 정정당당이 유일한 승리의 길입니다. 그러니 짝과 함께 가서 꼭 최고의 패를 찾으십시오.[16]

「툼스톤 홀덤」을 하면서 플레이어는 묘지에 잠든 사람들을 실제로 알아간다. 묘비를 읽고 이름을 익히다 보면 그들의 이야기가 궁금해진다. 홀드 카드 두 장을 고를 때마다 죽은 두 사람을 동지로 끌어들이는 셈이니까. 그리고 흠잡을 데 없이 관리가 잘된 묘지도 좋지만 따스한 손길이 좀 필요한 묘지라면 더 좋다. 의욕도 보람도 더 크기 때문이다. 묘비의 글씨를 읽으려고 더러운 것들을 치우면 게임도 하고 청소도 하고 일석이조다.

게임의 최소 인원은 4인이지만 많을수록 좋다. 사람이 북적이면 그만큼 묘지에 활기가 생긴다. 나는 캔자스시티, 애틀랜타, 뉴욕, 로스엔젤레스, 샌프란시스코의 유서 깊은 묘지에서 20~200명쯤 되는 사람들을 모아 대규모로 게임을 벌였다. 그 정도 인원이면 한 군데가 아니라 의자, 나무 그루터기, 큰 묘의 계단 등 묘지 여기저기서 포커판을 동시에 10개 이상 벌여야 한다. 나는 제법 규모가 큰 게임을 조직할 때는 반드시 정식으로 묘지의 허가와 지원을 받았다. 하지만 오스틴, 헬싱키, 바르셀로나, 밴쿠버 등지에서 훨씬 작은 게임을 할 때는 따로 허가를 받지 않았다. 인원이 4~8명으로 얼마 되지 않으면 전통적인 목적으로 방문한 사람들에

워싱턴의 유서 깊은 의회 묘지에서 펼쳐진 「툼스톤 홀덤」 게임에서 두 플레이어가 승자의 패를 보여주고 있다. 키야시 몬세프Kiyash Monsef, 2005

게 방해되지 않는 한 별로 눈총받을 일이 없다.

「툼스톤 홀덤」 플레이 경험을 미주알고주알 늘어놓기보다는 어떤 계기로 공동묘지를 무대로 한 군중 게임을 디자인하게 됐는지, 그리고 그렇게 특이한 프로젝트를 떠맡기까지 행복 연구가 어떤 역할을 했는지 설명하는 편이 좋겠다.

2005년에 나는 42 엔터테인먼트라는 게임 회사에서 수석 디자이너로 일하고 있었다. 우리는 네버소프트 Neversoft가 제작하고 액티비전 Activision이 유통하는 서부 비디오 게임 「건 Gun」의 대체 현실 캠페인을 개발해 달라는 의뢰를 받았다. 목표는 「건」의 역사적 무대인 1880년대 미국 서부를 게이머들이 피부로 느끼게 하는 것이었다. 우리는 서부 분위기를 풍기는 온라인 포커 플랫폼을 중심축으로 삼았다. 게이머들은 과거를 배경으로 한 온라인 텍사스 홀덤 대회에 참가해 1880년대를 살았던 역사적 인물들과 한 테이블에서 실력을 겨뤘다. 역사 롤플레잉과 카드 게임의 만남이라니 유례없는 조합이었다.

대체 현실 게임은 현실 세계를 게임에 포함하게 마련이고 「건」은 실제로 서부 시대를 살다간 인물들이 등장하기에 우리는 현실의 공동묘지를 실제 활약의 무대로 삼기로 했다. 나는 현실 기반 게임 전문가로서 실제 공동묘지에서 벌일 행사를 기획하는 책임자로 선정됐다.

한편으로는 가슴이 뛰었다. 비디오 게이머들이 폭력에 둔감하다고 매섭게 손가락질 받는 현실에서 그들이 「건」에서 죽인 이들의 '실제 무덤'을 찾아가게 한다니 아주 발칙한 발상이었다. 하지만 다른 한편으로는 공동묘지에 얽힌 문화적 규범이 마음에 걸려 답답하기도 했다. 허락도 없이 야단스러운 '플래시몹'을 하고 싶은 마음은 추호도 없었기에 유서 깊은 공동묘지들을 조사하고 거기서 게이머들이 무엇을 할 수 있을지 브레인스토밍했다.

일단 미국의 공동묘지가 사람들의 발길을 끌어들이는 데 그야말로 '필사적'이라는 사실을 알게 됐다. 공동묘지 산업 통계를 보면 장례식 직후 북적거리는 시기를 지나면 가족이든 친구든 단 한 명이라도 찾아오는 횟수가 무덤 하나에 평균 두 번밖에 되지 않는다.[17] 흔히 공동묘지를 추모하는 곳으로 여기지만 실제로는 추모객의 발길이 뜸한 것이다. 그리고 그 밖의 사람들은 사회적 규범 때문에 오래 머물기를 무례하거나 부도덕하다고 여겨 꺼린다.

그런 탓에 공동묘지는 특별한 날이 아니면 텅텅 비어 있다. 이렇게 저조한 방문율은 업계의 관점에서 보자면 운영 자금이 부족한 문제, 공동체의 관점에서 보자면 발길이 뜸할수록 관리가 안 돼 무덤이 훼손되는 문제가 있다. 무엇보다 행복의 관점에서 보자면 연구로 입증됐다시피 묘지에서 보내는 시간이 적을수록 죽음에 대한 불안과 공포가 커진다는 문제가 있다.

프로젝트를 위한 조사가 한창일 때 마침 《뉴요커 New Yorker》에 미국 공동묘지의 몰락에 관한 기사가 실려 이 문제에 눈을 뜨게 됐다. 기사에서 태드 프렌드 Tad Friend는 공동묘지가 대단히 많은 녹지를 차지하고 관리비가 날로 늘어나고 있지만 현재 미국인이 공동묘지에서 보내는 시간은 과거 어느 때보다도 적다고 지적하면서 물었다. "공동묘지는 누구를 위한 것인가? 살아 있는 사람인가 죽은 사람인가?" 누가 봐도 우리는 죽은 사람을 위한 것이라는 핑계로 묘지를 찾지 않는다. 하지만 프렌드의 말마따나 터무니없는 생각이다. "공동묘지는 살아 있는 사람을 위한 것이다. 죽은 사람이 공동묘지에서 무슨 재미를 볼 수 있겠는가? 묘지 운영자들은 살아 있는 사람들이 찾아오게 할 방법을 강구해야 한다." 기사에는 전국의 공동묘지에서 살아 있는 사람에게 더욱 의미 있는 장소가 되고자 이제 막 시작된 각종 활동이 소개됐다. 예컨대 헐리우드에서는 야간에 큰 묘의 벽을 화면으로 삼아서 영화를 상영하고, 캔자스시티에서는 묘지에서 5킬로미터 달리기 대회가 열리며, 워싱턴에서는 반려견과 함께 유서 깊은 묘지를 걷는 모임이 생겨났다.[18]

더 깊이 파고들자 많은 공동묘지가 사라질 위기에 처했음이 드러났다. 무엇보다 죽음이라는 현실을 일상에서 멀찍이 떨어뜨리려고 하는 마음이 문제였다. 수십 년 동안 사설 공동묘지가 고속도로, 학교, 아파트 부지로 팔려 소리 소문 없이 사라지고 묘들은 대부분 더 외딴 곳으로 옮겨갔다. 유서 깊은 여러 공공 공동묘지도 재정난으로 관리에 어려움을 겪고 있다. 워낙 방문객이 뜸하니 지역 사회에 존재 가치를 증명하기가 녹록치 않은 실정이다. 교회 소유였다가 교회가 사라지면서 버려진 묘지들은 지역사회 단체들이 맡아서 보수하고 역사적 가치를 보존하고자 애쓰고 있다.[19]

공동묘지를 아끼고 운영하는 사람들의 말을 들어보면 보존해야 할 명분은 얼마든지 있다. 공동묘지는 달리 대체할 수 없는, 역사적 자료의 보고이며 건축학적으로도 대단히 가치가 크다. 그뿐만 아니라 사랑하는 사람이 영원히 보살핌 받으리란 기대로 그곳에 시신을 묻은 유가족에게 계약을 이행해야 할 윤리적 책임도 있다.

　모두 묘지 공간을 활성화할 만한 이유지만 정말로 내 마음을 잡아 끈 것은 행복 연구였다. 전 세계 행복 경향을 연구한 저서에서 에릭 와이너는 죽음이 "행복 연구에서 이상하리만치 빈번하게 등장한 주제"라고 하며 "어쩌면 먼저 유한성을 수용하지 않고는 절대 행복해질 수 없을지도 모른다"고 썼다.[20] 낯설게 들릴지 몰라도 아주 새로운 의견은 아니다. 『행복에 관한 미신 The Happiness Myth』에서 제니퍼 마이클 헥트 Jennifer Michael Hecht는 아예 한 장을 할애해서 "더 나은 삶을 누리고자 죽음을 항상 마음에 간직하고 기억하라는 오래된 조언"을 이야기한다.[21] 먼 옛날 플라톤은 제자들에게 "규칙적으로 죽음을 명상하기"를 권했고, 석가모니는 "마음을 다스리는 명상 중에서 죽음에 관한 명상이 최고"라고 했다. 제자들에게 순전한 쾌락을 추구하라고 가르친 것으로 잘 알려진 고대 그리스 철학자 에피쿠로스조차도 행복의 상像 중심에 죽음을 두고 죽음에 관한 두려움을 깨끗이 떨쳐버릴 때 비로소 삶의 진정한 기쁨을 누릴 수 있다고 주장했다.

　헥트의 말을 들어보면 죽음 명상은 예나 지금이나 목표가 다르지 않다. 바로 자신에게 주어진 삶에 대한 잔잔하고 부드러운 감사로 불안과 공포를 몰아내는 것이다. 요즘은 이 전통을 현대 과학이 든든히 뒷받침한다. 긍정 심리학자들의 연구로 우리가 죽음이라는 현실과 씨름하다 보면 자연스럽게 정신의 변화가 일어나 현재를 음미하고 가장 중요한 내적 목표에 집중하는 자세가 길러진다는 사실이 밝혀졌다. 이러한 우선순위와 관심의 재조정을 두고 헥트는 '외상 후 행복'이라는 말을 만들었다. "이 생에는 지성이나 의지력으로 정복할 수 없는, 좋고 나쁜 감정들이 있다. 죽음의 문턱에서 우리의 존재는 재정립될 수 있다. 즉, 외상 그 자체의 긍정적인 발현인 셈이다. 이를 외상 후 행복이라 한다."[22]

말기 환자들이 경험하는 외상 후 행복 현상을 연구해 정리한 글들을 보면, 그 상황에 직면했을 때 어떤 깨달음이 찾아오면서 더욱 즐겁게 삶을 누릴 수 있게 되는 것 같다. 그저 인생의 소중함을 깨닫는 정도가 아니라 정신의 찌꺼기를 닦아내면서 긍정적 목표에 집중하는 능력이 새로이 생겨난달까? 『해피어』에서 탈 벤샤하르는 주로 죽어가는 환자들을 맡는 심리치료사 어빈 D. 얄롬Irvin D. Yalom의 말을 인용해 이렇게 썼다. "그들은 사소한 것을 사소하게 여기고, 통제력을 발휘하고, 하고 싶지 않은 일을 그만두고, 가족과 가까운 친구와 더욱 솔직하게 소통하고, 미래나 과거가 아니라 오롯이 현재를 살 수 있다."[23] 벤샤하르도 지적했지만 이렇게 현재에 온 정신을 집중해 삶을 최대한 누리고자 하는 긍정적인 마음가짐은 일상에서 좀처럼 나타나지 않는 아주 드문 현상이다. 특히 모두가 죽음에 대한 생각을 피하려고 갖은 애를 쓰는 사회에서는 더욱 그렇다.

말기 판정이나 임사 체험 없이도 현재에 집중해 삶을 만끽하는 긍정적인 자세를 기를 수 있을까? 아마 이러한 생각에서 오래된 철학과 종교의 가르침이 나왔을 것이다. 그리고 벤샤하르 같은 현대 긍정 심리학자들도 자신의 임종을 상상하는 것 같은 활동으로 이 긍정적 집중력을 증진하기를 권한다.

하지만 홀로 임종을 떠올리기는 행복 활동으로서 미진한 점이 많다. 시도하더라도 진지하게 또는 오랫동안 하고 싶어 하는 사람은 거의 없다. 죽음을 기억하기란 말처럼 쉽지 않다. 헥트가 지적했다시피 고대 철학자들도 "적극적인 명상과 행위가 필요하다"고 강조했다.[24]

더군다나 남이 아닌 자신의 유한성이란 그저 마음만 먹는다고 쉬이 받아들일 수 있는 문제가 아니다. 그에 비하면 죽음의 보편성은 인정하기가 한결 수월하다. 그래서 나는 공동묘지를 끌어들였다. 공동묘지는 우리 모두를 잇는 그 하나의 현상, 우리가 삶을 오롯이 누리게 하는 그 하나의 현상을 생생하게 증명하는 거대하고도 반박할 수 없는 역사적 증거를 제공한다. 단, 우리가 그곳에서 더 많은 시간을 보내고자 할 때 이 명제는 성립된다.

연구가 이 지점에 이르자 나는 공동묘지에서 더 많은 시간을 보내는 것이 사회적 목표로서 의미가 있다고, 따라서 역사 비디오 게임보다 묘지 게임을 만드는 편이 훨씬 효용이 크다고 확신이 섰다. 「건」 프로젝트야말로 행복 핵을 구현할 절호의 기회였다. 그리고 이 행복 핵이 제구실하려면 흔히 우리가 군중 게임과 결부하는 긍정적 감정(흥분, 재미, 호기심, 사회적 연결감)이 한껏 일어나 공동묘지라는 물리적 환경을 가득 채우도록 하는 게 관건이었다.

공동묘지에서 플레이 테스트를 시작하자 디자인 요소가 번뜩 떠올랐다. 생각해보니 어떤 면에서는 죽음을 기억하는 것과 전혀 상관없는 집중 활동이 필요했다. 죽음을 기억하기는 게임의 목표가 아니라 부수 효과여야 하기 때문이었다. 그런데 마침 대체 현실 캠페인의 큰 틀이 텍사스 홀덤 포커니까 그 친숙한 게임을 공동묘지로 가져오는 게 딱 이치에 맞았다.

단, 반드시 공동묘지의 지형지물을 이용하는 게임이어야 했다. 그렇지 않고 다른 데서도 할 수 있으면 본래 목적이 무색해지기 때문이다. 그래서 묘비를 카드로 쓰는 아이디어가 나왔다. 묘지라면 당연히 묘비가 있으니 어느 묘지에서나 즐길 수 있었다. 그리고 주의 깊게 묘비의 내용을 살피니 행복 핵의 목적에도 딱 들어맞았다. 카드를 '해독' 할 때마다 죽음을 직시하지만 불안이나 공포가 일어나지는 않는다.

디자인적인 고려가 들어간 결정 사항이 또 하나 있으니 바로 짝을 지어 플레이하는 방식이다. 이 방식을 채택한 까닭은 사회성뿐만 아니라 협동성을 확실히 살리기 위해서다. 협동을 하면 항상 긍정적인 감정과 의미가 생긴다. 특히 신체 접촉이 있으면 그 효과가 더 크다. 게다가 신체 접촉을 하면 유대감까지 빠르게 형성된다. 손을 잡거나 등을 대거나 어깨를 두드리면 옥시토신이 분비돼 호감과 신뢰가 싹튼다. 하지만 대커 켈트너의 긍정적 감정 연구로 드러났다시피 "우리가 사는 문화는 접촉이 결핍돼" 있다.[25] 미켈란젤로는 "접촉은 곧 생명 창조"라고 했다.[26] 군중 속에 옥시토신 홍수를 일으키는 것만큼 공동묘지에 활기를 북돋기에 좋은 방법이 있을까?

게임 판이 벌어지면 공동묘지에서 좀처럼 볼 수 없는 행복하고 활발한 기운이 피어난다. 공동묘지라고 하면 으레 떠오르는, 조용히 홀로 생각하거나 여럿이 애도하는 전형적 분위기와는 전혀 다르다. 더

불어 친구 사이에서도 낯선 사이에서도 거듭 짤막짤막한 대화가 터져 애도와 상실의 경험을 조금씩 나누게 된다. 내가 참가한 「툼스톤 홀덤」 게임은 모두 그러했다. 하긴 주변 환경을 생각하면 그러지 않는 게 더 어렵겠다. 이리하여 게임은 목적대로 긍정적 감정과 유대 관계를 자아내는 동시에 우리는 흙이니 흙으로 돌아가리란 사실을 날마다 기억하라는 가르침에 적격인 환경으로 우리를 이끈다.

이 대목에서 논란이 되는 점을 짚고 넘어가야겠다. 「툼스톤 홀덤」이 여러 차례 뉴스 기사에 소개되자 온라인 독자 중 일부는 '무례하다', '어리석다', 심지어 '천박하다'와 같은 의견을 내놓았다. 자연히 이러한 물음이 떠오른다. 공동묘지에서 게임을 하는 게 올바른가? 내가 몸소 경험한 바로는, 당연히 올바르다고 단언할 수 있다. 열 번이 넘게 게임을 시험해봤는데 참가자들은 이 게임이 그 공간에 딱 들어맞는다는 데 공감했다. 특히 게임 덕분에 묘비가 사람들의 관심 어린 손길을 받아 더 보기 좋게 변할 때 그랬다.

내가 맡은 프로젝트를 통틀어서 「툼스톤 홀덤」만큼 게임의 한 가지 중대한 특징을 잘 보여주는 예도 없을 것이다. 그 특징이란 바로 기존의 틀을 마음껏 벗어나도 괜찮다는 점이다. 게임을 할 때 우리는 색다르게 생각하고 행동하라는 요구를 당연시한다. 우리는 게임이 조성하는 사회적으로 안전한 '마법의 틀magic circle' 안에서 사회 규범을 탈피해 독창성을 발휘하는 데 익숙하다. 특히 「툼스톤 홀덤」처럼 관습에 어긋나는 게임은 플레이하는 사람이 많을수록 더 안전하게 느껴진다. 군중에게는 규범을 재정의할 사회적 권한이 있다.

그래서 행복 핵으로서 효과가 있는가? 나는 수백 명과 「툼스톤 홀덤」을 플레이했고, 게임 직후에 거의 모든 사람에게 소감을 들었다. (보통 게임이 끝나면 강렬한 정서적 경험에서 오는 피로를 풀고자 식당이나 술집에서 뒤풀이를 했다.) 게임을 하고 나서 공동묘지가 '더 편해졌다'라는 응답이 가장 많았다. 그 밖에 '이상하게도 행복했다', '몸과 마음이 풀렸다'라는 응답, 그리고 안장된 사람들에게 '감사했다', '유대감을 느꼈다'라는 응답이 많았다. 그뿐만 아니라 묘지에 왔다가 멀리서 게임을 보고 뭔가 싶어서 나한테 물으러 온 사람들과도 이야기를 나눠봤는데 불쾌하다는 말은 딱 한 번 들었다. 다들 표현은 다르지만 사랑하는 사람이 마지막으로 잠든 곳이 쓸쓸히 비어 있지 않고 많은 사람이 웃는 얼굴로 뛰어다니며 재미있게 노는 모습을 보니 참 좋다는 식으로 말했다.

　　온라인에 규칙을 올리자 「툼스톤 홀덤」은 좋은 핵들이 으레 그렇듯이 주로 입소문을 타고 퍼졌고, 지금도 세계 곳곳의 공동묘지에서 게임이 펼쳐진다는 소식이 계속해서 들려온다. 이처럼 행복 핵이 검증되고 공유돼 잠재적 수혜자들에게 계속해서 전파된다니 사실상 최상의 결과다. 현재 「툼스톤 홀덤」은 행복 솔루션으로서 바이러스처럼 퍼져 나가고 있다. 누구나 자유롭게 가져다 고쳐 쓸 수 있고, 별다른 특수 장비나 기술이 전혀 필요 없기 때문이다. 필요한 것이라고는 일반 카드, 포커 칩 대용품(동전이나 색 구슬), 그리고 존중의 자세로 함께 게임을 즐길 사람들이 전부다.

잠자는 댄스의 열정을 깨워라, 톱 시크릿 댄스 오프

"가장 쉽고 효과적인 행복 수업은 모임에서 춤출 기회가 있을 때 얼른 일어나서 추는 것이다."[27] 『행복에 관한 미신』에서 제니퍼 마이클 헤크트가 이렇게 조언한 데는 다 그럴 만한 이유가 있다. 인류 역사에서 함께 춤추기는 '댄서의 황홀경 dancer's high'이라는 특별한 행복감을 일으키는 수단으로 널리 쓰였다.

댄서의 황홀경은 엔도르핀(신체 움직임으로 분비)과 옥시토신(신체 접촉, 딱딱 맞는 움직임으로 분비)이 만나고 미주신경이 강렬하게 자극(음악의 리듬에 '홀딱 빠져' 군무를 출 때 일어나는 현상)되면서 느끼는 기분이다. 흥분과 몰입과 애정이 결합된 광범위한 감정으로, 춤출 때가 아니면 좀처럼 경험하기 어렵다.[28] 그러나 집단으로 춤을 춘다고 하면 많은 사람이 부끄러워하거나 어색해한다. 남을 의식하는 성향, 대인공포증, 집단 활동 자체에 대한 경멸 등으로 선뜻 춤을 추지 못하거나 추더라도 마음껏 즐기지 못하는 것이다.

사람들 앞에서 쭈뼛거리지 않고 정말로 마음껏 춤을 추기란 많은 사람에게 쉽지 않은 일이다. 그렇게 춤을 추려면 마음을 비우고 평소 숨겨왔던 열정적이고 꾸밈없는 모습을 보여줘야 한다. 그러려면 주위 사람들에 대한 강한 신뢰가 필요하다. 사실 이처럼 신뢰가 필요한 행위인 만큼 춤추기는 강력한 행복 활동이라는 게 긍정 심리학 연구자들의 말이다. 춤을 추면 어쩔 수 없이 정서적으로, 사회적으로 취약해져 타인이 자신을 비판하지 않고 수용해주기를 기대하고 또 그러리라 믿을 수밖에 없게 된다. 그와 동시에 타인을 수용해 그가 더욱 편안하게 춤을 추도록 도와줄 기회가 생긴다. 다시 말해 다른 사람들과 함께 춤을 추는 것은 연민, 관용, 인정을 주고받을 기회다. 그래서 대커 켈트너는 이렇게 썼다. "춤은 오랜 세월 동안 공감, 아가페, 엑스터시, 인듀 등 여러 이름으로 불린 신비한 감정에 가장 빠르고 확실하게 이르는 길이다. 나는 그 감정을 신뢰라고 한다. 따라서 춤은 곧 신뢰다."29

그런데 이런 기회를 누리려면 춤을 추려는 '욕구'와 '배짱'이 있어야 한다. 하지만 둘 중 하나가 빠진 사람이 많다. 어떤 사람은 체질적으로 이런 욕구에 둔감할 수도 있다. 이들을 위한 군무도 있지만 이는 좀 억지스러운hokey 면이 있다. 가장 유명한 군무가 '호키포키hokey pokey'인 것도 우연이 아닌듯 싶다. 춤출 기분도 아닌데 결혼식이나 거리 축제에서 군무가 시작돼 춤을 춰야 하면 억지를 못 이겨 거짓된 행동을 한다는, 심히 불쾌한 기분이 들 수 있다. 또 어떤 사람은 욕구만 있고 배짱은 없다. 더 많이 춤추고 되도록 큰 무리에 섞여 춤추라는 행복 조언을 접할 때마다 나는 내향적인 사람들도 구석에서 구경만 하지 않고 쉽게 참여할 수 있게 할 방안, 또 이미 함께 춤추고 싶은 마음이 있는 사람들이 날마다 그런 기회를 더 많이 누리게 할 방안이 필요하다는 생각이 점점 강해졌다. 언제 어디서나 춤을 출 준비가 돼 있다 하더라도 기회가 충분하지 않은 게 현실이다. 일상에서 함께 춤출 공간이 턱없이 부족하다. 그래서 이런 궁금증이 일었다. 주말에 어쩌다 한 번씩이 아니라 '매일'의 삶에 몇 분이나마 함께 춤출 시간을 슬쩍 집어넣으려면 어떻게 해야 할까?

내 해법은 대규모 멀티플레이 온라인 롤플레잉 게임의 근간 요소를 총동원해 현실 생활에서 롤플레잉의 퀘스트와 레이드 같은 '댄스 퀘스트'와 '댄스 배틀'을 만드는 것이었다. 나는 여기에 「톱 시크릿 댄스 오프 Top Secret Dance-Off」, 줄여서 「TSDO」라는 이름을 붙이고, 함께 춤을 추는 모험을 위한 독립 소셜 네트워크 사이트를 열었다.

◉ 댄스 모험가 모집

「톱 시크릿 댄스 오프」에 온 것을 환영합니다. 이곳은 얼핏 평범해 보이지만 사실은 댄스 비기秘器(비밀의 무기)를 터득하고자 하는 사람들의 비밀 조직입니다. 댄스 비기는 우리 두뇌에 꼭꼭 숨겨진 능력으로, 봉인을 해제하려면 아주 특이한 댄스 경험이 필요합니다.

「톱 시크릿 댄스 오프」는 세계 어디서나 할 수 있는 모험입니다. 춤실력, 소질 따위는 전혀 필요 없습니다. 오히려 근사한 퍼포먼스보다 서툰 춤에 더 큰 보상이 따릅니다. 댄스 비기를 터득한다고 해서 꼭 춤을 잘 춰야 하는 것은 아닙니다. 영리하게, 용감하게, 그리고 때로는 은밀하게 추는 게 중요합니다.

때로는 자기 방에서, 때로는 전혀 의외의 장소에서 각종 톱 시크릿 댄스 미션을 수행해 동영상으로 촬영해야 합니다. 혼자서 할 수도 있고 친구와 할 수도 있습니다. 가면을 쓰는 등 변장도 필요합니다. 봉인된 댄스 비기를 터득하려면 댄스 퀘스트를 완수하고 댄스 배틀에 참가해서 점수를 얻어야 합니다. 점수를 얻으면 레벨이 올라가고, 레벨이 올라가면 더 많은 댄스 비기를 터득할 수 있습니다.

댄스 퀘스트를 완수하고 댄스 배틀에 참가할 때마다 스타일, 용기, 유머, 연출력 같은 무용력도 습득합니다. 무용력은 톱 시크릿 댄서로서 자신의 강점을 나타내며 동영상을 본 다른 「TSDO」 회원들이 댓글로 부여합니다.

댄스 비기를 모두 터득하려면 레벨 100에 도달해야 합니다. 점점 어려워지는 21개의 퀘스트를 완수하고 댄스 배틀에서 10번 이상 승리하면 모든 비기가 영원히 봉인 해제됩니다.

⊙ 댄스 퀘스트 #1: 변장

첫 번째 미션은 변장입니다. 괜히 '톱 시크릿'이 아니죠. 그렇다고 전신 변장을 하라는 말은 아닙니다. 그렇게 했다간 춤도 제대로 못 출테니까요. 자, 온 세상에 「TSDO」 신분을 감추려면 가볍게 얼굴 일부를 가리는 변장 정도는 해야 합니다. 가면, 스카프, 변형 선글라스, 페이스 페인트, 가발 등 무엇이든 상관없습니다. 자기 얼굴이니까 어떻게 가릴지도 스스로 결정하세요. 단, 마음에 쏙 드는 변장이어야 합니다. 앞으로 계속 똑같은 변장을 하고 모든 퀘스트와 댄스 배틀에 임할 테니까요. 배트맨과 원더우먼이 세상을 구하러 갈 때마다 새 옷 입는 것 봤습니까? 그러니 마음에 드는 것을 골라 어딘가 안전하고 비밀스러운 곳에 숨겨두세요. 앞으로 계속 필요할 겁니다.

이제 「TSDO」 세계에 자신을 알리는 동영상을 제작하십시오. 1) 변장하고 2) 춤을 춰야 합니다. 선곡은 원하는 대로 해도 좋습니다. 하지만 여기서 끝이라면 재미가 없죠. 이번에는 비밀 무기를 봉인합니다. 발을 움직이지 않는 겁니다. 그러니까 춤은 추되 발은 꼼짝도 하지 말아야 합니다. 시멘트를 바른 것처럼 말이죠. 알겠습니까?

동영상은 최대 30초로 제한합니다. 톱 시크릿 댄서 신분을 노출하고 무용력을 배울 준비가 되면 「TSDO」 사이트에 올리십시오.

이를 전통적인 관점에서 보자면 엄밀히 말해 함께 춤을 춘다고 할 수는 없다. 댄스 퀘스트와 댄스 배틀 대부분이 혼자 춤을 춰서 「TSDO」 소셜 네트워크 사이트에 동영상을 올리는 것이다. 하지만 이 게임은 두 가지 측면에서 함께 춤추기를 더욱 쉽게 한다.

첫째, 목표와 피드백과 장애물이 있는 댄스 환경을 마련함으로써 춤추기의 재미, 흡인력, 중독성을 키운다. 다시 말해 춤을 출 확률을 높인다. 둘째, 춤을 추는 행위가, 설사 집에서 혼자 춤을 추더라도, 사회적 맥락에 들어가게 한다. 온라인 커뮤니티에 자신의 춤을 공유하려면 배짱이 필요하고, 댓글로 다른 플레이어를 칭찬하면 이는 곧 연민, 관용, 인정을 베푸는 행동이다. 즉, 「TSDO」는 군무를 위한 핵으로서 홀로 함께 춤출 방법을 제시하고 훗날 사람들이 실제로 함께 춤출 확률을 높인다.

「TSDO」의 핵심은 춤추는 데 한 가지씩 특이하고 불필요한 장애물을 더하면서 끝없이 이어지는 댄스 퀘스트들이다. 장애물이 있으면 춤출 때 남을 의식하기가 훨씬 어려워진다. 과제 수행에 집중하느라 자신이 어떻게 보이는지 생각할 틈이 없다. 그리고 '정상적인' 동작을 못 쓰게 막았으니 춤을 서툴게 춰도 괜찮다. 이런 디자인 전략의 실제를 똑똑히 보여주는 예가 바로 첫 번째 댄스 퀘스트(발 안 움직이고 춤추기)다. 발을 못 쓰면 자연히 전통적이거나 일반적인 동작도 하기 어렵다. 발 묶인 춤을 잘 추려면 우스꽝스럽게, 또는 독창적으로, 아니면 그냥 미친 듯이 열심히 추는 수밖에 없다. 우아함, 관능미, 박력 등과 같이 춤이라고 하면 자연스럽게 떠오르는 특징들은 없어도 무방하다.

그 밖의 퀘스트를 보자면 '거꾸로 춤추기', '횡단보도에서 춤추기', '나무와 춤추기', '7년 전에 좋아했던 노래에 맞춰 춤추기' 등이다. 하나같이 엉뚱한 제한 사항을 독창적으로 극복해야 성공할 수 있는 과제들이다. 그중에는 시간제한도 포함된다. 퀘스트가 일상에 자연스럽게 녹아들도록 하기 위해서다. 양치질을 하는 것처럼 조금씩 규칙적으로 춤을 춰야 작심삼일로 끝나지 않고 좋은 효과가 이어진다.

한편, 댄스 배틀은 플레이어들이 팀을 이뤄 팀원이 춤 영상을 올릴 때마다 점수를 얻는 방식으로, 홀로 춤을 추면서도 힘을 합쳐 함께 노력하게 한다. 최고 인기 배틀인 '내 막춤을 훔쳐봐'가 좋은 예시이다. 팀원이 자기만의 춤 동작을 만들어 실연 영상을 올린 것을 보고 다른 팀원들이 그 동작을 그대로 익혀 되풀이하는 영상을 올리면 팀이 점수를 얻는다.

또 어떤 요소가 있을까? 「TSDO」를 지탱하는 디자인 요소 중 일부는 기존에 사람들이 춤을 추도록 이끌던 전략들을 조금 비튼 것들이다. 이를테면 가면은 예부터 경계를 풀고 마음껏 즐기고 공연하도록 하는 중요한 수단이었다. 자기를 가두던 굴레를 벗어던지게 한다. '내가 무슨 춤을 춰?' 하고 생각하는 사람도 「TSDO」 변장으로 그렇게 개성을 묶어두었던 제약을 벗어날 수 있다.

하지만 '톱 시크릿'이라는 주제가 정체를 숨겨 춤을 추는 실용적인 측면만 있는 것은 아니다. 함께 춤추기에 일종의 슈퍼히어로로 분위기를 조성하는 역할도 한다. 알다시피 사람들 앞에서 춤을 추려면 용기가 필요하다. 그리고 다른 사람에게 춤추고 싶은 마음을 불러일으키면 크고 좋은 영향을 끼칠 수 있다고도 증명됐다. 이렇게 플레이어를 댄스계의 톱 시크릿 슈퍼히어로로 대접하는 것은 곧 춤의 의의와 춤을 추는 데 필요한 개인의 강점을 장난스레 인정하는 것이다.

끝으로 「TSDO」의 가장 훌륭한 디자인 요소는, 춤과 별로 상관이 없어서 뜻밖이겠지만, 켈트너가 말한 인의 비율을 온라인 환경에 접목한 것이다. 「TSDO」가 제구실하려면 플레이어가 민망할 수도 있는 동영상을 마음 놓고 올릴 수 있어야 했다. 그런데 동영상 공유 사이트의 댓글 공간을 보면 차마 지상에서 가장 친절하거나 우호적인 곳이라고 말할 수가 없다. 응원이 아닌 비난 일색이고 특히 악랄한 인신공격이 대부분이다. 그래서 「TSDO」의 댓글 기능은 플레이어들이 긍정적 피드백을 남기든가 아니면 아예 댓글을 달지 않게끔 디자인됐다.

플레이어들은 다른 플레이어의 영상을 보고 보상으로 무용력 하나를 '+1' 해줄 수 있다. 무용력은 아름다움, 연출력, 스타일같이 정통적인 것도 있고 유머, 은밀함, 상상력, 용기처럼 색다른 것도 있다. 다양한 무용력이 있으므로 플레이어는 '소질'의 유무나 종류와 상관없이 획일화되지 않고 개성 넘치는 춤꾼으로 성장할 수 있다. 내가 가장 좋아하는 무용력은 열정으로, 걱정 하나 없는 얼굴로 즐거움을 만끽하는 플레이어에게 선사한다.

그 결과로 「TSDO」는 인의 비율이 타의 추종을 불허한다. 누구나 편한 마음으로 함께 춤출 수 있는 곳이다. 실제로 「TSDO」 채팅방에 들어가보면 다른 사람에게 공개적으로 춤추는 모습을 보여주는 게 몇 년 만에 처음이라고 털어놓는 플레이어가 한둘이 아니다.

「TSDO」는 「C2BK」나 「툼스톤 홀덤」보다 정형화된 핵이다. 하나의 중추 사이트가 있고 모든 사람이 같은 온라인 커뮤니티의 일원으로서 같은 데이터베이스에서 레벨 업 한다.

그렇다고는 해도 개발자의 관점에서 보면 대단히 가벼운 솔루션이다. 며칠 만에 뚝딱 디자인해서 세상에 내놓았으니 말이다.

「TSDO」는 닝Ning을 근간으로 한다. 닝은 유튜브가 누구든 온라인으로 동영상을 공유할 수 있게 하고 블로거닷컴이 누구든

변장을 하고 댄스 퀘스트 #1을 수행하는 플레이어
「톱 시크릿 댄스 오프」, 아반트 게임Avant Game, 2009

블로그를 개설할 수 있게 하듯이 누구든 소셜 네트워크 사이트를 구축할 수 있게 하는 저렴한 서비스다. 「TSDO」는 화려한 그래픽이나 플래시는 없지만 탄탄한 미션 디자인과 커뮤니티 기능이 무기다.

사실 「TSDO」는 다른 누구도 아닌 나 자신을 위해 만든 행복 핵이다. 처음에는 가족과 친구 열댓 명과 함께 플레이할 수 있으면 좋겠다고 생각했다. 그런데 예상보다 훨씬 많은 사람이 몰려들었다. 동료, 지인, 친구의 친구까지 합세하다 보니 2009년 초의 첫 번째 시험 운영에 총 500명 정도가 참가해 8주 동안 게임을 함께했다. (초기 성공에 힘입어 현재 「TSDO」 상용 버전을 제작 중이다.)

「TSDO」는 혼자 즐길 수도 있지만 내가 관찰한 바로는 대체로 그 반대다. 대부분 플레이어가 공범을 적어도 한 명쯤은 끌어들여 서로 댄스 퀘스트를 촬영해주고 같은 댄스 배틀에 참여한다. 그리고 적으면 둘, 많으면 다섯 명까지 집단으로 변장해 하나의 톱 시크릿 부대로서 모든 퀘스트를 함께 완수하고자 하는 사람도 많다.

가장 중요한 점은 「TSDO」를 플레이하면 자신이 춤꾼이라는 생각이 든다. 그래서 춤출 기회가 있을 때 부끄러워하지 않고 춤출 확률이 훨씬 높아진다. 과학적 조사는 아니지만 나를 포함해 「TSDO」를 플레이한 친구들을 보면 다들 게임이 끝나고 나서도 오랫동안 전통적인 춤판(파티, 클럽, 심지어 거리 축제)에서 이전보다 적극적으로 어울렸다.

주옥같은 행복 핵들이 다 그렇듯이 「TSDO」도 계속 게임을 해야만 효과가 유지되는 것은 아니다. 좋은 게임은 이렇게 자신의 본질과 능력에 대한 인식을 영영 바꿔놓을 만큼 강력하다.

친절로 서로 죽고 죽이든, 묘비로 풀하우스를 만들든, 변장하고 춤을 추든 간에 피할 수 없는 사실이 있다. 행복은 때때로 '살금살금' 조심스럽게 다가가야 한다는 점이다.

200년 전에 영국의 정치철학자 존 스튜어트 밀John Stuart Mill이 통념을 뒤집는 자기 도움법을 제시했다. 이 기법은 날로 성장하는 행복 해커 커뮤니티와 통하는 구석이 아주 많다.

밀은 행복이 우리의 지상 목표일지라도 직접적으로 좇아서는 안 된다고 했다. 행복이 대체 무엇인지 파악하기도 어려울 뿐만 아니라 자칫하면 겁을 집어먹고 도망가기 십상이기 때문이다. 그래서 우리는 행복이 아닌 더 구체적인 목표들을 세워야 한다. 그리고 그 목표들을 좇다 보면 어느새 행복이 굴러들어온다. 밀은 이를 두고 "게처럼 옆걸음으로" 행복에 접근하는 방법이라고 했다.[30] 행복이 우리의 접근을 알아채서는 안 된다. 그러니 옆에서 살금살금 다가가야 한다.

이렇게 옆걸음으로, 그리고 집단으로 행복에 접근하는 것이 바로 행복 핵의 취지다. 군중 게임은 엄밀히 말해서 행복을 '포위'한다고 할 수 있다. 모든 사람이 한꺼번에 이쪽저쪽에서 살금살금 다가가는 것이다.

우리가 군중 게임을 하는 까닭은 그 순간이 즐거워서, 그리고 멀티 플레이에서 오는 사회적 연결성이 절실해서다. 그런데 행복 핵에 노출돼 잊지 못할 만큼 강렬한 경험을 몇 번 하고 나면 낯선 사람에게 친절 베풀기, 죽음, 춤추기 등 다양한 주제에 관해 생각하고 행동하는 방식이 아주 바뀌어버린다. 그리고 한 곳에서 아주 많은 사람이 그런 변화를 겪는다면 개인을 넘어 문화까지 달라진다.

행복 핵은 전문 지식이 별로 없어도, 골치 아픈 개발 과정을 거치지 않아도 잘 만들 수 있다는 점이 가장 큰 매력이다. 그저 게임이 동기를 부여하고 보상하는 원리, 사람들을 연결하는 이치만 깨달으면 된다. 창의력을 발휘해 불필요한 장애물을 고안하고 용기를 내서 되도록 많은 사람과 플레이 테스트한다면 누구든 일상의 행복 문제를 해결할 새로운 해법을 창안하고 공유할 수 있다.

대체 현실 게임은 모두 우리를 더 나은 사람으로 발전시키고자, 다시 말해 행복과 창의성과 정서적 건강을 증진하고자 디자인된다. 더 행복하고 창의적이고 정서적으로 건강한 사람이 되면 현실 세계에 더욱 마음을 열고 열중할 수 있다. 즉, 아침마다 더 강력한 목적의식, 낙관주의, 소속감, 삶의 의미를 품고 눈을 뜨게 된다.

3부에서 다룰 대규모 군중 게임은 우리를 발전시키는 데 그치지 않고 인류가 직면한 긴급한 문제들까지 해결한다.

우리가 개인으로서 발전할 수 있다면, 다시 말해 더욱 만족스러운 일에 뛰어들고, 성공에 대한 희망을 키우고, 사회적 연결성을 증진하고, 더 큰 것의 일부가 될 수 있다면, 그 능력을 바탕으로 더욱 오랫동안 힘을 합쳐 더욱 복잡하고 절박한 문제를 해결할 수도 있을 것이다. 게임은 현재 우리의 삶을 변화시킬 뿐만 아니라 미래에 긍정적 유산을 남기는 데도 도움이 된다.

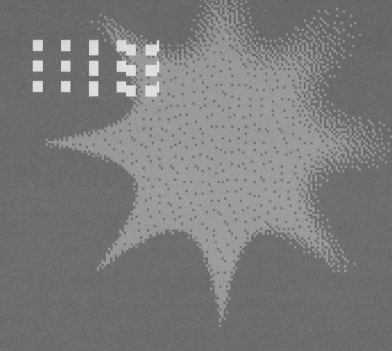

플레이하는 사람의 수가 달라지면
게임의 본질이 송두리째 바뀐다.

—『신게임론』

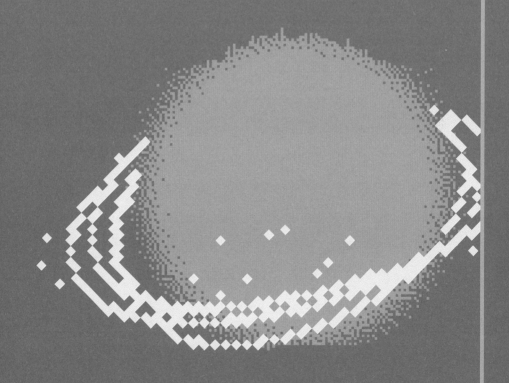

3부

게임,
세상을 바꾸다

11

가상 세계를 넘어
현실 세계를 구원하다

2009년 6월 24일, 영국 의회 역사상 최대 스캔들을 파헤치고자 2만 명이 넘는 영국인이 온라인에 결집했고, 이들의 활동으로 이후 의원 수십 명이 사퇴하고 광범위한 정치 개혁이 단행됐다. 평범한 시민이 어떻게 그 큰 변화를 일으켰을까? 다름 아닌 게임을 통해서였다.

게임이 시작된 때는 이미 몇 주째 스캔들이 신문 지상에 오르내릴 무렵이었다. 사건의 발단은 정부 문건이 유출되면서 의원 수백 명이 세비를 부당 청구해 정치 활동과 무관한 개인 활동 비용으로 연간 혈세 수만 파운드를 유용한 사실이 드러난 것이었다.《텔레그래프Tele-graph》의 신랄한 폭로 기사를 보면 영국 남해안 지역 의원 피터 비거즈Peter Viggers 경은 개인 정원 관리 비용으로 32,000파운드, '오리 집' 구매비용으로 1,645파운드를 청구했다고 한다.[1]

분노한 대중이 모든 의원의 세비 청구 내역을 요구하자 영국 정부는 지난 4년간 의원들의 청구 기록을 모두 공개하기로 했다. 하지만 이어진 정부의 행태는 많은 사람의 지적처럼 조사 확대를 막으려는 꼼수라고 봐도 무방했다. 백만 장이 넘는 청구서와 영수증을 스캔해서 제대로 분류도 하지 않고 그냥 올린 것이었다. 이미지 파일이라 검색할 수도, 서로 관련된 문서를 참조할 수도 없었다. 그리고 자세한 지출 내용을 검은 칠로 가린 자료가 수두룩했다. 이 자료 뭉치는 일명 "블랙아웃게이트 blackoutgate('blackout'은 검은 칠이라는 뜻과 함께 보도관제라는 뜻도 있다 – 옮긴이)", "대규모 은폐 공작"으로 불렸다.[2]

영국의 게이머는 어떻게 국회의원의 비리를 파헤쳤나

《가디언 Guardian》 편집진은 기자들만으로 전체 자료를 정리하고 이해하려면 한 세월이 걸린다고 판단했다. 그래서 대중에게 직접 도움을 받아 당국이 숨기려고 하는 실체를 폭로하기로 했다. 즉, 조사를 '크라우드소싱 crowdsourcing'하기로 결정한 것이다.

크라우드소싱은 2006년에 기술 전문 기자 제프 하우 Jeff Howe가 처음 쓴 용어로, 어떤 일을 대중에게 아웃소싱한다는 뜻이다.[3] 다시 말해 주로 인터넷에 결성된 큰 집단이 힘을 합쳐 대형 프로젝트를 수행하는 것이다. 대표적인 예가 협업으로 편찬된 온라인 백과사전 위키백과로, 천만 명이 넘는 필자와 편집자가 무급으로, 그리고 대부분 익명으로 프로젝트에 참여했다. 이렇게 크라우드소싱을 하면 단일 조직의 힘만으로는 불가능한 일을 협업으로 더 빠르고 효과적이고 저렴하게 처리할 수 있다.

뒤죽박죽인 정부 문서 백만 건을 샅샅이 뒤져서 어떤 문건이 어떤 의원의 부정에 결정적 증거인지 밝히기란 하늘의 별 따기였기에 《가디언》은 대중의 도움이 절실했다. 그래서 대중의 지혜를 빌리기로 했다. 단, 위키가 아니라 게임으로 말이다.

게임 개발은 런던에 사는 젊고 유능한 개발자 사이먼 윌리슨Simon Willison에게 의뢰했다. 윌리슨은 공개된 청구서와 영수증 스캔 자료를 458,832개의 온라인 문서로 변환하고 웹사이트를 만들어서 누구나 검토하고 범행 사실을 캐낼 수 있게 했다. 단 7일 간의 개발진 인력비와 문서 보관용 임시 서버 대여비 50파운드를 더한 비용으로 《가디언》은 세계 최초 대규모 멀티플레이 조사 보도 프로젝트인 「의원 세비 조사단Investigate Your MP's Expenses」을 탄생시켰다.

⊕ 「의원 세비 조사단」 플레이 방법

> 의원 세비 문건 검토에 동참해주십시오. 여러분의 임무는 문건에 흥미로운 정보가 있는지 파악하고 핵심 사실을 추출하는 것입니다.
>
> 문건 중에는 동봉 서류 안내장이나 사무 집기 청구서도 있을 겁니다. 이 같은 문건은 과감히 무시해도 됩니다.
>
> 하지만 여기 어딘가 '오리 집' 영수증이 있습니다. 좀 더 살펴볼 필요

가 있는 문건을 찾으면 '조사 요망!' 버튼을 눌러 주십시오. 저희가 더 자세히 살펴보겠습니다.

1단계: 문건을 찾는다.

2단계: 유형을 파악한다. (세비 청구서, 증빙 서류, 백지)

3단계: 미심쩍은 청구 항목을 옮겨 적는다.

4단계: 왜 정밀 조사가 필요한지 구체적인 이유를 기술한다.

주의를 기울여야 할 항목의 예: 식비, 250파운드 미만 반복 청구(250파운드 미만은 영수증 제출 불필요), 거부된 청구.

지역구 의원 조사: 우편번호를 입력하면 해당 지역 의원의 청구서와 영수증을 모두 볼 수 있습니다. 정당별로 조사할 수도 있습니다.

모든 의원의 기록이 공개돼 있습니다. 무엇이든 찾는 대로 알려주십시오.

이 크라우드소싱 작업은 시작한 지 사흘 만에 전례 없는 대성공이 확실해졌다. 그 짧은 기간에 무려 2만 명이 넘는 플레이어가 전자 문서 17만여 개를 분석한 것이다. 하버드 대학교 니먼 언론 연구소Nieman Journalism Lab 소속으로 인터넷 언론 전문가인 마이클 앤더슨Michael Andersen은 당시 이렇게 썼다. "언론의 크라우드소싱이야 처음 있는 일이 아니지만 최초 80시간 동안 방문자 참여율 56퍼센트를 기록하며 문서 17만 건이 검토된 《가디언》 프로젝트의 규모에는 감탄하지 않을 수 없다."[4]

방문자 참여율은 네트워크에 가입하고 기여하는 방문자의 비율이다. 크라우드소싱 프로젝트의 방문자 참여율 56퍼센트는 전대미문의 대기록이다. (참고로 위키 백과는 방문자 중 4.6퍼센트가 온라인 백과사전 제작에 기여한다.)[5] 더구나 참가자들이 해야 하는 회계 작업이 얼마나 시시하고 따분한 일인지 따져보면 정말로 경이로운 수치라고 할 만하다.

시민 언론 프로젝트에서 유례를 찾을 수 없는 이 놀라운 참여율은 무엇으로 설명할 수 있을까? 윌리슨은 참가자에게 제대로 된 보상을 한다는 점이 그 핵심이라고 말했다. 이 프로젝트는 여타 좋은 게임들처럼 감정적인 보상을 제공한다.

"이 프로젝트에서 가장 중요한 교훈은 간단합니다. 게임 하는 기분이 들게 하라! 사람들이 자신의 시간을 기꺼이 할애하여 어떤 일을 하려면 무엇보다도 '아, 내가 하는 일이 효과가 있구나!' 하는 생각이 들게 해야 합니다. 이렇게 영향력을 행사한다는 느낌이 들지 않으면 사람이 모이지 않습니다." 윌리슨이 니먼 언론 연구소 인터뷰에서 한 말이다.

영향력을 행사한다는 느낌은 게임의 전형적인 보상, 그러니까 목적의식을 품고, 분명한 효과를 일으키고, 꾸준히 발전하고, 높은 성공 확률을 보장받고, 수많은 피에로 순간을 경험하는 것을 달리 표현한 말이다. 「의원 세비 조사단」 프로젝트에서는 이 모든 감정적 보상을 넉넉히 누릴 수 있었다.

게임 인터페이스는 플레이어가 쉽게 행동하고 그 효과를 즉시 확인할 수 있도록 디자인됐다. 문서 검토 화면 오른편에 밝은색 버튼들이 나열돼 있고 플레이어는 검토 결과에 맞춰 알맞은 버튼을 눌렀다. 먼저 문서의 종류를 청구서, 증빙 서류(영수증, 계산서, 주문서 등), 백지, '그 밖에 우리가 생각하지 못한 것' 중에서 고르고 나서 흥미도를 '흥미로움', '흥미롭지 않음', '조사 요망! 더 밝혀내야 함!' 중에서 선택했다. 결정을 내리면 버튼에 불이 들어오므로 설사 검토한 문서가 전혀 흥미롭지 않은 백지라고 하더라도 뭔가 생산적인 일을 했다는 만족감이 들었다. 그리고 자신이 다음번 '오리 집'을 찾는 주인공이 될 수 있다는 기대, 즉 성공에 대한 희망이 항상 존재하기에 계속해서 문서의 바다를 헤엄치며 신속하게 검토 작업을 이어갔다.

최근 접속한 플레이어의 이름과 활동이 실시간 활동 피드로 나왔다. 그래서 사이트에서 사회성이 느껴졌다. 비록 다른 플레이어와 직접 교류하는 것은 아니더라도 사이트에서 공존하며 같은 경험을 하고 있기 때문이다. 또 역대 최고 기여자와 최근 48시간 최고 기여자 명단도 있어 장·단기 참여를 유도했다. 그뿐만 아니라 개인 플레이어들이 적발한 굵직굵직한 위반 사항을 '주요 적발 사항' 페이지에 정리해 방대한 참여 규모와 놀라운 업적을 자축했다. 적발된 내용 중에는 240파운드짜리 기린 프린트나 225파운드짜리 만년필처럼 상식을 벗어난 사치품이 있는가 하면 당사자가 실제 지출액보다 더 많은 세비를 받았음을 보여주는 계산 오류나 불일치도 있었다. 예를 들어 한 플레이어는 "데니스 맥셰인 Denis MacShane 의원의 계산서 29쪽을 보면 세비 신청액은 1,730파운드지만 실제 품목 합계는 1,480파운드밖에 안 된다"고 지적했다.

하지만 무엇보다 중요한 것은 '데이터: 지금까지 여러분의 노고로 밝혀진 점' 페이지다. 이 페이지는 개별 플레이어들의 노고를 훨씬 큰 맥락에 넣고 기여자들이 노력의 실제 결과를 볼 수 있게 했다. 게임의 주요 결과 중 일부를 보면 다음과 같다.

- 평균적으로 의원 한 사람이 연봉 60,675파운드를 받아 연간 140,000파운드 이상을 소비했다. 즉, 소비가 소득의 무려 2배인 것이다.
- 의원들의 개인 물품 구입에 들어가는 혈세가 연간 8,800만 파운드다.

게임은 다음과 같은 세부 사항도 보여줬다.

- 각 의원이 제출한 영수증과 서류의 수(40~2,000건)
- 각 정당이 각 항목(주방, 정원, TV, 식품 등)에 지출한 비용 총액
- 의원이 청구한 교통 비용과 런던 의사당에서 거주 지역까지 실제 거리를 비교해 교통비 부당 청구 총액을 쉽게 파악할 수 있게 하는 온라인 지도(예를 들어 의사당 인근 지역에 사는 한 의원은 실제 교통비와 청구액이 각각 4,418파운드와 21,534파운드였고, 또 다른 의원은 1,680파운드와 10,105파운드였다)

이러한 수치가 드러나자 세비 과다 청구가 처음 예상과 달리 일부의 문제가 아니라 정치권에 만연한 병폐라는 사실, 다시 말해 위기의 실체가 선명하게 드러났다.

그래서 플레이어들이 이룬 업적은 무엇일까? 실제 정치적 성과가 있었다. 28명 이상의 의원이 즉각 사퇴하거나 회기가 끝나는 대로 사퇴하겠다고 발표했고, 2010년 초를 기준으로 플레이어들이 조사한 의원 4명의 형사소송이 진행 중이다. 현재 새로운 세비법이 마련되고 있는 가운데 기존 법의 집행도 더욱 엄격해졌다. 가장 구체적인 결과로 의원 수백 명에게 총 112만 파운드를 반환하라는 명령이 떨어졌다.[6]

물론 이는 《가디언》 게이머들의 힘으로만 된 일은 아니다. 그러나 「의원 세비 조사단」 게임이 결정적인 역할을 했음은 분명하다. 시민 기자들의 활동 덕택에 스캔들이 연일 신문과 방송에 오르내리면서 영국 정부는 커다란 정치적 압박을 받았다. 게임이 진행될수록 제대로 된 정치 개혁을 요구하는 여론도 거세졌다.

「의원 세비 조사단」으로 시민 수만 명이 새로운 정치 개혁 운동에 직접 참여했다. 그들은 말로만 변화를 부르짖지 않고 직접 시간과 노력을 들여 변화가 필요하다는 증거를 만들어냈다. 무엇보다도 이 중대한 작업을 불특정다수의 게이머 무리가 개별 조직이 따라올 수 없을 만큼 빠른 속도로, 더군다나 무보수로 해냈다는 사실에 주목해야 한다. 이로써 조사 보도 비용도 줄어들고 민주적 개혁 속도도 빨라졌다.

그렇다고 해서 크라우드소싱 프로젝트가 무조건 대성공을 거두는 것은 아니다. 엄청난 규모의 협력이란 말처럼 쉬운 일이 아니다. 크라우드소싱에는 크라우드, 즉 군중이 필수지만 적극적으로 참여하고 열중하는 군중을 확보하기란 그리 쉬운 일이 아니다.

2008년에 인터넷 연구가인 클레이 셔키 Clay Shirky 뉴욕 대학교 교수가 마틴 와텐버그 Martin Wattenberg IBM 연구원과 머리를 맞대고 위키 백과를 만드는 데 들어간 인간의 노력을 정확히 계산해보기로 했다. 두 사람은 문서의 총 개수와 평균 길이, 편집의 총 횟수와 평균 시간을 살펴봤다. 그리고 지식 격차와 오류를 찾는 데 필요한 읽기 시간, 편집 결과의 일관성을 유지하는 데 필요한 프로그래밍과 커뮤니티 관리 시간을 모두 따져봤다. 영민한 머리로 계산에 계산을 거듭한 끝에 다음과 같은 추측을 끌어냈다.

> 위키 백과를 일종의 단일체로 본다면 전체 프로젝트(위키 백과가 제공하는 모든 언어의 모든 문서, 모든 편집, 모든 토론 문서, 모든 코드)는 1억 시간 분량의 인간 사고가 축적된 것이라 할 수 있다. …… 대략적인 계산이긴 하지만 억대 시간의 사고가 축적됐음은 분명하다.[7]

이는 절대 하찮게 볼 수 없는 규모다. 백만 명을 설득시켜 아무 대가 없이 위키 백과에 한 사람이 100시간씩 들이도록 한 것과 같으니 말이다. 또는 만 명을 설득해 5년 근로 시간을 꼬박 위키 백과에 투자하도록 한 셈이다. 그토록 많은 사람이 다른 사람의 이상을 위해 아무 외적 보상 없이 그토록 많은 노력을 기울이도록 하는 일이 어디 쉬운 일인가?

하지만 또 다른 각도에서 전 세계 인터넷 사용자가 17억이고 하루가 24시간이란 점을 고려하면 사실 위키 백과 규모의 프로젝트를 한둘이 아니라 여러 개 이룩하기도 그리 어려운 일이 아니다.[8] 어디까지나 가정이지만 동기 부여만 제대로 할 수 있다면 며칠이 아니고 하루 만에 위키 백과 규모의 프로젝트 100개를 완료할 수 있다. 17억 인터넷 사용자를 잘 설득해서 자발적으로 자유 시간을 전부 크라우드소싱 프로젝트에 쓰게 하면 된다.

비현실적인 소리로 들릴 수도 있다. 그러면 좀 더 합리적으로 생각해서 모든 인터넷 사용자가 일주일에 한 시간씩만 자발적으로 들이게 해도 엄청난 성과가 나온다. 겨우 일주일 만에 위키 백과 규모의 프로젝트가 20개 가까이 탄생하는 것이다!

그러면 여기서 궁금증이 생긴다. 그렇게나 잠재력이 대단한데 왜 위키 백과 규모의 프로젝트가 더 없을까?

사실 인터넷을 보면 기여자 없는 위키, 댓글 없는 토론 포럼, 활동 없는 오픈소스 프로젝트, 회원 없는 소셜 네트워크, 유령 회원만 수두룩한 페이스북 그룹처럼 제구실 못하거나 사람이 없거나 아주 버려진 협업 공간이 널려 있다. 셔키의 말을 빌리자면 온라인 협업 프로젝트의 과반수가 최소한의 참여자도 모으지 못해 목표 달성은커녕 제대로 시작조차 못하고 좌절된다.

인터넷 사용 시간이 부족해서일까? 아니다. 진중한 프로젝트의 참여도를 임계점까지 끌어올리기가 무척 어렵기 때문이다.

첫째로 생각해볼 점은 참여형 네트워크라고 해서 다 보상이 같지 않은데다 가장 쉽고 빠르게 보상을 얻을 수 있는 네트워크들이 진중한 작업과 무관하다는 사실이다. 내적 보상이 가장 확실하게 흘러나오는 곳은 바로 온라인 게임, 그리고 페이스북으로 대표되는 '재미있는' 소셜 네트워크다. 이 같은 공간은 그 자체가 존재 이유다. 다시 말해 순전히 그 공간에 머무는 재미로 찾아가는 곳이다. 근본 목표도 문제 해결이나 일 처리가 아니라 보상이다. 진중한 프로젝트와 달리 우리의 감정적 갈망을 충족하는 것을 최우선으로 하여 만들어진다. 그러니 이러한 종류의 프로젝트가 우리의 온라인 참여 대역폭(하나 이상의 참여형 네트워크에 기여할 수 있는 개인과 집단의 역량) 대부분을 흡수할 수밖에 없다.

둘째로 앞선 이유보다 더 큰 문제는 우리의 참여 자원이 진중한 크라우드 프로젝트들에 너무 얇게 분포돼 있고 이러한 현상이 갈수록 심해진다는 점이다.

지난달에 나는 정확히 43개 페이스북 그룹에 초대받았다. 그리고 15개 위키의 편집을 도와달라고, 약 20개 구글 문서 도구 프로젝트에 참여해달라고 부탁받았다. 그 밖에도 한 20개쯤 되는 각종 집단지성 프로젝트에 선발돼 다른 사람이 가치 있다고 생각하는 사명을 위해 귀중한 온라인 시간을 들여 투표, 평가, 심사, 편집, 분류, 정리, 승인, 논평, 번역, 예측, 기고 등 여러 가지 방법으로 참여해달라는 요청을 받았다. 나는 온라인에서 흥미로운 작업을 하는 이들과 광범위한 인맥을 형성한 사람이니 좀 극단적인 예일지도 모르겠다. 하지만 질리도록 참여 요청을 받는 사람이 나 혼자만은 아닐 것이다. 같은 불만을 털어놓는 친구, 동료, 고객이 갈수록 늘어나고 있다. 너무 많은 사람이 우리에게 온라인 참여와 집중을 과도하게 요구한다.

나는 이를 '참여 스팸'이라고 부른다. 날마다 원치 않는데도 다른 사람의 그룹에 참여해달라는 요청이 들어오고 그 빈도도 갈수록 늘어나고 있다.

현재 시민 언론, 시민 과학, 열린 정부, 소셜 네트워킹, 오픈 이노베이션 등 수천 개 네트워크를 통틀어서 공개적인 군중 참여 요청이 대략 2억 건 이상이라고 본다. 일부만 예를 들자면 닝Ning에 개설된 공개 소셜 네트워크가 100만 개, 위키아Wikia에 만들어진 위키가 10만 개, 아마존 메커니컬 터크Mechanical Turk의 크라우드소싱 프로젝트가 10만 개, 닷섭DotSUB에 번역 자막을 기다리는 동영상이 2만 개 이상이고, 그 밖에 더 작은 공개 협업 프로젝트를 봐도 IBM 로터스의 아이디어잼Ideajam과 델의 아이디어스톰IdeaStorm에 개설된, 혁신 아이디어 제안 및 개발용 공개 '아이디어 공간'이 각각 3,300개와 14,000개 이상이다.

인터넷 사용자가 17억이니 한 군중 집단에 평균 8.5명이 속한 셈이다. 8.5명이라면 군중이라고 하기엔 아주 작은 규모다. 이 정도 군중으로는 절대로 위키 백과 규모의 자원을 구축할 수 없다.

그런데 이 문제는 앞으로 해결되기는커녕 오히려 악화될 전망이다. 참여형 네트워크는 조성하기가 쉽고 그 비용이 저렴해지는 만큼 유지하기는 어려워진다. 인터넷에 있는 참여 가능 인구가 한정돼 있기 때문이다. 더군다나 여기서 말하는 참여는 그냥 발도장만 찍는 수준이 아니라 정신적 노력이 필요한 적극적 활동인데, 각 참여자가 한 시간, 하루, 한 주, 한 달 동안 합리적으로 사용할 수 있는 열중 단위, 즉 정신적 시간은 한정돼 있다.

조직이 군중의 지혜와 다중의 참여를 제대로 활용하려면 새롭게 떠오르는 **열중 경제**engagement economy에 적응해야 한다. 열중 경제에서는 사람들의 관심을 두고 경쟁하기보다는 두뇌 회전과 상호작용 대역폭을 두고 경쟁한다. 군중 의존형 프로젝트는 개인이 정신력을 발휘해 자기보다 더 큰 전체에 적극적으로 기여하게 할 방안을 마련해야 한다. 그런 까닭에 전반적으로 봤을 때 크라우드소싱 문화는 '공유지의 비극tragedy of the commons'을 겪을 게 뻔하다. 공유지의 비극이란 개체들의 이기심으로 공동 자원이 고갈될 때 닥치는 위기다. 협업 프로젝트들은 구성원들의 정신적 시간, 즉 군중 자원을 최대한 확보하고자 경쟁할 수밖에 없다. 한쪽이 그 자원을 손에 넣으면 반대로 아직 열성적 커뮤니티를 조성하지 못해 여전히 분투하는 다른 프로젝트들은 고스란히 피해를 본다. 앞으로 프로젝트마다 협업을 부르짖겠지만 그만큼 참여자 확보 경쟁이 치열해져 모든 프로젝트가 번성하지는 못하리라고 생각한다.

이 같은 문제점을 살펴보고 나면 열중 경제에 대해 몇 가지 중대한 물음이 떠오른다. 끊임없이 일어나는 참여형 프로젝트들이 성공하려면 당연히 참여가 필요한데 도대체 누가 그 일을 감당할 것인가? 이 세상에 자질 있고 자발적인 협업자가 충분히 존재하는가? 초대형 목표에 걸맞은 규모와 열정을 갖춘 군중을 모으려면 어떻게 해야 하는가? 그리고 그런 군중이 장기간 힘을 합쳐 가치 있는 것을 창출하게 하려면 어떤 식으로 의욕을 고취해야 하는가?

현실을 직시하자. 수많은 사람에게 의욕을 불어넣어서 그들이 한데 모여 협업 프로젝트에 각고의 노력을 기울이게 한다? 각고의 노력은커녕 어느 정도 힘을 보태게 하는 것만 해도 어려운 일이다. 요즘은 대규모 군중 프로젝트도 실패하기 일쑤다. 군중을 끌어모으지 못하거나 설사 끌어모았다 하더라도 제대로 된 일을 주지 못해서, 또는 보상이 시원찮아 사람들이 금세 발을 빼는 탓이다.

그렇다고 아주 절망할 단계는 아니다. 위키 백과와 「의원 세비 조사단」처럼 눈여겨볼 만한 성공을 거둔 크라우드소싱 프로젝트도 있으니까. 이 같은 프로젝트들에는 한 가지 커다란 공통점이 있다. 우수한 멀티플레이어 게임과 같이 체계가 잡혔다는 점이다.

세계에서 가장 잘 돌아가는 크라우드소싱 프로젝트인 위키 백과에 활발히 참여하는 기여자들은 진작에 그 점을 간파했다. 특별한 프로젝트를 만들어 위키 백과가 온라인 롤플레잉 게임과 같은 이유를 자세히 밝혔다.

위키 백과 최대 기여자 50여 명이 함께 정리한 문서의 첫머리를 옮긴다. "위키 백과에 중독성이 있어 위키 백과 중독자(위키 백과 문서 편집에 중독된 사람)가 나오는 현상은 위키 백과가 대규모 멀티미디어 온라인 롤플레잉 게임이라는 이론으로 설명할 수 있다." 행복한 중독자들의 말을 빌리자면 위키 백과는 세 가지 면에서 좋은 MMORPG

와 같다.

첫째, 위키 백과는 **좋은 게임 세계**다. 방대한 규모를 보면 경외와 경탄이, 구석구석까지 이어지는 링크를 보면 호기심과 탐구심과 협동심이 절로 일어난다. 위키 백과인들은 앞에서 언급한 문서의 최신 버전에서 이렇게 설명했다.

> 위키 백과는 몰입형 게임 세계로 1,070만 명 이상의 '플레이어(등록 기여자, 즉 '위키 백과인')'와 3억 6백만 개 이상의 '고유 장소(위키 백과 문서)'가 있으며, 여기에는 137,356개의 미발견 '비밀 영역('고립 문서', 즉 다른 문서에 전혀 링크되지 않아 브라우징으로는 찾을 수 없는 문서)', 7,500개의 탐험 완료 '던전('좋은 문서', 즉 내용도 탄탄하고 인용과 증거도 충분한 문서)', 2,700개의 '보스 레벨('알찬 글', 즉 정확성, 중립성, 완성도, 문체의 측면에서 으뜸으로 꼽힌 문서)'이 포함된다.[9]

다시 말해 플레이어의 마음을 사로잡는 멀티플레이 게임 세계가 다 그렇듯이 위키 백과도 '장대한 인공 환경'이다. 참여자를 초청해 그 속에서 탐험하고 행동하며 많은 시간을 쓰게 한다.

둘째, 위키 백과는 **좋은 게임 체계**가 잡혀 있다. 그래서 플레이어의 행동이 직접적이고 확실한 결과로 이어진다. 즉, 문서를 편집하면 변경 사항이 즉각 반영돼 자신이 환경을 좌지우지하는 기분이 든다. 이 즉각적 효과로 낙관적인 자세가 길러지고 강력한 자기 효능감이 생긴다. 위키 백과는 일할 기회가 끊이지 않고 난이도도 계속 올라간다. 이를 두고 위키 백과인들을 이렇게 말한다. "플레이어는 '퀘스트 (많은 문서를 방대한 단일 문서로 통합하는 위키 프로젝트)'를 맡고, '보스전 (일반 문서보다 기준이 엄격한 알찬 글)'을 치르며, '전장(문서 훼손에 대응하기)'에 들어갈 수 있다." 그리고 개인 피드백 시스템도 있어 기여할 때마다 자신이 발전하는 기분이 든다. "플레이어는 '경험치(편집 횟수)'를 모아 '레벨(편집 횟수가 가장 많은 위키 백과인 명단)'을 올릴 수 있다."

그런가 하면 좋은 게임이 으레 그렇듯이 위키 백과도 목표 달성에 큰 걸림돌이 있다. 편집만 잘한다고 능사는 아니다. 위키 백과는 무찔러야 할 적이 명확히 규정돼 있다. 바로 편집으로 사이트에 해를 끼치는 파괴자들이다. 관점이 다른 기여자들이 경쟁하면 '편집 전쟁'이 발발하는데 플레이어들은 이 고도의 난제를 해결하고자 협업 기술과 전투 도구를 개발했다. 편집 전쟁이 격화되면 점점 더 많은 편집자가 대화에 합류해 해결책을 모색한다.

여기서 위키 백과의 게임성을 빛내는 세 번째 요인이 등장한다. 바로 **좋은 게임 커뮤니티**다. 좋은 게임 커뮤니티에는 두 가지 조건이 있다. 하나는 긍정적인 교류, 다른 하나는 협력의 토대가 되는 의미 있는 맥락이다. 위키 백과는 두 가지를 모두 갖췄다. 위키 백과인들의 실명을 옮긴다.

'게임 세계(백과사전)'의 '고유 장소(문서)'마다 '술집('토론 페이지', 즉 토론 포럼)'이 있어 플레이어들이 실시간으로 교류할 수 있다. 플레이어들은 친구가 되고 때로는 '실제 만남('정모', 즉 활발한 기여자들의 오프라인 모임)'을 추진하기도 한다.

　토론 페이지는 선의의 경쟁(최근 편집 사항에 관한 논의)과 협업(기존 문서 개선과 개편)을 촉진한다. 이처럼 공동의 목표를 두고 끊임없이 긍정적으로 교류하다 보면 신뢰와 유대 관계가 형성되고 자연스럽게 친분이 쌓인다. 실제로 레이캬비크, 케이프타운, 뮌헨, 부에노스아이레스, 퍼스, 교토, 자카르타, 내시빌 등 각지에서 해마다 총 100회 정도 위키 백과의 정기모임이 개최된다.

　좋은 커뮤니티라면 장대한 프로젝트에 참여해 기여함으로써 의미 있는 일을 하고 있다는 의식도 필수다. 위키 백과인들은 쉬지 않고 초대형 목표(처음에는 문서 10만 개 달성, 이어서 100만 개, 200만 개, 300만 개)를 향해 뛰면서 트래픽 기념일(500대 웹사이트, 이어서 100대, 20대, 최근에는 10대 웹사이트에 든 날)을 자축한다. 그리고 위키 백과 대문에 270여 개 지원 언어 목록과 함께 나오는 경이로운 프로젝트 통계, 나날이 늘어나는 그 통계에 흠뻑 빠져 살아간다.

　위키 백과인들은 훌륭한 게임성(흡인력 있는 게임 세계, 만족스러운 게임 체계, 힘을 북돋는 게임 커뮤니티)이 모두 헌신적이고 장기적인 참여 덕분이라고 못 박아 말한다. MMORPG로서 위키 백과를 분석한 글의 결말에 이런 내용이 있다. "어떤 MMORPG든 간에 사람들이 높은 관여도를 보이며 즐기는 기간은 대체로 6~8개월인데 위키 백과 골수 플레이어들에게서도 똑같은 양상('위키 결별', 즉 사이트와 결별하고 다른 프로젝트에 참여하는 것)이 드러났다."[10] 그러니까 어떤 게임이든 결국에는 지루해지게 마련인데(도전하고 창의성을 발휘할 기회가 고갈되니까) 위키 백과도 예외가 아니다. 절대로 위키 백과를 떠나지 않는 사람이 없진 않지만 대부분은 어느 정도 활동하고 나서 새로운 콘텐츠와 도전을 찾아 새로운 시스템으로 옮겨간다.

이처럼 'MMORPG로서의 위키 백과' 프로젝트가 눈길을 끄는 까닭은 MMORPG 환경에 값진 참여의 땀방울이 억수같이 쏟아지기 때문이다. 역사상 가장 큰 성공을 거둔 MMORPG「와우」를 보자. 현재 1,150만이 넘는 가입자가 일주일에 평균 17~22시간을 플레이하니까 합산하면 MMORPG 하나에 일주일 동안 2억 1천만 참여 시간이 투입되는 셈이다. 그런데「와우」가입자 수는 위키 백과의 등록 기여자 수와 거의 일치한다.

클레이 셔키의 추정대로 위키 백과 전체를 만드는 데 1억 시간이 걸린다고 보면「와우」커뮤니티만 움직여도 사흘 반 만에 위키 백과 하나가 뚝딱 만들어진다고 하겠다.

어디까지나 논의를 위해서「와우」플레이어 중 대부분이 집단지성 프로젝트에 전혀 관심이 없다고 가정하자. 그래도 위키 백과 다음 가는 위키인 와우위키에 기여자로 등록한「와우」플레이어만 해도 65,000명 이상이다. 더도 말고 이들만 열중하게 해서 평소「와우」를 플레이하는 시간을 크라우드소싱 프로젝트로 돌리게 하면 겨우 두 달 만에 위키 백과 규모의 자원을 구축할 수 있다. 참고로 위키 백과는 지적 활동 1억 시간을 모으는 데 무려 8년이란 세월이 걸렸다.

처음 이 수치를 접하고 두 가지 생각이 번쩍 떠올랐다. 첫째, 게이머는 참여 대역폭의 원천으로서 대단히 귀중하지만 아직 진가를 발휘하지 못하고 있다는 점이다. 누구든 간에 이들을 현실의 일에 열중시킬 효과적인 방안을 먼저 발견하면 어마어마한 이익을 거둘 수 있으리라 본다. (발 빠르게 움직인 결과가 《가디언》의 「의원 세비 조사단」이다.)

둘째, 크라우드소싱 프로젝트는 좋은 게임이 주는 내적 보상과 똑같은 종류의 보상을 주도록 디자인돼야 한다는 점이다. (단, 진정으로 야심 찬 목표를 달성할 수 있을 정도로 참여 대역폭을 확보할 가능성이 조금이라도 있다는 게 전제 조건이다.) 나는 그렇게 해야만 우리가 사용 가능한 참여 대역폭을 극적으로 향상할 수 있다는 확신이 날로 강해진다. 모든 사람이 게이머들만큼 오랫동안 좋고 힘든 일에 열중할 수 있다면 희소한 군중 자원을 놓고 경쟁할 필요가 없다. 그렇게만 되면 지금과는 비교도 되지 않을 만큼 막대한 정신적 시간을 중대한 공동 작업에 쏟아부을 수 있을 것이다.

전 세계가 참여하는 인류 문제

내가 경험하고 연구한 바로는 게이머들이야말로 온라인 크라우드소싱 프로젝트에 기여할 확률이 가장 높은 사람들이다. 자발적으로 장애물에 도전할 시간도 욕구도 이미 충분하다. 게임을 하는 이유도 바로 더 많이, 더 깊게 열중하고 싶어서다. 알다시피 게이머들은 컴퓨터 실력도 좋고 새로운 교류 인터페이스도 금방 익힌다. 그리고 만일 온라인 게임을 하고 있다면 네트워크 이용에도 문제가 없다는 뜻이니 당장에라도 온라인 프로젝트에 합류해 힘을 보탤 수 있다.

그리고 최고로 꼽히는 게임들이 대단한 사회성을 자랑한다는 점을 보면 게이머들은 이미 이 게임에서 저 게임으로 함께 움직이는 가족과 친구를 폭넓게 확보했을 공산이 크다. 이것이야말로 참여층 확대에 필수적인 사회적 기반이다.

게이머들은 집단지성의 축적과 활용에 이미 누구보다도 많은 시간을 들였다. 위키 활동량으로는 이들을 따라올 사람이 없다. 일례로 대중적인 위키 호스팅 서비스인 위키아를 보면 게이머들의 콘텐츠 생산량과 활동량이 다른 층을 압도한다. 게임별로 위키가 하나씩 있고 다 합하면 총 만 개쯤 되는 위키에 모두 백만이 넘는 문서가 있어서 위키아 전체 네트워크에서 가장 방대한 콘텐츠 양을 자랑한다. 그리고 위키아의 기술 및 운영 부사장인 아서 버그먼^{Arthur Bergman}은 조직력과 포부도 게이머들이 단연 으뜸이라고 한다. 그는 올가을에 각종 신작 게임이 나온 지 채 하루도 지나지 않아 완전 공략이 올라오는 것을 보고 이렇게 말했다. "게이머들은 참 대단합니다. 게임이 나오면 바로 그 순간부터 쉬지도 않고 위키를 편집해요. 24시간이면 공략이 완전히 정리되죠."

게이머들은 신작 게임을 손에 넣는 순간 그 게임에 관한 집단지성을 모으기 시작한다. 게임을 하면 당연히 해야 할 일로 여긴다. 그리고 위키아 트래픽 통계를 보면 위키 콘텐츠를 만드는 기여자가 한 사람이면 그것을 활용하러 오는 사람은 수천 명이다. 이렇게 날마다 집단지성을 활용하다 보니 게이머들은 대규모 군중 프로젝트의 가치와 가능성을 본능적으로 잘 이해한다. 요컨대 그들은 열중할 준비가 완벽하게 끝난 시민들이다.

게이머들이 가상 세계를 구하는 것 이상의 일을 원한다는 증거도 충분하다. 온라인 게이머들이 현실에 보탬이 되기를 얼마나 열망하는지 똑똑히 보여주는 프로젝트가 두 개 있다. 세계 기아 극복 게임인「프리 라이스 Free Rice」와 암 극복 프로젝트인「폴딩앳홈 Folding@home」이다.

쌀 적립 게임으로 기아를 해결하다, 프리 라이스

"혼자서 컴퓨터 카드놀이로 허송세월하며 죄책감을 느끼고 있는가? 날로 불어나는 프리 라이스 닷컴 FreeRice.com 대열에 합류해 온라인 게임으로 사회적 가치를 창출하고 죄책감을 씻으라."[11] 이같이 《USA 투데이 USA Today》에 소개된「프리 라이스」는 플레이어가 세계 기아 극복에 힘을 보탤 수 있도록 디자인된 비영리 게임이다.

게임 방식은 간단하다. 플레이어가 객관식 어휘 문제의 정답을 맞히면 가상 쌀이 10톨씩 적립된다. 문제는 맞힐수록 어려워지는데 나는 얼마 전에 겨우 일곱 번째에서 다음과 같은 난제에 부딪혔다.

- 물로 입안을 씻는 것

- 품행이 바르지 않은 사람

- 줄기 끝에서 자라나는 식물

- 양을 기르는 곳

(힌트: '양치류'는 식물학 용어다. 정답은 미주를 참고하라.) [12]

가상 쌀은 원하는 만큼 모을 수 있고 게임을 마치면 실제 쌀로 바뀌어 UN 세계식량계획에 기부된다. (쌀은 문제 하단에 표시되는 광고의 광고주가 제공한다.)

한 사람이 한 끼 먹을 만큼 쌀을 모으려면 200문제를 맞혀야 한다. 그런데 이 게임은 연달아 몇 시간을 할 만한 정도는 아니다. 그래서 나는 잠깐씩 생산적이고 유익한 일을 했다는 만족감을 느끼고 싶을 때마다 1~2분, 한 번에 10문제 정도 플레이한다. 그런데 하루에 100톨을 모아봤자 겨우 티스푼 한 숟가락 분량이다. 그러나 다행히도 플레이어가 나 혼자만 있는 것은 아니다. 날마다 20~50만 명이 「프리 라이스」를 플레이한다. 이들의 노력을 다 합하면 하루에 평균 7,000명을 먹일 쌀이 모인다고 한다.

왜 이렇게 많은 사람이 「프리 라이스」에 열중하는가? 단순히 의미가 있어서만은 아니다. 모범적이라고 할 만큼 디자인도 잘 됐기 때문이다. 작업을 완료하는 데 고작 몇 초밖에 걸리지 않으니 순식간에 아주 많은 일을 할 수 있다. 바로바로 그릇에 쌀알이 쌓이고 계속 분량이 늘어나는 식으로 시각 피드백도 제공된다. 문제를 틀리면 쉬워지고 맞히면 어려워지니 항상 능력의 한계에 도전하는 셈이므로 어느새 몰입이 된다. 그리고 2007년에 게임이 만들어진 이후로 게임 세계가 아주 크게 확장돼 지금은 명화, 세계 수도, 화학기호, 프랑스어 등 13개 주제 영역에서 할 일이 끝없이 쏟아져 나온다. 그뿐만 아니라 게임을 하고 있으면 더 큰 것의 일부가 된 느낌도 확실하게 든다. 사이트의 설명을 옮긴다. "쌀 10톨이면 얼마 안 되는 양 같아도 혼자가 아니라 수천 명이 함께 플레이한다는 점을 잊지 마십시오. 모두 힘을 합하면 변화가 일어납니다."[13] 그래서 지금까지 모은 쌀이 690억 2,412만 8,710톨로 전 세계에 식사 천만 끼 이상을 제공할 수 있는 양이다. 가히 장대한 변화라 하겠다.

어떤 면에서 「프리 라이스」는 크라우드소싱 철학을 완벽히 구현했다고 볼 수 있다. 수많은 사람이 티끌 같은 기여를 모아 태산을 만들기 때문이다. 하지만 사실 「프리 라이스」를 진정한 크라우드소싱이라고 하기엔 무리가 있다. 쌀이 플레이어들에게서 나오지 않고, 정답 페이지뷰 1회당 쌀 10톨 가격을 부담하기로 한 소수의 광고주에게서 나오기 때문이다. 이들이 페이지를 보는 게이머들의 눈길에 돈을 내는 셈이다. 그러니 게임 플레이로 새로운 지식이나 가치가 전혀 창출되지 않는다. 광고주야 날마다 수십만 명이 보는 페이지에 광고를 낼 수 있어서 기쁠 뿐이다.

따라서 「프리 라이스」는 위키 백과라기보다는 영리한 모금 활동에 가깝다. 그래도 대단히 중요한 프로젝트임은 틀림없다. 좋은 게임이 현실 세계에도 좋은 영향을 줄 때 게이머들이 더욱 즐거워한다는 사실을 확연히 드러내 보이기 때문이다. 아무리 뜻이 좋아도 형편없는 게임을 플레이하려고 수십만 명이 모일 리 없다. 하지만 좋은 게임 디자인과 현실 세계의 실익이 만나면 끌리지 않을 수 있을까?

더 큰 시사점도 있다. 「프리 라이스」 플레이어들이 광고를 보는 것 말고 다른 것으로 기여한다면? 손쉽게 제공할 수 있는 것은 무엇이고, 그것들이 합해지면 무엇이 될까? 게이머들이 장대한 문제 해결 프로젝트에 어느 정도로 열중할 수 있는지 훨씬 잘 보여주는 군중 프로젝트가 있다. 바로 게이머의 하드웨어를 선용하고자 디자인된 「폴딩앳홈」이다.

암을 고치는 즐거움, 폴딩앳홈

"플레이스테이션 3를 보유하고 있다면 이제 생명을 살립시다. '진짜' 생명을!"[14] 한 블로거가 플레이스테이션 3용 「폴딩앳홈」을 알고 나서 한 말이다. 「폴딩앳홈」은 세계 최초로 게이머들만 대상으로 한 분산 컴퓨팅 프로젝트다. 분산 컴퓨팅은 컴퓨터용 크라우드소싱이라고 보면 된다. 인터넷으로 컴퓨터들을 거대한 가상의 슈퍼컴퓨터에 연결해 컴퓨터 한 대만으로는 역부족인 복잡한 연산 작업을 수행한다.

오래전부터 과학자들은 가정용 컴퓨터의 힘을 모아서 가상의 슈퍼

컴퓨터를 만들어 굉장한 과학 문제를 해결하는 데 사용했다. 가장 유명한 예가 가정용 컴퓨터들로 외계 신호를 분석해 우주의 지적 생명체를 찾는 「세티앳홈SETI@home」이다. 「폴딩앳홈」도 비슷한 시스템으로, 스탠퍼드 대학교 생물학자와 의학자들이 인체 생물학의 가장 큰 수수께끼인 단백질 접힘의 비밀을 풀고자 만들었다.

단백질 접힘이 왜 중요한가? 단백질은 모든 생체 활동의 근간이다. 뼈를 유지하고, 근육을 움직이고, 오감을 조절하고, 음식을 소화시키고, 감염을 방지하고, 두뇌의 감정 처리를 돕는다. 즉, 몸에서 일어나는 모든 현상이 단백질의 활약이다. 인체에는 10만여 종의 단백질이 있는데 각 단백질은 100~1,000개 부분으로 구성되고 아미노산 20종이 결합한 형태다. 각각 고유한 형태로 접혀서 역할을 수행한다.[15]

생물학자들은 이 과정을 대단히 복잡한 종이접기에 비유한다. 부분들이 배열되는 방식과 접히는 형태가 가지각색이다. 설사 어떤 단백질이 어떤 아미노산들로 만들어지고 얼마나 많은 부분으로 구성되는지 알지라도 그 단백질이 정확히 어떤 모양을 할지 예측하기란 불가능에 가깝다. 하지만 한 가지 확실한 것은 이따금 알 수 없는 이유로 단백질이 정확히 접히지 않는 현상이 일어난다는 사실이다. 이렇게 단백질이 어떤 형태를 취해야 하는지 '잊어버리면' 질병이 생긴다. 학계에서는 알츠하이머, 낭포성섬유증, 광우병을 비롯해 많은 종류의 암을 단백질이 잘못 접힌 결과로 본다.

그래서 과학자들은 단백질이 접히는 방식과 형태를 정확히 파악해 잘못 접히는 일을 방지하고자 한다. 하지만 각 단백질이 취할 수 있는 형태가 거의 무한에 가까우니 가능한 형태를 모두 검사하자면 엄청나게 오랜 시간이 걸린다. 단백질이 어떤 아미노산 조합으로 구성되면 어떤 모양을 취할 수 있는지 컴퓨터 프로그램으로 전부 시뮬레이션해볼 수 있긴 하다. 그러나 단백질 하나만 놓고 모든 경우의 수를 따져보려고만 해도 무려 30년의 세월이 걸린다. 인체에 있는 단백질이 10만 개가 넘으니 이는 굉장한 시간을 요한다.

그래서 과학자들은 분산 컴퓨팅을 이용한다. 여러 프로세서가 작업을 분담하면 처리 속도가 대폭 향상된다. 2001년부터 전 세계에서 누구든 개인용 컴퓨터를 「폴딩앳홈」 네트워크에 연결할 수 있게 됐다. 연결된 컴퓨터는 유휴 상태가 되면 네트워크에서 몇 분 만에 처리할 수 있는 단백질 접힘 시뮬레이션 과제를 내려받는다. 그리고 처리 결과 데이터를 다시 네트워크에 전송한다.

이렇게 개인용 컴퓨터의 유휴 처리능력을 활용한 지 10년쯤 됐을 무렵, 「폴딩앳홈」 팀은 가상 슈퍼컴퓨터용으로 더욱 강력한 플랫폼이 존재한다는 사실을 알게 됐다. 바로 플레이스테이션 3 같은 게임기였다.

데이터 처리라면 게임기가 평균적인 PC보다 월등하다. 쉴 새 없이 바뀌는 3D 그래픽 환경을 그리려면 집이나 회사에서 인터넷 검색이나 문서 작성을 할 때보다 훨씬 큰 연산 능력이 필요하기 때문이다. 전체적으로 보면 게임기보다 가정용 컴퓨터가 더 많지만 그래도 게이머 중 작은 무리라도 분산 컴퓨팅 프로젝트에 참여하면 슈퍼컴퓨팅 능력을 2배, 3배, 아니, 4배까지 향상할 수 있다.

그런데 과연 게이머들이 그렇게 할까? 플레이스테이션 3 제작사인 소니는 당연히 그러리라고 봤다. 그리고 예상은 적중했다.

소니는 사회 환원 차원에서 플레이스테이션 3용 「폴딩앳홈」 애플리케이션을 개발했다. 게이머가 접속해 단백질 접힘 미션을 수락하면 플레이스테이션 3의 처리 능력이 미션 수행에 기부된다. 실제 시뮬레이션을 볼 수 있고, 자신이 컴퓨팅 능력을 전체 프로젝트에 얼마나 기부했는지도 시시각각 확인할 수 있다.

'가상 세계를 구하지 않을 때는 실제 세계를 구하자!' 귀가 솔깃한 얘기였다. 그래서 급속도로 확산됐다. 소니가 애플리케이션을 공개하고 며칠 만에 온라인 게임 세계 여기저기서 '대의를 위한 게임'을 말하는 블로그 글과 기사가 수천 편 올라왔다.

게이머들은 이 미션에 대단한 열의를 보이며 모여들었다. '플레이스테이션 3 게이머가 세상을 구한다!'라고 자랑스럽게 외치는 블로그 글과 기사가 올라왔다. 포럼에서는 서로 격려했다. "최근에 암을 고친 적 있는가? 지금이야말로 암을 고치는 즐거움에 뛰어들 때다."[16] 플레이어들은 경쟁하듯 팀을 만들고 "당신 없이는 플레이스테이션 3도 무용지물!", "인류를 위해 당신이 나설 때다" 하는 식으로 행동을 촉구했다.[17]

게이머들이 힘을 합한 덕에 「폴딩앳홈」은 여섯 달 만에 전 세계의 어떤 분산 컴퓨팅 네트워크도 이루지 못한 업적으로 슈퍼컴퓨팅에 한 획을 그었다. 다음은 「폴딩앳홈」 프로젝트의 수석 개발자가 플레이스테이션 공식 블로그에 올린 글이다.

드디어 폴딩 커뮤니티와 컴퓨터 과학계 전체가 간절히 바라던 대로 페타플롭petaflop 고지를 넘었습니다. 페타플롭은 1천조 플롭스FLOPS(초당 수행할 수 있는 부동소수점 연산 횟

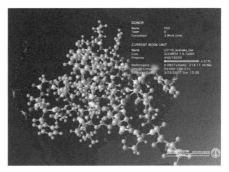

플레이스테이션 3용 「폴딩앳홈」 애플리케이션 화면 소니, 2009

수)와 같습니다. 이 막대한 연산 능력이 어느 정도인지 감을 잡으려면 음식 계산서에서 팁을 계산하는 상황을 그려보세요. 자, 계산서 75,000개를 계산한다고, 매초 그렇게 한다고, 그리고 전 지구인이 동시에 그렇게 한다고 합시다. 그게 페타플롭 계산입니다. 이제 왜 제가 막대하다는 표현을 썼는지 아실 겁니다.[18]

이렇게 장대한 맥락이 있으니 게이머들이 두 팔을 걷어붙이고 나설 수밖에 없다. 게이머들은 언제나 초대형 목표에 이바지할 기회를 찾는다. 한 게이머는 이렇게 말했다. "한 번의 실패없이 최고 난이도까지 섭렵한 것보다 암 치료에 일조했다고 자랑하는 게 낫지 않을까?"[19]

현재 「폴딩앳홈」의 처리 능력 중 플레이스테이션 3가 차지하는 비중은 74퍼센트다. 지금까지 전 세계에서 백만이 넘는 플레이스테이션 3 게이머가 유휴 연산 능력으로 「폴딩앳홈」에 기여했다. 플레이스테이션 3 네트워크 사용자 25명 중 1명꼴이다.[20] 이들은 다른 사람들이 따라올 수 없을 만큼 기여도가 높을 뿐만 아니라 「폴딩앳홈」 포럼

에서도 꾸준히 자신의 기여도를 확인하며 남들보다 훨씬 왕성한 활동을 보인다.

이제 플레이스테이션 3가 「폴딩앳홈」 애플리케이션이 기본으로 내장해 출하되니 누구든 손쉽게 참여할 수 있다. 2008년 9월에 첫 선을 보이고 한참이 지난 지금도 하루 3천 명, 분당 2명꼴로 이 공동 작업에 합류하고 있다.[21]

「폴딩앳홈」 프로젝트는 좋은 크라우드소싱 프로젝트의 근간이라 할, 기회와 능력의 연결을 아주 잘 보여주는 예다. 하지만 그것만으로는 군중을 끌어들일 수 없다. 군중을 끌어들이려면 군중이 성공적으로 해낼 법한 일을 요구해야 한다. 플레이스테이션 3 게이머라면 누구나 유휴 처리 능력을 쉽고 성공적으로 제공할 수 있다. 그리고 소니는 스탠퍼드 대학교와 힘을 합쳐 게이머들의 기여가 진정한 의미를 창출할 기회를 마련했다.

이 군중 프로젝트에 게이머들이 열의를 보이며 대거 참여한 것은 현실 세계에 이바지하고자 하는 욕망이 점점 커지고 있다는 방증이다. 수십 년 동안 게이머들은 가상 세계에서 영웅적 행동을 촉구하는 요청에 응했다. 이제는 현실에서 행동을 촉구하는 요청에 응하라고 그들에게 부탁할 때다. 모든 증거가 게이머들은 현실에서 두 팔을 걷어붙이고 나설 때 더 큰 행복을 느낀다고 말한다.

다음 단계는 게이머의 게임기가 아니라 지성을 활용하는 것이다. 게이머들은 창의성과 끈기와 도전 정신이 있다. 그들의 탄탄한 지적 자원은 자타가 공인하는 열중 능력과 함께 사용되기만 기다리고 있는 귀중한 자원이다. 실제로 시애틀 지역에서는 여기에 기대를 걸고 의학자, 컴퓨터 과학자, 기술자, 전문 게임 개발자들로 팀이 꾸려졌다. 이들은 게이머가 타고난 창의력과 문제 해결 능력을 발휘해 새로운 단백질 형태를 디자인하는 방법을 터득하면 적극적으로 질병 치료를 도울 수 있으리라 본다. 그래서 게이머의 잠재력을 믿고「폴딩앳홈」에서 과감히 한 걸음 더 내디뎌「폴딧 FoldIt」이라고 하는 단백질 접힘 게임을 개발했다.

게임기의 능력을 활용해 복잡한 단백질 접힘 시뮬레이션을 수행하는「폴딩앳홈」과 달리「폴딧」은 게이머가 창의력과 상상력을 발휘해 직접 디지털 단백질을 접도록 함으로써 진짜 지적 능력을 활용한다.

이 게임에서 플레이어는 3D 가상 환경에서 단백질을 조작한다. 한 평가자는 이 가상 환경을 "다양한 색으로 된 기하학적 뱀들이 화면을 채우는 21세기형 테트리스"라고 표현했다.[22] 기하학적 뱀은 단백질의 기본 요소인 아미노산 사슬을 나타내는데, 우리 인체에서 일어나는 각종 생물학 작용은 이 아미노산 사슬이 연결되어 대단히 복잡한 패턴으로 접힌 결과다.「폴딧」에서 플레이어의 목표는 아직 접히지 않은 단백질을 올바른 형태로 접음으로써 어떤 작업에는 어떤 패턴이 가장 안정적이고 효과적인지 찾는 것이다. 이를 '단백질 퍼즐'이라고 한다.

플레이어는 우선 '이미 해결된' 퍼즐, 그러니까 과학자들이 접는 방법을 잘 아는 단백질로 단백질 접는 방법을 익힌다. 그리고 요령을 터득하고 나서는 아직 과학자들이 제대로 접지 못한 단백질의 형태를 예측하거나, 연구자들이 연구실에서 만들 수 있도록 전혀 새로운 단백질 형태를 디자인한다.

"우리의 지상 목표는 일반인들이 이 게임을 플레이해 최종적으로 노벨 생리의학상, 화학상의 후보가 되는 것이다." 이 새로운 단백질 접기 퍼즐 게임의 공개를 몇 주 앞둔 2008년 봄, 워싱턴 대학교 컴퓨터공학 교수이며 「폴딧」 프로젝트의 핵심 연구원인 조런 포포빅 zoran popović이 의료 게임 콘퍼런스 연설에서 내비친 포부다.[23] 게임이 공개되고 18개월 만에 112,700명이 넘는 플레이어가 등록했는데 연구원들의 말로는 대부분이 단백질 접힘에 문외한이었다고 한다. "우리는 과학을 하는 방식, 그리고 과학을 하는 사람이 바뀌길 희망한다." 포포빅의 바람이다.

그리고 「폴딧」은 그의 바람에 맞춰 순항 중이다. 「폴딧」 팀은 저명한 학술지 《네이처 Nature》 2010년 8월호에서 최초로 눈부신 업적을 공개했다. 게이머들이 세계에서 가장 정교한 단백질 접힘 알고리즘과 10번 겨뤄서 5번을 이기고 3번을 비긴 것이었다. 저자들은 게이머의 직관이 슈퍼컴퓨터와 겨룰 만하다고, 특히 과감하고 창의적인 자세로 위험을 감수해야 문제를 해결할 수 있을 때 더욱 빛이 난다고 결론 내렸다.[24] 눈여겨볼 점은 《네이처》 논문에서 「폴딧」 플레이어가 '주제'가 아닌 '주체'였다는 사실이다. 공동 저자 명단을 보면 포포빅과 그의 동료 학자들을 비롯하여 57,000명이 넘는 게이머의 이름이 함께 올라 있다.[25]

앞으로 시민 조사 보도, 집단지성 프로젝트, 인도주의 활동, 시민 과학 연구 등 우리가 군중으로 힘을 합쳐 수행할 과제가 더 많아질 것이다. 그런데 세상을 바꾸고자 우리의 손길을 기다리는 집단 활동이야 부족하진 않지만, 혹시라도 대가가 부족해서 진행에 방해가 되는 일은 없어야 한다.

현재 많은 크라우드소싱 프로젝트가 기여의 대가로 적은 액수의 금전적 보상을 주는 방안을 실험 중이다. 사업체와 전 세계의 가상 인력을 연결하는 아마존 메커니컬 터크는 참가자들이 **인류 지성 작업** human intelligence task, 사이트의 설명을 빌리자면 "컴퓨터가 아닌 인간만 할 수 있는" 지적 작업(사진 분류, 노랫말의 느낌 표현, 짧은 영상 속 행동 설명 등)에 의미 있게 기여할 때마다 몇 센트씩 지급한다. 최고 기여자에게 상금을 주는 곳도 있다. 일례로 크라우드스프링 crowdSPRING 거래소는 신제품의 이름을 짓거나 기존 서비스를 개선하는 등 유익한 아이디어를 낸 사람에게 5,000달러 이상의 상금을 수여한다.

사람들이 아무 대가 없이도 선뜻 기여하니 대가가 있으면 훨씬 즐겁게 기여하리란 논리에서 나온 생각이다. 하지만 기여자에게 대가를 주는 것은 두 가지 점에서 전 세계 참여 대역폭을 키우는 데 도움이 안 된다.

첫째, 과학 연구로 수없이 밝혀졌다시피 대가 없이 즐길 수 있는 활동에 대가가 생기면 오히려 의욕이 떨어져 열중하기가 어려워진다.[26] 책 읽기, 그림 그리기, 설문 참여하기, 퍼즐 풀기 등 그냥 좋아서 했을 일을 일단 돈을 받고 하고 나면 앞으로는 돈을 받지 않고는 할 마음이 잘 생기지 않는다. 대가가 있어서 참여율이 높아지는 집단은 애당초 대가 없이는 열중하지 않을 사람들이다. 그래서 대가가 끊기면 곧장 참여도 끊긴다.

둘째, 참여자들에게 줄 수 있는 화폐 자원은 반드시 한정돼 있다. 어떤 프로젝트든 무한정으로 돈을 퍼줄 수는 없는 노릇이다. 아무리 잘 나가는 사업체라 해도 화수분이 될 수는 없다. 돈이나 상품처럼 한정된 자원으로 보상하면 오히려 참여율이 네트워크의 잠재력에 못 미치는 결과가 빚어진다. 우리에겐 지속 가능한 열중 경제가 필요하다. 다시 말해 재화가 아니라 내적 보상으로 참여자들의 의욕을 북돋아야 한다.

그런데 돈이나 상품이 아니면 무엇이 크라우드소싱 경제의 화폐로 가장 유력한가? 나는 이 새로운 경제를 이끌 동력이 감정이라고 본다. 긍정적 감정이야말로 참여의 최대 보상이다. 더군다나 우리는 긍정적 활동, 긍정적 성취, 긍정적 관계를 통해 우리가 원하는 보상을 모두 창출해낼 능력을 타고나기까지 했다. 이것이야말로 거대 군중 프로젝트의 참여를 유도할 보상의 화수분이 아닌가.

열중 경제에서는 '눈길'과 '이성 점유율'이 아니라 '두뇌 회전'과 '감성 점유율'을 두고 경쟁한다. 그러니 남보다 더 나은 대가를 더 많이 주는 식으로는 성공할 수 없다. 성공하려면 남보다 더 나은 '참여' 상태를 더 많이 유도해야 한다. 사람들에게 의욕을 불어넣어 공동 목표를 위해 더 열심히 더 오랫동안 노력하게 함으로써 개인과 집단의 참여 대역폭을 향상해야 한다. 그런데 참여를 위한 집단의 힘을 증대하는 데는 게임 개발자들을 따라올 사람이 없다.

게임 디자이너들은 오래전부터 대집단 협업 기술을 갈고닦았다. 게임을 할 때 우리는 온 힘을 다 기울인다. 게임을 하면 결속력 강한 커뮤니티가 형성돼 오랫동안 유지되면서 집단의 힘으로 놀라운 일이 일어난다. 크라우드소싱이 이론이라면 게임은 플랫폼이다.

여기서 현실을 바로 잡는 열한 번째 방법이 나온다.

게임으로 현실 바로잡기 11   지속 가능한 열중 경제

게임과 비교하면 현실은 지속 불가능하다. 게임에서 오는 희열은 무한한 재생 자원이다.

훌륭한 게임 개발자라면 감정 경험이 그 자체로 보상이 된다는 점을 잘 안다. 「헤일로」 시리즈를 제작한 번지의 채용 공고를 보자.

진정 가치 있고 의미 있는 세상을 만들기 원합니까? 플레이어가 게임을 즐기게 하는 보상과 플레이어를 노예로 만드는 보상이 어떻게 다른지 알고 있습니까? 섬세하게 게임의 밸런스를 유지하면서 플레이어가 성장하게 할 방안을 찾을 수 있습니까? 모두 예라고 대답할 수 있다면 이력서를 다듬어 번지의 차기 '플레이어 몰입 디자인 팀장Player Investment Design Lead'에 지원하십시오. 플레이어 몰입 디자인 팀장은 첫째, 디자이너들을 관리해 그들이 탄탄한 몰입 경로를

구축함으로써 일관성 있고 안정적이며 풍부한 보상으로 플레이어를 즐거운 캐릭터 성장 활동에 몰입시키도록 감독하고, 둘째, 강도 높은 시뮬레이션과 테스트를 반복해 그 시스템을 승인하는 직위입니다.[27]

아직 게임업계 외에는 이 직위가 존재하지 않는다. 하지만 꼭 필요한 직위다. '플레이어 몰입 디자인 팀장'은 앞으로 모든 협업 프로젝트와 군중 프로젝트에 반드시 있어야 할 사람이다. 게임이 내적 보상으로 플레이를 유도하면 실제 화폐나 가상 화폐처럼 한정된 자원을 참여 대가로 줄 필요가 없다. 플레이어가 자신의 발전, 세계 탐험, 커뮤니티의 성공에 제대로 몰입한다면 참여 자체가 보상이 된다.

그러면 좋은 플레이어 몰입 디자인이란 무엇인가? 번지의 채용 공고에 그 핵심 직무가 명시돼 있는데 이는 거대 군중 프로젝트가 반드시 따라야 할 4대 원칙이기도 하다. 이 원칙들은 흡인력 있는 게임 세상, 만족스러운 게임 체계, 힘을 북돋는 게임 커뮤니티를 만든다는 지상 목표에 잘 들어맞는다.

플레이어 몰입 디자인 팀장은 다음과 같은 목적으로 게임 내 플레이어 보상 체계를 디자인합니다.

- 플레이어가 게임 세계와 캐릭터에 몰입하도록
- 플레이어가 장기 목표를 세우도록
- 플레이어가 시스템이나 다른 플레이어에게 악용하지 않도록
- 콘텐츠가 그 자체로 보상이 되도록

즉, 플레이어가 '세계', 즉 공유 공간을 탐험하고 그것에 영향을 끼치면서 콘텐츠를 즐기고 시스템 및 다른 플레이어와 교류할 수 있어야 한다. 그리고 그 세상에서 고유한 정체성을 확립하고 성장할 수 있어야 한다. 또한 그 세계에서 일을 할 때는 더 큰 그림을 볼 수 있어야 한다. 즉, 계속해서 더 어려운 과제에 도전해 더 큰 결과를 얻을 기회를 볼 수 있어야 한다. 그리고 오로지 성실하게 참여할 때만 보상을 받도록 게임을 디자인해야 한다. 어떤 게임이든 플레이어는 보상이 가장 큰 일만 하기 때문이다. 그러니 내적 보상이 있는 콘텐츠와 경험을 조성하는 데 중점을 둬야지, 지루하고 하찮고 의미 없는 일에 보상할 생각을 해서는 안 된다. 이 원칙이 가상 세계에서처럼 현실 세계에서도 문제 해결에 효과가 있을까? 물론이다. 「의원 세비 조사단」, 위키 백과, 「프리 라이스」, 「폴딧」 같은 프로젝트의 성공 비결도 다 똑같다. 네 프로젝트 모두 참여가 그 자체로 보상이어서 플레이어가 두 팔을 걷어붙이고 상호작용 세계에 몰입한다.

잘 디자인된 가상 환경에 고도로 열중하면서 자란 게이머들은 현실 생활에서도 더 잘 열중할 수 있기를 열망한다. 초대형 목표를 위해 협동하면서 행복한 생산성을 느낄 방법이 없을까 고민한다. 이들이야말로 앞으로 더욱 많은 사람이 찾게 될 시민 언론, 집단지성, 인도주의, 시민 과학 프로젝트의 참여 대역폭이 나오는 천연 원천이다.

이 장의 사례에서 보듯이 앞으로 10년, 아니 그 이상 동안 크라우드소싱 게임이 우리의 민주적, 과학적, 인도적 목표를 달성하는 데 중요한 역할을 할 것이다.

이 크라우드소싱 게임은 단순한 온라인 작업이나 연산 업무에만 머물지 않는다. 실제 환경, 얼굴과 얼굴을 맞대는 사회 공간으로 우리를 이끌 것이다. 이 새로운 게임에 자극을 받아 군중이 현실 사회의 미션을 위해 결집할 것이고, 그렇다면 지금 가상 세계에서 생명을 구하듯이 현실 세계에서 사람들의 삶을 바꾸고 생명을 구하는 일이 꿈만은 아닐 것이다.

12

인류의 선한 능력을 깨우다

장대한 승리Epic Win

명사

1. 예상외의 승리

2. 믿을 수 없을 만큼 잘 풀린 일

3. 그 이상은 불가능하다고 생각될 만큼 큰 성공

감탄사

4. 굉장히 마음에 드는(그리고 주로 일어날 법하지 않은) 사건이 일어

났을 때 감격에 겨워 하는 말. "좋았어! 장대한 승리야!"

__어반 딕셔너리 Urban Dictionary [1] (인터넷 은어 사전 - 옮긴이)

지금 세상에는 **장대한 승리**가 더 많이 필요하다. 평범한 사람들이 다른 사람의 삶을 바꾸거나 생명을 구하는 것처럼 비범한 일을 할 기회가 날마다 더 많이 있어야 한다는 말이다.

'장대한 승리'는 게이머들의 은어다. 크고 놀라운 성공을 뜻한다. 이를테면 아슬아슬한 역전승, 이례적이지만 효과가 엄청난 전략, 계획보다 훨씬 잘 돌아가는 팀워크, 전혀 뜻밖의 플레이어가 보이는 영웅적 행동 등이다.

'장대한'이란 말 때문에 아주 드물고 예외적인 승리라는 느낌이 든다. 하지만 게이머들은 그렇게 쓰지 않는다. 토론 포럼에 들어가보면 아주 놀랍고 뿌듯한 피에로 순간을 이야기하는 게이머가 헤아릴 수 없을 정도로 많다. 장대한 승리의 유형도 여러 가지다.

일단 자기도 몰랐던 능력을 발견하는 것이 있다. 한 액션 어드벤처 게이머의 말이다. "「인디고 프로페시Indigo Prophecy」에서 사무실 격투 있잖아요, 와, 이거 아무리 해도 안 되겠다, 여기서 접어야 하나 싶었는데 한 시간 동안 낑낑댄 끝에 결국 해냈습니다. 심신은 피폐해졌지만 그래도 감동의 도가니! 내가 정말 해낸 거야? 장대한 승리!"[2]

불가능하다는 통념을 깨뜨리는 것도 있다. 어느 가상 축구 게이머가 쓴 글이다. "「챔피언십 매니저Championship Manager」에서 약체 중의 약체팀 말라가로 챔피언스 리그 시즌 우승을 차지했습니다. 장대한 승리! 이게 어디 가능한 일입니까?"

또 전에는 꿈도 못 꿨던 긍정적인 결과를 빚는 것도 있다. 「그랜드 세프트 오토Grand Theft Auto, GTA」 플레이어의 자랑. "「GTA 4」에서 장대한 승리를 거뒀다. 산악자전거를 타고 도시에서 가장 높은 산에 오른 것이다. 실제 시간으로 25분이 걸렸지. 그런데 정상에 도착하자마자 때마침 해가 뜨는 게 아닌가!"

이 세 가지 장대한 승리의 공통점은 무엇일까? 현실성 있는 최상의 결과에 대한 생각이 바뀐다는 점이다. 이전에 생각했던 결과의 상한선이 무엇이든 간에 장대한 승리를 거두고 나면 새로운 선례가 생긴다. 그래서 더 많이 할 수 있고 더 잘할 수 있다는 기분이 든다.

장대한 승리를 거둘 때마다 가능성의 영역이 확장된다. 그것도 극적으로 말이다. 그래서 이 장대한 승리는 지속 가능한 열중 경제를 만들어가는 데 꼭 필요하다. 장대한 승리를 경험하면 또 무엇을 할 수 있을지 궁금해지고, 자연히 다음번에도 다시 긍정적인 행동을 하게 된다. 그래서 한 번이 두 번, 두 번이 세 번, 연속적으로 이어지면서 장기간의 열정적인 참여로 변한다.

게이머가 장대한 승리를 많이 거두는 이유는 두 가지다. 첫째, 게이머는 말도 안 되는 과제, 낮은 확률, 큰 불확실성 앞에서 굉장히 낙관적인 자세를 보인다. 설사 성공할 가능성이 크지 않더라도 가능성이 아주 없진 않다고 확신한다. 그래서 장대한 승리를 향한 노력을 결코 부질없게 여기지 않는다. 둘째, 게이머는 실패를 겁내지 않는다. 좋은 게임은 실패하더라도 즐겁고 재미있다. 때로는 교훈을 얻고 힘이 생기기도 한다.

고도의 낙관주의와 재미있는 실패 덕분에 게이머는 장대한 승리를 경험할 수 있는 상황에 잘 뛰어든다. 거기서 불가능해 보이는 미션을 수행하고, 깜짝 놀랄 만큼 긍정적이고 새로운 결과에 전율한다.

이론적으로는 현실 세계에서도 좋은 게임과 마찬가지로 세상을 구하는 가슴 벅찬 일들이 있을 수 있다. 하지만 현실 생활에서 장대한 승리를 경험하기란 쉽지 않다. 게임은 치밀한 디자인으로 우리가 자신의 초능력을 발견할 기회를 주지만 현실은 그렇지 않기 때문이다.

현실에서는 '명확한 지시'에 따라 '현재 자신의 역량'에 딱 맞고 '지금 이 순간 중요한 일'을 할 기회가 끊임없이 이어지지 않는다. 그렇게 창의적이고 체계적인 지원이 없으니 일상에서 장대한 목표를 추구하고 성취하기가 어려울 수밖에 없다.

하지만 다행스럽게도 **사회 참여 게임** social participation games이라는 새로운 장르로 변화의 문이 열렸다. 사회 참여 게임의 목적은 현실에서 플레이어가 MMORPG 퀘스트만큼 영웅적이고 보람차며 쉽게 달성할 수 있는 일을 자발적으로 수행할 기회를 주는 것이다. 그래서 누가 시키지도 않았는데 현실에서 선행을 하고, 더 나아가 실제 삶을 변화시키고 생명을 구하는 게이머가 날로 늘어나고 있다.

나의 친구 톰이 딱 그런 사람이다. 톰은 오레곤주 포틀랜드시에 사는 젊은 수학 교사다. 보통 「록 밴드」나 본인의 말을 빌리자면 "스파이더맨이나 배트맨이 될 수 있는 온갖 게임"에서 장대한 승리를 경험한다. 그런 그가 얼마 전에 「비범한 사람들The Extraordinaries」이라는 사회 참여 게임을 시작하면서 자신의 잠재력에 대한 인식이 완전히 바뀌었다.

2분 만에 슈퍼히어로가 되는 법, 비범한 사람들

「비범한 사람들」은 틈틈이 좋은 일을 할 수 있도록 도와주는 웹, 휴대전화 애플리케이션이다. 샌프란시스코의 디자이너, 사업가, 활동가들이 힘을 합쳐 만든 게임으로, 가장 큰 목표는 현실 세계에서도 가상 세계만큼 쉽게 영웅적 행동을 할 수 있게 하는 것이다.

"딱 2분이면 비범한 사람이 될 수 있습니다!" 게임 표어다. 플레이어는 어디서든 게임에 접속해 문자 그대로 몇 분 만에 후딱 끝낼 수 있는 '작은 자원봉사' 미션 목록을 볼 수 있다. 모든 미션은 실제 비영리 단체가 목표를 달성하는 데 도움이 된다.

「비범한 사람들」의 미션 설명 페이지는 「와우」의 퀘스트 설명과 흡사하다. 수행 가능한 미션 중 하나를 선택하면 그 미션이 세계를 구하는 데 도움이 되는 이유와 함께 미션 수행 방법이 단계별로 나온다. 언제 들어가든 우리의 손길을 기다리는 중요한 과제가 있을 뿐만 아니라 성실하게 노력할 자세가 된 사람이라면 누구나 수행할 수 있게 디자인돼 있다.

「비범한 사람들」에 처음 접속한 날, 톰은 대번에 자신이 잘할 수 있을 만한 영웅적 미션을 찾았다. 아이폰으로 '비밀 물건'을 촬영해 GPS 좌표와 함께 데이터베이스에 올리는 임무였다.

그 비밀 물건이란 해마다 심장마비 환자 수천 명을 전기 충격으로 살리는 자동 심장 충격기^{AED}였다. 미션을 디자인한 응급처치회^{First Aid Corps}는 전 세계 공공 자동 심장 충격기 지도를 만들고 있다. 응급처치회가 올린 미션 설명이다.

해마다 미국인 20만 명 이상이 심장마비를 일으킵니다. 심장마비는 5분만 지나도 뇌사가 일어나지만 안타깝게도 응급차가 항상 제시간에 도착하지는 못합니다. 그 시간 안에 대처할 수 있는 것은 환자 가까이 있는 사람뿐입니다.

관공서, 공항, 학교 등에 자동 심장 충격기가 설치되어 있으니 일반인도 응급 환자를 구조할 수 있습니다. 응급처치회는 응급 상황에서 911이 주변 사람에게 그 위치를 알려줄 수 있도록 자동 심장 충격기 지도를 작성하고 있습니다.

즉, 아직 지도에 없는 자동 심장 충격기를 찾아서 잘 촬영해 올릴 수 있다면 응급처치회의 생명 구조를 도울 수 있다.

미션 디자인이 잘 되어 있으면, 그러니까 집중된 작업, 분명하게 정의된 행동 맥락, 실질적인 기회의 창window of opportunity(기회를 잘 잡을 수 있는 시간-옮긴이)이 있으면 인명 구조처럼 이전에는 불가능했던 일이 가능해진다. 이처럼 자원봉사에 게임성을 더하면 엄청난 일이 일어난다. 다시 말해 자원봉사를 좋은 퀘스트처럼 디자인하면 플레이어가 놀라운 일을 할 수 있게 된다.

응급처치회 미션은 지시 사항이 명쾌하고, 미션의 이유가 흡인력 있으며, 작업이 플레이어의 능력 수준에 꼭 맞는다. 오늘 가려는 장소에 때마침 자동 심장 충격기가 있으면 그 자리에서 슈퍼히어로가 될 수 있다. 그렇지 않다면 이제 비밀 임무를 띠고 어디를 가든 깨진 심장 표시(자동 심장 충격기를 의미하는 국제 기호)를 찾아야 한다.

톰이 자동 심장 충격기를 발견한 곳은 포틀랜드 주립대학교 교육 대학원 엘리베이터 옆. 바로 그가 수학교육 석사 과정을 밟는 건물이었다. "몇 년 동안 엘리베이터를 이용하면서도 못 보던 게 그제야 눈에 딱 들어온 거야. 뜻밖에 비밀 정보를 입수한 거지. 뿌듯하더라고." 누구나 볼 수 있는 곳에 있었기 때문에 엄밀히 말해서 비밀 정보는 아니다. 그러나 여기서 톰의 말을 잘 따져보면 세상을 구하는 비밀 임무로 슈퍼히어로가 된 기분을 느끼게 해주겠다는 「비범한 사람들」의 약속이 실제로 유효하다는 사실을 알 수 있다.

톰이 미션을 완수하자 다른 플레이어들이 알 수 있도록 그의 성공이 「비범한 사람들」 활동 기록판에 올랐다. "톰 에이치가 자동 심장 충격기의 위치를 밝혀 인명 구조에 이바지했습니다."

그리고 나서 톰은 이메일로 내게 그 소식을 전했다. "꼭 인명 구조 보물찾기 같았어. 그러니 기분이 날아갈 수밖에 없지. 어마어마하게 장대한 승리였다고." 톰의 자동 심장 충격기 미션은 분명히 장대한 승리였다. 그날 아침까지만 해도 자신이 인명 구조에 도움이 되리라곤 꿈에도 생각하지 못했으니까. 톰은 몰랐던 비밀 능력을 깨달았을 뿐만 아니라 실제로 그 능력을 발휘할 기회까지 얻었다.

톰이 찾은 자동 심장 충격기가 실제로 활용되어 응급 환자가 구조되면 그 사실을 알 수 있다. 응급처치회는 세계 지도에 각 자동 심장 충격기의 활용과 관련된 뉴스 링크를 업데이트한다. 자신이 찾은 자동 심장 충격기 옆에 '구조됨'이라는 표시가 뜨면 실제로 자신이 인명 구조에 공헌한 것이다. 현재는 플레이어가 직접 자동 심장 충격기 사용 현황을 확인해야 한다. 하지만 「비범한 사람들」 같은 플랫폼이 좀 더 발전해 플레이어의 작은 선행이 더 큰 일을 이루는 데 도움이 될 때마다 문자 메시지나 소셜 네트워크 업데이트로 알려준다면 어떨까? 그러면 자동 심장 충격기의 위치를 찾아 알리는 작지만 장대한 승리가 훗날 훨씬 더 장대한 승리로 이어질 수 있다.

「비범한 사람들」의 표어, '비범해지라!'는 다시 말하면 숨겨진 놀라운 능력을 찾아 발휘하라는 말, 그날 이룰 수 있는 업적의 상한선을 다시 그으란 말이다. 우리는 분명히 다른 사람을 위해 좋은 일을 할 능력이 있다. 다만, 불가능해 보이는 미션을 속전속결로 수행할 수 있다는 사실, 거기에 중독성이 있다는 사실을 아무도 알려주지 않았을 뿐이다.

2009년 가을, 「비범한 사람들」은 겨우 몇 달 만에 어느새 3,300명 이상의 회원이 20여 개 비영리 조직을 위해 총 22,000개가 넘는 미션을 완수한, 작지만 날로 성장하는 소셜 네트워크로 자리 잡았다. 회원 한 사람이 평균 일곱 번 장대한 승리를 거둔 셈이다. 이 수치만 보면 아직은 「비범한 사람들」의 중독성이 엄청나다고 할 수는 없다. 그러나 대단히 중대한 역할을 하고 있음은 틀림없다. 날마다 모든 사람이 장대한 승리를 더 많이 경험할 수 있음을 똑똑히 보여주기 때문이다.

여기서 현실을 바로 잡을 열두 번째 방법이 나온다.

게임과 비교하면 현실은 시시하다. 게임을 하면 가슴 벅찬 목표를 세우고
모두 힘을 합쳐 불가능해 보이는 사회적 미션을 수행할 수 있다.

왜 우리의 일상 속에 더 많은 장대한 승리가 필요한가? 지금 이 순
간 인류는 기후 변화, 세계 경제 위기, 식량난, 불안정한 세계정세, 우
울증 발병률 증가 등 역사상 최대 위기에 직면해 있다. 절대 온라인으
로는 해결할 수 없는 문제들이다. 온라인 교류가 아니라 현실의 행동
이 필요하다.

다행히도 「비범한 사람들」 같은 프로젝트는 게이머의 두뇌를 빌
리는 것 이상을 약속한다.[3] 우리는 대중의 사회 참여를 이끌어낼 수
있다.

사회 참여는 행동뿐만 아니라 생각까지 일치해야 한다. 그래서 앞
으로의 과제는 날로 늘어나는 인류 지성 작업과 어깨를 나란히 할 사
회 참여 작업social participation task을 디자인하는 일이다. 지금은 인류
지성 작업이 닷섭의 동영상 자막 제작, 「의원 세비 조사단」의 영수증
분석, 하다못해 신제품명을 '좋다', '나쁘다'로 판단하는 작업 등 온라
인 크라우드소싱 프로젝트의 대부분을 차지한다. 그런데 이 같은 활
동은 우리의 정서적, 사회적 능력이 아니라 주로 지적 능력만 활용한
다는 공통점이 있다.

인류 지성 작업이 중요하지 않다는 말은 아니다. 그러나 우리는 그

저 생각만 하는 기계가 아니다. 우리는 손을 내밀고, 공감하고, 필요를 깨닫고, 직접 나서고, 타인의 삶에 변화를 일으킬 수 있는, 인간이다. '사회적 능력'이 있고 그 힘을 모아 온라인 공간만 아니라 현실 공간에서도 선을 행할 수 있다. 미션만 제대로 제공된다면 말이다.

「비범한 사람들」의 다른 미션들 중에서도 가장 장대한 승리를 거뒀던 미션을 살펴보자. 빈민 아동의 교육, 영양, 건강을 돌보고 멘토를 이어줘 그들이 자립적인 시민으로서 사회에 이바지하도록 돕는 크리스틀 하우스^{Christel House}를 위한 사회 참여 작업이다. 또한 중대한 사회적 능력인 공감하고 조언하고 마음을 쓰다듬는 능력을 어떻게 활용하는지 잘 보여주는 본보기이기도 하다.

방법은 간단하다. 인생이 걸린 시험을 치르는 아이에게 짧은 격려 문자를 보내는 것이다. 미국, 멕시코, 베네수엘라, 남아프리카, 인도 중 한 나라를 선택하면 크리스틀 하우스가 실제 교실에서 시험을 앞둔 학생에게 문자를 전달한다. 크리스틀 하우스의 부개발자로서 이 사회 참여 작업 디자인에 참여한 네이선 핸드^{Nathan Hand}의 설명을 옮긴다.

> 어느 나라에서든 아이들은 특정 시점이 되면 반드시 합격해야 하는 시험을 치릅니다. 나라에 따라서 졸업 시험이 되기도 하고 진급 시험이 되기도 하지만 어쨌든 아이들은 평생 이 시험을 준비하며 중압감을 느낍니다. 우리가 하려는 일은 말하자면 크라우드소싱으로 이 아이들의 등을 토닥여주는 겁니다.[4]

나는 인도에 있는 아이에게 격려 문자를 보내기로 했다. 내 비법을 적어서. "시험을 치기 전에 활짝 웃어! 그리고 어려운 문제가 나오면 잠깐 멈춰서 웃는 거야!" 웃을 기분이 아니라도 웃으면 정말로 자신감이 솟고 왠지 잘될 것 같은 기분이 든다. 그저 내 생각이 아니라 과학적인 연구 결과다.[5]

인도의 어린 학생이 내 조언을 받는 모습을 떠올리며 보내기 버튼을 눌렀다. 순간, 달리 만날 길도 대화할 길도 없었던 누군가와 뜻 깊게 연결된 기분이었다. 내가 어려움을 겪는 누군가에게 손을 내밀어 실질적인 도움을 줄 수 있다는 희망이 솟아났다. 핸드가 다음과 같이 말한 크리스틀 하우스 미션의 목표를 정확히 체험한 셈이다. "우리를 통하면 정말로 몇 초 만에 도움이 필요한 아이를 뜻 깊게 도울 수 있습니다. 그러면 가슴이 따스해지고요, 또 우리를 기억하고 아이들을 기억하는 거죠. 그것이 중요한 겁니다."[6]

이 미션을 알기 전만 해도 난 지구 저편에서 인생이 걸린 중대한 시험을 치르는 아이한테 도움을 줄 생각조차 못했다. 마음이 없었던 게 아니라 길이 없었다. 그런데 크리스틀 하우스가 훌륭히 게임을 디자인한 덕에 그 생각이 바뀌었다. 마음만 먹으면 낯선 사람의 조력자가 될 수 있다니! 설마 나한테 그런 능력이 있었을 줄이야!

이 정도만 해도 장대한 승리다. '내가 이런 사람이었어? 이렇게 마음이 따뜻해? 다른 사람을 위해서 이런 것도 할 수 있어?' 이렇게 자신을 보는 눈이 완전히 바뀐다.

사회 참여 게임은 인간의 잠재력을 혁신한다. 우리의 선행 능력을 증진하고, 더 나아가 어디서든 바로 지금 이 순간에 그 능력을 체험하게 한다.

「비범한 사람들」은 일상생활에 장대한 승리를 주입하는 방법, 전 세계 참여 대역폭을 늘리는 방법을 잘 보여주는 예다. 하지만 본보기가 그뿐인가? 아니다. 군중의 사회적 능력 활용을 목표로 하는 비범하고 야심 찬 프로젝트가 두 개 더 있다. 사람들을 이어서 실제 소망을 이뤄주는 모바일 플랫폼 「현장 요원 Groundcrew」과 다른 플레이어의 사회 기여도를 두고 가상 화폐로 내기하는 온라인 에너지 보존 게임 「잃어버린 줄 Lost Joules」이다.

소망이 이루어지는 문자 보내기, 현장 요원

「현장 요원」은 매사추세츠주 케임브리지시의 사회사업가 조 에덜먼 Joe Edelman이 개발한 소망 성취 프로젝트다. 일단 이 프로젝트에 영감을 준, 컴퓨터 게임 역사상 최대의 베스트셀러, 생활 시뮬레이션 게임 「심즈」를 살펴보자.

「심즈」에서 플레이어는 가상 인물 심 Sim의 건강과 행복을 돌본다. 건강을 유지하려면 제때 먹고 자고 씻고 화장실도 가는 등 신체적 욕구가 채워져야 한다. 그리고 여기서 행복은 '소망' 성취로 유지된다.

「심즈 3」 공략집에서 발췌한다. "심은 날마다 작은 소망이 있고 플레이어의 도움으로 그 소망을 성취할 수 있기를 간절히 바랍니다. 소망이 성취되면 심의 기분이 좋아지고 평생 행복 포인트가 늘어납니다."[7] 심의 소망은 '소망 패널'에 표시되는데 여기서 심이 어디에 있고 무엇을 바라며 어떻게 하면 이룰 수 있는지 알 수 있다. 예를 들면 이렇다. "아름답고 신비로운 밤하늘. 당신의 심은 별의 논리적 패턴을 탐구하고 싶어 합니다. 망원경을 사용하세요. 행복 포인트 +150." 바로 이 소망 패널에서 에덜먼의 획기적인 아이디어가 나왔다. "현실의 사람들도 심처럼 소망이 있습니다. 그런데 문제는 서로 소망이 무엇인지, 어떻게 도움을 줄 수 있는지 모른다는 것이죠. 가상이 아닌 현실의 사람들을 행복하게 할 방법을 실시간으로 전달받는다면 어떨까요?"[8]

그래서 에덜먼은 시티즌 로지스틱스Citizen Logistics라는 소프트웨어 회사를 설립하고 현실의 사람들을 위한 소망 패널을 만들기 시작했다. 목표는 심의 평생 행복 포인트를 올리듯이 손쉽게 타인의 일상적 소망을 이뤄줄 수 있게 하는 것이었다.

관건은 주선 방법이었다. 아직은 바로 지금 여기서 다른 사람을 행복하게 해줄 방법을 찾기가 어렵다. 그래서 에덜먼은 주위의 소망을 표시하는 시스템을 제작하기로 한다. 이 아이디어에는 세 가지 핵심이 있다.

첫째, 플레이어가 시스템에 접속하면 바로 그 순간 도보나 대중교통 또는 운전으로 갈 수 있는 거리 내에서 소망을 품은 사람을 모두 볼 수 있어야 한다. 둘째, 소망을 품은 플레이어가 지도에서 얼른 소망을 이뤄주러 달려올 '요원'들을 모두 보고 문자 메시지로 직접 소망을 알릴 수 있어야 한다. 셋째, 제때 가장 먼저 소망을 이뤄준 플레이어가 명성 점수를 얻어 믿을 만한 소망 성취자임을 나타낼 수 있어야 한다. 명성 점수를 얻을수록 더 어려운 소망 성취에 도전할 수 있다. 거기서 그치지 않고 명성 점수는 나중에 자신의 소망을 이뤄줄 플레이어들을 모으고 보상하는 데도 쓸 수 있다.

성공하리란 보장은 없지만 그래도 한번 시도해볼 만한 아이디어였다. 그래서 테스트 플랫폼을 만들고 케임브리지 지역의 친구와 동료를 초대해 무슨 소망이든 좋으니 마음대로 사용해보라고 했다. 다행스럽게도 곧바로 효력이 나타났다. 시스템이 가동된 첫날, 에덜먼이 '제1번 소망'이라고 하는 소망이 성취됐다. 그의 이야기를 직접 들어보자.

한 여자분이 보스턴에 있는 어느 건물 지하실에서 댄스 리허설을 하고 있었습니다. 힘들어서 몸은 축축 늘어지는데 빠져나올 수는 없고, 카페라테 한 잔만 마시면 살겠다 싶었죠. 그래서 「현장 요원」에 그 소망을 올렸습니다. "도와주세요. 카페라테 한 잔만요."
바로 그 순간에 보스턴에 있던 남자분이 시스템을 보고 있었습니다. 여자분의 소망을 봤죠. 마침 몇 골목 안 떨어져 있는 겁니다. 아, 운명인가? 할 수 있어! 카페라테 한 잔 주문하는 것쯤이야 아무것도 아니지! 한 사람을 구하는 거야!
5분 후에 그는 지하실로 가서 세상에서 가장 중요한 일인 것처럼 외칩니다. "카페라테 시키신 분!" 사실 그 순간 그 댄서한테는 세상에서 가장 중요한 일이었죠! 하늘을 나는 기분이었답니다. 그렇게 맛있는 카페라테는 먹어본 적이 없대요. 남자분은 슈퍼히어로가 된 느낌이었고요. 소망을 띄운 지 5분 만에 일어난 일입니다.[9]

아니, 카페라테 한 잔 가져다주는 게 뭐 그리 대단한 일이라고, 세상을 변화시키는 노력이라면 그 정도로는 턱없이 부족하다고 생각할 수도 있다. 정말 그럴까?

카페라테를 마시고 싶다는 소망을 대수롭지 않게 볼 수도 있지만 어쨌든 에덜먼은 이 이야기를 즐겨 한다. 그가 보기엔 휴대전화로 자신의 위치와 필요를 알릴 수 있는 사람이 점점 늘어나는 세상에서 성취할 수 있는 새로운 유형의 장대한 승리를 아주 잘 보여주는 예이기 때문이다. 사람들이 서로 비는 시간을 선용해 날마다 좋은 일을 하고 좋은 기분을 느낄 수 있게 하는 승리라고 볼 수 있다. 에덜먼의 말이다. "몇 초 만에 소원을 이뤄줄 수 있다면 우린 훨씬 많은 사람을 사랑할 수 있습니다. …… 사람들한테 필요한 게 뭔지 알면 사랑할 수 있어요."[10]

이는 뜬구름 잡는 소리가 아니다. 일상에서 경제 체제라고 하면 주고받기부터 떠올리는 통념을 확 바꿔버리자는 것이다. "보통 카페라테를 마신다는 건 차가운 교환 행위입니다. 날마다 혼자 카페로 가서 힘들게 번 돈을 주고 카페라테를 사죠. 그런데 이 카페라테는 다릅니다. 이 카페라테는 사랑이에요. 그러니까 날마다 우리가 원하는 것을 얻는 방법을 바꾸자는 것, 더 좋은 방법을 만들자는 겁니다."[11]

「현장 요원」 미션

"실제 삶이 더 게임 같다면 어떨까요? 최근 몇 년 사이에 가상 커뮤니티(공동체)가 실제 삶의 공동체보다 더 편안한 곳이 되었습니다. 컴퓨터 게임은 전문가가 디자인한 오락과 즐거움을 선사합니다. …… 하지만 현실 생활을 다뤄야 할 때 우리는 혼자입니다. 언제쯤이면 현실 세계에서도 그렇게 모험하듯이 사람들과 어울리면서 쉽고 재미있게 현실 문제를 다룰 수 있을까요?

우리가 생각하는 공동체는 가까이에서 서로의 필요를 생각하고 현장에서 직접 도움을 주고받는 사람들입니다. 우리는 미국을 비롯한 전 세계에서 고독감, 무력감, 소외감, 불필요한 지출이 줄어들기를 바랍니다. 즐거움, 모험, 흥겨움, 나눔, 상부상조가 늘어나기를 바랍니다.

서로 다가가고자 하는 마음, 서로 도와주고자 하는 마음, 서로 웃어주고자 하는 마음, 생태 자원과 사회 자원을 선용하고자 하는 마음, 그리고 현실적이고 깊고 예상치 못한 방식으로 삶에 참여하고자 하는 마음에 보탬이 되고 싶습니다."[12]

___「현장 요원」 설립자 조 에덜먼

일상에서 어떠한 필요를 표현할 수 있을까? 지루해. 막막해. 배고파. 외로워. 무서워. 이 같은 일상의 필요를 채울 소망에는 무엇이 있고 어떻게 채울 수 있을까?

나는 이런저런 작은 소망이 참 많이도 떠오른다. "업무 스트레스가 심한데 강아지랑 공놀이하면 좀 풀릴 것 같아요. 지금 강아지 좀 데리고 와주실 분!" "아침에 샌프란시스코 공항에서 출발하는데 댄 브라운 신작이 읽고 싶네요. 오전 7시에서 8시 사이에 1번 터미널에 오시는 분 있으면 그 책 좀 가져다주세요!" "내일 대학교에서 강연을 하는데 부모님도 오시거든요. 두 분이 뿌듯해하셨으면 좋겠는데 와서 기립 박수 좀 쳐주세요."

이 소망들로 내 삶이 바뀌진 않는다. 그래도 살면서 원하는 것을 얻는 방법에 대한 생각, 더 나아가 내가 가진 것을 다른 사람과 나누는 방법에 대한 생각은 확 바뀔 것이다.

실제로 「현장 요원」은 세 가지 내적 보상의 교환에 기반을 둔 전혀 새로운 경제의 가능성을 보여준다. 그 세 가지는 선행에서 오는 행복, 어려운 미션 완수에서 오는 감격, 실질적이고 놀라운 의미가 있는 점수를 모으는 데서 오는 보람이다. 여기서 점수는 곧 다른 사람의 소망을 성취하는 능력과 나중에 다른 사람을 통해 자신의 소망을 성취할 가능성을 뜻한다.

이 새로운 열중 경제는 따로 제약이 없다. 세 가지 보상이 모두 무한히 재생되는 자원이기 때문이다. 그리고 「현장 요원」만의 가상 화폐인 포젝스^{PosX}(긍정적 감정을 뜻하는 'positive experience'의 준말) 명성 시스템 덕분에 사상 처음으로 이러한 내적 보상을 모으고 계산하고 교환할 수 있게 됐다.

에덜먼의 말을 옮긴다. "네트워크에 연결하고 프로그래밍할 수 있는 저렴한 기기가 등장함으로써 인간 경제에 종이 화폐와 동전의 발명만큼 큰 변화가 일어났다. 거대한 제도를 만들거나 이전처럼 정보 비효율성을 유발하지 않으면서, 게임의 규칙을 바꾸고, 보상을 조정하고, 타인을 포함하는 여러 자원을 훨씬 탄력적으로 이용할 수 있게 하기는 역사상 처음이다.

자본주의냐 사회주의냐 하는 논쟁이 여전하긴 하지만 처음으로 제3의 선택이 가능해졌다. 지금이 바로 세상의 형평성, 지속성, 친밀성, 그리고 아름다움과 즐거움을 증진할 기회다. 보상이 인간의 마음 깊숙이 있는 욕구와 더 잘 맞아떨어지면 삶에서 더 큰 즐거움과 모험을 누리고 더 많은 소망을 성취할 수 있다."[13]

미션에 참여할수록 포젝스가 늘어난다. 그러나 이는 새로운 경제의 시작일 뿐이다. 즐겁게 미션을 완수하고 나서 그렇게 기분 좋은 일을 할 기회를 줘서 고맙다며 도리어 미션을 올린 사람에게 포젝스를 줄 수도 있다. 대단히 급진적이고 멋진 생각으로, 그 뿌리는 게임업계의 경제 모형이다. 사람들은 힘들지만 큰 보상이 따르는 일을 하려고 기쁘게 지갑을 연다(게임을 사거나 게임에 등록한다). 그리고 현실 속 열중 경제가 진정으로 지속 가능하려면 이 시장을 이용해 더 낫고 더 보상이 큰 일을 거래할 수 있게 해야 한다.

「현장 요원」에서 플레이어는 좋은 일을 하고 가상 화폐를 받기만 하는 게 아니라 좋은 일을 준 사람에게 가상 화폐를 줄 수도 있다. 이로써 만족스러운 사회 참여 작업을 거래하는 시장이 탄생할 것이다.

그러면 자연히 훨씬 많은 사람이 나서서 현실 세계에서 당장 성취할 수 있는 미션을 디자인할 것이다. 이 미션으로 현실에서 우리는 성공에 대한 희망이 커지고, 사회적 연결감이 강해지며, 시시해지기 십상인 하루에 의미가 생겨난다. 여기서 특히 중요한 점은, 일상 속의 장대한 승리가 늘어나려면 반드시 영리한 사람들이 나서서 공동의 세계 구조 업무 흐름에 우수한 사회 참여 작업을 보태야 한다는 것이다.

물론 소망이라고 긴급한 정도가 다 같지는 않다. 현재 「현장 요원」은 50세 이상 미국인을 위한 비영리단체인 미국은퇴자협회^{AARP}와 손을 잡고 요원들이 "주위 어르신들의 삶을 바꾸도록" 돕고 있다. 요원들은 대중교통 이용, 장보기, 가벼운 집안일을 도와드리거나 말벗이 되어드리는 등 노년층에 맞춰진 사회 참여 작업을 문자 메시지나 이메일로 전달받는다. 가까이서 노약자를 모시는 일인 만큼 아무 요원이나 미션을 맡을 수는 없다. 오직 가장 믿음직한 요원(포젝스를 많이 모으고 전과 기록 검사에 응한 사람)만 이러한 '고신뢰' 사회 참여 작업을 수행할 자격이 있다.

솔직히 말해서 나는 처음 에덜먼이 현실 세계의 소망 패널을 만들 때 생각했던 친밀한 교환이 더 좋다. 여유 시간에 일대일로 작은 소망을 이뤄주는 식으로 서로 일상의 행복을 키워준다면 전 세계적으로 삶의 질이 극적으로 향상되고 물질 자원도 더욱 효과적으로 사용돼 지속 가능성이 커지리라 본다. 하지만 「현장 요원」은 그 덩치를 키워 어마어마한 군중이 하나의 소망을 위해 일하게 할 수도 있는 프로젝트다.

실제로 「현장 요원」 플랫폼 개발을 시작한 이후로 에덜먼은 계속 시야를 넓혀서 지금은 개인의 소망뿐만 아니라 조직의 목표까지 이룰 수 있게 할 생각이다. 「비범한 사람들」처럼 「현장 요원」도 기존 단체와 협력해 다양한 비영리 활동, 시민 활동, 정치 활동의 자원자를 모집하기 시작했다.

「현장 요원」으로 군중을 모집한 첫 번째 조직은 젊은이들이 사회에 참여하고 지역 사회에서 '착한 기업'을 시작하도록 지원하는 유스 벤처 Youth Venture였다. 유스 벤처의 대표적 사업인 '정원의 천사들 Garden Angels'은 과일과 채소를 재배해 꼭 필요한 이들에게 공급하고자 공공 정원을 조성한다. 많은 사람이 이 활동에 대해 듣고 힘을 보태고 싶어 하지만 딱히 쉬운 방법은 없다. 그래서 「현장 요원」이 나서서 공공 정원을 일구면서 장대한 승리를 거둘 수 있는 일들을 내놓기 시작했다.

정원의 천사들은 「현장 요원」을 통해 공공 정원에서 땅 갈기와 이삭줍기 같은 대규모 행사를 개최하기도 하고 잡초 제거, 물 주기, 경비 상태 확인 등 작은 일상 활동의 자원자를 모집하기도 한다. 이전에는 사전에 행사를 계획하고 자원자들이 나타나기만 바라야 했지만 이제는 미션 참여 의사를 밝히는 「현장 요원」 플레이어들이 임계 규모에 이르기를 기다렸다가 그때그때 가장 많은 사람이 참여할 수 있는 시간에 맞춰 행사를 개최하면 된다. 플레이어도 미리 자원 활동 일정을 잡을 필요가 없다. 그냥 근처 정원에 작은 일손이 필요할 때 문자 메시지를 받겠다고 신청만 하면 된다. (플레이어가 접속해서 위치를 알리면 시스템이 근처의 작업을 찾아준다.) 에덜먼은 정원의 천사들 같은 프로젝트로 「현장 요원」을 테스트할 때마다 평균적으로 "프로젝트 참여 의사를 밝힌 자원자의 수가 100배 증가"했다고 밝혔다.[14]

자, 공동 사회 참여 대역폭을 늘리는 법이 나왔다. 100배 많은 수의 사람들이 여유 시간에 영웅적 행동을 할 수 있게 하는 것이다.

개인을 돕든 큰 조직을 돕든 간에 게임성 있는 생각이 훌륭한 기술을 만나면 우리가 일반인에게 기대하는 사회 참여도가 부쩍 증가한다. 그래서 많은 사회 참여 게임이 좋은 게임 디자인에만 신경 쓰지 않고, 개인의 행동을 장대한 맥락에 더욱 쉽게 집어넣을 수 있도록 최신 기술도 도입한다. 지금까지는 휴대전화가 선두를 지키고 있지만 그렇다고 일상에 장대한 승리를 주입하는 수단이 휴대전화만 있는 것은 아니다.

세계 최대 절전 게임으로 발전할 「잃어버린 줄」(줄은 1뉴턴의 힘으로 물체를 1미터 움직일 때 필요한 에너지를 나타내는 단위－옮긴이)을 보자. 가정의 전력계를 게임 컨트롤러로 바꿔 장대한 승리를 거두게 하는 게임이다.

플러그를 뽑는 자 승리하게 될지어다, 잃어버린 줄

금요일 오후, 내가 당신에게 중요한 부탁을 한다. 지구를 위해 주말 전력 소비량을 최소화해달라는 것. 전등을 일찍 끄고, 전자기기 충전을 줄이고, 토스터의 플러그를 빼고, 옷을 건조기에 넣지 말고 빨랫줄에 널어야 한다. 당신은 얼마나 열심히 이 부탁을 들어줄 수 있는가?

자, 이번에는 내가 내기를 했는데 당신이 주말 동안 전력 소비량을 20퍼센트 이상 줄이는 것에 100달러를 걸었다고 한다. 당신은 내가 이길 수 있도록 얼마나 열심히 노력할 것인가?

이번에는 반대로 내가 당신이 주말 동안 전력 소비량을 20퍼센트 이상 줄이지 못한다는 데 100달러를 걸었다고 한다. 당신은 내가 틀렸음을 증명하려고 얼마나 열심히 노력할 텐가?

나는 아직 당신의 전력 소비량에 돈을 걸 수 없다. 하지만 「잃어버린 줄」이 출시되면 얼마든지 가능하다. 「잃어버린 줄」은 플레이어들이 서로의 실제 전력 소비량을 놓고 가상 화폐를 사용하여 내기하는 온라인 게임이다. 플레이어가 내기에 신중을 기할 이유는 충분하다. 내기에서 딴 가상 화폐로 게임 내 '가상 놀이공원'에서 「팜빌」류의 여러 가지 게임을 즐길 수 있기 때문이다. 내기에서 이길수록 아바타가 강하고 부유해진다.

이 게임은 가정용 전력계를 인터넷에 연결한 스마트 미터를 사용한다. 스마트 미터는 어디서 어떻게 전력이 소비되는지 보여주고 각 가전제품의 전기료도 정확히 계산해준다. 이 같은 피드백이 있으면 전력 절약이 훨씬 쉽다고 연구로 밝혀졌다. 스마트 미터 사용자는 영구적으로 전력 소비량을 평균 10퍼센트 절감할 수 있다고 한다.[15] 그런데 가족, 친구, 낯선 사람이 격려해주거나 반대로 이기려고 들면 또 이야기가 달라진다. 스마트 미터를 사용해 재미있는 게임을 즐길 수 있다면 전력을 얼마나 더 절약할 수 있을까?

이 물음에서 시작한 「잃어버린 줄」은 플레이어의 스마트 미터 데이터를 수집하고 구체적인 전력 절약 미션을 제시한다. 그리고 그 데이터를 다른 플레이어들에게 공개해 전력 절약 미션 성공 여부에 돈을 걸게 한다. 플레이어들은 성공 가능성이 큰 사람 쪽으로 간다. 꾸준히 남들보다 많은 미션을 완수하는 플레이어는 슈퍼스타가 돼 자신뿐만 아니라 응원자들에게도 이득을 안겨준다.

긴박한 분위기가 조성되고, 명확한 과제가 나오며, 거기에 사회적 경쟁 요소가 더해지니 그냥 평범하고 시시한 선행이 특별하고 짜릿한 활동으로 탈바꿈한다. 가전제품을 끄는 게 별안간 장대한 승리가 돼 피에로 증가, 사회적 연결감 증대와 같은 감정적 보상과 함께 게임 화폐로 가상의 보상이 따른다.

대단히 신선하고 훌륭한 아이디어다. 「잃어버린 줄」은 현재의 지속 불가능한 에너지 경제에서 지속 가능한 열중 경제를 창출하려 한다. 재생 불가능한 에너지를 덜 소비하도록 동기를 부여하고자 그 대신 완전히 재생 가능한 감정과 가상의 보상을 소비할 기회를 마련한다.

「잃어버린 줄」은 세계 구원에 이바지하는 새로운 방식을 만들고 있기도 하다. 사회의 관심이 선행을 하는 사람들에게 쏠리게 하는 것이다. 공동 개발자인 리처드 도시Richard Dorsey가 즐겨 하는 말이다. "가전제품 플러그를 뽑거나 스위치를 내릴 때마다 다른 사람이 그걸 알게 되다니, 괜찮지 않습니까?"[16] 이처럼 에너지 절약이 대규모 멀티플레이가 됨으로써 네트워크 효과가 일어나 개인의 장대한 승리가 눈부신 사회적 업적으로 증폭된다.

물론 자신의 에너지 소비 실태가 다른 사람들에게 드러나고 얘깃거리가 되기를 바라지 않는 사람도 많다. 그러나 블로그, 동영상, 소셜 네트워크, 실시간 상태 업데이트 등 인터넷에서 사생활 공개가 점점 확대되는 추세를 본다면 대중의 주목과 칭찬을 받고 싶은 마음에 대단히 많은 플레이어가 넘어오리라 봐도 좋을 듯하다. 그리고 게임의 디자인이 이원화돼 있으니 아직 자신의 전력 소비량을 밝힐 준비가 안 된 사람도 일단 내기를 거는 게임을 통해서 에너지 절약을 장려하는 데 도움을 줄 수 있다.

바로 이러한 면에서 「잃어버린 줄」은 사회 참여 게임 디자인의 새 지평을 열었다고 볼 수 있다. 이 게임은 스마트 미터가 있는 사람과 없는 사람 중 어느 한쪽으로만 치우치지 않고 모두가 참여할 수 있도록 두 가지 중요한 사회 참여 작업을 만들고 있다.

일단 따로 설명할 필요가 없이 스마트 미터가 있는 플레이어는 전력 절약이라는 사회 참여 작업을 수행할 수 있다. 하지만 또 다른 사회 참여 작업이 있으니 바로 서로의 좋은 행동에 관심을 쏟는 것이다. 아직 스마트 미터를 이용하지 못하는 사람이라고 하더라도 스마트 미터가 있는 플레이어에게 돈을 걸어 게임을 즐길 수 있다. 이렇게만 해도 에너지 절약자에게 사회적 보상을 주는 셈이므로 실제 공익 증진 효과가 있다. 사람은 누구나 존중받고 싶어 한다. 「잃어버린 줄」에서는 가상 화폐로 우리가 세계 변화에 기여하는 사람들을 얼마나 존중하는지 똑똑히 보여줄 수 있다.

그렇다면 「잃어버린 줄」과 같은 게임에서 기대할 수 있는 최상의 결과는 무엇인가? 게임은 기술 도입의 주요 동인이다. 새로운 기술이 좋은 게임과 관련이 있으면 한번 사용해볼까 하는 마음이 쉽게 든다. 스마트 미터 기술은 에너지 소비 습관을 개선하는 데 대단히 효과적이란 점이 입증되었다. 현명하고 효율적인 에너지 소비가 강조되는 만큼 사용자가 늘어나면 늘어날수록 좋다.

더 큰 그림을 보자면 「잃어버린 줄」의 진정한 잠재력은 게임이 세계 변화 행동을 장려하고자 사용하는 풍부한 감정적 보상과 가상의 보상을 좀 더 잘 활용하는 방법을 보여준다는 데 있다. 지금은 일상에서 실제적인 세계 문제 해결을 거들기보다는 비디오 게임 속에서 슈퍼히어로가 되는 편이 쉽기도 하고 재미도 있다. 하지만 「잃어버린 줄」과 같은 사회 참여 게임의 등장으로 형세가 조금씩 바뀌기 시작했다. 조금만 지나면 두 가지를 동시에 할 수 있으리라 본다.

이 장에서 소개한 「비범한 사람들」, 「현장 요원」, 「잃어버린 줄」은 이제 걸음마를 뗐다. 아직은 불확실성이 크고 여전히 개발 중이며 지금까지의 성과도 그리 대단치 않다. 첨단의 끝에 선 프로젝트들이다. 새로운 만큼 실패 위험도 상당하다.

실제로 셋 중 하나라도 장대한 승리가 아니라 장대한 실패의 본보기로 전락할 공산이 아주 크다. 그러나 훌륭한 게이머라면 다 알다시피 실패에서 교훈을 얻을 수 있다면 그 자체로 보상이요, 힘이 된다. 이전에 가능하다고 생각했던 것보다 더 큰 일을 할 잠재력을 계속 시험하면서 한 걸음씩 나아가다 보면 언젠가는 성취할 날이 올 것이다.

장대한 승리가 현실 세계의 대의와 이어지면 이전에는 몰랐던 자신의 공익 기여 능력을 발견할 수 있다. 평범한 사람들이 여유 시간에 성취할 수 있는 일을 두고 다른 사람들이 그은 상한선을 깨뜨릴 수 있다. 그리고 이제 서로 도울 능력과 장비를 단단히 갖춘 자원자들을 구름 떼처럼 모을 수 있으니 이전엔 말도 안 된다고, 불가능하다고 여겼던 목표도 세워볼 만하다.

요컨대 사회 참여 게임으로 우리는 실생활에서 슈퍼히어로로 변신하고 있다. 모든 슈퍼히어로에게는 초능력이 필요하다. 우리에게 가장 절실한 초능력은 힘을 합치고 서로 강점을 증진해 전 지구적 차원의 문제에 맞설 수 있게 하는, '협업 초능력'이다.

13

협력이라는 슈퍼 파워

미국 젊은이들은 스물한 살이 될 때까지 2~3천 시간을 독서로 보내고, 무려 1만여 시간을 컴퓨터·비디오 게임으로 보낸다.[1] 1980년 출생자를 기준으로 그보다 나이가 어릴수록 이 통계가 잘 들어맞는다.

평균적인 미국 학생이 5학년에 진학해서 고등학교를 졸업할 때까지 교실에서 보내는 시간을 모두 합하면 1만 시간 정도가 된다. 다시 말해 독서, 작문, 수학, 과학, 역사, 정치 등 중고등학교 교과 공부에 들이는 것과 똑같은 시간을 혼자서 혹은 함께 컴퓨터·비디오 게임 플레이 방법을 익히는 데 쓰는 셈이다. 그리고 갖가지 과목과 기술에 주의가 분산되는 정규 교육과 달리 게임을 하는 시간은 오로지 한 가지에 집중된다. 바로 더 좋은 게이머가 되는 것이다.

이 젊은이들은 스물한 살이 되기까지 1만 시간을 들였으니 그냥 좋은 게이머가 아니라 기가 막히게 좋은 게이머가 된다. 스물한 살까지의 1만 시간 수련은 이후 삶에서 비범한 성공을 가늠하는 제일의 척도라는 이론에 근거한 말이다.

1만 시간 이론은 말콤 글래드웰Malcolm Gladwell이 베스트셀러 『아웃라이어: 성공의 기회를 발견한 사람들Outliers: The Story of Succcess』에서 처음 제시했다. 이 책에서 글래드웰은 바이올린 거장, 스타 하키 선수, 빌 게이츠 등 성취도가 높은 사람들의 인생을 소개하고 이들 생애의 한 가지 공통점을 밝혔다. 어떤 분야에서든 일인자는 한 가지 일에 1만 시간 이상을 들여서 결국 그것으로 슈퍼스타가 됐다는 점이다. 반면에 성공을 하긴 했지만 비범하다고는 할 수 없는 음악가, 운동선수, 기술자, 사업가 등은 평균적으로 8천 시간 이하를 수련했다.

물론 소질도 중요하지만 수련만큼은 아니다. 글래드웰은 1만 시간 수련이 그냥 잘하는 것과 비범한 것을 가르는 임계점이라고 말한다. 말하자면 현재 '한 세대 전체'가 게임의 달인으로 성장하고 있는 셈이다. 1만 시간 동안 게임을 수련한 젊은이라면 누구나 이후의 게임 환경에서 비범한 성공을 거둘 수 있다. 전 세계 수억 명이 같은 일을 기가 막힐 만큼 잘하게 된다니, 게임으로 잘하게 되는 게 무엇이든 간에 이는 인류 역사상 유례를 찾아볼 수 없는 자원이다.

여기서 미래를 위한 중요한 의문이 생긴다. 도대체 게이머들은 무엇을 잘하게 되는가? 나는 이 질문을 놓고 처음에는 UC버클리 박사과정 학생으로서, 이후에는 미래 연구소의 게임 연구 개발 국장으로서 거의 10년 동안 연구했다. 그랬더니 게이머, 특히 온라인 게이머가 한 가지 중요한 일에 기가 막힐 만큼 능하다는 사실이 점점 분명해졌다. 바로 '협업'이었다. 실제로 나는 온라인 게이머들이 지구상에서 가장 협업을 잘하는 사람들이라고 생각한다.

협업은 특별한 공동 작업 방식이다. 세 가지 방면에서 협력이 필요한데 바로 합력cooperating(뚜렷한 공동 목표를 위해 나아가는 것), 합의coordinating(함께 움직이고 자원을 공유하는 것), 합작cocreating(함께 참신한 결과를 내는 것)이다. 특히 세 번째인 합작은 협업을 다른 공동 활동과 구별하는 요소다. 협업은 기본적으로 '생산' 활동이다. 단순히 목표를 달성하거나 힘을 합치는 정도로는 부족하고 혼자서는 만들 수 없는 것을 함께 만들어내야 한다.

협업으로 창조하는 대상은 조직 경험, 지식 자원, 예술 작품 등 무엇이든 될 수 있다. 게이머들은 협업으로 이 모든 결과물을 만들어내고 있다. 서로 이기려고 다투는 와중에도 협업한다. 혼자 플레이하면서 협업하는 게이머도 점점 늘어나고 있다.

서로 치열하게 싸우면서 동시에 협업을 한다니? 한술 더 떠서 혼자서 협업을 한다고? 그런데 실제로 경쟁하면서 협업하고 혼자서 협업하는 온라인 게이머가 갈수록 늘어나고 있다. 어떻게 그런 일이 가능한가? 첫째, 좋은 게임은 기본적으로 협업 요소가 있기 때문이다. 둘째, 새로운 게임 기술과 디자인 패턴 덕분에 완전히 새로운 방식으로 공동 활동이 가능하기 때문이다.

진화하는 게임, 협업의 플랫폼

옛날부터 다른 사람들과 게임을 하려면 힘을 합쳐 협업해야 했다. 주사위놀이, 카드 게임, 체스, 스포츠 등 여럿이 하는(멀티플레이) 게임은 모두 그렇다.

멀티플레이 게임을 하려면 우선 서로 협조하기로 동의해야 한다. 즉, 똑같은 규칙을 따르고 똑같은 목표를 존중하기로 약속해야 한다. 이로써 '공동 기반'이 마련된다.

또 게임을 하려면 각자의 관심과 참여 자원을 잘 조율해야 한다. 같은 시간에 같은 마음가짐으로 나타나야만 함께 플레이할 수 있다. 게이머는 오로지 게임에 집중하고 그 외의 것에는 게임이 끝날 때까지 신경을 쓰지 않기로 약속한다. **공유된 집중력**shared concentration과 **동시적 참여**synchronized engagement라 하겠다.

게이머들은 서로 온 힘을 다해 플레이하기를 기대한다. 승리가 식은 죽 먹기라면 재미없기 때문이다. 이렇게 **상호 존중**mutual regard 분위기가 조성된다. 서로 존중하는 마음에서 기량을 다 발휘하고, 호적수를 만나리라 한껏 기대한다.

게이머들은 설사 게임이 뜻대로 풀리지 않더라도 언제나 서로가 있어야만 게임을 계속할 수 있다. 게임이 막바지에 다다르면 저절로 **공동의 약속**collective commitment을 존중하는 자세가 길러진다.

무엇보다도 게이머들은 게임을 진정 뜻 깊은 활동으로 삼고자 적극적으로 협력한다. 힘을 합쳐서 게임에 진짜 의미를 더하고, 서로 플레이 행위에 몰입하도록 도우며, 좋은 게임의 긍정적 보상을 거둬들인다. 승패와 상관없이 **상호 보상**reciprocal rewards을 만드는 셈이다.

요컨대 좋은 게임은 많은 돈을 들여 개발자들이 만든 것이 아니라 게이머들이 힘을 합친 결과다. 다른 사람과 함께 게임을 할 때 훼방을 놓으려는 것이 아니라면 잘 조율된 '친사회적' 행동에 능동적으로 열중해야 한다. 아무도 게이머들에게 규칙을 지키라고, 깊이 집중하라고, 전력을 다하라고, 끝까지 자리를 지키라고, 결과에 신경을 쓰라고 강요하지 않는다. 그래도 자발적으로 그렇게 한다. 그래야 게임이 더 재미있어져서 모두에게 이득이 되기 때문이다.

치열하게 경쟁하는 게임이라고 예외는 아니다. 경쟁을 뜻하는 영어 단어 'compete'의 뿌리는 라틴어 동사 'competere'로 그 뜻은 '단결하다, 함께 노력하다'('com'은 '함께', '-petere'는 '노력하다, 추구하다')이다. 다른 사람과 '맞서' 싸우려면 그 사람과 '함께' 똑같은 목표를 놓고 분투하고, 서로 더 잘하도록 압박하며, 경쟁이 끝날 때까지 전력을 다해야 한다.

경쟁심 강한 온라인 게이머들이 가상 세계에서 얻어맞고 깨지더라도 끝날 때는 '수고'라는 말로 서로 감사를 표하는 이유가 거기에 있다. 승패와 상관없이 게임에 참여한 모든 사람이 온 힘을 다해 정당하게 싸우는 것으로 협력했음을 자축하는 말이다. 이렇게 모두가 능동적으로 참여해 긍정적 경험을 만들어내는 것이 바로 좋은 멀티플레이 게임의 근간이 되는 협업 활동이다. 좋은 게임은 그냥 나오지 않는다. 게이머들이 손수 만드는 것이다.

실제로 최근 연구 결과를 보면 함께 좋은 게임을 만드는 능력은 오직 인간에게만 있는 고유한 특성이다. 발달 심리학자로서 『이기적 원숭이와 이타적 인간Why We Cooperate』의 저자이자 독일 막스 플랑크 진화 인류학 연구소의 공동 소장인 마이클 토마셀로Michael Tomasello는 지금까지 여러 실험을 고안해 인간을 다른 종과 구별하는 행동과 기술을 밝혀왔다. 연구 결과를 보면 복잡한 게임을 함께하는 능력과 다른 사람이 게임의 규칙을 습득하도록 돕는 능력이 인간을 인간이게 하는 고유한 특질이다. 토마셀로는 이를 '공유된 의도성shared intentionality'이라고 했다.[2]

그의 말을 빌리자면 공유된 의도성은 '다른 사람들과 공동의 목표와 의도를 품고 협업 활동에 참여하는 능력'이다.[3] 공유된 의도성이 있을 때 우리는 자신을 집단의 일원으로 여기고, 누가 시키지 않아도 확실하게 목표에 동의하며, 목표 달성을 위해 타인이 자신에게 기대하는 바를 간파한다. 토마셀로의 연구 결과, 인간 외에 침팬지 등 지성과 사회성을 갖춘 다른 종들에게서는 공유된 의도성이 드러나지 않는다. 오로지 인간만이 같은 대상에 집중하고, 집단 활동을 마련하며, 다른 개체의 참여를 독려하고, 공동 목표를 위해 노력하는 본성과 능력을 타고난다.

우리는 공유된 의도성이라는 고유한 특질 없이는 협업할 수 없다. 공동 기반을 닦을 줄도, 공동 목표를 설정할 줄도, 공동 행동을 할 줄도 모른다. 토마셀로는 인간이 아주 어린 나이부터 공유된 의도성을 보인다고 주장한다. 따로 배우지 않아도 다른 사람과 함께 게임을 할 수 있고 누가 집단의 이익과 상관없이 플레이하는지 직관적으로 알아본다는 점이 그 증거다.

토마셀로가 막스 플랑크 연구소에서 실시한 중요한 연구 하나를 보자. 먼저 2~3세 아이들을 모아놓고 새로운 게임(2세는 주사위 놀이, 3세는 블록 쌓기)을 알려준다.[4] 그리고 다른 실험자가 조종하는 꼭두각시를 투입해 규칙을 어기며 제멋대로 플레이하게 한다. 그러면 누가 가르쳐주지도 않았는데 즉각 모든 아이가 그 잘못된 게임 행동에 반발하며 게임이 제대로 돌아가도록 꼭두각시를 바로잡으려 한다. 발표된 연구 결과를 보면 이 행동은 3세 아이들에게서 더 '야단스럽게' 나타난다고 되어 있지만, 분명히 2세 아이들에게서도 잘 드러난다. 우리는 함께 좋은 게임을 만들 줄 알고, 거의 엄마 배 속에서 나오는 순간부터 그렇게 하려고 한다. 다시 말해 다른 사람과 힘을 합쳐 행동을 조율하고, 자연스럽게 집단에 녹아들며, 함께 긍정적인 공동 경험을 만들고자 하는 욕망과 능력을 타고나는 것이다.

하지만 토마셀로가 주장하길, 이 같은 욕망과 능력은 문화적 이유로 성장 과정에서 계발할 기회를 제대로 누리지 못하면 약해지거나 아예 사라질 수 있다.

토마셀로는 우리가 인간의 잠재력을 모두 발휘해 비범한 협업자가 되려면 고도의 협업 환경에 몰입해야 한다고, 또한 젊은 세대에게 협력을 중시하고 장려하는 집단에 되도록 오랫동안 참여하기를 권해야 한다고 역설했다. 다행히 온라인·멀티플레이 게임이 전 세계 대중문화의 중추로 자리 잡아가고 있으니 타고난 협업 능력을 발휘할 유인은 충분하다. 온라인·멀티플레이 게임을 하면 공유된 의도성을 더 잘 기르고 행사할 수 있게 된다. 함께 게임을 하기로 할 때마다 인간 존재의 정수라 할 능력을 갈고닦는 셈이다.

물론 현재의 온라인 게임이 거대한 협력의 유토피아라는 말은 아니다. 플레이어들이 죽이지 않으면 죽는다는 생각으로 서로 투쟁하며 아드레날린을 분비하는 환경에서는 협력과 협업의 교향곡이 울려 퍼지기는커녕 쉽게 묻힐 수 있다. 잔인한 그래픽 콘텐츠와 인터넷의 익명성 때문에 낯선 사람들 사이에서 동지애가 꽃피기 어려울 수도 있다. 그래서 골수 게이머들, 특히 경쟁이 심한 사람들 사이에서는 조롱과 약 올리기 같은 즐거운 게임 행동이 도를 넘어서 해로운 교류로 변질되기도 한다.

친목 게임에서도 많은 게이머가 승패에 집착한다. 피에로 순간을 바라다가 패배하면 실망하거나 성을 내는 것이다. 이럴 때는 함께 좋은 게임을 만드는 협업 정신이 있다고 해도 패배의 쓴맛이 가시지 않는다.

그러나 이러한 잠재적 장애 요소에도 아랑곳하지 않고 게임 문화는 공유된 의도성이 점점 증가하는 쪽으로 나아가고 있다. 벌써 몇 년째 코옵 플레이와 '협업 창작 시스템'이 게이머들에게 큰 사랑을 받고 있는 점만 봐도 그렇다.

코옵 모드 co-op mode는 서로 경쟁하는 게 아니라 힘을 합쳐 인공지능 적을 물리치고 점수를 올리는 게임 방식이다. 대표적인 예가 「록 밴드」와 일인칭 슈팅 게임 「레프트 4 데드」다. 두 게임 다 경쟁 요소가 있긴 하지만 주안점은 협력해서 목표를 성취하는 것이다.

이전에는 싱글 플레이와 경쟁 플레이만 있었던 시리즈들도 점점 코옵 모드로 무게중심을 옮기고 있다. 대테러전을 표방한 「콜 오브 듀티: 모던 워페어 2 Call of Duty: Modern Warfare 2」(닷새 만에 5억 5천만 달러의 수익을 올려 책, 영화, 음반, 게임 등 오락 상품 역사상 최고의 단기 판매 기록을 세웠다)는 친구와 함께 23개 고난도 미션을 헤쳐 나가는 **스펙 옵스 모드** Spec Ops mode로 호평을 받았다.

업계에서 코옵 모드가 주목받는 현실을 보면 게임 문화가 놀라울 만큼 발전하고 있음을 알 수 있다. 개발자들도 많은 게이머가 서로 싸우기보다 힘을 합쳐 과제에 도전하기를 더 좋아한다고 인정한 셈이다. 코옵 게임은 좋은 게임의 감정적 보상을 모두 제공하면서 또 한편으로는 치열하게 경쟁할 때 생기는 적대감, 분노, 실망, 치욕 등 부정적 감정을 방지한다. 그러니 여론 조사에서 평균적으로 게이머 4명 중 3명이 경쟁 멀티플레이보다 코옵 모드를 선호한다고 하는 것도 당연하다.[5]

게임 개발자들은 코옵 플레이만 확대하는 게 아니라 그때그때 협력할 사람을 쉽게 찾을 수 있도록 실시간 플레이 주선 도구도 만들고 있다. 예를 들어 엑스박스 라이브에서는 소셜 네트워크 친구들의 게임기 접속 여부, 현재 플레이하고 있는 게임, 함께 플레이할 수 있는 보유 게임을 확인할 수 있다. 친구의 도전 과제 달성 기록을 보고 자신의 기록과 비교해 특정 게임, 특정 미션에 적합한 짝을 선택할 수도 있다. 또한 예를 들어 친구가 게임을 하려고 엑스박스 라이브에 접속하거나 도전 과제를 달성하면 휴대전화나 컴퓨터로 알림 메시지가 온다. 따라서 엑스박스 게이머들은 협력 플레이 가능한 게이머가 현재 무슨 게임을 하고 있고, 무엇에 소질이 있으며, 어떤 게임 자원을 보유하고 있는지 훤히 알 수 있다. 이렇게 서로 속속들이 알 수 있으니 함께 좋은 게임 플레이를 하는 능력이 배가된다.

협업 창작 시스템은 게이머가 직접 디지털 콘텐츠를 만들어 자신이 좋아하는 게임 세계를 발전시킴으로써 다른 플레이어도 혜택을 누리게 하는 시스템이다. 최근 몇 년 새 출시된 협업 창작 게임 중 가장 호평을 받은 「리틀 빅 플래닛 Little Big Planet」이 그 좋은 예다. 일반 '플레이 모드'에서는 최대 4인이 협력해 함께 게임 세계를 누비며 게임 오브젝트(스티커, 장비, 장난감, 창작 재료 등)를 모은다. 그리고 언제든 플레이 모드에서 '창조 모드'로 전환하면 '꿈풍선 Popit'이라는 공동 창작 환경에서 그때까지 모은 오브젝트와 재료를 사용해 자기만의 액션 어드벤처 게임 판을 만들어낼 수 있다. 이러한 레벨 창작 시스템은 게임 디자인계의 구글 문서 도구라 할 만하다. 레벨은 동시에 여러 사람이 보고 수정할 수 있으며 전 세계에 '공개'해 공유할 수도 있다.

「리틀 빅 플래닛」은 1년 만에 플레이어 제작 레벨이 130만 개 이상 공개됐다. 이 장대한 수치와 비교하면 43개라는 공식 레벨 개수는 초라한 수준이다. 플레이어들의 노력으로 플레이 가능한 세계가 거의 3만 배나 확장된 셈이다. 이 게임이 출시 1주년을 맞은 이후 한 게임 기자는 "지금까지 나온 창작 레벨을 모두 플레이하려면 인생을 몇 번

은 더 살아야 한다"고 말했다.[6]

직접 레벨을 만들고 다른 플레이어와 공유할 수 있다는 점은 「리틀 빅 플래닛」만의 강점으로 작용해 매출에 크게 기여했다. 그런데 이제는 성공한 게임 시리즈들도 '부가가치'로서 그와 비슷한 시스템을 만들어 플레이어들에게 더욱 확실한 협업 기회를 제공하는 추세다. 예를 들어 「헤일로 3」는 포지Forge 시스템을 도입해 플레이어가 직접 원하는 장소에 무기, 차량, 도구 등을 배치하는 식으로 멀티플레이 맵을 디자인할 수 있게 했다. 「리틀 빅 플래닛」의 꿈풍선 시스템처럼 개조된 맵을 올려서 공유하는 것도 가능하다. 포지 도구로 만들 수 있는 맵은 문자 그대로 수십억 개에 이른다. 그래서 「헤일로」 커뮤니티는 한정된 플레이 환경에 묶이지 않고 서로를 위해 플레이 과제를 무한정 확장하고 다양화해 계속해서 게임을 즐길 수 있다.

물론 좋은 게임 세상을 디자인하기가 쉬운 일은 아니다. 그래서 협업 창조 시스템이 늘어나는 추세에 맞춰 더 나은 레벨과 맵을 만들 수 있도록 플레이어들이 직접 제작한 지침서도 점점 늘어나고 있다. 「헤일로 3」의 세계를 더욱 잘 창조할 수 있도록 안내하는 포지 허브Forge Hub가 좋은 예다. 포지 허브는 다양한 방면에서 플레이어가 갖가지 맵 제작 기술을 직접 익힐 수 있게 돕고, 플레이어 제작 맵을 여러 범주로 분류한다. 사실 지식 공유와 집단지성은 이미 1만 개가 넘는 플레이어 제작 게임 위키의 문화로 자리 잡았다. 포지 허브는 그러한 문화가 자연스럽게 확장된 결과다. 이로써 게이머들은 서로를 더 나은 플레이어로 성장시킬 뿐만 아니라 더 나은 디자이너로도 성장시킨다.

그러나 게이머들의 협업 문화와 관련해 최근 몇 년 새에 있었던 가장 이례적인 혁신은 **대규모 싱글 플레이 온라인 게임**의 등장이라고 본다. 이는 기존 대규모 멀티플레이 온라인 게임의 변형이다. 싱글 플레이란 개념이 혼자 즐긴다는 뜻인데 어떻게 '대규모'라는 개념이 성립하는가?

이 용어를 처음 쓴 사람은 「심시티 SimCity」와 「심즈」의 아버지, 윌 라이트 Will Wright다. 라이트는 다음과 같은 설명으로 2008년에 출시된 「스포어 Spore」를 소개했다. 「스포어」는 단세포 생물이 지상 생물로, 부족과 문명으로, 최종적으로는 우주를 여행하고 행성을 디자인하는 거대 문명으로 진화함으로써 하나의 은하계가 설계되는 게임이다.

「스포어」는 전적으로 싱글 플레이 게임이다. 혼자서 시뮬레이션 세부 사항을 다 조절하고 싸움, 짝짓기, 발명, 탐험 등도 모두 홀로 수행한다. 시뮬레이션된 생태계에 다른 플레이어는 없고, 세계의 모든 것을 인공지능이 관장한다. 그런데 일반 싱글 플레이와 달리 '대규모' 싱글 플레이인 까닭은 무엇일까? 각 플레이어의 게임 세계에 있는 콘텐츠 중 많은 부분(플레이어가 접하는 다른 생명체와 문명)이 다른 플레이어가 만들어 대규모 생태계 콘텐츠 데이터베이스인 스포어피디아 Sporepedia에 올린 것들이기 때문이다. 「스포어」를 온라인으로 플레이하면 컴퓨터가 스포어피디아를 검색해 새롭고 흥미로운 콘텐츠를 생태계에 내려받음으로써 플레이어가 직접 만든 콘텐츠와 다른 여러 플레이어가 만든 콘텐츠가 게임 세계에서 어우러진다.

플레이어들이 직접적으로 교류하지는 않더라도 간접적으로 협력해「스포어」우주를 창조하는 셈이다. 무작위로 다른 플레이어의 창조물을 자기 세상에 불러올 수도 있고, 스포어피디아에서 마음에 드는 생명체를 선택할 수도 있다. 또 스포어캐스트 Sporecast에 등록하면 친구나 좋아하는 플레이어가 만든 새로운 콘텐츠로 게임 세계가 자동 업데이트된다.

플레이어는 스포어피디아, 포럼, 위키를 이용해 다른 사람들이 무엇을 제작하고 있는지 알아보고 자신의 제작 능력을 향상한다. 실시간으로 협업하는 것은 아니지만 서로 디자인을 도와준 게임 세계는 각 플레이어의 고유한 창작물이 게임 진행 정도, 내려받은 콘텐츠 양에 따라 수백, 수천, 수만 플레이어의 콘텐츠와 어우러졌으니 결과적으로 협업의 산물이라고 할 수 있다.

「스포어」같은 대규모 싱글 플레이 게임을 보면 장대한 맥락이 협업 생산 도구, 정교한 콘텐츠 공유 플랫폼과 맞물려 **가벼운 비동시적 협업** 기회가 생긴다는 사실을 알 수 있다. 이 협업은 직접적인 교류 없이도 방대한 결과를 빚어낸다.「스포어」는 지금까지 30여 개국의 플레이어가 생명체, 건물, 우주여행 수단 등 모두 1억 4,400만 개가 넘는 생태계 오브젝트를 만들어 공유했다.

물론 협업 기술이 게이머의 전유물은 아니다. 인터넷과 모바일 기술이 널리 보급되고 웹 2.0과 크라우드소싱이 빠른 속도로 확산되면서 어디서나 사람들의 연결성이 커지고 여러모로 협력, 합의, 합작하는 능력이 길러지고 있다. 이러한 면에서 게이머는 협업 증진이라는 더 큰 사회적, 기술적 트렌드의 일부일 뿐이다.

그래도 게이머들은 아주 '재미있게' 협업 기술을 개발하면서, 그 기술을 연마하고 적용하는 데 누구보다도 많은 시간을 들이고 있다. 매일 밤낮으로 전 세계에서 서로 얼굴도 모르는 사람들이 수억 명 모여서는 새로운 협업 방식을 창안하고 테스트한다. 함께 플레이하면 할수록, 그리고 협업이 1만 시간에 가까워질수록 함께 성취할 수 있는 결과를 더욱 낙관하게 되는 게 당연한 이치이므로 이들은 훨씬 어려운 협업 과제를 요구한다. 그처럼 초대형 협업을 즐기는 쪽으로 게이머들의 취향이 바뀌니 업계에서도 이를 반영해 협업을 플레이의 중추로 삼아 소프트웨어와 플랫폼을 개발하는 움직임이 일어났다.

업계가 관심을 집중해 합력, 합의, 합작 기술을 끊임없이 혁신하는 데 힘입어 수많은 온라인 게이머가 현실, 즉 비게임 환경에서 발휘하는 능력을 초월하는 새로운 '협업 초능력'을 계발하고 있다. 이들은 최전선에 서서 우리가 힘을 합쳐 서로 능력을 증진하고 공익에 이바지하는 방법들을 테스트하고 개선하는 중이다.

여기서 현실을 바로 잡는 열세 번째 방법이 나온다.

게임으로 현실 바로잡기 13 **1만 시간 협업**

게임과 비교하면 현실은 지리멸렬하다. 게임을 하면 더 잘 협력할 수 있고, 시간이 흐르면서 협업 초능력이 길러진다.

협업 '초능력'이라니? 초능력은 그냥 새로운 기술이 아니다. 기존에 나왔던 기술을 압도하는 기술로, 인간의 가능성에 대한 인식을 완전히 바꿔놓는다.

'초능력'이라는 말에는 기존의 학습과 기술 습득 모형을 뛰어넘는다는 의미가 담겨 있다. 흔히 수련이라고 하면 아무것도 모르는 상태에서 시작해 기본기를 익히고 계속 수련해서 숙련 단계를 거쳐 결국 절정에 이르는 과정을 떠올린다. 그런데 절정이라고 하면 습득할 수 있는 기술 수준에 끝이 있다는 느낌이 든다. 하지만 왜 절정 수준에서 멈추는가? '초능력'이라는 말을 들으면 아직 어디서도 누구도 통달하지 못한 전혀 새로운 능력을 습득할 때가 임박했다는 생각이 든다. 새로운 능력이 어디까지 계발될지는 아직 아무도 모른다.

그러면 이 새로운 능력들은 도대체 무엇인가? 미래 연구소에서 나는 협업 초능력자의 작업 모형을 개발했다. 여기에는 세 가지 새롭고 중대한 기술과 능력이 관련돼 있다.

비범한 협업자들은 네트워크 환경에서 극도로 외향적이고 사교적이다. 직접 만날 때는 내향적인 사람이라도 예외는 아니다. 이들은 핑지수Ping Quotient, PQ가 높다. ('핑'은 한 컴퓨터에서 다른 컴퓨터로 메시지를 보내 그 컴퓨터가 접근 가능하고 작동 중인지 알아보는 컴퓨터 네트워크 도구다. 만일 해당 컴퓨터가 접근 가능하고 작동 중이라면 '퐁' 메시지가 되돌아와 통신 라인이 활성화된다.) 비범한 협업자들은 다른 사람들에게 핑을 보내서(즉, 전자기기로 접근해서) 참여를 부탁하는 데 전혀 거리낌이 없다. 또한 다른 사람한테서 핑을 받으면 선뜻 퐁을 보낸다. 그래서 높은 핑 지수를 일종의 사회적 자본으로 볼 수 있다.

물론 핑을 보낼 시기와 대상을 잘 분별할 수 있으면 좋다. (그렇지 않으면 참여 스팸이 되고 만다.) 그래서 비범한 협업자는 특정한 작업이나 미션에 가장 적합한 협업자를 찾을 수 있도록 내면에 **협업 탐지기**Col-laboration radar를 개발한다. 즉, 육감을 기른다. 그러려면 아주 탄탄한 소셜 네트워크를 형성하고, 다른 사람들이 어디서 무엇을 하고 무엇에 소질이 있는지 원하면 척척 알 수 있어야 한다. 협업 탐지기는 그냥 내면의 시스템이 아니다. 트위터 목록, 엑스박스 360 친구 정보판, 「현장 요원」 자원자 일람 시스템 등 '상시 정보 시스템'에 힘입어 증강된다. 협업 탐지기가 강력해질수록 더욱 신속하게 사람들의 능력을 적절한 활동에 투입할 수 있다.

끝으로 세계에서 으뜸가는 협업자들은 내가 쓰는 용어로 '**창발 시력**emergensight'이란 초능력을 사용한다. 창발 시력이란 혼돈한 협업 환경에서도 보란 듯이 협업을 해내는 능력이다. 일반적으로 협업의 규모가 크고 범위가 넓을수록 혼돈이 생겨 예측이 어려워질 확률이 높다. 물리학과 복잡계 이론에서 말하듯이 규모가 커지면 그냥 양이 많아지는 게 아니라 아예 성질 자체가 변한다. 바로 '창발emergence'의 원칙이다. 규모가 커질 때 직접 그 규모를 겪어보지 않고는 어떤 현상이 일어날지 예측할 수 없고, 대개 규모 증가의 결과는 예상보다 훨씬 복잡하다. 물론 복잡성이 증가하면 자연히 혼돈 가능성도 증가한다.

비범한 협업자는 혼돈 복잡계에서도 큰 동요 없이 척척 일을 해낸다. 무질서나 불확실성을 전혀 개의치 않는다. 작업 흐름에 몰입하고 전체를 내다볼 뿐 지엽적인 부분에 개의치 않는다. 정보 체력이 있어서 무수한 소음을 다 걸러내고 오로지 작업에 의미 있는 신호에만 집중한다. 그리고 가능성 탐색을 한다. 즉, 항상 열린 자세로 주의를 기울여 예상치 못한 기회와 놀라운 지식을 포착한다. 가능성 탐색은 특히 규모가 클수록 진가를 발휘한다. 비범한 협업자는 더 수월하게 달성할 수 있는 목표나 더 장대한 목표가 나타나면 과감히 기존 목표를 내던진다. 그리고 끊임없이 시야를 넓혀서 훨씬 큰 그림을 그리고, 어떻게 하면 협업 작업을 새로운 커뮤니티로까지 확대하고 협업 시간을 늘리며 더 장대한 목표를 이룰 수 있을지 궁리한다.

나는 이 세 가지 작업 방식이 비범한 협업자의 정수라고 본다. 이 세 가지 특징이 한데 모이면 자신의 강점과 전문 능력을 찾아내서 보다 크고 열린 활동에 투입할 수 있다.

아직은 이러한 협업 초능력이 널리 퍼지지 않았다. 지난 10년 동안 꾸준히 게임을 즐기며 코옵, 집단지성, 협업 생산의 첨단을 달려온 게이머들에게만 집중돼 있을 뿐이다. 그러나 협업 초능력은 분명히 게임 환경 밖에서도 대단히 유용하다. 현실 세계에서 데이터 수집 및 분석, 사회 활동, 위험 평가, 과학 연구, 상품 및 서비스 혁신, 행정 등 다방면으로 어마어마한 영향을 끼칠 수 있다.

협업 초능력이 제대로 확산된다면 머잖아 여기저기서 빈곤 퇴치, 기후 재앙 예방, 테러 방지, 세계 보건 증진 등 초대형 문제 해결을 위한 협력 활동이 일어날 것이다. 그러나 협업 초능력으로 현실 세계의 문제를 해결하려면 우선 그런 초능력을 사회 전반에 골고루 퍼뜨려야 한다. 협업은 다양한 사람이 참여할수록 효과적이다. 따라서 협업 초능력을 되도록 많은 사람에게, 특히 차세대 사회 활동가이자 문제 해결자가 될 젊은이들에게 전수해야 한다.

그래서 나는 상업 게임 디자인을 할 때 협업 초능력의 학습 환경이 될 만한 프로젝트에 끌린다. 나는 이 프로젝트를 국제 협업 연구소, 줄여서 **협업소**collaboratories라고 한다. 협업소는 전 세계 젊은이가 모여 장대한 규모로 합력, 합의, 합작하는 능력을 시험하고 계발하는 온라인 공간이다.

비범한 협업자들의 작업 방식을 이해하려면 무엇보다도 실제 협업소를 들여다보는 편이 가장 좋다. 자, 그러면 내가 2008 베이징 올림픽에 맞춰 디자인한 대체 현실 게임 「잃어버린 고리 The Lost Ring」를 살펴보자.

그들만의 올림픽에서 모두의 올림픽으로

'올림픽도 망가졌다!' 2007년에 2008 베이징 올림픽을 위한 대체 현실 게임 제작을 맡아달라는 제의를 받고 든 생각이다.

내가 보기에 올림픽은 대부분의 세계인에게 있어 기껏해야 손에 땀을 쥐며 보는 구경거리에 지나지 않았다. 진짜로 참여하지도 않고, 능동적으로 열중하지도 않는다. 게임을 보기만 할 뿐 실제로 플레이하지는 않는다.

취지에 어긋나는 일이었다. 올림픽의 목적은 게임 플레이로 전 세계가 하나 되는 것 아니었던가? 또한 세계 공동체를 만든다는 목표도 있다. 그러나 올림픽광들조차도 게임이 진행되는 동안 전 세계에 있는 다른 사람들과 교류가 거의 없다. 올림픽 개최지에는 정예 선수들만 있고 우리는 그저 텔레비전으로 경기를 관람할 뿐이다. 세계인의 대부분이 실제로 참여하지 않는데 전 세계가 하나 된다니 이 무슨 억지인가?

올림픽의 목적을 진심으로 받아들이지 않았다면 쉽게 넘어갈 수 있는 문제였다. 그러나 현대 올림픽은 게임을 발판 삼아 공감대를 형성하고 세계의 관심을 집중시키고 상호 존중을 증진하고 세계 공동체를 조성하는 활동 중에서 가장 유명하고 유서가 깊다. 국제 협업소를 구축하기에 딱 맞았다.

그러자 문득 이런 생각이 들었다. 열심히 게임을 하는 동안 전 세계가 하나 되는 올림픽 전통이 운동선수를 넘어 '게이머'에게까지 미칠 수 있을까?

그렇다면 이는 자라나는 게임의 달인 세대가 세상에 비범한 능력을 펼쳐 보일 절호의 기회였다. 세계 최고 운동선수들처럼 세계 최고 게이머들도 이전에는 생각지 못한 협업 솜씨를 보여줄 수 있었다. 그러면 모든 사람이 자극을 받아 스스로 정한 협업 능력의 한계를 뛰어넘게 될 터였다.

그래서 2008 베이징 올림픽을 1년여 앞두고 서서히 기대감이 고조되던 시기에 나는 올림픽 공식 후원사 맥도날드와 국제올림픽위원회의 제안을 받아들여 샌프란시스코에 있는 일류 디지털 광고업체 AKQA의 작업에 합류했다. 우리의 공동 목표는 전 세계 청소년이 현대 올림픽 게임만큼 경탄할 만한 규모로 협업할 수 있는 온라인 게임을 제작하는 것이었다. 우리는 꼬박 1년 동안 50명이 넘는 개발진과 힘을 합쳐 컴퓨터·비디오 게이머가 2008 베이징 올림픽을 실제 게임으로 즐기고 실제 협업 활동으로 참여할 수 있도록 했다.

「잃어버린 고리」의 줄거리와 이 게임으로 올림픽 게임의 현실이 어떻게 바뀌었는지를 소개한다.

이 팟캐스트 청취자 중 대부분이 지금부터 제가 하는 얘기를 믿지 않으실 겁니다. 역사상 최대 게임이 거의 2천 년 동안 묻혀 있었다니 도대체 무슨 소리냐고 하시겠죠. 저는 엘리 헌트입니다. 여러분은 지금 올림피아의 잃어버린 스포츠의 전설을 듣고 계십니다.
__팟캐스트 「고대 게임의 비밀」 2008년 2월 24일 판에서

고대 그리스인들이 금지했든 안 했든 간에 우리는 재미있게 즐기고 있습니다!
__2008년 4월 15일 샌프란시스코에서 있었던 「올림피아의 잃어버린 스포츠」 훈련 초청장에서

2008년 2월 24일, 엘리 헌트라는 가상 인물이 「고대 게임의 비밀」이라는 실제 팟캐스트 podcast를 시작했다. 이 팟캐스트를 알리고자 국제올림픽위원회는 엄청난 트래픽을 자랑하는 웹사이트의 첫 화면에 '올림픽의 수수께끼를 파헤치고 고대 게임의 역사를 배우자!'라는 문구를 올려 광고했다. 헌트의 사이트를 방문하면 이 팟캐스트의 주제가 이른바 올림피아의 잃어버린 스포츠라는 사실을 알 수 있었다. 올림피아의 잃어버린 스포츠는 눈가리개를 쓰고 하는 게임으로, 아마추어 고고학자인 헌트는 고대 그리스인들이 무슨 이유에서인지 이 게임을 올림픽에서 금지하고 게임이 존재했다는 증거 자체를 깨끗이 없애버리려 했다고 믿었다.

올림피아의 잃어버린 스포츠라니? 고대의 기담 정도 아닐까? 그렇지 않음을 증명하고자 헌트는 세 가지 놀라운 증거를 제시했다. 첫째, 벌거벗고 눈가리개를 쓴 주자가 그려진 고대 그리스 도자기 조각. 둘째, 기원전 530년에 만들어진 것으로 추정되며 '신뢰, 인내, 공간 기억, 방향 판단'이라는, 스포츠 치고는 이상한 기술을 요구하는 올림픽 종목의 훈련 지침이 새겨진 돌판. 셋째, 역사학자들이 올림픽 유물에서 한 번도 본 적 없는 데메트로스라는 고대 올림픽 우승자에게 수여된 2,100년 전의 우승 훈장. 더군다나 이 훈장에는 이 미지의 올림피아인이 가장 중요한 게임이라는 '라 파이냐 메가스'의 우승자로 돼 있어 더욱 의문을 키웠다.

정말로 이 눈가리개 게임이 고대 올림픽에서 가장 중요했다면 왜 역사학자들은 한 번도 들어보지 못했을까? 헌트는 사람들에게 다음과 같은 과제를 던졌다.

정말 잃어버린 스포츠가 있었을까요? 그렇다면 게임 방식은 어땠을까요? 왜 고대 올림픽에서 가장 중요한 게임으로 여겨졌을까요? 이 잃어버린 스포츠가 정말로 존재했다면 우리는 고대 그리스인들이 공모해서 이 스포츠를 다

「잃어버린 고리」 이야기에서 기원전 740년에 눈가리개를 쓴 올림픽 선수를 그렸다고 설정된 '파이런의 조각'의 스케치. AKQA, 2008

른 세계인들이 알지 못하게 숨겨버렸다고 생각할 수밖에 없습니다. 그런데 왜 애써 감추려고 했던 것일까요? 제 새로운 연구 결과가 있긴 합니다만, 그래도 여전히 우리가 고대 올림픽에 관해 알고 있던 것이 다 틀렸다는 사실을 받아들이기란 어렵습니다. 하지만 만일 제 생각이 맞는다면, 그러니까 그리스인들이 정말로 진실을 감춰버렸다면 우리가 좀 더 주의 깊게 살펴보았을 때 더 많은 증거가 나오지 않을까 싶습니다.

온라인 게이머와 블로거들이 잃어버린 스포츠의 수수께끼에 관해 듣고 즉시 헌트의 과제를 수락하면서 24시간 만에 커뮤니티가 형성됐다. 꼭 헌트의 증거를 믿어서가 아니라 뭔가 재미있는 게임이 벌어지리란 낌새를 맡았기 때문이었다. 헌트가 팟캐스트에 영어, 프랑스

어, 독일어, 스페인어, 포르투갈어, 일본어, 중국어 자막을 제공한 덕분에 전 세계 게이머가 몰려들었다. 이들은 각종 번역 도구의 힘을 빌려 토론 포럼, 채팅방, 위키를 만들고 헌트에게 이메일을 보내 추가 정보를 요청했다. 올림피아의 잃어버린 스포츠의 비밀을 샅샅이 파헤칠 작정이었다.

게이머들은 헌트의 온라인 팟캐스트를 듣고 실마리를 찾아 다른 블로그와 웹사이트를 방문하면서 실제 역사와 기담이 얽히고설킨 거대한 그물망을 만들었고, 그 움직임이 마침내 현실 세계로까지 이어져 겨우 6주 만에 유형의 유물 27개를 발굴했다. 모두 「잃어버린 고리」 코덱스^{Codex}에서 나온 페이지들로, 각각 수수께끼 같은 글로 잃어버린 스포츠의 규칙과 목적에 관한 추가 정보가 실려 있었다. 1920년에 쓰였다고 하는 이 페이지들은 5대륙 27개국에 흩어져 있었다. 세계 공용어인 에스페란토어로 쓰여 있고, 일찍이 잃어버린 스포츠를 조사하다가 끝내 복원에 실패한 사람들이 작성해서 숨겨놓은 듯했다.

게이머들은 이 숨겨진 유물을 어떻게 찾았을까? 먼저 엘리 헌트가 두 번째 팟캐스트에서 다룬 실제 고대 그리스의 약식 방위 기호, '옴팔로스 부호'를 익혔다. 그리고 위키에서 힘을 합쳐 27개 옴팔로스 부호를 현대 GPS 좌표로 변환했다. 그러고 나서 각자의 소셜 네트워크에 있는 사람들에게 도움을 요청하고, 요청을 받은 사람이 또 같은 방법으로 도움을 요청하는 식으로 요하네스버그의 서점, 리우데자네이루의 호스텔, 방갈로르의 미술관 등 실제 세계 각지에 흩어진 코덱스의 페이지를 찾아줄 사람을 물색했다.

페이지가 발견될 때마다 플레이어들이 자원해서 에스페란토어를 8개 국어(플레이어 중 네덜란드인의 비중이 커서 게임의 기본 7개 국어 외에 네덜란드어가 추가됐다)로 번역한 덕분에 올림피아의 잃어버린 스포츠에 관한 새로운 기록이 완성돼 전 세계 사람이 볼 수 있게 됐다.

번역된 코덱스에는 이런저런 이야기와 함께 이 고대 게임이 공식 명칭은 '인간 미로', 별칭은 '잃어버린 고리'였다는 사실이 기재돼 있었다. 플레이어들은 조금씩 게임에 대해 알아갔다. 게임의 정원은 16명으로 1명은 눈가리개를 쓴 주자, 나머지 15명은 '인간 벽'이었다. 인간 벽들은 고대 크레타 섬의 미로 모양으로 그려진 선 위에 서서 자기 몸으로 사람 크기의 미로를 만들었다. 주자는 길을 보지도 더듬지도 못하는 상황에서 최대한 빨리 미로의 중앙을 벗어나야 하고, 인간 벽들은 콧소리로 주자가 길을 찾을 수 있도록 도왔다. 공식적인 미로 크기를 보면 인간 벽 15명으로 완전히 벽을 둘러치긴 무리였다. 그래서 주자보다 먼저 달려가서 벽을 쳐야 했다. 게임은 팀 대항전으로 가장 먼저 주자가 미로를 벗어나는 팀이 승리했다.

그렇다면 게이머들은 이 고대 올림픽 행사의 수수께끼를 풀고 나서 어떻게 했을까? 역시나 게이머답게 직접 게임을 플레이하기 시작했다. 그리고 실제 2008 베이징 올림픽에 이 잃어버린 스포츠를 복원하기로 했다. 싱가포르, 도쿄, 방콕, 상하이, 런던, 파리, 취리히, 빈, 샌프란시스코, 포틀랜드, 뉴욕, 댈러스, 부에노스아이레스, 상파울루, 요하네스버그, 케이프타운, 시드니, 멜버른, 웰링턴 등 세계 각지에서 팀이 결성됐다.

몇 달 동안 주말마다 각 도시에서 게이머들이 모여 올림피아의 잃어버린 스포츠를 복원하고 눈가리개 미로 게임을 익혔다. 그리고 훈련 영상 수백 편, 훈련 사진 수천 장을 각각 유튜브와 플리커에 올려 실력을 과시하면서 다른 사람들에게 플레이 방법을 가르치고 잃어버린 스포츠의 다른 선수들과 전략을 교환했다.

팀워크가 좋아지면서 속도가 점점 빨라지고 사용하는 전략도 갈수록 복잡해졌다. 그러더니 얼마 안 가서 주말만 되면 이번 주는 빈, 다음 주는 뉴욕, 그다음 주는 상하이, 이런 식으로 꼭 어딘가에서 세계 신기록이 나왔다. 그리고 올림픽 육상 우승자인 에드윈 모지즈 Edwin Moses가 온라인 코치를 자청해 매주 메일과 온라인 채팅으로 선수들에게 조언하기까지 했다. 전 세계에서 선수들이 서로 격려하며 노력한 결과, 훈련을 시작할 때만 해도 평균 3분 30초였던 최고 기록이 여름의 막바지에 이르러서는 평균 59초로 줄어들고 38초라는 세계 기록까지 나왔다.

2008년 8월 24일, 2008 베이징 올림픽의 폐막일이자 엘리 헌트가 첫 번째 팟캐스트를 올린 지 여섯 달째 되던 날. 세계 최고 컴퓨터 게이머 백 명이 그때까지 익힌 잃어버린 스포츠 지식을 실전에 써보기로

뉴질랜드 팀이 온라인에 올린 훈련 영상 조슈어 주드킨즈 Joshua Judkins, 2008

했다. 세계 최고 인간 미로 팀 6개가 각각 베이징, 샌프란시스코, 살바도르 다 바이아, 런던, 도쿄, 웰링턴에 결집해 자체 세계 결승전을 치렀다. 최종 메달 개수가 실제 올림픽에 반영되기에 이들 게이머 선수들은 잃어버린 스포츠의 올림픽 명예 금메달, 은메달, 동메달을 놓고 있는 힘껏 싸웠다. (메달은 각각 도쿄, 샌프란시스코, 웰링턴 팀이 차지했다.)

지금까지 소개한 내용은 하이라이트 중에서도 일부에 불과하다. 대체 현실 게임 「잃어버린 고리」는 꼬박 1년에 걸쳐 개발하고 6개월 동안 플레이한 결과, 전 세계 100여 개국 사람들로 플레이어 커뮤니티가 만들어졌다. 구성을 보면 북아메리카 28퍼센트, 유럽 25퍼센트, 아시아 태평양 지역 18퍼센트, 남아메리카 13퍼센트, 오세아니아 9퍼센트, 그 밖에 두바이, 이스라엘, 남아프리카 등등이었다. 참가자 총 25만여 명 중에서 열성 참가자(퍼즐 해결사, 번역가, 사회공학자, 연구자, 선수 등)는 1만여 명으로 2008 베이징 올림픽 공식 출전 선수와 규모가 비슷했다. 이 '대체 현실 올림피아인들'이 게임 역사에 한 획을 긋는 광경을 290만이 넘는 온라인 관객이 똑똑히 지켜봤다.[7]

맥도날드와 AKQA로서는 혁신적인 마케팅이었다. 맥도날드가 지금까지 그래왔듯 올림픽을 공식 후원한다는 텔레비전 광고를 내는 것이 아니라, 직접 게임을 만들어 플레이어가 능동적으로 올림픽에 빠져들 기회를 마련해준 것이다. 한편, 국제올림픽위원회는 이번 기회에 게이머 세대의 눈높이에 맞춰 앞으로 오래도록 이어질 전통을 확립하는 데 한 걸음 내디딜 수 있었다.

나에게는 세계적인 규모의 협업소를 만들 기회였다. 그래서 「잃어버린 고리」의 모든 요소가 플레이어를 자극해 비범한 합력, 합의, 합작을 유발하도록 디자인했다.

전 세계적 협력을 일으키기 위해 우리는 일부러 현지화된 웹 커뮤니티들을 비롯하여 현실 세계의 이곳저곳에 다양한 언어로 게임 콘텐츠를 대량 살포함으로써 한 사람은 물론이고 한 나라만이 게임을 독차지하는 일이 없도록 했다. 온라인의 핵심 단서는 각 지역의 고유한 웹사이트와 소셜 네트워크에 숨겼다. 예를 들면 아르헨티나의 소셜 네트워크 하이5 Hi5, 중국의 동영상 공유 사이트 6룸즈 6rooms, 프랑스의 블로그 커뮤니티 스카이록 Skyrock 등이다. 물론 유형의 사물도 말 그대로 세계 곳곳에 숨겼다. 이 단서와 사물은 전혀 중복되는 것 없이 하나하나가 잃어버린 스포츠의 역사에 중요한 정보였다. 그러니 플레이어들은 협력해서 수집하고 다른 플레이어가 볼 수 있게 번역해야만 했다. 그러자면 협업 범위를 확 넓혀서 이런저런 소셜 네트워크에 핑을 보내 제때 제 장소에 나타날 수 있는 사람이나 이 언어에서 저 언어로 번역할 수 있는 사람을 찾음으로써 다른 사람이 다음 단계를 실행할 길을 트는 식으로 차근차근 목표를 향해 나아가는 수밖에 없었다.

또 우리는 게이머 용어로 '혼돈의 스토리 chaotic story'라고 하는 것을 전개하는 전략도 채택했다. 즉, 게임의 스토리를 한 가지 매체로만 소비하게 하지 않고 직소 퍼즐처럼 수천 개 조각으로 나눠 각종 미디어 플랫폼에 퍼뜨렸다. 팟캐스트, 블로그 글, 동영상, 온라인 사진, 게임 등장인물의 이메일과 트윗 등의 형식을 사용했을 뿐만 아니라 '게임 운영자'가 등장인물 역할을 맡아 플레이어들과 메신저로 대화하고 직접 만나기까지 했다. 이 혼돈의 스토리 때문에 플레이어는 집단지성 기술과 협업 저작 플랫폼을 사용해 서로 도와가며 게임 콘텐츠를 해석해야만 했다. 혼돈의 스토리는 플레이어들이 하나로 합치기 전에는 스토리가 아니라 증거 뭉치, 스토리의 재료일 뿐이다. 실제로 스토리를 전개하는 것은 플레이어들의 몫이다. 스토리는 주로 위키에서 전개되면서 게임의 '공식' 스토리로 자리 잡았다.

「잃어버린 고리」의 플레이어들은 '잃어버린 고리를 찾아서'라는 위키를 만들어 그곳에서 혼돈의 스토리를 맞추고 번역 과제를 수행했다. 게임이 끝날 때까지 문서가 943개, 영상과 음악과 사진이 730개 등록됐는데 모두 플레이어의 손에서 나온 것이다. 이 사이트에 플레이어들이 제작한 페이지를 보자면 게임이 진행되는 6개월 동안 주요 발견 사항과 사건을 자세히 기록한 '연대기', 세계 곳곳에서 찾은 27개 페이지의 고화질 스캔본을 묶고 거기에 추가적인 9개 국어의 번역본을 더한 '코덱스', 최고 기록과 훈련 영상을 비롯해 주요 훈련 행사의 기록 자료를 모은 '미로 훈련 보고서' 등이 눈에 띈다.

물론 혼돈의 스토리가 아니어도 잃어버린 스포츠는 그 자체로 고도의 협업이 필요했다. 게임 규칙이 협력을 전제로 하므로 같은 지역의 선수끼리 경쟁하는 게 아니라 팀을 만들어서 단체 훈련으로 실력을 키우는 구도가 됐다. 그러다 팀의 실력이 향상되면 서로 움직임이 딱딱 맞으니 마치 군무를 출 때처럼 집단 몰입이 일어났다. 그리고 내가 만드는 현장 게임이 다 그렇듯이 이번에도 슬쩍 옥시토신 분비 요소(인간 벽들이 서로 손을 잡거나 어깨를 잡도록 하는 것)를 집어넣어 플레이어들이 협력하면서 끈끈한 정을 느끼게 했다. 그러다 보니 함께 열중해 인간 미로를 만드는 것이 함께 절정 경험을 합작하는 것으로 자연스레 이어졌다.

그러나 이 같은 규칙이 아니어도 고도의 합력과 합의가 필요한 까닭이 있었다. 그 이유는 복잡하게 생각할 것 없이 바로 이 인간 미로 스포츠를 해본 사람이 아무도 없기 때문이었다. 규칙을 아는 사람도 없고 실력이 좋은 사람도 없었다. 그러니 모두 스스로 터득하는 수밖에 없었다. 전 세계 사람들이 네트워크를 이뤄 세계 최초로 이 스포츠의 면면을 파헤치고 또 창작하고, 서로 비법을 전수하며, 온라인으로 게임의 비밀을 최대한 많은 사람에게 알려야 했다. 플레이어들은 각 지역의 시간을 고려해 잠을 설치거나 하는 일 없이 동시에 최대한 많은 지역에서 사람들이 참여할 수 있도록 훈련 일정을 짰다. 그리고 누가 시키지도 않았는데 휴대전화 네트워크로 훈련 영상을 실시간 전송해 다른 도시의 팀들이 보고 배울 수 있게 했다. 합력과 합의 수준이 정말로 비범하다고 할 만하다.

끝으로 집단 협업이 효력을 발휘하려면 모든 구성원이 유익하게 기여할 거리가 있어야 한다. 다시 말해 모든 구성원에게 강점을 발휘할 기회를 줘야 한다. 그래서 「잃어버린 고리」를 협업소로 개발하는 과정에서 내 주요 목표 중 하나는 플레이어의 강점 발견을 도와주는 시스템을 개척하는 것이었다. 그러면 플레이어가 게임에 가장 잘 기여할 수 있는 바를 스스로 좀 더 쉽게 파악할 수 있기 때문이었다. 「잃어버린 고리」 코덱스의 중심에 고대의 6대 강점의 전설을 삽입한 이유도 거기에 있다. 각 강점은 고대 그리스의 덕목에서 이름을 따왔고 집단에 기여하는 여섯 가지 방법을 나타낸다.

- 소피아 Sofia: 나는 우리의 미션에 지혜, 지성, 창의력을 더한다. 나는 지식 추구자다.
- 쉬모스 Thumos: 나는 우리의 미션에 용기, 힘, 의지를 더한다. 나는 모험자다.
- 카리톤 Chariton: 나는 우리의 미션에 감성, 인정, 매력을 더한다. 나는 연결자다.
- 디카이오쉬네 Dikaiosune: 나는 우리의 미션에 지도력, 방향성, 집중력을 더한다. 나는 안내자다.
- 소프로쉬네 Sophrosune: 나는 우리의 미션에 균형, 절제, 개방성을 더한다. 나는 조언자다.
- 미소포에이아 Mythopoeia: 나는 우리의 미션에 낙관주의, 이상, 예술성을 더한다. 나는 진리 추구자다.

코덱스에는 열두 가지 질문으로 된 검사지가 있어 자신의 강점을 찾는 데 도움이 됐다. 자신에게 가장 잘 어울리는 보기를 선택하는 식인데 예를 들면 이렇다.

- 나는 독창적으로 생각한다.
- 나는 모험이 있는 삶을 좋아한다.
- 나는 다른 사람을 돕는 일이 좋다.

또는,

- 나는 통솔하기를 좋아한다.
- 나는 공정하고 정직한 사람이다.
- 나는 언제나 주위에서 아름다움을 발견한다.

위의 보기들은 각각 소피아, 쉬모스, 카리톤, 디카이오쉬네, 소프로 쉬네, 미소포에이아에 해당한다.

게임에서는 마치 고대의 이야기인 것처럼 소개되긴 했지만 사실 이 6대 강점은 영향력 있는 긍정 심리학 연구 결과에서 나왔다. 2004년에 출간된 마틴 셀리그먼과 크리스토퍼 피터슨Christopher Peter-son의 『성격 강점과 덕목의 분류Character Strengths and Virtues』라는 안내 서를 보면 총 24개 항목이 다음과 같은 6개 범주로 분류돼 있다. 지혜 와 지식(지식을 습득하고 활용하는 인지 능력), 용기(안팎의 반대에 맞서 목표 를 성취하고자 의지를 발휘하는 정서 능력), 인간애(다른 사람을 돌보는 대인관 계 능력), 정의(건전한 공동체 생활의 기초가 되는 사회 능력), 절제(과용을 막 는 능력), 초월(더 큰 우주와 연결돼 의미를 찾는 능력).[9]

셀리그먼과 피터슨은 활동 가치 성격 연구소Values in Action Institute on

Character와 손을 잡고 성공과 행복에 영향을 끼치는 긍정적 정서 능력을 측정하는 240개 문항의 질문지를 만들었다.[10] 이 질문지는 "사람들이 잠재력을 모두 발휘하도록 돕는 것"을 목표로 하며 과학적 근거가 가장 탄탄한 개인 성격 검사지다. 그러나 아직 이 검사를 받아보기는커녕 들어본 적조차 없는 사람이 대부분이다.

나는 이 긍정 심리학 자원이 대규모 협업의 길을 트는 데 큰 힘이 되리라고 생각했기에 플레이어가 「잃어버린 고리」 커뮤니티의 일원으로서 자신의 강점을 찾을 수 있기를 바랐다. 그래서 활동 가치 성격 연구소의 공식 질문지를 축약해서 고대 강점 질문지를 고안했다. 내가 만든 12개 문항 올림픽 검사지는 과학적으로 검증되지도 않았고, 24개 강점을 깊게 파고들지 않고 그냥 6개 상위 범주만 다룰 뿐이었다. 하지만 이 검사지가 강점 발굴의 입문 수단으로 제 몫을 다해서 플레이어가 협업의 관점에서 자신의 강점을 발견하고 그것을 「잃어버린 고리」 미션에서 발휘할 수 있으리라 생각했다.

고대 강점 검사로 자신의 강점을 찾은 플레이어는 강점 배지를 소셜 네트워크 페이지에 올리라는 권유를 받았다. 강점 배지는 예를 들면 '나는 소피아'라는 말이 쓰여 있고 그 의미가 함께 설명된 형태였다. 플레이어들은 이 배지를 보고 서로의 강점을 파악하기 시작했다. 일종의 협업 레이더가 마련된 셈이었다. 이제 엘리 헌트를 비롯한 게임 인물들은 플레이어의 강점에 맞춰 게임 미션을 부여했다. 예를 들면 영리한 '소피아' 플레이어에게는 아직 사람들이 잘 모르지만 고대 올림픽에서 실제로 금지된 다른 게임들을 탐구하는 과제를, 모험심 강한 '쉬모스' 플레이어에게는 실제 세계로 나가 유형의 유물을 수색하는 역할을, 사회성 좋은 '카리톤' 플레이어에게는 게임의 사회공학자가 되어 「잃어버린 고리」 커뮤니티의 소셜 네트워크를 확대할 방안을 마련하는 일을 맡겼다.

꼭 미션이 아니라 잃어버린 스포츠 자체에도 각 강점에 맞는 역할이 마련돼 있었다.

- 소피아: 당신은 최고의 기술자입니다. 미로를 연구하고 일찍 현장에 도착해 미로를 설계하고 건설하십시오.
- 쉬모스: 당신은 최고의 주자입니다. 눈가리개를 쓰고 실력을 보여주십시오.
- 카리톤: 당신은 최고의 감독입니다. 팀원을 격려하고 다른 팀을 도발하십시오.
- 디카이오쉬네: 당신은 최고의 주장입니다. 팀이 기운과 집중력을 잃지 않고 계속해서 더욱 속도를 내도록 이끄십시오. 벽을 맡은 팀원들이 호흡을 맞춰 한 몸처럼 움직이게 하십시오.
- 소프로쉬네: 당신은 최고의 심판입니다. 모든 사람이 규칙을 지키게 하십시오. 최단 시간을 기록하십시오.
- 미소포에이아: 당신은 최고의 이야기꾼입니다. 게임을 사진과 영상으로 촬영하십시오. 다른 도시의 기록 경신 소식을 알려서 지역 팀원들이 그때그때 전 세계의 훈련 동향을 알게 하십시오.

강점 검사와 강점별 과제는 플레이어들이 잃어버린 스포츠의 훈련에 참가할 선수를 모집할 때, 또 온라인에서 게임의 스토리를 파악하지 않고 그냥 현장에 플레이하러 온 사람들을 게임에 열중시킬 때 대단히 유용하게 쓰였다. 기존 플레이어들은 이 도구를 활용해 잠재적 플레이어에게 그 자리에서 게임에 의미 있게 기여할 방안을 마련해줬다. 새로운 플레이어에게 그가 성공을 경험하고 내적 보상을 누릴 만한 분야를 정확하게 알려주기도 수월했다. 그래서 잠재적 기여자가 만족스러운 일을 하지 못하고 능력과 시간을 낭비하는 일이 없었다.

　셀리그먼과 피터슨이 누누이 말했듯이 우리는 집단 환경에서 자신의 강점을 선용할 때 가장 큰 행복을 느낀다. 「잃어버린 고리」 플레이어들이 고대 강점에 기초한 역할을 받아들이고 온라인과 현실에서 적극적으로 자기 몫을 다하여 잃어버린 스포츠를 되살리는 모습을 보니 두 사람의 말이 더없이 와 닿았다.

　「잃어버린 고리」를 세상에 내놓을 때만 해도 우리는 결과를 예측할 수 없었다. 플레이어들이 협업할 재료만 마련해줬을 뿐이다. 온라인 기담과 수수께끼의 실물 문서를 보고 잃어버린 올림픽 스포츠를 되살릴지, 그리고 되살린다면 어떤 방법을 쓸지는 전적으로 플레이어들이 결정할 문제였다.

　여러 언어로 된 혼돈의 스토리 때문에 전 세계적 커뮤니티가 조성되리라는 확신은 있었다. 그러나 그 커뮤니티가 정말로 잃어버린 스포츠를 부활시킬까? 그 스포츠를 그냥 잘하는 차원을 넘어 올림픽 선수만큼 잘할 방법을 마련할 수 있을까? 게임을 기획하면서 잃어버린 스포츠를 플레이 테스트하긴 했지만 횟수도 얼마 안 되고 참가자도 주로 프로젝트의 제작팀원이었다. 전반적으로 게임 시간도 오래 걸리고 실력도 형편없었다. 설마 플레이어들이 선수급 기량을 보여줄 줄은 전혀 예측하지 못했다. 실제로 그런 일이 일어나기 전에는 상상도 못할 일이었다. 잃어버린 스포츠는 실존하지 않은 종목이었다. 그리고 전 세계 게이머가 힘을 합치지 않았다면 이후로도 영영 존재하지 않았을 것이다.

에드윈 모지즈는 400미터 허들로 실제 올림픽 금메달을 따고 수차례 세계 기록을 경신한 선수다. 그런 모지즈가 개발팀과 한자리에 앉아 각 대륙 최고 플레이어들의 게임 영상을 시청했다. 그리고 선수들의 실력에 한껏 고무돼 직접 각 팀을 응원하는 영상을 만들었다. 이후 실시간 온라인 방송으로 선수들의 질문에 답하면서 결승전 준비 방법을 진지하게 조언했다. 결국엔 이른 아침부터 올림픽 공식 행사지인 만리장성에 나타나 대체 현실 결승전에 대비해 잃어버린 스포츠 베이징 팀을 직접 지도했다. 처음 눈가리개 미로 경주를 기획할 때만 해도 플레이어들이 게임을 선수들의 시합 수준으로 끌어올리리라고는, 또 실제 올림픽 육상 우승자가 관심을 보이고 감명받으리라고는 전혀 생각하지 못했다. 그런데 정말 그런 일이 일어났다. 모두 플레이어들의 협업 덕분이었다.

최종적으로 보자면 플레이어들의 협업으로 두 가지 비범한 결과가 나왔다. 하나는 고대에 잃어버린 스포츠의 방대한 역사가 「잃어버린 고리를 찾아서」 위키(주도적 플레이어 천여 명이 공동 작성한 943쪽 분량의 멀티미디어 문서)를 통해 되살아난 것이고, 다른 하나는 6개월이 아니라 평생 훈련한 사람처럼 능수능란하게 미로를 만들어 달리는 선수들의 커뮤니티가 형성된 것이다. 모두 진정한 '창발 시력'을 발휘한 결과다. 엘리 헌트의 전설을 둘러싼 복잡하고 혼돈한 환경과 여기저기 흩어진 코덱스의 수수께끼에서 플레이어들은 협업의 기회를 보고 함께 길을 터 대체 현실 역사라는 장대한 작품을 빚어내고 6대륙에 걸친 장관을 연출했다. 그래서 나는 「잃어버린 고리」의 주도적 플레이어들, 특히 위키를 운영하고 수개월간 훈련을 주관한 열성 참가자 천 명이 그들 세대의 진정한 협업의 대가에 포함된다고 본다.

우리는 모두 협업 초능력의 씨앗을 품고 태어난다. 과학 연구 결과를 보면 어린아이 때부터 협력하고 활동을 조율하며 집단의 유대를 강화하고자 하는 욕망과 능력, 다시 말해 함께 좋은 게임을 만들고자 하는 욕망과 능력이 드러난다. 그러나 협업 수련에 공을 들이지 않으면 씨앗에서 싹이 트지 않는다.

다행히도 그처럼 수련할 협업소가 이미 많이 마련돼 있다. 「잃어버린 고리」 같은 국제적 대체 현실 게임이 아니라도 코옵 모드가 있는 좋은 온라인 게임, 협업 생산 프로젝트, 나날이 성장하는 위키아 등으로도 얼마든지 협업 초능력을 수련할 수 있다. 그리고 전 세계적으로 좋은 게임의 보급률이 증가하고 있으므로 과거 어느 때보다도 협업 초능력을 기를 기회가 많아지고 있다.

이제는 개발도상국도 예외가 아니다. 최신 온라인 게임과 게임 플랫폼 사용에 제약이 있던 것은 과거의 이야기다. 지금은 게임 개발자들이 인도, 브라질, 중국 같은 신흥 기술 시장의 기술적 제약에 맞춰 온라인 게임 플랫폼을 개발하고 있다. 예를 들어 '차세대 10억 인류를 위한 비디오 게임기'를 표방하는 저가 기기 지보^{Zeebo}는 절전형인 데다가 초고속 인터넷 대신 휴대전화 네트워크를 사용한다. 또 한편에서는 휴대전화가 아프리카 오지에서도 터진다는 점에 착안해 휴대전화용 네트워크 게임도 개발되고 있다.

게임업계가 계속해서 코옵, 집단지성, 협업 생산을 강조하는 분위기인 만큼 앞으로 협업 초능력이 게임 문화 전반에 퍼질 전망이다. 그리고 게이머를 자처하는 사람이 늘어나고 있으니(협업 초능력을 기르고 싶은 마음이 적잖이 영향을 끼치는 듯하다) 이 비범하고 새로운 능력과 기술이 앞으로는 평범하게 여겨지리라고 본다. 즉, 예외가 아닌 표준이 될 것이다.

그러면 앞으로 10년, 아니, 그 이상 협업 초능력을 계발해서 어디에 쓸 수 있을까? 전 세계 게이머에게 가장 중대하고 장대한 목표는 21세기에 살아남는 것 그 자체가 아닐까 한다.

현실에서 초거대 규모로 협업하는 방법을 밝힌 획기적 지침서라고 할 만한 2006년 출간서 『위키노믹스^{Wikinomics}』에서 저자 돈 탭스코트^{Don Tapscott}와 앤서니 윌리엄스^{Anthony Williams}는 이렇게 당부했다. "협업하지 않으면 멸망한다. 국경, 문화, 학문, 기업의 장벽을 넘어 많은 무리가 동시에 함께 일해야 한다."[11]

협업하지 않으면 멸망한다니 우리 시대의 절박함이 고스란히 묻어나는 외침이다. 초거대 규모로 협업하는 능력은 이제 개인이나 기업의 경쟁우위를 넘어서 인류의 생존을 위한 필수 조건이 되어가고 있다. 『위키노믹스』의 두 저자는 몇 년 후 개정 증보판 서문에서 이렇게 말했다. "대규모 협업의 킬러 애플리케이션은 아마 말 그대로 지구 구하기가 될 것이다."[12]

킬러 애플리케이션이란 그것이 속한 시스템의 진가를 증명해 무수한 사람이 받아들이게 하는 대단히 유용한 프로그램이다. 가령, 이메일은 가정용 인터넷 서비스의 킬러 애플리케이션이다. 나는 협업 초능력의 진가가 게임을 통해 증명되리라고 굳게 믿는다. 게이머들이 게임의 힘을 빌려 우리가 에너지를 쓰고, 배를 채우고, 건강을 관리하고, 자신을 다스리고, 새로운 사업을 구상하고, 서로를 돌보고, 환경을 보호하는 방식을 바꿈으로써 현실 세계를 구하리라 본다.

하지만 이 같은 근본적 변화는 하루아침에 일어나지 않는다. 함께 21세기를 살아남으려면 더 장기적인 관점에서 생각하고 행동하고 협업해야 한다. 우리는 앞으로 수개월, 수년, 아니, 수십 년 동안 집단 노력을 아우를 게임을 플레이해야 한다.

바야흐로 미래를 플레이할 때다.

14

세상을 바꾸는 게임

우리가 사는 시대를 지질학자들은 '인류세^{人類世}, anthropocene epoch'라고 한다. 인류세는 한마디로 인류가 지구에 영향을 끼치는 시대다.

우리의 영향은 대기 중 이산화탄소 농도 증가, 삼림 파괴, 육지 면적 감소, 해수면 상승 등 여러 가지 현상으로 확연히 드러난다. 이런 일을 예상한 것은 아니지만 우리가 원인임은 틀림없다. 그러니 이제 더 나은 방향으로 변화를 일으키는 방법을 익혀야 한다. 그리고 이를 위해서는 의도와 규율, 목적이 있어야 한다.

『전 지구 규율Whole Earth Discipline』에서 스튜어드 브랜드Steward Brand는 이렇게 썼다. "이제 인류는 지구의 지킴이 역할을 해야 한다. …… 우리는 신과 같으니 '반드시' 제 몫을 다해야만 한다."[1]

브랜드는 "환경을 만드는 도구와 아이디어"를 소개하는 대안문화

편람인 《전 지구 편람Whole Earth Catalog》(1968~1972)의 창간자로 유명하다. (창간 당시에는 "우리는 신과 같으니 이왕이면 제 몫을 다하자"라고 썼다.)[2] 1996년 샌프란시스코에서 그는 앞으로 만 년이라는 장기적 관점에서 지구와 인류의 생존을 위한 우리의 책임을 생각하는 롱 나우 재단Long Now Foundation을 공동 설립했다. 그는 우리가 이 지구에서 그 정도로 오래 살려면 생태계에 전략적으로 영향을 끼칠 줄 알아야 한다고 주장했다. "우리는 주도면밀하게 지구를 관리하는 기술을 배워야만 하는 처지다." 우리는 생태계가 돌아가는 방식을 바꾸는 능력을 길러야 할 뿐만 아니라 어떻게 바꾸는 게 옳은지도 밝혀내야 한다. 분명히 쉽지 않은 일이다.

그는 "지구 시스템에는 천문학적이라고 할 만큼 방대하고 상상도 할 수 없을 만큼 복잡한 힘이 작용한다."고 말하며[3] "우리는 수십 년, 수세대가 걸린 문제와 해법에 직면해 있다. 필요한 것을 성취하려면 근면과 인내가 필요하다. 기후적, 생물학적, 사회적 힘의 작용에서 긴 작업 시차lag time와 소요 시간lead time을 줄이고자 생애 동안 지속적으로 힘써야 한다."[4]

희소식이 있다. 게이머들은 진작부터 이 미션에 착수해왔다! 게이머들은 벌써 오래전부터 지구 관리 기술을 익혀왔다. 실제로 '신게임'이라고 해서 플레이어 한 사람이 인간 생애 또는 그 이상 동안 극적인 방법으로 지구의 발전 방향을 관리하면서 세계와 주민을 다스리는 시뮬레이션 장르도 있다.

월 라이트의 「심즈」에서 플레이어는 신과 같은 능력으로 개개인의 일상을 좌우한다. 시드 마이어 Sid Meier의 「문명 Civilization」에서는 6천 년 전 청동기 시대부터 서기 2100년 우주시대까지 문명(아즈텍, 로마, 미국, 줄루 등)을 이끈다. 피터 몰리뉴 Peter Molyneux의 「블랙 앤 화이트 Black & White」에서는 외딴 섬의 생명체를 다스리면서 때로는 선하게, 때로는 악하게 생태계에 개입해 환희의 경배나 두려움에 찬 복종을 이끌어낸다.

이 같은 신게임은 모두 실제 행성 관리에 꼭 필요한 3대 기술을 수련하게 한다는 공통점이 있다. 바로 긴 안목으로 보기, 생태계적 관점에서 생각하기, 예비 실험하기다.

긴 안목으로 보기는 일상생활보다 훨씬 큰 규모로 생각하는 방식이다. 신게임 플레이어는 아주 먼 미래, 이를테면 시뮬레이션 되는 인간의 전 생애, 문명의 흥망성쇠, 인류 역사 전체 등을 염두에 두고 그때그때 무슨 행동을 할지 궁리해야 한다.

생태계적 관점에서 생각하기는 세상을 상호 의존적 부분들이 복잡하게 얽히고설킨 거미줄로 보는 것이다. 생태계적 관점에서 생각하는 능력이 우수한 사람은 생태계 중 일부의 변화가 다른 부분에 끼치는 영향(주로 놀랍고 광범위하다)을 예측하는 방법을 연구하고 터득한다.

예비 실험하기는 먼저 다양한 전략과 해법을 여러 차례 소규모로 실험해보고 나서 최상의 행동 방향을 결정하는 것이다. 실험으로 전략의 유효성이 검증되면 규모를 키워 그 영향력을 확대하면 된다. 신게임 플레이어는 성공을 극대화하고 싶어 하므로 한 가지 계획에만 매달리지 않는다. 확실하게 성공을 극대화할 전략이 나올 때까지 이것저것 시도하면서 조심조심 시스템을 헤쳐 나간다.

이 세 가지 생각과 행동 방식이 하나로 합쳐지면 브랜드가 『전 지구 규율』에서 권한 자세가 정확히 나온다. 그는 오늘을 사는 것을 넘어 "세기를 살라"고 했다.[5]

이어서 이렇게 조언했다. "참여는 은근하고 잠정적이어야 하며 올바른 방향으로 누적돼야 한다. 우리가 제때 올바로 움직인다면 앞으로 모든 게 다 잘 풀릴 것이다."[6]

물론 기존 상업 컴퓨터 게임을 실험 환경으로 삼아 우리 앞에 놓인 실제 문제를 해결할 수는 없다. 게임 속에서는 우리가 사는 복잡한 생태계에 작용하는 힘이 지나치게 단순화돼 있기 때문이다. 그러나 대성공을 거둔 신게임들을 보면 대규모 군중을 세계 변화 활동에 열중시키는 시스템을 개발하는 데 크게 도움이 될 만한 점들이 있다. 특히 플레이어가 세계와 자신의 능력을 새롭게 바라보도록 하는 방법을 배울 만하다.

예를 들어 윌 라이트와 맥시스 소프트웨어 Maxis Software가 개발한 우주 시뮬레이션으로 역사상 가장 장대한 신게임인 「스포어」를 보자. 지금까지 나온 신게임 중에서 「스포어」만큼 행성 관리 기술을 똑똑히 보여주는 예가 없다. 플레이어에게 실제 세상을 바꿀 수 있다는 인식을 심어준다는 점에서도 이만큼 치밀하게 기획된 게임이 없다.

「스포어」에서 플레이어가 할 일은 한 종족을 다스려 다섯 단계로 진화시키는 것이다. 종족은 단세포 생물(1단계)로 시작해 사회성 있는 육상 거주 생명체(2단계)로 발달, 부족(3단계)을 형성하고 기술 문명 (4단계)을 건설해 마침내 은하계 탐사(5단계)에 나선다. 단계가 올라갈수록 플레이어가 다스리는 시스템이 복잡해진다. 세포 DNA를 만지는 것에서 생명체의 지적 행동을 확대하는 것으로, 부족의 노동을 관장하는 것에서 세계 경제를 성장시키는 것으로, 무역과 전쟁과 포교로 국가의 이익을 증진하는 것에서 다른 행성을 개척해 거주 가능한 생태계로 발전시키는 것으로 나아간다. 어느 단계에서든 원하는 만큼 시간을 들여 다양한 종족 발전 전략과 환경 변화 전략을 예비 실험할수 있다.

「스포어」는 분명히 재미도 있고 보상도 많지만 그저 따분함을 달래고 기분을 좋게 하는 수준에 그칠 게임이 아니다. 라이트가 누누이 말한 대로 이 게임은 플레이어가 '창조력'을 자각하고 시야를 먼 미래와 행성 전체로 넓혀 현실 세계를 구할 재목이 되도록 하는 게 목적이다.

2008년에 「스포어」 출시 직후, 인기 과학 잡지 《시드 Seed》가 마련한 좌담회에서 라이트와 저명한 우주생물학자 질 타터 Jill Tarter가 나눈 대화를 소개한다. 좌담회의 주제는 '어떻게 「스포어」 같은 게임이 젊은 층을 훈련해서 더욱 적극적으로 현실 재창조에 나서게 하는가?' 였다.

타터: 게임이 곧 교육이 되는 이 훌륭하고 값진 기회를 아낌없이 누리며 사는 세대에 대해 계속 생각해봅니다. 그 친구들은 현실 세계

도 게임 세계처럼 다룰 수 있겠죠. 우리가 어떻게 가교 역할을 할 수 있을까요? 어떻게 하면 그 친구들이 이 행성에 사는 인류의 일원으로서 사회적인 역할을 하도록 하겠습니까? …… 게임을 잘하게 되면 삶을 더 잘 살게 되고, 세상을 더 잘 변화시키게 되고, 또 환경을 재창조할 능력이 생기는 원리를 정말로 알고 싶습니다.

라이트: 제가 인간의 능력 중에서 키우고 싶은 걸 딱 한 가지 꼽는다면 바로 상상력입니다. 우리가 가진 가장 강력한 지적 도구죠. 저는 게임이 플레이어의 상상력을 증폭한다고 봅니다. 자동차가 다리의 기능을 증폭하고, 집이 피부의 기능을 증폭하는 것처럼 말입니다. …… 인간의 상상력은 정말로 굉장한 능력입니다. 주변 세상의 모형을 만들고, 가상의 시나리오를 검증하고, 어떤 면에서는 세상을 시뮬레이션할 수도 있죠. 이 상상력이야말로 인간의 가장 중대한 특징이라고 봅니다.[7]

왜 라이트는 인류 역사의 바로 이 시점에서 인간의 타고난 상상력을 키우는 게 그토록 중요하다고 생각할까? 한마디로 생존이 달렸기 때문이다.

「스포어」라는 제목 자체가 중요한 단서다. 스포어는 홀씨라는 뜻이고 홀씨의 생물학적 정의는 "불리한 환경에서 오랫동안 퍼지고 살아남기에 적합하도록 적응된 번식체"다.[8] 현재 인류의 상황과 딱 맞아떨어지지 않는가?

인간 공동체는 이상 기후와 자원 고갈 등 대부분 우리가 자초한 일로 행성 환경이 점점 더 불리해질 것이 확실시되는 시대에 들어섰다. 우리는 살아남기에 적합하도록 적응해야 한다. 상상력으로 행성 차원의 해결책을 마련해서 되도록 널리 퍼뜨려야 하는데 이는 우리 자신이 홀씨가 돼야 한다는 것을 의미한다.

특히 「스포어」의 다섯 단계를 모두 완료한 플레이어라면 분명히 그렇게 해야 할 이유가 있다. 「스포어」에는 게임 개발자들이 말하는 '제일 승리 조건'이 있다. 제일 승리 조건이란 게임의 최종 목표, 최고 업적을 말한다. 「스포어」의 제일 승리 조건은 단세포 생물을 은하계 간 우주여행 기술이 있는 문명으로 발전시켜 최종 목적지인 은하계 중심의 초거대 블랙홀에 도달하는 것이다. 블랙홀에 도달한 플레이어는 '생명의 지팡이'를 받는다. 이 지팡이만 있으면 「스포어」 은하계의 어떤 행성이든 간에 온갖 동식물, 숨 쉴 공기, 지속 가능한 먹이사슬, 풍족한 수자원으로 생기와 다양성이 넘치는 생태계로 변화시킬 수 있다. (그래서 플레이어들은 이 지팡이를 '창세 도구'라고도 한다.)

생명의 지팡이는 불모지인 행성을 눈 깜짝할 새에 생명이 숨 쉬는 곳으로 바꾼다. 생명의 지팡이를 받을 때 플레이어는 특별한 인사와 미션도 함께 받는다.

> 당신은 여기까지 오며 많은 장애를 극복했습니다. 당신의 창조적 노력을 잘 봤습니다. 당신은 영웅적 노력으로 존재의 다음 단계로 나

아갈 자격이 있음을 증명했습니다. 이제 힘을 드리겠습니다. 네, 그렇습니다. 힘! 생명과 지성을 창조해 우주 전체로 퍼뜨릴 힘입니다. 현명하게 사용하십시오. 시작하기에 딱 알맞은 행성이 있습니다. '솔'의 세 번째 행성을 찾으십시오.

'솔^Sol'은 라틴어로 '태양'이다. 그래서 「스포어」 커뮤니티는 이 마지막 인사를 태양계의 세 번째 행성인 지구를 재창조하라는 장난스러운 요청으로 받아들였다.

그러니까 「스포어」에서 승리를 거두면 현실 세계로 돌아올 수밖에 없다. 플레이어는 이 같은 말을 듣는다. "당신은 게임 플레이를 통해 이제는 지구의 생명을 창조하고 보호할 준비가 되었습니다." 물론 지구 공학, 대기학, 생태 계획 전문가가 됐다는 게 아니라 행성 차원에서 창조하고 활동할 씨앗이 심겼다는 말이다. 라이트는 「시드」 좌담회에서 이렇게 말했다.

현재 우리 앞에 놓인 난제는 모두 행성 차원의 문제입니다. 그러니 시야를 전 세계로, 더 먼 미래로 넓히는 게 매우 중요합니다. 바로 그런 점에서 게임이 대단히 유용하다고 봅니다. …… 전 이제 우리의 시간표를 100년, 200년으로 늘려야 한다고 생각합니다. 왜냐하면 지금 일어나고 있는 온갖 나쁜 일들은 아주 근시안적인 생각의 결과니까요.

근시안적이고 단편적인 생각의 사슬을 끊을 방법이 있다. 게임으로 공동의 관심을 미래로 기울이고 전 지구적 관점을 취하는 것이다.

「스포어」 같은 신게임 덕분에 우리는 이 여행에서 성공적으로 첫발을 뗐다. 이제 또 다른 장르가 우리를 가야 할 곳으로 데려다 줄 것이다. 바로 대규모 멀티플레이 예측 게임, 줄여서 **예측 게임**forecasting games이다.

예측 게임은 집단지성을 행성 차원의 시뮬레이션에 접목한다. 플레이어는 식량 조달, 식수 공급, 교통, 도시 설계, 상품 생산 등 우리가 삶을 이끌어가는 방식을 재상상하고 재창조해야 한다. 예측 게임의 목적은 다양한 커뮤니티를 만드는 것이다. 커뮤니티란 우리 앞에 놓인 장기 과제에 대해 상상력으로 해결책을 제시하고, 인류가 공동으로 노력을 기울여 행성 차원에서 최상의 아이디어를 실현하도록 조율하는 커뮤니티다.

나는 이 과정을 **대규모 멀티플레이 예측**이라 부른다. 그리고 여기에 되도록 많은 사람이 참여하도록 하려면 미래 예측 게임이 제격이다.[9] 여기서 현실을 바로 잡는 마지막 방법이 나온다.

게임으로 현실 바로잡기 14 대규모 멀티플레이 예측

현실은 현재에 묶여 있다. 게임을 하면 함께 미래를 상상하고 창조할 수 있다.

생존의 문제, 게임에서 답을 찾다

그렇다면 대규모 멀티플레이 예측 게임의 원리는? 이를 알려면 일단 예측 게임 장르의 효시가 된 프로젝트부터 살펴봐야 한다.

「석유 없는 세상 World Without Oil」

원하지 않으시죠?

언젠가는 소비량을 줄여야 합니다.

4월 30일, 「석유 없는 세상」에 참여하십시오.

정말 그날이 오기 전에.

―게임 광고 중에서

2007년 4월, 세계 석유가 동났다. 아주 동난 것은 아니지만 '필요량'이 동났다. 세계적으로 일일 수요가 일일 생산량을 앞지른 것이다. 부족 현상 때문에 비축분까지 풀었으나 수요와 공급의 격차는 날로 커져만 갔다.

가장 타격이 큰 나라는 미국이었다. 석유 위기로 암흑기가 닥치는 바람에 미국인 중 무려 22퍼센트가 연료를 구하지 못하고 미국 기업 10곳 중 1곳이 유가 인상과 작업량 저하로 허덕였다.

석유 위기 대처 전략 두 가지가 등장했다. 하나는 다함께 일일 수요를 줄여 공급과 균형을 맞추는 것, 다른 하나는 남은 석유를 차지하고자 다른 집, 다른 기업, 다른 주, 다른 나라와 더욱 치열하게 경쟁하는 것이다.

물론 실제로 일어난 일은 아니다. 그러나 온라인 게이머 2,000명은 이 석유 부족 시나리오를 바탕으로 6주 동안 삶을 바꾸는 실험을 했다. 실제로 석유 수요가 공급을 앞지르면 어떤 일이 일어날지, 그리고 그 상황에서 우리가 어떻게 힘을 모아 대처할 수 있을지를 알아보는 협업 시뮬레이션이었다.

프로젝트명 「석유 없는 세상」. 평범한 사람들이 이처럼 대규모로 미래 예측에 몰입하기는 사상 처음이었다.

⊕ 「석유 없는 세상」 플레이 방법

「석유 없는 세상」은 한마디로 '만약에?' 게임입니다.

만약에 오늘 석유 위기가 닥친다면 어떻게 되겠습니까? 평범한 사람들의 삶은 어떻게 달라질 것 같습니까? 당신은 어떻게 위기를 극복하겠습니까? 어떻게 다른 사람들을 돕겠습니까?

'만약에?' 게임으로 알아봅시다.

석유 위기에 어떻게 살아갈지 이야기를 만들어서 이메일, 전화, 사진, 블로그, 동영상, 팟캐스트로 우리에게 알려주십시오.

그리고 worldwithoutoil.org의 시민 '수뇌부'에 합류해 동향을 파악하고 해법을 나누십시오. 우리가 날마다 위기에 관한 소식을 전하고 전 세계에서 날아오는 이야기의 중요한 부분을 정리해서 알려드리겠습니다.

석유 파동이 여러분의 가족, 직장, 마을, 삶에 끼칠 영향은 어떤 전문가보다도 여러분 자신이 가장 잘 압니다. 그러니 아는 것을 우리에게 말씀해주십시오.

미래를 바꾸는 데 가장 효과적인 방법은 먼저 그 미래를 플레이하는 것이니까요.

공영방송조합이 자금을 투자하고 공적 미디어 지원기구인 ITVS Independent Television Service가 제공하는 「석유 없는 세상」은 캘리포니아 주 새너제이 시에 거주하는 인디라이터Independent Writer이자 인터랙티브 개발자인 켄 에클런드Ken Eklund의 기획에서 나왔다. 에클런드는 ITVS가 혁신적 교육 온라인 게임에 최대 10만 달러를 지원한다는 발표를 보고 아이디어를 제안했다. 당시 ITVS의 온라인 게임 기획서 심사위원에는 나도 포함돼 있었다.

에클런드는 기획서에 이렇게 썼다. "석유를 언제까지 사용할 수 있을지, 또는 언젠가 수요가 공급을 앞지르면 어떤 일이 일어날지 확실하게 말할 수 있는 사람은 아무도 없다. 평범한 사람들이 어떻게 위기에 대처하느냐가 관건이다. 지금까지는 아무도 그들에게 어떻게 할 것이냐고 묻지 않았다. 「석유 없는 세상」의 취지는 플레이어들이 중지를 모아 위기가 닥쳤을 때 일상의 차원에서 빛을 발할 힘을 만들게 함으로써 미리 대중의 지혜를 일깨우고, 실제 석유 부족 현상이 일어날 때를 대비해 함께 해결책을 마련하는 최선의 방법을 밝히는 것이다."

이 게임은 대규모 멀티플레이 사고실험^{thought experiment}으로 디자인됐다. 플레이어가 할 일은 그 위기가 자신의 지역, 산업, 삶에서 어떻게 전개될지 6주 동안 상상하고 온라인 소셜 미디어를 이용해 아주 개인적인 예측 자료를 만들어내는 것이었다. '대체 현실 알림판'을 통해 가상의 뉴스, 보도 영상, 경제지표로 시나리오가 업데이트되니 이를 참고해 예측 자료에 살을 붙일 수 있었다.

시뮬레이션을 한 단계 끌어올려 날마다 조금씩이라도 현실 생활에서 석유 파동이 실제 사건인 것처럼 행동하면 더욱 좋았다. 시뮬레이션이 현실이라면 출근하고 식사를 준비하고 가족과 친구를 만나기가 얼마나 어려울까? 혹시 일어날지 모르는 석유 위기에 적응할 수 있을지를 놓고 신속하고 극적으로 능력을 시험해볼 기회였다. 그것도 그저 석유 파동 시나리오를 상상만 하지 않고 실제로 변화를 일으키고 상황에 맞춰 이런저런 해법을 시험해가면서 말이다.

현실에서의 하루가 이 시뮬레이션에서는 일주일이었다. 그래서 플레이어가 장기적 관점에서 영향과 전략을 생각할 수 있었다. 게임이 32일 동안 진행되니 시나리오는 32주 동안 전개되는 셈이었다.

「석유 없는 세상」은 그럴듯한 미래를 제시하고 플레이어가 최악의 사태를 대비하도록, 더 나아가 방지하도록 함으로써 그런 미래를 피부로 느끼고 꿰뚫어보게 한다는 취지였다. 또한 석유 위기 시나리오가 어떻게 전개될지를 놓고 여러 사람의 생각을 취합해 교육자, 정책 개발자, 각종 조직이 아주 유용하게 사용할 일종의 미래 생존 지침서를 만들 계획이었다.

나는 '참여 활동 설계자'로 프로젝트에 합류해달라는 에클런드의 제안을 흔쾌히 받아들였다. 내 업무는 간단히 말해서 모든 플레이어가 협업 활동에 의미 있게 기여할 수 있도록 돕는 일이었다.

프로젝트를 시작하려면 당연히 플레이어가 필요했다. 나는 온라인 커뮤니티와 집단지성 프로젝트에 관여한 경험에 비춰 목표를 1,000명으로 잡았다. 내가 보기에는 참가자가 적어도 1,000명은 돼야 온라인 게임이 재미있어진다. 그래야 플레이어들 사이에서 다양성이 드러나고, 장대한 규모로 미션을 수행할 기반이 마련되며, 혼돈스러운 교류로 복잡하고 놀라운 결과가 나타나기 때문이다.

게임을 내놓기 전에 6주 동안 우리는 온라인과 공공 행사를 통해 입소문을 냈다. 친구와 동료에게 게임에 대해 블로깅을 해달라고 부탁했다. 나는 기능성 게임 회의 Serious Games Summit(교육, 훈련, 현실 문제 해결을 위한 게임을 만드는 사람들이 샌프란시스코에 모여 이틀 동안 의견을 나누는 연례행사)의 기조연설에서 이 게임을 소개했다. ITVS는 전국의 교육자, 미디어 제작자와 접촉했다. 그 밖에는 마케팅 계획도 광고 예산도 전혀 없었다. 그냥 대중을 미래 시뮬레이션에 초청해 누구나 무료로 게임을 즐길 수 있게 했을 뿐이다.

그래서 어떤 사람들이 나타났을까? 모두 1,900명이 조금 넘었는데(본래 목표의 약 2배) 남녀 비율이 거의 1:1이고 미국 50개 주 전체는 물론이고 그 밖에 10여 개 나라에서 참여한 사람들도 있었다. 주로 20~30대였으나 10대부터 노년까지 모든 연령 집단이 각각 눈에 띌 만한 규모로 형성돼 있었다. 그리고 열성 플레이어들의 관심사와 실제 전문 분야도 놀라울 만큼 다채로웠다. 예를 들면 이렇다.

- 아이디 Peakprophet: 테네시 주에 사는 자칭 '취미 농부'. 신선한 식품의 공급사슬이 파괴되리라 예측하고 직접 나서서 다른 플레이어들에게 곡물을 재배하고 식량 자급자족률을 높이는 방법을 가르쳤다.
- 아이디 Lead_tag: 이라크 주둔 미군. 하루도 빠짐없이 블로그에 글을 올려 석유 위기 시 전쟁에 관한 연재 글 32편을 남겼다.
- 아이디 Anda: 샌프란시스코 예술학교에서 그래픽디자인을 전공하는 학부생. 석유 위기 때 자신과 친구들이 서로 어떻게 도울지, 그리고 그것이 졸업 후 구직에 어떤 영향을 끼칠지를 일본 만화 형식의 웹툰 11편에 담았다.
- 아이디 OrganizedChaos: 디트로이트 제너럴 모터스 공장의 운행 관리원. 총 55편의 블로그 글, 동영상, 팟캐스트를 제공하고, 석유 위기가 오든 안 오든 간에 얼마 안 가서 자신의 일자리가 없어지리라 예측했다. 그래서 게임이 끝났을 때는 석유 이후 경제에서 새로운 일을 찾을 수 있도록 실제로 다시 학교에 들어가기로 마음먹었다.

예측 커뮤니티를 모았으니 이제는 플레이어 중 상당수가 6주 내내 게임에 열중하도록 하는 게 관건이었다. 미래 예측을 할 때 초기 아이디어는 보통 아주 뻔하고 당연해서 별로 쓸모가 없기 때문이다. 아무리 경험 많은 예측가라 하더라도 흥미진진한 세부사항에까지 생각이 닿아 의외의 전망까지 내놓으려면 시간이 걸리게 마련이다. 그래서 우리는 플레이어가 게임에 열중해 적극적으로 시나리오의 이모저모를 따져보도록 하고자 몇 가지 전략을 채택했다.

일단 날마다 새로운 정보를 추가했다. 이를테면 화력발전소의 전력 공급 중단, 항공편 취소와 항공권 가격 급등, 배달 불가로 인한 동네 상점 재고 소진 등이다. 이에 플레이어들은 가정에서 불안정한 전력 공급 때문에 겪는 어려움, 예고 없는 공항 폐쇄로 다른 나라에 발이 묶인 출장객, 유례없는 대중교통 만원 사태, 재택근무 일수 급증, 자전거 절도 증가와 자전거 암시장 등장, 교외와 시골 지역의 연료 부족으로 인한 임시 홈스쿨링, 식재료 부족을 해결하기 위한 이웃 간 음식 나눠 먹기 등의 이야기를 풀어놨다.

참여를 지속하는 데 한몫 톡톡히 한 도구가 또 있으니 바로 대체현실 알림판이다. 우리는 알림판 내 지도로 보스턴 광역도시권, 신시내티-콜럼버스 광역도시권, 오대호, 대초원 고지대, 남대서양 등 38개 지역을 보여주고 지역마다 '동력계'로 삶의 질, 경제력, 사회 안정성의 변화를 표시했다. 동력계는 플레이어의 활동에 따라 오르내렸다. 긍정적 예측을 많이 하고 협동 전략을 많이 세우며 일일 총 석유 소비량을 적극적으로 줄이면 동력계 수치가 올라갔다. 반대로 사태를 어둡게 전망하거나 저소비 생활에 적응하기가 너무 어렵다고 보고하면 혼돈 증가, 고통 악화, 더 나아가 경제 붕괴가 수치에 고스란히 반영됐다. 즉, 동력계로 플레이어의 이야기와 시나리오 업데이트 사이에 뚜렷한 피드백 고리가 형성됐다.

물론 「석유 없는 세상」에 모인 대규모 온라인 관객도 플레이어가 좋은 이야기를 뽑아내는 원동력이 됐다. 열성 예측자가 1명이면 게임을 지켜보고 그에 관해 글을 쓰는 사람은 25명이었다. 이렇게 아이디어가 증폭되니 플레이어의 노력이 더욱 의미 있게 느껴졌다.

게임이 끝날 때까지 플레이어들이 작성한 미래 예측 문서 2천여 편, 게임과 그 발견 사항에 관한 블로그 글과 기사 1만 편 등 모두 10만 개가 넘는 온라인 미디어 자료가 생성됐다. 이를 두고 한 평가자는 "뉴스, 전략, 사회 활동, 개인 표현이 얽히고설켜 계속 성장하는 거대한 네트워크"라고 했다.[10]

처음에는 대다수 플레이어가 날로 석유 부족이 심해지는 새로운 환경에서 벌어질 국지적, 국제적 자원 경쟁을 상상하는 데 치중했다. 어두운 쪽으로 상상력을 발휘해 최악의 결과와 최대 위협을 내다봤다. 그래서 연료 절도, 폭동, 식량난, 약탈, 실직, 휴교, 심지어 전 세계적 무력 충돌을 이야기했다. 좀 더 개인적인 차원에서는 스트레스, 불안감, 가정 위기에 관한 말이 나왔다.

그러나 32주가 지나는 동안 무게 중심이 이동했다. 게임이 중반에 이르러 어두운 상상이 바닥나자 플레이어들은 가능성 있는 해결책에 몰두하기 시작했다. 서서히 최상의 결과가 그려졌다. 이를테면 석유 소비 절감을 위한 새로운 협력 방안 등장, 지역 사회 기반 시설 재조명, 출퇴근 시간 감소, 지역을 기반으로 한 확대가족 형성 등이었다. 그리고 지속 가능성, 더 강력한 사회적 연결성에 뿌리를 둔 새로운 아메리칸 드림을 추구하자는 말까지 나왔다.

시작은 종말론에 가까운 기류가 흘렀으나 끝은 조심스럽긴 해도 명백히 미래를 낙관하는 분위기였다. 그렇다고 최상의 결과를 당연하다거나 웬만하면 이루어질 일로 여기진 않았다. 다만, 노력하면 실현될 '가능성'이 있다고 봤다.

암울한 상상으로 시작해 이후에 낙관론으로 방향을 선회하라는 지침은 어디에도 없었다. 그렇지만 사실 이는 매우 건전한 예측 전략이다. 지금까지 연구자들이 정확하게 지적했다시피 미국인들은 최악의 상황이 실제로 일어나리라고 믿는 법이 없다. 문화적으로 긍정적인 것만 보도록 훈련됐기 때문이다. 이러한 성향 탓에 허리케인 카트리나나 2008년 주택시장 붕괴 같은 재난에 더 쉽게 흔들린다. 사회학자 캐런 서룰로 Karen Cerulo는 『미처 몰랐던 일 Never Saw It Coming』에서 부정적 미래를 도외시하는 경향이 미국 문화의 최대 맹점이라고 지적했다.[11] 이 책의 서평에 이런 문제가 한 문장으로 잘 요약돼 있다. "우리는 개인적으로, 제도적으로, 사회적으로 희망적 사고에만 몰두하고 있다."[12] 이렇게 긍정적 사고에만 능하고 최악의 시나리오는 아예 입에 담지 않으려 하면 안타깝게도 그런 시나리오가 실현됐을 때 쉽게 쓰러져 잘 일어나지 못한다.

「석유 없는 세상」으로 플레이어는 머릿속에 비관적인 사고가 들어설 공간이 생긴다. 그래서 시급히 해결책을 찾아야겠다는 생각 역시 생긴다. 이러한 태도 덕분에 나중에 장밋빛 이야기를 할 때도 진지함과 현실성이 묻어났다. 우리는 이후에 이 이야기들을 「석유 너머 세상」완전 해부A to Z: A World Beyond Oil'라는 안내집으로 엮었다.[13] 여기에는 플레이어들이 창안한 아주 흥미로운 커뮤니티 차원의 해결책도 나오는데 이를 보면 협업 예측의 최종 결과물이 얼마나 많은 영역을 아우르는지 알 수 있다. 내가 좋아하는 주제를 몇 개 정리해봤다.

- 석유 없는 건축: 전국 건축자 대회 참가자들이 석유 없는 세상에 맞춰 주택을 설계하고 건축하는 방법을 기록한 자료
- 석유 없는 교우: 석유 위기 때 따뜻한 마음으로 행동하는 데 지침이 되는 목사와 신부 등 영적 지도자들의 설교와 기도 모음
- 석유 없는 동네: 석유 위기 때 가장 도움이 될 가까운 이웃들과 더욱 끈끈한 관계를 형성하는 방법에 관한 안내
- 석유 없는 엄마: 어린 자녀를 둔 어머니들이 석유 없는 세상의 양육 방법에 대한 생각을 담은 자료
- 석유 없는 레이싱: 레이싱 팬들이 내스카NASCAR(미국 개조 자동차 경기 연맹)의 미래, 그리고 나스카와 전기 자동차 경주, 인력 자전거 경주 등 대체 자동차 경주의 제휴에 관해 나눈 이야기

나중에 한 평가자는 이렇게 말했다. "예측의 수준이 실로 놀랍다. 플레이어들은 복잡한 문제의 심장을 파고들었다."[14] 나는 여기서 핵심어는 '심장'이라고 본다. 각 플레이어가 가장 소중히 여기는 미래, 즉 자기가 속한 산업, 믿는 종교, 사는 마을, 자녀의 미래에 관해 이야기했기 때문이다.

게임이 끝나고 크리에이티브 디렉터 켄 에클런드는 이렇게 평가했다. "「석유 없는 세상」은 석유 의존에 대한 경각심을 일깨우는 데서 끝나지 않았다. 민주적 상상력 또한 깨웠다. 문제를 피부로 느끼게 하여 사람들이 실제로 열중하고 실제로 변화하게 했다. 게임을 통해 플레이어는 더 나은 시민이 됐다." 플레이어들의 후기가 그 증거다. 한 플레이어는 이렇게 밝혔다.

「석유 없는 세상」으로 삶이 완전히 달라졌다. 가게에 갈 때 장바구니를 가져가고, 더 많이 걷고, 더 적게 운전하며, 불도 항상 끄고, 재활용도 한다. 친구, 가족, 직장 동료가 모두 달라졌다고 한다. 과장이 아니라 이 모든 일로 나는 전혀 다른 사람이 됐다.[15]

다른 플레이어는 또 이렇게 썼다.

정말 믿기지 않는 경험이었습니다. 참 많은 것을 배웠고 일상에서 아주 사소한 것조차 새롭게 보기 시작했습니다. …… 여러분의 이야기와 제안 덕분에 아, 좋은 아이디어가 나오고 있구나, 사람들이 이 시기를 헤쳐 나가려고 서로 손을 내밀고 있구나, 정말 절박한 순간에 대비해 지식과 기술이 축적되고 있구나, 하는 희망이 생겼습니다. 여러분 덕분에 세상엔 정말로 훌륭한 사람이 많다는 걸 알았습니다. …… 여러분이 그 길을 이끌어 나갈 겁니다.[16]

시뮬레이션 전체가 worldwithoutoil.org의 온라인 타임머신에 보존돼 있으니 원하면 제1일부터 제32일까지 게임을 체험할 수 있다. 하루하루가 제때 갈무리돼 있어서 협업이 어떻게 전개됐는지 정확히 볼 수 있다. 그리고 혼자서 또는 집, 일터, 교실, 동네에서 직접 게임을 즐길 수 있도록 안내서도 마련돼 있다. 실제로 여러 사람과 커뮤니티가 이 시뮬레이션을 좀 더 작은 규모로 실시해 석유 없는 세상의 해결책을 마련하고 석유 너머 세상을 살아갈 채비를 했다.

어쩌면 이런 의문이 들지 모르겠다. 플레이어들이 도대체 왜 참여했을까? 사실 지금까지 많은 사람한테 받은 질문이다. 판타지 게임, 현실 도피 게임처럼 기분이 좋아지는 게임을 두고 도대체 왜 「석유 없는 세상」 같은 기능성 게임을 하려고 하는가?

나도 똑같은 질문을 놓고 궁리했다. 게임을 발표하기 전에도, 게임이 진행되고 있을 때도, 심지어 게임이 끝나고 나서도 궁리했다. 플레이어가 게임을 즐기고 관중이 프로젝트의 전개 양상을 흥미롭게 지켜보고 있다는 증거가 있는데도 그랬다.

그 고민의 결과로 「석유 없는 세상」 같은 게임에 관해 내가 생각하는 바를 정리하자면 이렇다. 현실 문제를 자발적으로 맞서는 장애물로 바꿈으로써 우리는 진정한 흥미, 호기심, 의욕, 노력, 낙관주의를 끌어냈다. 게임이라는 가상의 맥락에서 현실 생활의 행동이 바뀌는 까닭은 바로 변화를 결정하도록 강제하는 부정적 압력이 전혀 없기 때문이다. 오로지 긍정적인 스트레스와 더 만족스럽고 성공적이고 사회적이고 의미 있는 방식으로 게임에 열중하고자 하는 욕망이 의욕에 불을 붙일 뿐이다.

또한 나는 많은 게이머가 게임 세계에 영향을 미치는 만큼 현실 세계에도 영향을 미치고 싶어 한다고 굳게 믿는다. 한 플레이어가 이를 잘 정리했다.

> 돌아보면 「석유 없는 세상」은 내 인생에서 가장 놀라운 최고의 멀티 플레이 게임이었다. 흔히 게임을 하면 그만큼 현실에서 유용한 일을 할 시간을 빼앗기게 마련이지만 「석유 없는 세상」을 하면서는 많은 교훈을 얻었고 전기료도 줄었으며 나에게 진정 중요한 일에 집중하게 됐다.[17]

게이머들은 철저한 가상 환경 밖에서도 기꺼이 도전을 받아들일 준비가 돼 있다. 반대로 평소 게임을 즐기지 않는 사람도 현실 세계에 변화를 일으킬 수 있다면 흔쾌히 게임을 즐길 태세다.

아직 수가 적긴 하다. 플레이어 2,000명으로는 백만이 넘는 「스포어」 커뮤니티에 명함도 못 내민다. 그러나 「스포어」는 세상에서 가장 영리한 컴퓨터 프로그래머, 가장 창의적인 게임 디자이너, 가장 재능 있는 예술가들이 힘을 합쳐 행성 시뮬레이션과 신게임 장르를 발전시킨 20년 세월의 산물인 반면(「심어스 SimEarth」가 출시된 1990년을 기점으로), 미래 예측 게임은 이제 겨우 「퐁」 시대다. (아닌 게 아니라 운영 예산도 「퐁」 수준이다.) 「퐁」과 「스포어」의 대결이라니 적수가 될 리 없다.

그러나 이 분야에 세계 최고 프로그래머, 이야기꾼, 디자이너, 예술가가 몰려들고, 많은 사람이 이러한 게임을 접하여 플레이 방법을 배우고 있으며, 이 미래 세상을 개발하는 데 수천이 아닌 수백만 달러가 투자되고 있다. 지난 30년 동안 가상 세계 구축 기술이 발전했듯이 앞으로 미래 세계 구축 기술도 발전할 것이다. 충분히 관심을 기울이고 투자하면 우리가 좋아하는 가상 세계만큼 흡인력 있는 몰입형 미래 환경이 서서히 모습을 드러내리라 본다.

「석유 없는 세상」은 많은 플레이어만이 아니라 내 삶도 바꿨다. 우리가 올바른 유형의 게임을 통해 실제로 현실 세계를 구할 수 있다는 생각이 이 게임으로 입증되었고 확신으로 발전하였다. 그리고 커다란 희망이 솟아났다. 곧 게임 개발자가 노벨상을 받는 날이 오리라!

그 후로 나는 가는 곳마다 이 목표를 떠들고 다닌다. 다른 게임 개발자들도 내 사명에 합류하리란 기대로. 물론 게임업계 안으로 이 같은 생각을 내비치면 흔히 회의적인 반응이 돌아온다. 그런 상을 받으려면 현실 세계에 아주 크게 기여해야 하는데 게임으로 그게 가능해?

「석유 없는 세상」과 같이 유망한 프로젝트가 성공을 거둔 참이긴 하지만 사실 노벨상을 따기란 여전히 꽤 뻔뻔스러운 포부라고 할 만하다. 그러나 1921년에 노벨 물리학상을 받은 알버트 아인슈타인이 남긴 유명한 말이 있다. "게임이야말로 최상의 탐구 유형이다." 이 말은 아인슈타인의 여러 전기에도 나오고 각종 명언집에도 실려 있지만 신기하게도 출처는 분명치 않다. 아인슈타인이 이 말을 언제 어디서 무슨 뜻으로 했는지, 그 맥락을 기록한 사람이 아무도 없나보다. 존경받는 물리학자가 왜 '과학'이 아니라 '게임'을 최상의 탐구 유형으로 꼽았을까? 풀리지 않는 수수께끼다. 나도 시간이 날 때마다 궁리해봤다. 물론 수수께끼를 풀었다고 확언할 수야 없지만 나름대로 가설은 있다. 「석유 없는 세상」 작업을 하면서 나온 가설이다.

많은 전기에 나오다시피 아인슈타인도, 때로는 인정하지 않으려 했지만, 게이머였다. 평생 체스와 애증 관계였다. 어릴 적에는 사족을 못 쓸 정도였으나 성인 시절에는 꽤 오랫동안 삼가면서 《뉴욕 타임스》 기자에게 이렇게 우기기까지 했다. "난 게임은 전혀 안 합니다. 그럴 시간이 없어요. 일을 끝내고 나면 머리 쓰는 건 딱 질색이니까."[18] 하지만 많은 친구와 동료가 아인슈타인과 숱하게 체스를 했다고 회고한다. 특히 그의 말년에 말이다.

역사가들은 아인슈타인이 과학자로서 전성기에 있을 때 너무 체스에 빠져 일부러 멀리했다고 한다. 그래서 이런 말도 남겼다. "체스는 하는 사람의 정신과 마음에 족쇄를 채워 꼭 붙들고 놓아주지 않는다."[19] 그러니까 일단 체스 생각을 시작하면 좀체 멈추지 못했다는 말이다. 왜 그럴까? 아마도 여러 체스 대가가 언급했다시피 체스는 생각하면 생각할수록 더욱 빨려드는 문제이기 때문인 것 같다.

체스의 핵심 문제는 대단히 체계적이고 명쾌하며 경계가 명확하게 정해져 있다. 능력이 제각각인 16개 자원을 어떻게 활용해서 나의 가장 귀중한 자산을 보호하면서 또 상대의 가장 귀중한 자산을 차지할 것인가? 그런데 사용할 수 있는 전략은 수없이 많고, 전략적으로 움

430

직일 때마다 문제 공간에서 미래의 가능성이 바뀐다. 그래서 체스를 두고 다음과 같은 유명한 말이 있다. "체스는 무한하다."

각 플레이어가 각각 한 수를 뒀을 때 만들어질 수 있는 배열은 400개다. 두 수를 두고 나면 72,084개. 세 수를 두고 나면 약 9백만 개. 네 수를 두고 나면 약 2,880억 개. 경우의 수가 우주에 있는 전자의 수보다 많다.[20]

체스의 가능성 공간은 대단히 방대하고 복잡해 혼자 힘으로 다 이해하거나 탐색하기란 불가능한 일이다. 사실 많은 체스 플레이어가 평생을 바쳐 탐구하지만 역부족이다.

다행히 체스는 2인 게임이면서 대규모 멀티플레이 프로젝트이기도 하다. 전 세계 체스 플레이어 커뮤니티가 온갖 상상력을 발휘해 그 문제 공간을 구석구석 탐색하고 문서로 정리하고자 협업한 지 수 세기다. 실제로 현대 플레이어들은 체스를 즐기면서 다른 플레이어를 위해 게임을 기록하고, 전략을 공유하고, 성공 공식을 도출하고, 그것을 책으로 펴낸다. 집단 플레이 역사가 수 세기에 이르지만 체스 커뮤니티는 여전히 문제를 더 잘 이해하고자, 더욱 놀라운 성공 기법을 이끌어내고자, 방대한 가능성 공간을 머릿속에 집어넣고자 분투하며 인류의 체스 지식을 차근차근 발전시키고 있다.

심심풀이가 아닌 이상 체스를 플레이하는 것은 곧 이 문제 해결 네트워크의 일원이 되는 것이다. 즉, 다른 방법으로는 도저히 이해할 길

없는 복잡한 가능성 공간에 더욱 가까이 다가가 그 공간을 정복하려는 대규모 협업 활동에 합류하는 셈이다. 나는 바로 이런 의미에서 아인슈타인이 게임을 최상의 탐구 유형으로 꼽았다고 본다. 플레이어가 충분히 모이면 게임은 문제를 탐구하는 대규모 협업 활동, 그러니까 특정한 가능성 공간에서 잠재적 행동을 시험하는 초대형 활동으로 변모한다.

나는 우리가 예측 게임을 통해 그 방향으로 나아가고 있다고 믿는다. 예측 게임을 하면 현실 세계의 문제를 좀 더 수월하게 밝히고 다양한 관점에서 들여다볼 수 있다. 자기도 모르게 문제에 집중하게 되고, 다양한 해결 전략을 기록할 수 있다. 안전 공간에서 이런저런 수를 다 써보고 그 결과를 볼 수 있다. 그리고 다른 사람들이 쓸 법한 다양한 수를 좀 더 쉽게 내다볼 수 있다.

그것이 바로 우리가 「석유 없는 세상」으로 하려던 일이었다. 우리는 문제를 정의했다. '공급을 늘릴 방안이 없는 석유 부족 현상'. 분명한 목표도 있었다. '공급과 수요의 불균형 해소'. 쓸 수 있는 전략도 무궁무진했다. 우리는 플레이어에게 지역, 나이, 인생 경험, 가치관 등 자기만의 특색이 담긴 관점에서 전략을 세우라고 했다. 나라나 세계가 아니라 마을이나 도시 수준에서 여러 가지 행동을 시험하고 발견 사항을 알려달라고 했다. 모든 플레이어의 이야기와 해법을 한데 모으니 같은 문제를 보는 엄청나게 다양한 시각이 집대성됐다. 정말로 최상의 탐구라 할 만했다.

그리고 기후 변화, 지역 분쟁, 경제 불안에 시달리는 세상에는 우리의 집단 상상력으로 해결해야 할 문제가 수두룩하다. 게이머들이 좋아하는 게임에 관한 집단지성을 계발하듯이 우리도 눈앞에 놓인 현실 문제에 관한 집단지성을 계발한다면 분명히 전 지구적 차원의 기술이 발전할 것이다. 눈앞에 있는 난관에 대한 집단 이해도도 향상 되리라 본다. 그리고 미래에 어떤 수를 둬야 하는지 분별하는 데 기꺼이 일조하고자 하는 사람들로 세계적 커뮤니티가 만들어질 것이다.

「석유 없는 세상」이 끝날 무렵, 나는 플레이어들의 낙관성에 감탄을 금치 못했다. 그들은 거의 한 달 동안 날로 암울한 예측을 내놓긴 했지만, 마지막에 이르러 잿빛이 아닌 장밋빛 미래를 보고 자신들의 영향력 또한 자신했다. 역량이 증진되고 굳은 의지가 생기며 현실적 희망이 싹튼 것이었다.

다시 말해 미래학자 저메이 카시오Jamais Cascio가 말한 '희망찬 초능력자super-empowered hopeful individual', 줄여서 SEHI가 됐다.[21]

SEHI는 미래를 낙관할 뿐만 아니라 자기 손으로 세상을 더 좋은 곳으로 변화시킬 수 있다고 믿는 사람이다. 카시오는 그런 자신감의 원천이 개인의 능력을 증폭하고 결집해 공익을 증진하는 네트워크 기술이라고 본다.

'SEHI'라는 말은 《뉴욕 타임스》 칼럼니스트 토머스 프리드먼Thomas Friedman이 사용한 '성난 초능력자super-empowered angry men'의 반대말로 탄생했다. 프리드먼은 지구촌 네트워크 시대의 테러리즘을 다룬 글에서 오사마 빈 라덴이 성난 초능력자, 다시 말해 자기 손으로 세상에 끔찍한 자취를 남길 수 있다고 믿는 사람들을 양성하려 한다고 썼다.[22] 이에 카시오는 이렇게 주장했다.

> '성난 초능력자'론의 핵심은 개인이나 소집단이 어떤 기술에 힘입어
> 수십 년 전에는 군대의 자원을 동원해야 가능했을 규모로 기반 시설
> 이나 사람들을 공격할 수 있다는 것이다. …… 그러나 이 같은 기술
> 로 '성난 사람'만 능력이 생긴 것은 아니다. 같은 선상에서 '희망찬
> 초능력자'론의 핵심은 개인이나 소집단이 이러한 기술에 힘입어 수
> 십 년 전에는 거대 비정부기구나 기업의 자원을 동원해야 가능했을
> 규모로 사회에 이로운 활동을 할 수 있다는 것이다.[23]

SEHI는 손 놓고 세상이 알아서 고쳐지기만을 기다리지 않는다. 인
도주의적 사명을 주창하고 퍼뜨린다. 게다가 몸을 사리며 굼뜨게 움
직이는 조직보다 "더 적은 수로, 더 빠른 속도로 일을 하며 훨씬 큰 영
향을 끼칠 수 있다". 이상적인 경우라면 SEHI들이 단결해 노력을 결
집함으로써 활동이 중복되지 않고, 서로의 실수가 교훈이 되며, 각자
의 영향력이 증폭된다. 여러 갈래로 흩어져 있는 SEHI들은 눈부신 진
보를 이루는 데 애를 먹을지 모른다. 그러나 일사불란한 SEHI들은 그
야말로 무엇이든 변화시킬 수 있다.

그래서 「석유 없는 세상」 실험을 끝내고 1년 후에 나는 미래 연구
소에서 카시오와 손을 잡고 수백만에 이르는 SEHI를 힘닿는 데까지
찾아보기로, 그리고 그들이 단결할 플랫폼과 플레이할 게임을 개발하
기로 했다.

이름 하여 「슈퍼스트럭트 Superstruct」, 취지는 간단히 말해서 '게임 플레이로 미래를 만든다'!

지구 멸망을 대비하는 초능력 조직, 슈퍼스트럭트

해마다 미래 연구소는 '10년 예측'을 내놓는다. 앞으로 10년을 내다보고 주요 기업, 정부, 비영리단체의 활동에 영향을 끼칠 새로운 경제 요인, 사회 관습, 환경 변화와 그 조직이 부딪칠 난관을 밝히는 것이다. "딱 10년이 좋다. 적당히 멀어서 실제 변화를 기대할 수 있고, 적당히 가까워서 피부로 느낄 수 있기 때문이다."[24] 미래 연구소 사람들이 즐겨 하는 말이다.

10년 예측은 항상 명확한 주제와 주도적 질문이 있다. 2008년, 이 프로그램의 총책임자인 카티 비언 Kathi Vian 은 이듬해의 예측을 주도할 질문으로 '인간 조직화의 미래는?'을 정했다.

분명히 우리는 경제 붕괴, 유행병, 기후 변화, 전 세계적 테러 위험, 국제 식량 공급 사슬 파열 등 초대형 난관이 산재한 10년으로 접어들고 있었다. 기존의 조직에 대한 기본적인 수정이 없는 한 차별화는커녕 생존조차 장담할 수 없었다.

비언은 초기 브레인스토밍 회의에서 이렇게 말했다. "이전에 인간을 조직하던 방식은 이제 힘을 잃었습니다. 그런 방식은 고도로 연결성이 커진 현재 세상에 맞지 않아요. 속도도 느리고 협업성도 부족하죠. 우리는 앞으로 전 세계가 더욱 효과적으로 협력할 방안을 마련해야 합니다. 조직을 네트워크화해야 문제를 더 잘 해결하고, 더 빨리 움직이고, 더 기민하게 반응하고, 우리를 마비시키는 과거의 행동과 사고방식을 극복할 수 있습니다."

그래서 우리는 궁리했다. 어떻게 하면 기업, 정부, 비영리단체가 손을 잡고 서로 위기를 이겨내는 데 힘이 될 수 있을까? 어떻게 하면 기존 조직들이 협력해서 이런 지구적 차원의 문제들을 해결할 수 있을까? 어떻게 하면 이 조직들이 세계 변화 활동에 참여하길 원하는 SEHI들을 끌어들이고 열중시켜 독단적으로 행동하지 않고 단결하게 할 수 있을까?

우리는 앞으로 10년을 살아남으려면 전혀 새로운 합력, 합의, 합작 방식이 필요하다고 직감했다. 그래서 초대형 협력을 위한 혁신적 방안을 이야기하는 데 사용할 새로운 전략 언어, 향후 10년 적응 방법에 대한 우리의 생각을 완전히 바꿔놓을 언어를 찾기로 했다.

온갖 언어를 살피던 중 '슈퍼스트럭트 superstruct'라는 용어를 보는 순간, 무릎을 탁 쳤다.

superstruct [ˈsüpər, strəkt]

타동사

[라틴어 super-(위)와 -struere(짓다)가 합쳐진 superstruere(위에 짓다)의 과거 분사 superstructus에서 유래. super-와 structure 참조.]

다른 구조물 위에 짓다, 기초 위에 세우다.[25]

'슈퍼스트럭트'는 공학과 건축 분야에서 자주 등장하는 용어다. 건물을 슈퍼스트럭트한다고 하면 건물을 확장, 강화한다는 뜻이다.

슈퍼스트럭트의 핵심은 단순히 크기를 키우는 것이 아니다. 기존의 기초를 새로운 방향으로 활용해 현재의 한계를 뛰어넘는 것이다. 즉, 다른 구조물과 유연하게 연결해 상호 강화 효과를 일으킨다는 말이다. 그리고 이전에는 상상도 못했던 새롭고 강력한 구조물을 만들고자 전략성과 창의성을 키운다는 뜻도 있다.

그러니 '슈퍼스트럭트'라는 말에 우리가 10년 예측에서 살펴보고자 했던 확장과 재창조 과정의 본질이 전부 들어가 있다고 할 만했다. 그렇다면 아직 존재하지 않는 과정을 탐구하는 데 가장 좋은 방법은 무엇일까?

나는 대학원에서 '퍼포먼스학'이라는 사회학을 공부했는데, 이 학문의 핵심 연구 방법은 연구 대상을 몸소 실행해보는 것, 즉 '퍼포먼스'를 해보는 것이다. 그래서 우리는 직접 슈퍼스트럭트하기로 했다.

우리는 10년 예측 프로젝트를 슈퍼스트럭트하고자 대중에게 공개하기로 했다. 프로젝트는 6주 동안 진행되는 실시간 협업 실험으로 기획하고 누구나 참여할 수 있게 문을 활짝 열 계획이었다.

실험의 제목은 당연히 「슈퍼스트럭트」. 형태는 대규모 멀티플레이 예측 게임으로 잡았다. 우리는 전 세계인의 힘을 빌려서 앞으로 인류가 어떻게 장대한 규모로 조직화해 현실의 세계적 위협을 극복하고 지구적 차원의 문제를 해결할지 예측하고자 했다. 그리고 플레이어 집단의 예측 결과가 무엇이든 간에 그것을 이듬해 봄에 연례 연구와 콘퍼런스의 기틀로 삼겠다고 약속했다.

　프로젝트의 주축은 프로그램 책임자 카티 비언, 시나리오 책임자 저메이 카시오, 게임 책임자, 바로 나였다. 우리는 여섯 달 동안 미래 연구소 소속 연구원, 디자이너들과 함께 2019년 시나리오를 작성하고, 게임의 예측 주제들을 연구하고, 몰입형 콘텐츠를 만들고, 게임 플레이를 디자인하고, 웹사이트를 제작했다.

　게임이 발표된 2008년 9월 22일, 세계멸종감지기구 GEAS라는 가상 조직이 보도자료를 냈다. 보도자료에 쓰인 날짜는 2019년 9월 22일.

2019년 9월 22일

인류 멸종까지 앞으로 23년

세계멸종감지기구, 호모사피엔스 멸종 초읽기 시작

세계멸종감지기구 GEAS가 1년간의 슈퍼컴퓨터 시뮬레이션 결과를 토대로 호모사피엔스(인류)의 '생존 기한'을 무기한에서 23년으로 재조정했다.

오드리 첸 GEAS 사무총장은 "생존 기한은 위기에 직면한 인류가 파국을 맞는 시점을 뜻한다. 그 시점을 지나면 회생을 기대하기 어렵다. GEAS가 생존 기한을 2042년으로 조정한 것은 인간 문명이 지구, 그리고 행동 양식을 변화시켜야 할 최종 기한을 못 박은 것이다."라고 밝혔다.

첸 사무총장에 따르면 이번 GEAS 시뮬레이션은 환경, 경제, 인구 통계학 데이터 70페타바이트 이상을 사용하고 가능성 모형 10개로 교차 검증했다.

GEAS 모형으로 종말을 일으킬 수 있는 5대 '초위협'이 밝혀졌다. 초
위협은 환경적, 경제적, 사회적 위험의 충돌을 뜻한다.

에르난데스 가르시아 GEAS 연구국장은 "초위협은 세계의 적응력을
심각하게 저해한다. 5대 초위협이 모두 작용하면 인류의 생존 능력
이 돌이킬 수 없을 만큼 손상된다."고 했다.

GEAS는 공식 발표 전에 UN에 이를 통고했다. 이에 바이라 바이크
프레이베르거 UN 사무총장은 대변인을 통해 "GEAS의 노고에 감사
하며 이 사안을 진지하고 엄중하게 다루겠다"고 밝혔다.

GEAS는 우려하는 시민, 가정, 기업, 기관, 정부에 상호 대화와 대책
수립을 촉구한다.

우리는 일부러 시나리오를 자극적으로 시작했다. 여기에는 몇 가
지 이유가 있다. 첫째, 우리는 플레이어들의 노력으로 경외심을 자아
낼 만한 해결책이 나오기를 바랐다. 그러니 시나리오가 경외와 경탄
을 자아내도록, 다시 말해 '만약에?'라는 장대한 궁금증을 일으키도록
해야 했다. 어느 날 아침 눈을 떴더니 세계에서 가장 신뢰할 만한 슈
퍼컴퓨터가 인류의 현실을 오늘날 멸종 위기에 처한 호랑이, 북극곰,
판다만큼 위태롭다고 계산했다면 어떻겠는가?

둘째, 우리는 새로운 것을 배우고 싶었다. 그러니 플레이어가 이전
에는 생각지 못했던 아이디어를 떠올리게 해야 했다. 우리는 나날의
일상적 관심사와 아주 동떨어진 예측 맥락을 만들어 플레이어가 주

저 없이 창의력을 극단까지 밀고 가서 예상외의 기상천외한 아이디어를 떠올릴 수 있는 환경을 마련하고자 했다.

셋째, 우리는 플레이어에게 명확한 목표, 즉 성공 측정 수단을 제공하고 싶었다. GEAS 생존 기한은 그 취지에 안성맞춤이었다. 우리는 플레이어에게 협력으로 생존 기한을 2042년에서 최대한 연장하라고 촉구할 계획이었다. 기한이 1년씩 늘어날 때마다 그것이 게임에서 중대한 이정표가 된다. (생존 기한 연장은 적극적인 플레이어 수, 완수한 미션 수, 달성한 업적 수를 분석하는 알고리즘으로 판정한다.)

게임이 구체적인 예측 주제를 중심으로 돌아가게 하고자 우리는 플레이어가 인류 생존 기한에 중대한 영향을 끼칠 수 있는 5대 핵심 영역을 밝혔다. 인류의 생존에 막대한 위협이 되는 5대 초위협, 초대형 난제였다. 그러나 이 다섯 가지는 위협인 동시에 기회, 곧 조직끼리 또 SEHI끼리 협업으로 혁신을 일으킬 수 있는 영역이기도 했다.

누구든 게임 속 2019년에 변화를 일으키고 싶으면 이 5대 위협 중 하나를 선택해 자신이 내놓을 수 있는 가장 훌륭하고 놀라운 아이디어로 부딪혀야 했다. 5대 위협은 다음과 같다.

- 격리: 건강 악화와 지금 문제가 되는 호흡부전증 등 전 세계적 유행병에 대한 국제 사회의 대응을 다룬다.

  과제 유행병에 직면한 상황에서 세계인의 건강을 어떻게 보호하고 증진할 것인가?

- **탐욕**: 곧 세계 식량 시스템이 붕괴하면서 일어날 식량난에 초점을 맞춘다.

  과제 어떻게 해야 더 지속 가능하고 안전하게 식량을 공급할 수 있는가?

- **동력 위기**: 석유 기반 사회를 벗어나 태양열, 풍력, 생물 연료 사회로 나아가는 과정에서 발생할 정치와 경제의 대격변, 삶의 질 급락을 다룬다.

  과제 에너지를 만들고 소비하는 방법을 어떻게 재창조할 것인가?

- **무법천지**: 우리 삶에서 갈수록 의존도가 높아질 통신기기, 센서, 데이터 네트워크를 해킹, 테러 등으로 악용하려는 움직임을 살핀다.

  과제 어떻게 해야 네트워크화된 지구촌이 더욱 안전해지는가?

- **망명 세대**: 기후 변화, 경제 붕괴, 전쟁으로 쫓기듯 고향과 고국을 떠난 3억 난민과 이민자가 안전한 거주지 없이 살아가는 현실에서 인류가 사회와 정부를 조직하는 데 겪는 어려움을 다룬다.

  과제 어떻게 해야 기존의 지정학적 경계를 넘어 질서를 유지하고 서로 도우며 살아갈 수 있는가?

이 복잡한 시나리오의 면면을 플레이어가 빠르게 이해할 수 있도록 우리는 각각의 초위협과 관련해 짧은 예고 영상과 일련의 뉴스로 사태의 추이와 사건과 사고를 알렸다. 그리고 각각의 초위협으로 어떤 고비가 올 수 있고 또 그 위협들이 서로 어떻게 영향을 주고받으면서 확대될 수 있는지를 정리해 2019년판 온라인 보고서를 내놓았다. 이 보고서는 인간이 초대형 위기를 극복할 수 있다는 데에 그 방점이 있다.

오랜 역사에서 매번 더욱 막대한 장애물이 앞을 가로막았지만 인류는 지금껏 잘 극복해왔다. 실제로 일부 인류학자들은 마지막 대빙하기 때 소규모였던 초기 호모사피엔스들이 유연성, 통찰력, 창의력을 발휘해 거대한 환경 스트레스를 이겨낸 결과로 인간 지성이 모습을 드러냈다고 주장한다. 역사를 돌아보면 인간 문명이 멸망하리란 예언은 환경에 적응하고 환경을 변화시키는 인류의 능력 덕분에 번번이 오산으로 판명됐다.

GEAS는 이러한 미래를 피할 수 없다고 주장하지도 믿지도 않는다. 이것이 우리 예측에서 가장 중요한 점이다. 이 같은 미래는 절대 운명이 아니다. 지금 행동한다면, 지성과 유연성과 통찰력과 창의력을 발휘한다면 최후의 위협을 피할 수 있다. 이 시기가 지나면 인류는 이전보다 훨씬 더 강해질지도 모른다.

보고서와 예고편 모두 인류의 미래를 만드는 데 동참하기를 촉구하는 말로 끝맺었다. 우리는 자원자들이 「슈퍼스트럭트」라는 온라인 소셜 네트워크 사이트에 모이고 있다고 발표했다. 그리고 블로그, 페이스북, 이메일, 트위터로 공개 초대장을 발송했다. 핵심은 모든 사람이 세계 재창조에 할 일이 있다는 것이었다. 최종적으로, 희망찬 초능력자 8,647명이 우리의 슈퍼스트럭트 실험에 최상의 미래 아이디어를 내고자 모였다.

그러나 초위협에 맞서기 전에 플레이어가 완수해야 할 첫 번째 미션이 있었다. 바로 미래의 자신을 재창조하는 것이었다.

요즘 소셜 네트워크와 마찬가지로 우리의 2019년 소셜 네트워크도 프로필 작성을 요구했다. 그러나 '생존력'에 초점을 맞춘다는 차이점이 있었다. "이러한 초위협을 극복하는 데 어떤 기술, 자원, 커뮤니티로 보탬을 줄 수 있습니까? 어떤 면에서 세계 재창조에 남다른 기여를 할 수 있습니까?" 우리는 플레이어에게 즐거운 마음으로 미래의 자신을 상상하되 현실성을 유지하라고 당부했다. "이것은 역할 놀이 role play가 아니라 현실 플레이 real play입니다. 우리는 여러분이 생각하는 2019년의 '실제' 자기 모습을 알고 싶습니다. 꿈은 크게 꾸되 반드시 현실에 기반을 두십시오."

프로필은 다음과 같다. 이 질문에 어떻게 대답하겠는가? 단, 오늘의 자신이 아니라 미래의 자신이라는 점을 명심해야 한다.

⊕ 2019년 당신의 세계

어디에 삽니까?

누구와 삽니까?

무슨 일을 합니까?

무엇을 가장 중요시합니까?

어떻게 이와 같은 사람이 됐습니까? 지난 10년 동안 특별한 전환점이 있었습니까?

다른 사람들보다 더 잘 아는 게 무엇입니까? 당신의 능력과 기술을 알려주십시오.

어떤 사람들을 알고 있습니까? 당신이 속한 공동체와 집단, 당신의 사회적, 직업적 인맥에 관해 알려주십시오.

이 첫 번째 미션은 플레이어가 미래에 몰입하는 데 도움이 됐다. 2019년에 자신의 직업과 생활이 어떻게 달라져 있을지 생생하게 상상해야 했으니 말이다. 그리고 초위협 극복에 자신이 보탤 수 있는 자원을 밝히는 데도 도움이 됐다. 본질적으로 「슈퍼스트럭트」의 취지는 이 지구 위의 삶을 증진하고자 하는 훨씬 장기적이고 거대한 활동에서 각 사람, 조직, 커뮤니티가 새로이 맡을 역할을 찾는 것이었다. 이 목표를 달성하려면 우리는 플레이어가 현재의 능력, 기술, 자원을 미래의 요구 사항과 직접 연결할 수 있도록 도와야 했다.

평범한 사람에게 직접 경제를 개선하거나 유행병을 멈추거나 기아를 막을 수 있느냐고 물으면 아마 다들 어디서부터 시작해야 할지도 몰라 어리둥절할 것이다. 그래서 우리는 플레이어에게 구체적인 시작점을 일러줬다. 자신의 커뮤니티, 집단, 소셜 네트워크에서 무엇이든 해결책 제시에 가장 도움이 될 만한 것을 기반으로 삼는 것이었다.

또한 이 미션으로 우리는 플레이어에 관한 구체적인 데이터를 얻었다. 우리는 플레이어들에게 비밀 유지를 약속하고 그들의 예측과 아이디어가 나온 맥락을 파악할 수 있도록 2008년의 자신에 관해 살짝 알려달라고 했다. 이 2008년 데이터는 프로필에 공개되지 않았다. 오직 연구 과정에서 플레이어의 미래 아이디어를 실제 나이, 거주지, 직업과 맞춰보는 데 쓸 예정이었다. 우리는 SEHI가 자신을 어떻게 생각하는지, 어떤 유형의 프로젝트를 가장 잘 수행할 수 있는지에 관해 더 자세히 알고 싶었다.

그래서 누가 슈퍼스트럭트하는가? 우리가 알아낸 사실은 이렇다.

9,000명 정도의 예측 참가자 중 대부분이 20~40대였고, 나머지는 정규 곡선으로 분포했다. 최연소 플레이어는 10세(관심사는 식품의 미래, 특히 실제 신흥 식품 기술인 '배양육'), 최고령 플레이어는 90세(관심사는 교육의 미래)였다.

거주지는 미국 50개 주 중 49개 주와 세계 100여 개국이었다. 직업도 최고기술책임자, 최고창의책임자, 수석 엔지니어, 부두 노동자, 호텔 안내원, 큐레이터, 천체물리학자, 대기학자, 수학자, 간호사, 배관공, 사진사 등 대단히 다양했다. 대학생과 대학원생, 기업 간부, 군인, 공무원도 여럿이었다.

이렇게 다채로운 참가자들은 어떤 전문 능력을 갖췄을까? 플레이어들이 밝힌 전문 분야는 노동운동, 대중교통, 물류, 로봇공학, 만화 산업, 철강 산업, 이민, 삼림학, 패션, 관광, 의료, 언론, 화학공학, 보육, 전자상거래, 컨설팅, 국방, 인사, 토론학, 인권, 나노기술 등으로 광범위했다.[26]

모두 우리가 플레이어들에게 5대 초위협을 극복하는 데 보태달라고 한 기술과 자원이었다. 우리는 초위협에 맞설 구체적인 방법을 제시했다. 바로 슈퍼스트럭처 구축이었다.

슈퍼스트럭처 구축 방법

이 게임의 목표는 생존입니다.

우리가 생존하려면 당신이 필요합니다.

초위협에 직면한 우리는 이제 적응해야 합니다.

인간 문명의 기존 구조(스트럭처)로는 부족합니다.

인간이 현 상태를 넘어 다음 단계로 나아가려면

새로운 슈퍼스트럭처가 필요합니다.

당신이 도울 수 있습니다. 지금 슈퍼스트럭트하십시오.

그것이 인류에게 물려주는 당신의 유산이 될 것입니다.

질문: 슈퍼스트럭처가 무엇입니까?

답변: 슈퍼스트럭처는 기존 집단과 조직 위에 구축된 고도의 협업 네트워크입니다.

슈퍼스트럭처는 4대 특징이 있습니다.

1. 슈퍼스트럭처는 아직 협력 관계가 아닌 두 개 이상의 커뮤니티가 손을 잡게 합니다.

2. 슈퍼스트럭처는 기존 조직이 홀로 해결할 수 없는 크고 **복잡한 문제를 해결하는** 데 도움이 되도록 설계됩니다.

3. 슈퍼스트럭처는 각 하위 집단의 고유한 자원, 기술, 활동을 활용합니다. 모든 사람이 나름의 기여를 함으로써 다 함께 해결책을 만듭니다.

4. 슈퍼스트럭처는 **뿌리부터 새롭습니다.** 그래서 이전에는 아무도 시도해본 적 없는 아이디어로 느껴집니다.

질문: 어떤 집단이 슈퍼스트럭처 형성에 참여할 수 있습니까?

답변: 어떤 집단이든 가능합니다. 영리와 비영리, 프로와 아마추어, 국지와 국제, 종교와 세속, 온라인과 오프라인, 오락과 기능, 대규모와 소규모, 모두 가능합니다.

어떤 커뮤니티든 슈퍼스트럭처와 결합할 수 있습니다!
몇 가지 예를 들면 다음과 같습니다.

- 기업
- 가정
- 같은 건물이나 동네 주민
- 산업과 상업 조직

- 비영리단체와 비정부기구

- 연례 콘퍼런스나 축제

- 교회

- 지방자치단체와 정부

- 온라인 커뮤니티

- 소셜 네트워크 그룹

- 팬 모임

- 클럽

질문: 어떻게 새로운 슈퍼스트럭처를 만들 수 있습니까?

답변: 먼저 자신이 이미 속한 커뮤니티를 선택하십시오. 그 커뮤니티가 초위협 중 하나 또는 그 이상을 해결하는 데 어떤 식으로 남다르게 기여할 수 있습니까? 그리고 누구와 손을 잡고 그 일을 이루고 싶습니까?

아이디어를 나눌 준비가 되면 새로운 위키 문서를 작성하십시오. 위키의 입력란(이름, 표어, 사명, 필요한 사람, 작동 방식, 달성 가능한 업적 등)을 이용해 새로운 슈퍼스트럭처를 설명하십시오.

질문: 슈퍼스트럭처를 만들었습니다. 이제 어떻게 해야 합니까?

답변: 슈퍼스트럭처의 기본 설명을 입력했으면 다른 SEHI를 비롯해 친구, 동료, 이웃, 네트워크를 초대하십시오.

공개 슈퍼스트럭처를 만들었다면 계속 위키를 주시하면서 새로운 구성원을 반갑게 맞이하고 슈퍼스트럭처가 어떻게 진화하는지 지켜보십시오. 비공개 슈퍼스트럭처를 만들었다면 잊지 말고 틈틈이 새로운 구성원의 참여를 승인해 슈퍼스트럭처 구축을 거들 수 있게 하십시오.

슈퍼스트럭처 구성원은 누구나 언제든 위키를 편집할 수 있습니다. 위키에 설명된 슈퍼스트럭처의 작동 방식이 당신의 생각과 정확히 일치하면 편집을 끝내십시오.

하지만 절대 거기서 멈추지 마십시오!

첫 번째 슈퍼스트럭처를 구축하고 나면 할 일이 아주 많습니다. 다른 초위협을 해결할 슈퍼스트럭처를 만들 수 있습니다. 또는 최초 슈퍼스트럭처에서 파생된 새로운 슈퍼스트럭처를 설계할 수도 있습니다. 경쟁형 슈퍼스트럭처나 더 거대한 슈퍼스트럭처를 구축해 기존 슈퍼스트럭처를 집어삼키는 것도 가능합니다.

지속적으로 슈퍼스트럭처를 구축해 새로운 아이디어로 우리를 놀라게 해주십시오!

슈퍼스트럭처 구축에서 가장 중요한 원칙은 기존의 어떤 조직과도 달라야 한다는 점이었다. 사람, 기술, 활동의 조합이 뿌리부터 새로울 것. 그러나 또 한편으로는 문제 해결책으로서 고개를 끄덕일 만해야 했다. 즉, 평소에 기아, 유행병, 기후 변화, 경제 붕괴, 네트워크 보안 같은 문제에 손을 쓰지 못했던 사람들이 직접 변화를 일으킬 수 있을 만한 방안을 제시할 것.

바로 이러한 슈퍼스트럭처 구축이 게임플레이의 핵심 요소였다. 플레이어는 슈퍼스트럭처 구축으로 생존력 점수(최대 100점)를 얻고, 이 점수가 전체 생존력 점수에 합산됐다. 슈퍼스트럭처의 심오함, 명료성, 독창성, 의외성이 클수록 점수가 높았다. 점수는 다른 플레이어의 슈퍼스트럭처에 참여해 아이디어를 보태는 식으로도 얻을 수 있었다.

그렇다면 생존력 점수란 도대체 무엇인가? 우리는 플레이어에게 다음과 같이 설명했다.

당신의 생존력 점수는 생존력 프로필에 1~100점으로 표시됩니다. 처음 참여했을 때는 0점입니다. 점수가 0점보다 높아질수록 인류 생존에 점점 더 중요한 사람이 되어가고 있다는 뜻입니다. 100점을 달성하면 인류의 미래에 없어서는 안 될 사람이 된 것입니다.

그러니까 점수 시스템의 취지는 경쟁을 부추기는 게 아니라 개인의 발전도를 보여주는 것이었다.

그러면 이제부터 몇 가지 고득점 슈퍼스트럭처와 그것을 제작한 SEHI를 간략하게 알아보자.

에너지 회사에서 동력을 구입할 필요가 없습니다. 직접 동력을 만들면 됩니다. 평소 입는 옷으로 에너지를 모으고 아껴서 노트북, 휴대전화, MP3 플레이어를 작동하거나 열을 공급할 수 있습니다.

생각해보세요. 태양전지판으로 에너지를 모아서 밤에 입으면 전열을 공급하는 윗옷, 꽃 모양 태양전지판으로 아이팟에 필요한 에너지를 모으는 머리띠, 작은 배터리에 풍력을 모아서 다른 데 끼워 쓸 수 있게 하는 팔랑 치마, 음파 수집기로 환경 소음을 에너지원으로 바꾸는 허리띠.

우리는 각종 착용 가능한 에너지원의 디자인을 개발하고 수집하고 있습니다. 이 같은 디자인으로 시제품을 만들어 자가발전 패션쇼에서 선보일 계획입니다. 더 많은 사람이 에너지를 수확할 수 있도록 디자인 공유와 개선에 여러분의 도움이 필요합니다.

자가발전 슈퍼스트럭처를 시작한 SEHI인 아이디 'Solspire'는 현실에서 워싱턴 주립대학교 교육학과 조교수인 폴린 사메시마[Pauline Sameshima]였다. 그녀는 디자인 수업에서 실제 시제품을 만들고 즉석 캠퍼스 패션쇼를 열어서 위에서 설명한 착용 가능 에너지 기술을 도입한 의복을 선보였다. 이들의 SEHI 미션은 쾌속 시제품 제작법과 혁신 디자인 기법을 활용해 동력 위기라는 초위협에 맞서고, 에너지의 미래를 창조하는 데 일조하는 것이었다.

> 식량은 돈이 안 들어야 합니다. 씨앗도 돈이 안 들어야 합니다.
>
> 그래서 이 슈퍼스트럭처를 만들었습니다. 씨앗 ATM 네트워크를 만들어서 누구든 필요하면 ATM에서 쉽게 무료로 씨앗을 받을 수 있도록 말입니다.
>
> 우리가 할 일은 식량 자가 재배 개념을 널리 알리고 더 큰 무료 식량 네트워크의 기반을 다지는 것입니다.
>
> 우리는 앞으로 안정된 씨앗 ATM 네트워크가 전 세계 은행에 설치되리라 봅니다. 그러나 그전에 아주 간단한 시제품을 제안합니다. 뽑기 기계입니다. 우리는 씨앗을 가득 채운 뽑기 기계를 무료로 또는 동전 하나로 사용할 수 있게 하여 마트와 농산물 직판장 앞에 설치할 계획입니다.

이 슈퍼스트럭처를 고안한 SEHI 조르제 구베르테Jorge Guberte는 브라질 상파울루 시에 사는 25세의 디지털 아티스트였다. 식품 산업이나 농업과 전혀 관련이 없는데도 탐욕 초위협에 맞설 예상외의 초대형 해결책을 제시했다. 그의 SEHI 미션은 식량 이용 권리를 국민 기본권으로 만들고, 식량 공급의 미래를 창조하는 데 일조하는 것이었다.

중앙아프리카민주공화국, 줄여서 중아민공은 동중앙아시아에 있는 인구 1,600만의 '유사 국가'입니다. 이곳은 주변국들이 전쟁 지속 의사는 없으나 어느 한쪽이 승전하는 것을 허락하지 않기에 여전히 분쟁 지역입니다.

이같이 혼란스러운 지역에서 사람이 사람답게 살려면 정권이 수립되기 전까지 신분 증명, 여권 상응 문서 발급, 기초 전자 화폐 발행 등 국가의 기본 기능이 필요했습니다.

중아민공은 전자 민주주의 소프트웨어와 생체 인식 휴대전화를 이용한 약 5년간의 임시 정권기가 끝나고 마침내 반＊공식적 준국가 상태에 접어들었습니다. 대만과 마찬가지로 어엿한 주권국으로 선언하지는 못하지만 법적으로 중아민공 난민의회가 이전 정권들의 적통을 이어받았으므로 누군가 군대를 일으키지 않는 이상은 지역 분쟁이 종식되기 전까지 자생적 난민기구가 자치하는 데 아무도 이의를 제기하지 않습니다.

누구나 중아민공을 도울 수 있습니다. 난민도 우리처럼 자치권이 중요하다는 사실만 기억하면 됩니다. 설사 탄압이 없더라도 난민 생활은 그 자체로 혹독합니다!

더 돕고 싶다면 이곳저곳에 중아민공 국기를 붙여 그 중요성을 알려 주십시오.

중아민공 슈퍼스트럭처를 구축한 SEHI인 아이디 'Hexayurt'는 세계적으로 이름난 재난구호 전문가 비네이 굽타Vinay Gupta였다. 굽타는 난민에게 지속 가능한 주택을 공급하고자 저비용의 경량 가옥 핵사유르트Hexayurt를 설계한 사람이기도 하다. 그는 현재진행형인 아프리카 난민의 위기를 맥락으로 하여 망명 세대 초위협에 맞서고자 했다. 그의 SEHI 미션은 평화와 정부의 미래를 창조하는 데 일조하는 것이었다.

위에서 소개한 각각의 아이디어만으로는 세계가 안전하게 유지되는 방식을 재창조할 수 없다. 그러나 플레이어들이 만든 그 밖의 슈퍼스트럭처 500여 개와 결합하면 새로운 사실이 선명하게 드러난다. 초대형 문제 해결에 평범한 사람들이 참여할 수 있고, 크고 작은 인간 조직이 예상외의 방식으로 결합에 결합을 거듭할 수 있으며, 끊임없는 재창조가 일어나야 한다는 사실이다. 이는 그저 가능하기만 한 일이 아니라 이후 10년 동안 인류가 진화하려면 꼭 해야 할 일이다.

「슈퍼스트럭트」는 6주 동안 실시간 예측 실험으로 진행됐다. 그래서 최종 결과는 어떠했을까? 게임이 끝나고 플레이어들은 협력의 성과를 집대성해《전 슈퍼스트럭처 편람Whole Superstructure Catalog》(스튜어트 브랜드의《전 지구 편람》을 흉내 냈다)이라는 해법 목록으로 엮었다. 이 자료는 Superstruct.wikia.com에서 볼 수 있다.

550개 슈퍼스트럭처를 열거한 편람 외에도 플레이어들은 초위협에 맞서는 일인칭 시점의 이야기 1천여 편을 동영상과 사진, 블로그와 트위터 글, 페이스북 메시지와 팟캐스트로 생생하게 그려냈다. 이렇게 만들어진 세상이 온라인 자원으로 존재하므로 다른 예측가, 정책 개발자, 교육가, 그 밖에 관심 있는 사람들이 얼마든지 탐구하고 분석할 수 있다.

우리는 종래와 같은 토론 포럼도 마련해서 슈퍼스트럭처에 쓸 전략을 서로 나누고 평가할 수 있게 했다. 500개가 넘는 주제로 열띤 토론이 벌어졌다. 몇 가지만 예를 들면 '오프라인 네트워크화: 온라인을 이용하지 못하는 사람들에게 접근할 방법은?', '자전거 활용: 운동 목적 외에 자전거를 사용해 거대 문제를 해결할 방법은?', '예술을 위한 예술: 2019년 예술의 역할은? 크나큰 위기 중에 예술이 할 수 있는 일은?' 등이다. 읽을거리가 너무 많아서 미래 예측 보고서 수십 편을 쓰고도 남을 정도다. 모두 온라인에 공개돼 있으니 누구나 볼 수 있다.

게임 플레이의 측면에서 보자면 플레이어 19명이 생존력 100점을 달성했다. 이는 「스포어」에서 생명의 지팡이를 받거나 「와우」에서 최고의 레벨인 레벨 80에 이르는 것과 똑같다. 우리는 이 19명을 'SEHI 19'로 격상하고 계속 미래 연구소와 함께 일해달라고 정중히 부탁했다. 모든 플레이어, 그중에서도 특히 SEHI 19가 미래 연구소의 슈퍼스트럭처가 된 셈이다.

10년 예측팀은 여섯 달 동안 게임 결과를 분석했다. 그리고 우리의 시나리오 속에서 플레이어들이 탐구한 주제들을 발전시키고 그 과정에서 드러난 슈퍼스트럭트 방법 중 가장 유망한 것들을 분석해서 「이후 10년 슈퍼스트럭트」라는 제목으로 그해의 10년 예측 보고서를 작성했다. 그 후로 계속해서 '슈퍼스트럭트 전략 카드집'과 슈퍼스트럭트 생태계 지도를 비롯해 행성 기술의 이후 50년과 관련된 세 가지 대체 시나리오 등 관련 자료를 미래 연구소 웹사이트에 공개하고 있다.[27]

한편, 게임 속 세계멸종감지기구의 기준에 비춰 플레이어들의 협업 성과는 어느 정도였을까? 6주간의 게임에서 플레이어들은 인류의 생존 기한을 2086년까지 연장했다(생존력 총점 1천 점당 1년). 44년이 늘어났으니 잠재적 SEHI가 두 세대나 태어나 우리와 함께 문제 해결을 시작하기에 충분한 시간이다.

트위터에서 한 플레이어가 아주 절묘하게 게임을 총정리했다. 여기에 미래 연구소가 게임을 개발한 취지가 정확하게 담겨 있기도 하다.

"이때껏 보아왔던 미래의 모습 중에 가장 마음에 드는 미래상이다. 내가 직접 영향력을 행사하는 기분이 들기는 난생처음이다."

「슈퍼스트럭트」는 게이머들이 함께 미래를 만들 수 있다는 가능성에 눈을 뜨게 할 목적으로 디자인됐다. 일단 그런 단계를 거쳐야만 우리가 세계적 초위협에 집단적으로 열중할 기반이 생기기 때문이다. 그런데 실제로 세상에서 변화를 일으키려면 초능력감과 희망만 퍼뜨려서는 곤란하다. 게이머가 실질적인 세계 변화 역량을 길러야 한다. 구체적인 미래 창조 능력과 기술을 연마하고 필요에 맞는 실용 지식을 습득해야 실제적이고 지속 가능한 변화를 일으킬 수 있다.

희망찬 초능력과 창조적 협업이 '실용 학습'과 '실제 역량 개발'에 맞물려야 한다. 그리고 그런 일이 컴퓨터·비디오 게임 기술이 잘 보급된 지역에서만 일어나서는 안 된다. 세계 변화 게임은 아프리카 곳곳의 개발도상국처럼 미래 창조 기술이 절실한 최대 빈곤 지역에도 알맞게 디자인돼야 한다.

이 두 가지 생각에서 나의 최신 게임인 「이보크EVOKE」가 탄생했다.

창의성이라는 흑진주가 아프리카를 구원하다, 이보크

「이보크」는 전 세계, 특히 아프리카의 젊은이들이 빈곤, 기아, 지속 가능한 에너지, 깨끗한 식수 공급, 자연재해 대비, 인권 등 절박한 세계 문제에 적극적으로 참여할 수 있게 하고자 디자인됐다.

부제는 '세계 변화 단기 집중 과정'. 세계은행World Bank 산하 교육기관 세계은행 연수원World Bank Institute의 의뢰로 개발됐으며 간단히 말하자면 플레이어가 딱 10주 만에 직접 세계 변화 벤처 사업을 시작할 수 있도록 돕는 소셜 네트워크 게임이다. 컴퓨터로도 플레이할 수 있지만 휴대전화에 최적화됐다. 휴대전화가 아프리카에서 가장 널리 보급된 소셜 기기이기 때문이다.

「이보크」의 시간적 배경은 10년 후 미래다. 만화 형식으로 그려진 이야기의 줄기는 아프리카에 근거를 둔 슈퍼히어로 비밀 네트워크의 모험담이다. 이 네트워크는 '은밀한 사회적 혁신가stealth social innovators(우리가 게임을 위해 만든 개념)'로 구성된다.

물론 사회적 혁신social innovation은 실제 개념이며 세계적 빈곤 대처 방안으로서 날로 중요성이 커지고 있다. 간단히 말하자면 일반적으로 정부나 구호단체가 다루는 사회적 문제를 해결하고자 기업의 사고방식과 작업 방식을 적용하는 기법이다. 그 핵심 원리는 누구나 어디서든 사회적 문제의 해결을 위한 프로젝트나 벤처사업을 시작할 수 있어야 한다는 것이다. '사회적 기업가 정신social entrepreneurship'이라고도 하며 진부한 표준 해법을 적용하는 게 아니라 지역 환경을 잘 이해해 위험을 감수하고서라도 획기적 혁신을 모색하는 태도를 중시한다.

그렇다면 '은밀한' 사회적 혁신이란? 「이보크」의 세계에서 사회적 혁신가는 사회적 문제를 놓고 슈퍼히어로로처럼 비밀스럽고도 화려하게, 그러니까 배트맨이나 스파이더맨처럼 공공연하지만 신비스럽게 활동해 세계인의 상상력을 자극함으로써 자신의 해법이 실제로 입에서 입을 타고 바이러스처럼 번져나가게 한다. 「이보크」 슈퍼히어로는 무엇보다 요즘 실제 개발 전문가들이 '아프리카의 독창성'이라고 일컫는 혁신 기법을 활용하기로 유명하다.

아프리가젯AfriGadget 블로그의 기술 전문가이자 편집자인 에릭 허스먼Erik Hersman은 대표적으로 아프리카의 독창성을 지지하는 사람이다. 수단에서 자라 지금은 케냐에서 살며, 다음과 같이 아프리카의 독창성을 설명했다.

말라위 소년이 낡은 자전거 부품과 금속판으로 풍차를 만든다. 케냐
남자가 고철과 나무와 구리선으로 용접기를 제작한다. 에티오피아

사업가가 오래된 박격포탄으로 커피 기계를 제조한다. 말라위 과학자가 설탕과 누룩을 사용하는 신종 소형 발전소를 발명한다. 남아프리카 청년이 비닐봉지와 밧줄과 철사로 패러글라이더를 조립한다. 이 같은 이야기는 국제 언론에서 접해본 적 없을지 모르나 실제로 날마다 아프리카 곳곳의 마을, 창고, 산업 단지, 노점상, 가정 등 여러 곳에서 벌어지는, 아프리카의 독창성을 보여주는 놀라운 이야기 중 극히 일부에 지나지 않는다. 아프리카인들은 창의성으로 자신들이 가진 얼마 안 되는 자원을 자유자재로 활용해 역경을 헤쳐 나가고 있다.[28]

허스먼을 비롯해 많은 아프리카 전문가가 지금 개발도상국의 최대 난제를 다루는 사람들이 앞으로 세계 어디서나 최고의 위기 해결사가 되리라 본다. 사실 현재 아프리카의 문제 해결사들은 더 저렴하고 더 효율적이며 더 지속 가능한 해법을 내놓으면서 다른 나라 사람들을 훨씬 앞질렀는지도 모른다. 다른 방법이 없기 때문이다. 눈앞에 닥

「이보크」 8화의 한 장면 제이콥 글레이저 Jacob Glaser, 세계은행 연수원, 2010

친 문제는 너무나 거대한데 손에 쥔 자원은 너무나 적으니 다른 나라들이 개발한 기존 해법보다 더 창의적이고 더 기발하며 더 강력한 해법을 마련할 수밖에 없다.

「이보크」는 플레이어가 아프리카의 독창성이라는 신흥 문화에 참여할 수 있도록 돕고자, 다시 말해 지금 사회적 혁신 능력을 길러서 장래에 세계적 슈퍼히어로가 될 수 있게 하고자 디자인됐다.

게임 방식은 다음과 같다. 10주에 걸친 '시즌' 동안 플레이어는 10개의 미션과 10개의 퀘스트를 연속해서 수행한다. 각 주의 과제는 새로운 '긴급 이보크'에 초점이 맞춰진다.

이 게임 세계에서 이보크는 '긴급한 혁신 요청', 좀 더 구체적으로 말하자면 위기에 처한 도시에서 아프리카의 문제 해결사 비밀 네트워크로 날아든 전자 SOS 메시지다. 예를 들면 게임의 1~3화에서 「이보크」 네트워크는 도쿄의 기근을 막고 리우데자네이루의 붕괴된 에너지 기반 시설을 재건해달라는 요청을 받는다.

긴급 이보크는 온라인에서 읽지만 대응은 현실 세계에서 해야 한다. 긴급 위기에 맞서 지역에서 직접 소규모 활동을 벌이는 것이다. 다음의 두 가지 「이보크」 미션을 보자.

⊙ 긴급 이보크: 식량 안전

날마다 10억 명 이상이 굶주림에 허덕이고 있습니다. 이번 주, 당신은 그들 중 적어도 한 사람의 삶을 바꿀 능력이 있습니다. 목표는 지역에서 최소 한 사람의 식량 안전을 증진하는 것입니다. 식량 안전은 일시적인 도움이나 한 끼 음식을 제공하는 것으로는 향상되지 않음을 명심하십시오. 기아와 식량 부족에 대한 장기적 해결책이 필요합니다. 출발점이 될 만한 아이디어 몇 가지를 아래와 같이 제시합니다.

- 다른 사람이 텃밭을 만들도록 돕는다.
- 공공 정원에서 자원봉사한다.
- 지역 구성원들이 더욱 쉽게 음식을 나눌 방법을 고안한다.
- 지역 농부들을 위한 자원을 마련한다.

⊙ 긴급 이보크: 동력 전환

현재 세계 전기 중 10퍼센트 미만이 지속 가능한 에너지원에서 생산됩니다. 이번 주, 당신은 그 수치를 증가시킬 능력이 있습니다. 목표는 날마다 쓰는 물품에 동력을 공급할 새로운 방법을 마련하는 것입니다. 주위를 둘러보십시오. 날마다 사용하는 물품이나 하는 일의 동력 공급원을 태양열, 풍력, 운동에너지 등으로 바꿀 수 있을 겁니다.

그 대상은 휴대전화일 수도 있고, 밤에 책을 읽을 때 사용하는 전등일 수도 있습니다. 해결책은 반드시 기존 동력원보다 저렴하거나 지속 가능성이 커야 합니다.

이 난제를 해결할 창의적 해법을 좀 더 쉽게 브레인스토밍할 수 있도록 우리는 아프리카 등지에서 이미 일어나고 있는 사회적 혁신을 정리한 기밀 '수사 기록'을 제공한다. 이 자료에 소개된 프로젝트는 플레이어의 내면에 있는 독창성에 불을 지피고 자기만의 활동을 시작할 영감을 불어넣는다.

미션 수행을 인정받으려면 자신이 어떤 활동으로 무엇을 배웠는지를 블로그 글이나 동영상이나 사진으로 정리해서 올려야 한다. 그러면 다른 플레이어들이 미션 증거를 검토해 확인하고 재기 +1, 지식 공유 +1, 지역 이해 +1 등으로 「이보크」 능력을 수여한다. 게임의 진행에 맞춰 10개 미션을 완료해나가면 자기만의 미래 창조 능력을 보여주는 프로필(획득한 「이보크」 능력을 모두 나열하는 쌍방향 프로필)과 함께 세계 변화 활동 포트폴리오(블로그 글, 동영상, 사진 모음)가 만들어진다.

플레이어는 미션뿐만 아니라 연속되는 온라인 퀘스트 10개도 완수해야 한다. 이 개인 퀘스트의 목적은 자기만의 '탄생 이야기'를 찾는 것이다. 게임 안내서의 설명을 옮긴다. "만화책을 보면 캐릭터가 어디서 능력을 얻고 누구에게 영감을 받았으며 어떤 사건을 계기로 세계 변화에 뛰어들게 됐는지 등을 보여주면서 슈퍼히어로로 태어나는 과정을 알려주는 탄생 이야기가 있습니다. 당신도 세계를 변화시키기 전에 슈퍼히어로로서 자신의 기원을 찾아야 합니다." 시간이 흐르면서 플레이어의 퀘스트 기록은 비밀 신분 등을 설명하는 일종의 세계 변화 명함이 된다. 퀘스트 기록에는 '가족이나 친구들보다 더 잘 알거나 더 잘하는 것 세 가지는?', '자신을 사람들 사이에서 두드러지게 하는 특징이나 능력 세 가지는?' 같은 질문에 대한 답이 포함된다. 또한 '오늘 1명, 또는 100명, 또는 100만 명을 설득해 한 가지 일을 하게 할 능력이 있다면 누구에게 어떤 일을 부탁하겠습니까?' 같은 질문에 답하면 영웅으로서 플레이어가 촉구하는 행동이 드러나기도 한다. 이러한 자기 성찰 퀘스트를 완수하면 자신의 강점을 깨닫고 미래를 그려볼 수 있다. 그뿐만 아니라 이런 강점들은 협업자, 멘토, 투자자를 끌어모으는 데 도움이 되는 멀티미디어 사업 계획의 중요한 기반이 된다.

처음으로 사회적 혁신 게임 아이디어를 낸 사람은 세계은행 연수원 수석 교육관 로버트 호킨스Robert Hawkins였다. 그는 내게 프로젝트의 크리에이티브 디자이너 자리를 제안하며 말했다. "이 같은 게임에 대한 수요가 엄청납니다. 아프리카의 대학교들은 학생들을 현실 문제에 열중시키고 창조, 혁신, 사업 능력을 계발할 좋은 프로그램이 필요하다는 말을 반복합니다. 이 게임이 그러한 요구에 부응할 겁니다. 현재와 미래의 일자리 창출 엔진이 되는 거죠." 실제로 이 게임은 아프리카의 영어권 지역에서 대학생들의 '무료 직업 훈련(미래 창조직 훈련)'으로 홍보되었다.

「이보크」 플레이어는 현실의 기술만 익히는 게 아니라 현실의 명예와 보상도 누린다. 온라인 미션 10개를 완수한 플레이어는 자신의 이력으로 인정받을 수 있는 특별한 증서를 받는다. 세계은행 연수원 사회적 혁신가 공식 자격증이다. 더 나아가 최우수 플레이어들은 게임이 끝나고 경험 많은 사회적 혁신가에게 멘토링 받을 기회를 얻고, 또 워싱턴 DC에서 열리는 연례 「이보크」 정상 회의에서 자신의 미래상을 나눌 수 있도록 여행 장학금도 받는다.

2010년 봄에 실시한 첫 번째 게임에 150여 개국에서 19,000명이 넘는 젊은이가 등록했는데 그중 사하라 이남 아프리카 출신 학생이 2,500명 이상으로 아프리카의 온라인 협업 문제 해결 커뮤니티로는 역대 최대 규모였다.

이 원년 플레이어들은 힘을 모아 불과 10주 만에 35,000개 이상의 미래 창조 미션을 완수했다. (그들의 활동은 「이보크」 네트워크에 정리돼 있다.) 더군다나 최종 과제로 새로운 사회적 벤처 사업, 즉 세계은행 연수원의 종잣돈 지원과 지속적 멘토링에 힘입어 현실 세계에서 시작하고자 하는 창의적 사업을 100여 개나 제안했다. 이 「이보크」 벤처 사업 중 일부를 소개한다.

- 이보케이션 스테이션^{Evokation Station}: 남아프리카공화국 케이프타운 시의 고등학생들이 만들고 관리하는 시범 프로그램이다. 목적은 기술과 지식을 전수해서 사람들이 직접 식량 재배로 자급자족하고 소득을 올릴 수 있게 하는 것이다. 현재 케이프타운 시의 최빈곤

지역인 모나비시 파크에서 시범 운영되고 있다. 이곳은 유랑민 2만여 명이 정착한 무허가 판자촌으로 지난 12년 동안 상하수도, 주택, 도로, 의료, 취업 등은 먼 나라 이야기였다.

- 태양열 배[Solar Boats]: 요르단의 젊은 여성들이 자신들을 위해 시작한 프로젝트로 목적은 아카바만[灣]의 120여 개 유리 배를 태양열 배로 개조해서 연료 절약, 홍해 생태계 오염 완화, 해변 정화, 선박 운행 비용 절감 등을 이루는 것이다.
- 스파크 도서관[Spark Library]: 미국의 건축학 대학원생이 제안한 벤처 사업이다. 목적은 사하라 이남 아프리카 지역에 새로운 크라우드소싱 도서관을 시범적으로 건설해 운영하는 것이다. 스파크 도서관에서 책을 빌리려면 먼저 지역이나 개인의 지식 하나를 제공해야 한다. 이러한 지식이 모여서 현지의 환경, 관습, 천연자원에 관한 토착 지식 데이터베이스가 구축된다.

이 장을 쓰는 현재, 초기 성공을 발판 삼아 「이보크」의 차기 시즌 개발이 진행 중이다. 앞으로 시작될 시즌들은 에너지, 식량 안전, 여성 인권 등 한 가지 사안에 집중한다. 한편, 게임의 첫 시즌(「이보크」의 핵심 교육 과정)은 아랍어, 스페인어, 중국어 등으로 번역해 중동, 남아메리카, 중국 등지에서 훨씬 많은 학생이 볼 수 있게 할 예정이다. 그리고 아프리카에서 인터넷 연결이 어려운 지역에서도 「이보크」를 플레이할 수 있도록 현재 첫 시즌의 에피소드를 모두 만화책 한 권으로 엮고 모든 미션과 퀘스트를 학습장 형식의 수행 과제로 각색하는 작업이 진행되고 있다. 개발도상국에서도 젊은 층 대부분이 휴대전화를 사용하므로 문자메시지를 교류 기반으로 삼으면 '펜과 종이'를 사용하는 플레이어도 「이보크」 국제 네트워크에 연결될 수 있다.

이렇게 게임을 각색하는 이유는 지구의 모든 젊은이가 긴급한 문제를 해결하고 기술 습득과 관련된 교육을 받으며, 세계 변화의 잠재적 협업자, 투자자, 멘토들로 구성된 국제 네트워크에 언제든 자유롭게 접속할 수 있게 하기 위해서다.

그럼 미래가 최상의 시나리오대로 펼쳐진다면 「석유 없는 세상」, 「슈퍼스트럭트」, 「이보크」 같은 미래 창조 게임은 어떻게 진화할까?

「슈퍼스트럭트」가 종료될 때 미래 연구소의 게임 운영자들은 '슈퍼스트럭트 명예의 전당'이라는 온라인 스트리밍 방송에서 가장 마음에 드는 슈퍼스트럭처를 택해서 치하할 기회가 있었다. 나는 매우 열성적인 플레이어 중 한 사람인 아이디 'Ubik2019'가 제안한 「긴 게임 The Long Game」 슈퍼스트럭처를 선택했다. 이 슈퍼스트럭처에서 21세기가 끝날 때까지 미래 창조 게임이 추구해야 할 위상을 볼 수 있다고 생각한다. 바로 가장 경외할 만한 세계 개발 활동을 펼칠 기반이 되는 '장대한 협업소'다.

'Ubik2019'의 실명은 진 베커 Gene Becker로 한때 휴렛팩커드에서 초고성능·초고기동성 상품 개발을 진두지휘했고, 지금은 컨설팅 업체인 라이트닝 연구소 Lightning Laboratories의 설립자 겸 소장으로서 《포브스》 선정 글로벌 2000대 기업과 사전 투자 신생 기업에 첨단기술

466

컨설팅을 하고 있다.「슈퍼스트럭트」에서 베커는 국제적 규모의 활동을 디자인하는 방법과 네트워크 신기술을 혁신에 활용하는 방법에 관한 놀라운 식견을 드러냈다. 베커의 슈퍼스트럭처 아이디어를 소개한다.

천 년의 플레이 시간이 걸리는 길고도 '긴 게임'

⊕ 천 년 가는 게임으로 장기적 안목 기르기

필요한 사람: 우리가 장기적인 안목, 삶을 즐기는 태도를 기르면 더 나은 사람이 되어 행동과 결과에 관해 더 나은 선택을 하고, 2019년 현재 눈앞에 놓인 대형 위기들을 피할 수 있으며 지구 위의 모든 사람이 인류에게 의미 있는 유산을 남길 수 있다고 믿는 SEHI들.

달성 가능한 일: 오늘 연평균 수익률이 3퍼센트(인플레이션을 고려한 세후 수익률)인 투자 상품에 1달러를 넣으면 천 년 후에는 7조 달러가 됩니다. 자, 앞으로 30세대 후의 후손이 그 자본으로 무엇을 할 수 있을지 생각해보십시오. 또 자신이 바라는 자본의 사용 방법을 후손에게 어떻게 전할 수 있을지 생각해보십시오.

이제 어떻게 하면 '비금융' 자본(지성, 자연, 사회, 가족, 유전자와 관련

> 된 자본)도 그렇게 시간이 갈수록 복리로 가치가 불어나게끔 투자할
> 수 있을지 고민해보십시오. 그렇게 값진 선물을 인류의 미래에 안길
> 수 있다면……. 29

천 년 동안 우리의 귀중한 금융 자원과 비금융 자원을 함께 투자하는 게임이라니! 그 같은 게임은 어떻게 작동할까?

「슈퍼스트럭트」 실험을 하는 동안 우리는 주제, 이야기, 콘텐츠보다는 주로 구조에 초점을 맞춰 다양한 아이디어를 브레인스토밍했다. 예를 들면 전 세계가 1년 중 하루를 게임의 날로 정해 「긴 게임」을 플레이하면 어떨까 생각해봤다. 물론 좋은 게임이 다 그렇듯이 참여는 어디까지나 선택 사항이다. 그러나 천 년이 지날 무렵에는 인류의 100퍼센트가 플레이에 열중하는 것이 게임의 최대 목표다.

열성 플레이어는 1년 내내 원하는 만큼 시간을 들여 세계 게임의 날을 준비할 수 있다. 반면에 캐주얼 플레이어는 그냥 게임의 날에 현장(온라인이나 실제 세계)에 나타나 몇 분, 몇 시간, 아니면 24시간 동안만 참여해도 된다.

세계 게임의 날은 게임에서 한 '수'에 해당한다. 우리는 「긴 게임」을 한 판에 50수로 구성하면 어떨까 생각했다. 그러면 평생 「긴 게임」을 즐긴다고 했을 때 두 게임은 어렵겠지만 한 게임 정도는 다 끝낼 수 있다.

10수를 둘 때마다 게임의 의미가 깊어진다. 즉, 10년마다 중대한

레벨 업 시점을 지나는 셈이다. 25수와 50수를 두면, 그러니까 한 판이 절반을 지나거나 마무리되면 게임의 의미가 훨씬 깊어진다. 25년, 50년에 걸친 게이머들의 노력이 정점에 이르는 것이다.

게임에서 한 수를 둔다는 게 구체적으로 무엇을 하는 것일까? 우리는 다음과 같은 활동들의 조합을 생각해봤다. 사회적 의례와 집단 게임으로 공감대를 형성한다. 과거의 외양간 단합 대회 barn raising(새로 마을에 정착한 가정이나 사고로 외양간을 잃은 가정을 위해 온 마을 사람이 모여서 외양간을 짓는 마을 행사 — 옮긴이)와 비슷한 크라우드소싱 과제와 집단 활약으로 세계의 에너지와 관심을 단 한 가지 문제와 변화에 집중시킨다. 예측 활동을 해서 함께 미래로 나아갈 동력을 마련하고 이듬해에 할 게임의 과제와 주제를 공동으로 정한다.

물론 「긴 게임」의 시작과 끝을 모두 볼 만큼 오래 살 사람은 없다. 그 근처도 어림없다. 그러나 이 게임은 인류를 관통하는 선, 다시 말해 지금 우리가 하는 행동과 미래에 후손이 물려받을 세상을 생생하게 연결하는 매개체다. 이로써 우리가 속한 이 거대한 모험이 어떻게 펼쳐질지 상상하게 되고 또 게임에 유의미한 영향을 끼치겠다는 마음이 들어 우리의 생애 동안에 이후 수많은 세대 동안 지속될 변화를 일으키게 되니 경외와 경탄이 절로 일어난다.

사람이 한 가지 게임을 평생 하는 일은 드문 것은 아니다. 많은 사람이 벌써 거의 10년째 「와우」를 플레이하고 있고, 「헤일로」 플레이어들도 마찬가지다. 평생 체스, 포커, 골프 같은 게임에 파고드는 사람도 많다.

역사를 보면 무려 천 년 동안 게임 전통을 유지한 사회도 찾을 수 있다. 고대 그리스인들은 약 천 년 동안 4년에 한 번씩 거의 빠짐없이 올림픽을 열었다.

「긴 게임」은 아직 존재하지 않는다. 그러나 지금 세상에 꼭 필요한 게임이다. 지구 위의 모든 사람을 한 게임에 열중시킨다? 아무 생각 없이 나온 목표가 아니다. 이 목표를 이뤄가는 과정에서 자연스럽게 지구와 국제 사회에 중대한 변화가 일어날 것이다.

이 목표를 달성하려면 전 세계 모든 마을에서 개인용 컴퓨터나 휴대전화를 통해 어느 정도 수준으로 인터넷을 이용할 수 있어야 한다. 그래야만 문자 그대로 모든 사람이 게임에 기여할 수 있기 때문이다. 전 세계적 인터넷 보급은 그 자체로 대단히 중요하고 값진 목표다. 현재 날마다 안정적으로 인터넷을 사용할 수 있는 사람은 세계인 4명 중 1명 정도다.[30] 아프리카 벽촌, 인도 빈민가, 니카라과 전역에서도 모든 가정이 인터넷을 사용할 수 있어서 세계인이 「긴 게임」을 할 수 있게 된다면 자연스럽게 교육적, 문화적, 경제적 기회 또한 크게 확대될 것이다.

더 나아가 지구 위의 모든 사람이 똑같은 게임을 플레이하려면 지정학적 경계를 초월해 자유로운 통신이 가능해야 한다. 그렇다면 예를 들어 북한 국민 전체가 「긴 게임」을 플레이하게 되려면 어떤 변화가 일어나야 할까?

우리가 마음먹고 「긴 게임」을 제작해 전 세계적 참여를 이끌어낸다면 모두 함께 플레이해 새로운 규모의 합력, 합의, 합작을 이끌어냄으로써 인류가 다음 단계로 도약할 수 있다. 그래서 카티 비언은 '슈퍼스트럭트 10년 예측' 서문에서 이렇게 당부했다.

> 멀리 내다보라. 천 년의 변화라는 관점에서 다음 10년을 바라보라. 우주가 원자에서 살아 있는 세포로, 생물군으로, 국가 사회로, 세계 경제로 구조를 혁신해가며 발전한 과정을 잘 들여다보라. 이처럼 미래도 놀라운 재조직화 실험으로 복잡성을 키우면서, 또 길고 긴 진화의 길에서 거듭 눈부신 구조를 만들면서 계속 새로워질 것이다.

지구 생명체의 다음 혁신적 구조는 게임이 될 가능성이 농후하다.

역사가 증명하듯 협업으로 인류의 생존력이 향상된다는 사실, 우리가 계속 협업 방식을 혁신하는 한 그 발전이 계속되리란 사실을 알 수 있다.

인간은 처음에 언어를 발명했다. 이어서 농업, 도시, 상업, 민주정, 인터넷을 발명했다. 모두 더 크고 복잡한 형태로 인간의 삶과 협업을 뒷받침하는 수단이었다.

인간은 거의 이 땅에 등장한 때부터 좋은 게임을 즐겼다. 이제는 초거대 규모로 게임을 즐길 때다. 다함께 힘을 모으면 가장 장대한 장애물, 극복했을 때 보람도 가장 큰 장애물에 맞설 수 있다. 전 지구적 차원의 미션이다. 게임으로 전 세계 삶의 질을 향상하고, 미래에 대비하며, 지구를 앞으로 천 년 이상 지속 가능하게 하는 것. 바로 우리가 게임으로 해낼 수 있다.

세상은
더 나아질 수 있다

만일 어디서든 행복해질 수 있거나

어디서든 위대해질 수 있거나

어디서든 진정한 비법을 터득할 수 있거나

어디서든 세상을 구할 수 있거나

어디서든 강력함을 누릴 수 있거나

어디서든 사람들을 도울 수 있다면

기왕이면 현실에서 그렇게 하겠다.

__엘리저 유드코프스키Eliezer Yudkowsky [1], 미래학자

우리는 어떤 게임이든 원하는 대로 즐길 수 있다. 어떤 미래든 상상하는 대로 만들 수 있다. 우리는 이처럼 값진 생각에서 출발해서 왜

좋은 게임을 하면 더 나은 사람이 되는지, 게임이 어떤 식으로 세계 변화에 도움이 되는지를 14장에 걸쳐 탐구했다.

그 과정에서 쟁쟁한 컴퓨터·비디오 게임 개발자들에게서 30여 년 역사가 담긴 업계의 비법을 차근차근 전수받았다. 그 비법을 지난 10년 동안 긍정 심리학 연구로 밝혀진 중요한 사실들과 맞춰보았고, 대체 현실 게임이라는 새로운 장르의 주요 혁신 사항을 밝혔다. 또한 초거대 규모로 협업하며 더 큰 현실 문제를 해결하는 방법이 게임 디자인을 통해 어떻게 새로워지는지 살펴봤다.

우리는 게임이 인간 경험을 최적화하는 원리, 협력으로 놀라운 일을 이루게 하는 원리, 오랫동안 몰입을 지속시키는 원리를 철저히 해부했다. 그 결과로 이제 현실을 바로 잡는 방법이 갖춰졌다. 즉, 게임으로 일상의 행복을 키우고, 소중한 사람들과 더 끈끈한 관계를 맺으며, 온 힘을 기울여 더 큰 보람을 느끼고, 새로운 현실 변화 방안을 찾는 14개의 길이 열린 것이다.

좋은 게임은 한마디로 불필요한 장애물이고, 우리는 불필요한 장애물이 있으면 의욕이 샘솟고 호기심과 창의성이 자극받아 능력의 한계에 도전하게 된다(현실 바로잡기 #1: 불필요한 장애물에 맞선다).

게임 플레이는 정서적으로 우울증의 정반대, 구체적으로 말하자면 활발한 활동 증대와 낙관적 유능감의 결합체다(현실 바로잡기 #2: 고도의 긍정적 감정을 활성화한다). 그래서 다른 모든 게 실패했을 때, 다시 말해 분노, 권태, 불안, 고독, 절망, 허무를 느낄 때도 게임을 하면 긍정적 기분이 생긴다.

게임 디자이너는 명확한 목표, 행동 절차, 생생한 결과로 우리가 행복한 생산성에 이르게 한다(현실 바로잡기 #3: 더 만족스러운 일을 한다). 게임을 하면 실패가 재미있어지고 진정으로 달성 가능한 목표에 시간과 노력을 들이게 된다(현실 바로잡기 #4: 성공에 대한 더 큰 희망을 찾는다). 또한 사회적 체력이 길러지고 상대에게 호감을 사는 행동을 하게 되며(현실 바로잡기 #5: 사회적 연결성을 증진한다), 땀 흘린 노력이 훨씬 큰 맥락에 들어감으로써 진정한 의미를 느낀다(현실 바로잡기 #6: 장대한 규모에 몰입한다).

현실에서 삶의 질을 향상하는 방법을 더 알고 싶다면 게임업계에서 지속적으로 혜안을 찾아야 한다. 게임업계는 예나 지금이나 확실하고 효율적으로 최상의 인간 행복을 발전시키는 길을 연구하는 데 독보적이고 앞으로도 그럴 것이다.

어떻게 대체 현실 게임으로 비행, 공교육, 건강 관리, 집안일, 운동, 사회생활 등 모든 영역에서 현실 경험이 재창조되는지도 살펴봤다.

대체 현실 게임을 하면 현실을 도피하기는커녕 오히려 더욱 즐기게 된다(현실 바로잡기 #7: 할 수만 있으면 언제 어디서든 진심을 다해 참여한다). 점수, 레벨, 업적 때문에 모진 상황을 헤쳐 나갈 의욕이 솟고, 원래 좋아하던 일을 한층 탁월하게 해내려고 더 노력하게 된다(현실 바로잡기 #8: 의미 있는 보상을 위해 더 노력한다). 게임은 커뮤니티의 출발점이 되고, 박물관, 노인 복지관, 붐비는 거리와 같이 다양한 공간에서 서로를 연결해 사회 참여 능력을 키운다(현실 바로잡기 #9: 낯선 사람들과 더욱 즐겁게 지낸다). 더 나아가 대군중 게임은 '날마다 죽음을 생각하라', '춤을 더 많이 추라' 등 행복한 삶에 관한 과학적 권고를 한결 수월하게 받아들이게 한다(현실 바로잡기 #10: 새로운 행복 핵을 만들고 받아들인다).

이 같은 초기 대체 현실 게임이 아직은 해결하고자 하는 문제의 완벽한 해법이나 범용성 있는 해결책이 아닐 수도 있다. 하지만 지금 이 순간 가능해지고 있는 일들을 생생히 보여주는 증거이기는 하다. 그리고 세계의 주요 조직과 전도유망한 신생 기업이 하나둘씩 조심스레 대체 현실 게임의 물길에 발을 담그는 추세로, 이 실험적 디자인 영역은 갈수록 기술 혁신과 사회 혁신의 샘으로서 그 중요성이 커질 전망이다.

끝으로 우리는 초대형 게임이 우리에게 가장 중요한 공동 활동의 참여 대역폭을 확장함으로써 현실 세계를 구하는 데 일조한다는 점을 살펴봤다.

크라우드소싱 게임은 플레이어 수만 명이 대가 없이 암과 정치 스캔들 등 현실 문제에 맞서게 한다(현실 바로잡기 #11: 지속 가능한 열중 경제에 기여한다). 사회 참여 게임은 현실의 자원 활동을 온라인 게임 퀘스트처럼 마치 스스로가 영웅이 된 것처럼 만족스러우며 또 쉽게 이룰 수 있는 일로 전환해서 플레이어가 실제 타인의 생명을 구하고 그들의 소망을 들어줄 수 있도록 돕는다(현실 바로잡기 #12: 장대한 승리를 더 많이 찾는다).

젊은이들이 컴퓨터·비디오 게임을 플레이하는 시간이 날로 늘어나는 추세로, 지금은 스물한 살이 될 때까지 평균 1만 시간이 들어간다. 그런데 1만 시간이란 모든 게임에서 공통으로 길러지는 한 가지 능력을 비범한 수준으로 끌어올리는 데 딱 알맞은 시간이다. 바로 합력하고 합의하여 새로운 것을 합작하는 능력이다(현실 바로잡기 #13: 1만 시간 협업한다).

예측 게임은 평범한 사람이 긴 안목으로 보고, 생태계적 관점에서 생각하며, 전 지구적 차원의 문제 해결에 쓸 수많은 전략을 예비 실험하게 함으로써 '희망찬 초능력자'로 변신하게 한다(현실 바로잡기 #14: 대규모 멀티플레이 예측 능력을 기른다).

초대형 게임은 협업의 미래다. 간단히 말하자면 우리 시대의 복잡다단한 문제를 해결하는 데 가장 믿고 의지할 만한 수단이다. 그 덕분에 역사상 어느 때보다 많은 사람이 진정 의미 있는 일을 하고 전 세계 변화에 직접 참여할 기회를 누리고 있다.

우리는 이렇게 14가지 방법을 마련하는 과정에서 쟁쟁한 게임들과 비교했을 때 현실이 망가졌다고 볼 수 있는 이유 14가지도 함께 밝혔다. 현실은 너무 쉽다. 우울하다. 비생산적이고 절망적이다. 서로가 분리되어 있고 보잘것없다. 몰입이 잘 안 된다. 의미도 보상도 없고 고독하다. 견디기 어렵다. 지속 불가능하다. 시시하다. 지리멸렬하다. 현재에 묶여 있다.

다 맞는 말이다. 그러나 이렇게 망가졌다고 한들 적어도 한 가지 중대한 면에서 현실은 분명히 게임보다 낫다. 바로 현실은 우리의 숙명이란 점이다.

우리는 본능적으로 현실을 아낀다. 그 태도가 신체의 모든 세포, 두뇌의 모든 뉴런에 각인돼 있다. 우리는 500만 년 동안 유전자가 적응에 적응을 거듭하며 자연환경에서 살아남고 현실의 물리적 세계에서 번영하고자 노력한 결과다.[2] 그렇기에 우리 삶에서 가장 절박한 미션, 지구 위에 사는 모든 사람의 미션은 깨어 있는 순간마다 열과 성을 다해 현실에 열중하는 것이다.

게임을 플레이하지 말라는 뜻이 아니다. 게임을 오로지 현실 도피용 오락으로만 여기는 행태를 버리라는 말이다. 현실 도피용 오락이 아니라면 무엇인가? 고대 리디아인과 똑같은 눈으로 게임을 봐야 한다. 다시 한번 헤로도토스가 기록한 흥미로운 역사 이야기로 돌아가자. 고대 리디아인이 주사위놀이를 만든 이유는 18년 동안 하루는 주사위놀이를 하고 하루는 배를 채우는 식으로 모두 단결해 기근을 이겨내기 위해서였다.

오늘날 게임을 플레이하는 이유와 방식을 보면 우리와 리디아인이 공통으로 중요시하는 세 가지 핵심 가치가 드러난다. 굶주림에 시달리는 리디아인에게 게임은 실제 삶의 질을 향상하는 수단이었다. 고난 중에도 실제의 긍정적인 감정, 실제의 긍정적인 경험, 실제의 사회적 연결감을 일으키는 것이 게임의 1차 기능이었다.

이는 오늘날 우리에게도 역시 1차 기능이다. 게임은 우리의 현실 생활을 다른 어떤 수단보다 훌륭하게 향상한다. 권태, 불안, 고독, 우울에 면역력을 가진 사람은 아무도 없다. 게임은 이러한 문제를 신속하게, 적은 비용으로, 또 극적으로 해결한다.

삶이란 어려운 것이나 게임을 활용하면 한결 나아진다.

대집단을 조직하는 일도 어렵지만 게임을 활용하면 한결 수월해진다. 주사위놀이로 리디아인은 새로운 수칙이 생겼는데 이는 간단했다. 하루는 놀고 하루는 먹기. 그러나 헤로도토스의 짐작대로라면 이 간단한 수칙에 힘입어 리디아인은 온 왕국에서 합의에 따라 부족한 자원을 활용하고 모두 합력해 무려 18년 동안 기근을 버텨냈다. 날마다 게임을 하는 풍습이 뿌리내렸기에 온 왕국이 단결해 그토록 오랜 세월 분투할 수 있었다.

이와 마찬가지로 우리도 점점 더 게임을 활용해 더 나은 수칙을 마련하고 협력 범위를 넓혀가는 추세다. 게임만큼 공동 기반을 다지고 집단의 관심을 집중시키며 장기적 노력을 이끌어내는 데 효과적인 수단이 없다는 사실을 갈수록 많은 사람이 알아가고 있다.

게임은 시민의 사회 참여에 새로운 기틀을 마련하는 수단이며 공동 노력의 발판이다. 우리는 이 같은 노력을 토대로 하여 세계 어디서든, 어느 커뮤니티에서든 원하는 변화를 만들어나갈 수 있다.

게임은 우리가 힘을 모아 훨씬 더 많은 업적을 달성하도록 돕는다.

끝으로 리디아인들이 깨달았다시피 게임은 드물거나 한정된 자원에 의존하지 않는다. 게임은 자원이 아무리 제한돼 있어도 언제까지고 플레이할 수 있다. 더군다나 게임을 하면 자원 소비량이 줄어든다.

어쩌면 이는 우리가 헤로도토스의 이야기에서 너무 쉽게 지나치는 교훈일지 모른다. 고대 리디아인에게 게임은 더욱 지속 가능한 생활양식을 채택하고 지탱하는 수단이었다. 이전만큼 천연자원을 소비할 수 없는 상황에서 새로운 게임 덕분에 더욱 지속 가능한 습관을 들일 수 있었다.

이제 우리도 그 같은 가능성에 막 눈을 뜨기 시작했다. 물질적 부가 진정한 행복의 근원인가 하는 의문이 일기 시작한 것이다. 지칠 줄 모르고 더 많은 것을 욕망하면서 지구를, 그리고 서로를 고갈시키는 습성을 벗어날 방법을 물색하기 시작했다. 경험, 관계, 긍정적 감정이라는 부를 늘리는 길에 들어섰다.

게임에서 얻는 진정한 보상, 완전히 재생 가능한 보상에 주의를 기울일수록 우리는 게임이 지속 가능한 생활양식임을 또렷이 알게 된다.

이렇게 우리와 고대 리디아인은 게임에 관한 불변의 진리 세 가지에 동의한다. 첫째, 게임은 실제 삶의 질을 향상하는 데 중요한 역할을 한다. 둘째, 게임은 초거대 규모의 사회적 협력과 시민 참여를 지원한다. 셋째, 게임은 우리가 더 지속 가능한 삶을 살고 더 강인한 종으로 발전하게 한다.

그러나 어떤 게임을 즐기느냐를 보면 우리와 고대 리디아인 사이에 중대한 차이점이 있다. 리디아인의 주사위놀이는 여러모로 도움이 되긴 했지만 헤로도토스의 이야기대로라면 기근이라는 문제 자체를 해결하지는 못했다. 주사위놀이로 개인의 고통이라는 문제는 다소 해결됐다. 사회의 혼란이라는 문제도 해결됐다. 어떻게 하면 부족한 자원의 소비를 줄이는가 하는 문제 역시 해결됐다. 그러나 식량 공급 붕괴라는 문제는 해결되지 않았다. 쟁쟁한 지성인들이 힘을 모아 새로운 식량 공급 방안을 시험하고 개발하는 일은 없었다.

오늘날 게임은 이 네 번째 핵심 기능을 똑바로 수행할 수 있을 만큼 진화했다. 많은 게임이 우리의 관심을 실제적이고 긴급한 당면 문제로 인도하는 콘텐츠(기능성 콘텐츠)를 지니고 있다. 과학, 사회, 경제, 환경 등 현실의 문제가 게임으로 포장된다. 그리고 게임을 통해 우리 앞에 놓인 급박한 과제에 새로운 해법이 탄생한다.

고대 리디아인은 주사위놀이만 했다. 그러나 오늘날 우리는 훨씬 강력한 게임을 개발하고 있다. 바로 '세계 변화' 게임이다. 우리는 이로써 현실에서 협동을 이끌어내서 문제를 해결하고자 한다.

그래서 고대 리디아인은 어떻게 되었을까? 헤로도토스의 말을 믿는다면 이야기는 뜻밖의 행복한 결말로 마무리된다. 헤로도토스의 기록대로라면 리디아인은 주사위놀이로 18년을 버텼으나 여전히 기근의 끝이 보이지 않았다. 마침내 비참한 현실을 외면하고 기근이 지나가기만 바라서는 살아남을 수 없음을 깨달았다. 직접 장애물에 맞서야 했다. 그래서 다 함께 최후의 게임을 하기로 결정했다. 왕국의 인구를 둘로 나눠 리디아에 남을 쪽과 더 기름진 땅을 찾아 떠날 쪽을 정했다.

이 최후의 게임으로 리디아인은 뜻밖에도 기근이 속 시원히 해결되는 장대한 승리를 거뒀다. 인구가 절반으로 줄어드니 식량 공급이 훨씬 원활해졌고 다른 역사책에도 기록됐다시피 이후 몇 세기 동안 왕국은 생존을 넘어 번영을 누렸다. 한편, 헤로도토스의 기록을 보면 새 보금자리를 찾아 떠난 리디아인들은 현재의 이탈리아 토스카나 지방에 안착해 눈부신 에트루리아 문화를 만들어냈다.

알다시피 에트루리아인은 로마 문화에 가장 큰 영향을 끼친 사람들이다. 에트루리아인의 손에서 도시 계획과 토목 공학이라는 위대한 기술이 빚어졌고, 에트루리아인이 땀 흘려 예술, 농업, 정치체제를 발전시킨 덕에 세계를 변화시킨 로마 제국의 기틀이 마련되었다. 서양 문명이 에트루리아인에게 큰 빚을 지고 있다는 것이 역사학계의 중론이다.

그러나 리디아인의 게임 플레이가 정말로 인간 문명의 발달에 그토록 지대한 영향을 끼쳤을까? 토스카나 지방의 역사를 보는 관점은 여럿이지만 지난 몇 세기 동안 하나같이 에트루리아인을 이주민이 아닌 토착민으로 자랑스레 소개해왔다. 그런데 헤로도토스가 남긴 많은 역사 기록이 그렇듯이 이 에트루리아인의 기원에 관한 설명도 의심의 눈길을 피하지 못했다. 많은 역사학자들이 굶주린 배를 움켜쥐며 게임을 하는 리디아인 이야기는 허무맹랑한 신화나 전설일 뿐이라고, 설혹 사실에서 영감을 받았을지는 몰라도 사실 그 자체는 아니라고 일축했다.

하지만 최근 과학 연구로 헤로도토스가 말한 기근과 최후의 대이

주 두 가지 모두에 관한 핵심 사항이 비로소 확증되는 듯하다. 현재 지질학자들은 기원전 1159~1140년에 참혹한 지구 냉각화가 일어났다고 본다. 19년이란 기간은 나이테 연대 측정법에서 나왔다.[3] 나이테는 나무가 자라면서 생기는 층으로, 가뭄과 기근 때는 예년보다 훨씬 폭이 좁아진다. 지질학자들은 나무 화석의 나이테를 조사해 기원전 12세기에 지구 냉각화로 주로 유럽과 아시아에서 약 20년 동안 심각한 가뭄과 기근이 있었다고 결론 내렸다. 요즘 역사학자들은 이 지구 냉각화로 헤로도토스가 설명한 리디아의 18년 기근이 빚어졌을 수도 있다고 본다.

한편, 2007년에 알베르토 피아차Alberto Piazza 토리노 대학교 유전학 교수를 필두로 한 연구진이 인간 유전학에 한 획을 긋는 발견을 했다. 연구진은 에트루리아인의 직계 후손으로 알려진 토스카나 주민 중 3개 지역 거주자를 대상으로 DNA를 분석했다. 그 결과, 에트루리아인의 DNA가 다른 이탈리아 지방이 아닌 근동 지방 사람과 밀접한 관련이 있고, 결정적으로 옛 리디아인이 살았던 현재 터키 지방 사람에게서만 나타나는 유전자 변이가 똑같이 나타난다고 밝혀졌다. 당시 피아차는 "이번 연구로 헤로도토스의 말처럼 에트루리아인이 고대 리디아에서 온 이주민임을 보여주는 설득력 있는 증거가 드러났다"고 말했다.[4]

현대 과학으로 헤로도토스 이야기의 두 가지 핵심 사항이 입증되면서 고대 리디아인의 전설은 새로운 국면을 맞았다. 힘을 모아 좋은 게임을 플레이한 리디아인에게 서양 문명이 큰 빚을 지고 있다는 놀라운 주장에 커다란 개연성이 더해진 것이다.

리디아인은 주사위놀이로 어려운 시기에 행복만 키운 게 아니다. 사회 전체가 진심으로 단결해서 공동의 합의된 목표를 향해 나아가는 법도 배웠다. 눈앞이 캄캄한 상황에서도 낙관적 태도를 잃지 않는 훈련도 했다. 기름진 사회적 토양도 개척했으며 자신이 더 큰 것의 일부임도 항상 마음에 새겼다. 고대 리디아인은 바로 이 훌륭한 게임 능력과 기술로 모진 기후 변화를 이겨내고 문명을 재창조했다.

그 옛날 그들이 했다면 오늘날 우리도 할 수 있다. 우리는 벌써 30여 년째 함께 컴퓨터 게임을 즐기고 있다. 그러니 좋은 게임으로 몸을 풀기도 이미 18년 치를 훌쩍 넘어섰다. 우리는 협업 초능력이 있다. 교류 기술과 국제 통신 네트워크도 갖췄다. 인간 자원도 현재 게이머가 5억여 명이고 계속 늘어나고 있다. 고대 리디아인이 좋은 게임 능력과 기술을 발휘해 세상을 재창조한 지 3,000년도 더 지난 지금, 우리도 똑같은 위업을 달성할 준비를 모두 마쳤다.

인류의 다음번 장대한 승리를 향해 나아갈 준비가 완료된 것이다.

더는 게임이 현실의 삶, 일과 동떨어졌다고 봐선 안 된다. 그 같은 생각은 현실에 유익을 주는 게임의 잠재력을 훼손할 뿐만 아니라 크나큰 착각이다.

게임은 우리가 현실을 외면하도록 내버려두지 않고 오히려 긍정적 감정, 긍정적 활동, 긍정적 경험, 긍정적 강점으로 현실을 충만하게 한다. 게임은 인간 문명을 몰락으로 이끄는 것이 아니라 재창조로 인도한다.

지금, 그리고 21세기 내내 우리의 최대 과제는 게임을 일상생활에 더 깊숙이 받아들이고 협업 플랫폼으로 삼아 전 지구적 차원의 중대한 활동에 매진하는 것이다.

현실에서 게임에 힘입어 진정한 행복과 변화를 향해 부지런히 나아간다면 더 나은 미래 창조란 그저 희망 사항에 그치는 것이 아니라 얼마든지 실현 가능한 일이 된다. 우리가 함께하는 경이로운 미래가 그려지는가?

감 사 의 말

다음과 같은 분들에게서 영감, 협력, 조언, 지원을 받지 못했다면 이 책은 나오지 못했을 것이다. 진심으로 감사드린다.

나보다 먼저 이 책의 전망을 보고 내가 글을 쓰도록 설득했으며 무엇보다도 처음 만난 날부터 눈가리개를 쓰고 열심히 미로를 달린 거너트 출판 에이전시 Gernert Company의 크리스 패리스램 Chris Parris-Lamb. 용기 +50

펭귄 출판사 Penguin Press와 조너던 케이프 출판사 Jonathan Cape의 유능한 편집자로서 격려를 아끼지 않고, 이 책의 요점을 파악해 편집의 묘로 내 생각을 명쾌하게 다듬어준(그리고 최종 원고에서 '굉장해요!'란 탄성이 100번쯤 나오게 한) 로라 스티크니 Laura Stickney와 알렉스 보울러 Alex Bowler. 장대한 안내 +50

게임으로 더 좋은 사람이 될 수 있고 세상을 바꿀 수 있다는 생각을 진지하게 받아들이고 이 프로젝트에 훌륭한 솜씨와 재능을 쏟은 펭귄 출판사, 조너던 케이프 출판사, 거너트 출판 에이전시의 모든 사람들. 팀워크 +100

미래 연구소의 명석한 동료로서 언제나 이후 10년에 초점을 맞추고 멘토로서 내게 미래를 생각하는 방법을 가르쳐준 머리너 고비스 Marina Gorbis, 진 헤이건 Jean Hagan, 카티 비언. 선견지명 +100

게임의 힘에 관한 이야기를 잘 다듬을 수 있도록 도와주고 그 이야기를 전 세계의 굉장한 커뮤니티와 조직에 전할 기회를 마련해준 리 강연 에이전시^{Leigh} Bureau의 모든 사람들. 격려 +50

나를 연사로 초청해 강연을 하면서 이 책의 영감을 얻게 해준, SXSW의 휴 포레스트^{Hugh Forrest}, 게임 개발자 콘퍼런스 '고함' 세션의 에릭 지머먼^{Eric Zimmerman}, IGDA 교육 회담^{IGDA Education Summit}의 수전 골드^{Susan Gold}, TED의 준 코언^{June Cohen}, 켈리 스토첼^{Kelly Stoetzel}, 크리스 앤더슨^{Chris Anderson}. 그리고 부푼 꿈을 안은 게임 개발자들이 기운찬 첫걸음을 내디딜 수 있게 해주는 게임 개발자 콘퍼런스의 관계자들. 인생 변경자 +20

역작으로 이 책에 영감과 정보를 준 위대한 게임 디자이너와 게임 연구자들, 특히 가장 큰 영향을 끼친 에드워드 캐스트로노버, 캐서린 이즈비스터^{Katherine Isbister}, 라프 코스터, 프랭크 랜츠^{Frank Lantz}, 니콜 라자로, 케이티 세일런. 큰 생각 +20

소중한 연구 결과로 우리가 왜 그토록 게임을 좋아하는지 이해할 수 있게 도와주고 게임 디자인에 원동력을 제공해준 긍정 심리학자들, 특히 미하일 칙센트미하일, 대커 켈트너, 소냐 류보머스키, 마틴 셀리그만. 안녕 +25, 행복 +25, 생활 만족 +25, 몰입 +25

기술을 전수해준 훌륭한 게임 개발자와 창조자들, 특히 에일런 리^{Elan Lee}, 숀 스튜어트^{Sean Stewart}, 짐 스튜어트슨^{Jim Stewartson}, 이언 프레이저^{Ian Fraser}, 피니건 켈리^{Finnegan Kelly}. 천재적 창조성 +100

다른 게이머들이 가본 적 없는 미지의 영역에 씩씩하게 발을 디딘 「이보크」, 「잃어버린 고리」, 「슈퍼스트럭트」, 「크립토주CryptoZoo」, 「석유 없는 세상」, 「톱 시크릿 댄스 오프」, 「톰스톤 홀덤」의 플레이어들. 게임성 +50

가장 가까이에서 힘을 보태준 프로젝트 협업자들. 「이보크」의 키야시 몬세프, 로버트 호킨즈, 네이선 버릴Nathan Verrill. 「슈퍼스트럭트」의 저메이 카시오와 카티 비언. 「석유 없는 세상」의 켄 에클런드와 캐시 피셔Cathy Fischer. 「바운스」 의 그렉 니에마이어Greg Niemeyer와 켄 골드버그Ken Goldberg. 「크루얼 투 비 카인드」의 이언 보고스트. 「잃어버린 고리」의 줄리 채닝Julie Channing, 에드윈 빌로Edwin Veelo, 토리어 에머리Toria Emery, 그리고 세계 곳곳의 인형술사(게임 등장인물 역할을 맡아 연기한 사람)들. 「톰스톤 홀덤」의 에일런 리. 슈퍼히어로 협업 +100

내 글쓰기를 격려하고 항상 성심성의껏 게임에 참여해준 마이크 몬세프Mike Monsef와 폴러 몬세프Paula Monsef. 육성 +200

내가 5학년 때 우리 자매에게 코머도어 64Commodore 64 컴퓨터를 사주셔서 「뱅크 스트리트 라이터Bank Street Writer」 워드프로세서로 작문 연습을 하고 「베이직」으로 게임 프로그래밍을 배울 수 있게 해주신 부모님 케빈과 주디. 사랑 +500

이 책을 쓰는 동안 물심양면으로 지원해주고, 10년도 더 전에 (순간 번뜩이는 통찰로) 내 어릴 적 재능과 강점을 고려해 내게 게임 디자인과 대중강연을 결 합한 직업을 만들라고, 당시에는 말도 안 되는 소리 같았으나 결국엔 옳다고 판명된 조언을 한 쌍둥이 동생 켈리. 자애로운 의지력 +1000

무엇보다 내 인생에서 가장 장대한 승리이며 내가 살 만한 삶을 사는 데 이보다 더 좋은 동반자가 있을까 싶은 남편 키야시. "있잖아, 여보, 내가 지금까지 배운 걸 딱 한 가지만 꼽자면 그래. 길 끝에서 무슨 일이 일어날지는 전혀 알수 없으니까 기왕이면 즐겁게 여행하자!" 호기심 +1000, 경탄 +1000, 의미 +5000

부록

플레이 방법

이 목록은 독자가 이 책에 나오는 게임을 더 자세히 알고 직접 플레이할 수 있도록 돕고자 작성됐다. 이미 세계 변화 게임을 제작하고 플레이하고 있는 사람들의 커뮤니티에 적극적으로 가담하고 싶다면 이 자료에서 출발점을 찾을 수 있을 것이다.

더 많은 정보를 찾는 방법

더 많은 사례연구를 보고 새로 나왔거나 앞으로 나올 대체 현실 게임, 예측 게임, 행복 핵, 군중 게임, 협업소에 관해 알고 싶다면 이 책의 웹사이트 www.realityisbroken.org를 방문하기 바란다.

참여할 수 있는 곳

생활 개선, 현실 문제 해결, 세계 변화 등 긍정적 영향을 끼칠 목적으로 디자인된 게임을 제작하는 데 도움을 주거나 플레이 테스트, 후원, 의뢰하고 싶다면 소셜 네트워크 '게임풀Gameful(www.gameful.org)'에 가입하라. 그 밖에 비슷한 취지의 조직으로 '변화를 위한 게임Games for Change(www.gamesforchange.org)', '오락 이상의 게임Games Beyond Entertainment(www.gamesbeyondentertainment.com)', 연례 학회 '게임, 학습, 사회 콘퍼런스Games, Learning, and Society Conference(www.glsconference.org)'가 있다.

플레이할 수 있는 게임

이 책에 소개된 대체 현실과 세계 변화 게임 대부분이 온라인이나 휴대전화로 자유롭게 플레이할 수 있다. 그 밖에 더이상 플레이할 수 없게 된 게임은 누구나 볼 수 있도록 온라인에 갈무리돼 있다. 관련 정보를 얻거나 직접 게임을 플레이하는 데 가장 좋은 온라인 자원을 아래에 소개한다. 이 책에 소개된 게임 중 많은 수가 출간 시점에도 여전히 베타나 프로토타입 상태이므로 언제든 플레이가 불가능해질 수 있다. 기존 게임의 플레이 가능 여부와 신작 게임 정보는 이 책의 웹사이트 www.realityisbroken.org에서 확인할 수 있다.

게임은 알파벳순으로 배열하고 설명 맨 앞에 본문에서 소개된 장을 표기했다.

「바운스 Bounce」

(제9장) UC버클리 뉴미디어센터에서 아이린 치엔Irene Chien, 켄 골드버그, 제인 맥고니걸, 그렉 니에마이어, 제프 탕Jeff Tang이 개발한 세대 간 대화 게임. 베타 버전(영어·스페인어). http://heidegger.ieor.berkeley.edu/bounce/

「허드렛일 전쟁 Chore Wars」

(제7장) 케번 데이비스가 개발한 허드렛일 관리 게임. 베타 버전. www.chorewars.com

「컴 아웃 앤 플레이 Come Out & Play Festival」

(제9장) 새로운 모바일, 소셜 게임을 소개하는 연례 거리 축제. www.comeoutandplay.org에서 일정을 확인할 수 있다.

「낯선 사람의 편안함 The Comfote of Strangers」

(제9장) 거리에서 즐길 수 있도록 사이먼 에번즈와 사이먼 존슨이 개발한 소

셜 게임. http://swarmtoolkit.net에서 플레이 방법을, http://vimeo.com/1204230에서 짧은 다큐멘터리를 볼 수 있다.

「크루얼 투 비 카인드 Cruel 2 B Kind」
(제10장) 제인 맥고니걸과 이언 보고스트가 개발한 선의의 암살 게임. www.cruelgame.com에서 짧은 다큐멘터리를 보고 직접 게임을 주최하는 데 필요한 자료를 내려받을 수 있다.

「데이 인 더 클라우드 Day In The Cloud」
(제8장) 구글 앱스와 버진 아메리카가 개발한 기내 게임. 비행기 안이 아니더라도 어디서나 인터넷 저장 버전을 플레이할 수 있다. www.dayinthecloud.com

「이보크 Evoke」
(제14장) 세계은행 연수원과 네이트론 백스터 실용 게이밍 Natron Baxter Applied Gaming의 지원을 받아 제인 맥고니걸과 키야시 몬세프가 개발한 사회적 혁신 게임. www.urgentevoke.com에서 네트워크에 합류할 수 있다.

「비범한 사람들 The Extraordinaries」 (현재 「스파크트 Sparked」)
(제12장) 제이콥 코커 Jacob Colker와 벤 릭비 Ben Rigby가 개발한 작은 자원봉사 게임. www.sparked.com에서 게임에 합류하거나 자기만의 비영리 미션을 디자인할 수 있다. 더 자세한 정보는 http://blog.sparked.com 참고.

「폴딧 fold It!」
(제11장) 워싱턴 대학교 컴퓨터공학과와 생화학과의 합작품. 단백질 접기 퍼

즐을 풀어 과학 발전에 기여할 수 있다. http://fold.it/portal

「포스퀘어 Foursquare」

(제8장) 사회 생활 관리 게임. www.foursquare.com에서 가입하거나 스마트폰의 앱 스토어나 마켓에서 앱을 내려받을 수 있다.

「프리 라이스 Free Rice」

(제11장) UN 세계식량계획에서 운영하는 비영리 웹사이트. 게임 플레이로 기아 근절에 힘을 보탤 수 있다. http://freerice.com

「유령이 나타났다 Ghosts of A Chance」

(제9장) 스미소니언 박물관의 실험적 게임. http://ghostsofachance.com에서 저장된 자료를 보고, 실제 박물관에서 플레이하는 90분 버전에 등록할 수 있다.

「현장 요원 Groundcrew」

(제12장) http://groundcrew.us에서 사회 문제에 맞설 요원 조직을 만들 수 있고, http://citizenlogistics.com에서 그 플랫폼을 제공하는 회사와 그 설립자 조 에덜먼에 관해 알 수 있다.

「하이드 앤 식 페스티벌 Hide & Seek Festival And Sandpit」

(제9장) www.hideandseekfest.co.uk에 들어가면 영국에서 만들어지고 공개 플레이 테스트되는 새로운 휴대전화용 사회 몰입 프로젝트와 게임을 확인할 수 있다.

「의원 세비 조사단 Investigate Your MP's Expenses」

(제11장) http://mps-expenses.guardian.co.uk에서 크라우드소싱 도구로 게임을 플레이하고《가디언》의 영국 국회의원 세비 조사 현황을 볼 수 있다.

「젯셋 Jetset」

(제8장) 퍼쉐이시브 게임즈가 개발한 공항 게임. www.persuasivegames.com/games/game.aspx?game=jetset에서 스크린샷을 보고 아이폰용 게임을 내려받을 수 있다.

「잃어버린 줄 Lost Joules」

(제12장) 어댑티브 미터 Adaptive Meter가 운영하는 스마트 미터 게임 프로젝트. http://lostjoules.com에서 더 자세히 알 수 있다.

「잃어버린 고리 The Lost Ring」

(제13장) 맥도날드, AKQA, 제인 맥고니걸, 국제올림픽위원회가 손잡고 제작한 게임. http://olympics.wikibruce.com/Home에서 플레이어들이 제작한 위키를, http://work.akqa.com/thelostring에서 멀티미디어로 된 사례 연구를 볼 수 있다.

「나이키 플러스 Nike+」

(제8장) 달리기 게임. www.nikeplus.com에서 모든 챌린지를 보고 게임에 등록할 수 있다. 플레이하려면 나이키 플러스 센서와 아이폰이나 아이팟이 필요하다.

「플러스원 미 Plusoneme」

(제8장) 클레이 존슨이 제작한 게임. 다른 사람에게 영감 +1, 친절 +1, 유머 +1 등 각종 긍정적 강점의 +1을 보낼 수 있다. http://plusoneme.com

「퀘스트 투 런 Quest To Learn」

(7장) 놀이 연구소 Institute of Play가 만든 세계 최초 게임형 공립학교. http://q2l.org에서 교육 과정과 과제의 견본을 내려받을 수 있다.

「스포어 생명체 창조기 Spore Creature Creator」

(제13장) 맥시스·일렉트로닉 아츠의 www.spore.com에서 무료로 자기만의 「스포어」 생명체를 만들어 「스포어」 은하계에 기여할 수 있다.

「슈퍼베터 Superbetter」

(제7장) 심신 회복 게임. www.superbetter.org에서 규칙을 익히거나 친구나 가족에게 전할 수 있다.

「슈퍼스트럭트 Superstruct」

(제14장) 미래 연구소가 제작한 미래 예측 게임. www.superstructgame.org 에서 갈무리 자료를 볼 수 있다. 게임에 관해 더 자세히 알거나 게임 결과를 내려받고 싶으면 슈퍼스트럭트 블로그 보관소 http://iftf.org/search/node/superstruct에 접속하기 바란다.

「툼스톤 홀덤 Tombstone Hold'em」

(제10장) 42 엔터테인먼트에서 제인 맥고니걸이 개발한 공동묘지 포커 게임. http://www.flickr.com/photos/reality/64179804/sizes/l/in/photostream/

에서 규칙을 볼 수 있다.

「톱 시크릿 댄스 오프 Top Secret Dance-Off」
(제10장) 제인 맥고니걸이 개발한 댄스 어드벤처 게임. http://topsecret.ning.
com에서 최초 프로토타입을 볼 수 있다. 차기 버전은 www.realityisbroken.
org를 통해 발표할 예정이다.

「석유 없는 세상 World Without Oil」
(제14장) 라이터 가이 Writer Guy가 기획하고 독립 텔레비전 서비스가 제공하는
석유 위기 시뮬레이션. http://worldwithoutoil.org에서 주별 플레이 자료를
보거나 교사용 수업 계획서를 내려받을 수 있다.

주

프롤로그

1. Castronova, Edward. *Exodus to the Virtual World* (New York: Palgrave Macmillan, 2007), xiv-xvii. 이 요약문은 저자의 허락을 받아 서문에서 발췌했다.

2. "China Bars Use of Virtual Money for Trading in Real Goods." 중국 상무부 보도 자료, 2009년 6월 29일. http://english.mofcom.gov.cn/aarticle/newsrelease/commonne ws/200906/20090606364208.html.

3. "Newzoo Games Market Report: Consumer Spending in US, UK, GER, FR, NL, & BE." Newzoo, Amsterdam, 2010년 5월. http://corporate.newzoo.com/press/GamesMarket Report_FREE_030510.pdf; "Games Segmentation 2008 Market Research Report." The NPD Group, 2010년 5월. http://www.npd.com/press/releases/press_100527b.html.

4. 지역별 통계는 지난 3년 동안 발표된 업계 보고서와 시장조사 연구서에서 발췌했으며 그 목록은 다음과 같다. "An Analysis of Europe's 100 Million Active Gamers." Strategy Analytics, 2008년 9월. http://www.strategyanalytics.com/reports/ix7hx8in7j/single. htm; "IA9 Interactive Australia 2009." Bond University for Interactive Games & Entertainment Association의 전국 조사, 2009년 8월. www.igea.net/wp-content/ uploads/2009/08/IA9-Interactive-Australia-2009-Full-Report.pdf; "Online Games Market in Korea." Pearl Research, 2009년 7월. http://www.researchandmarkets.com/ reportinfo.asp?report_id=1208384; "Games Market Summary: Russia." Piers Harding- Rolls for Games Intelligence/Screen Digest , 2010년 6월. http://www.screendigest. com/intelligence/games/russia/games_intel_russia_100/view.html?start_ser=gi&start_ toc=1; "Emerging Markets for Video Games." Chris Stanton-Jones for Games Intelligence/Screen Digest, 2010년 3월. http://www.screendigest.com/ reports/10_03_18_emerging_markets_video_games/10_03_18_emerging_markets_ video_games/view.html; "Online Games Market in Vietnam." Pearl Research, 2008년

496

11월. http://www.mindbranch.com/Online-Games-Vietnam-R740-14/; "Study: Vietnam, India Gaming Population To Hit 25 Million By 2014." Pearl Research, 2010년 3월. http://www.gamasutra.com/view/news/27525/Study_Vietnam_India_Gaming_Population_To_Hit_25Million_By_2014.php; "Gaming Business in the Middle East." Game Power 7 Research Group, 2010년 2월. http://images.bbgsite.com/news/download/gaming_business_in_the_middle_east_KOGAI_2009.pdf; Menon, Naveen. "Insights on Mobile Gaming in India." Vital Analytics. 2009년 3월. http://www.telecomindiaonline.com/telecom-india-daily-telecom-insights-on-mobile-gaming-in-urban-india.html. "The Global Entertainment & Media Outlook: 2010-2014." PricewaterhouseCoopers, 2010년 6월. http://www.pwc.com/gx/en/global-entertainment-media-outlook. 게임 시장 통계는 항상 변한다. 전 세계적으로 어느 나라든 성장세이므로 지역마다 연구 결과가 발표된 이후로 해마다 수치가 늘어났다고 보면 옳을 것이다.

5. "Major Findings of the 2008 Annual Review & Five-Year Forecast Report on China's Video Game Industry." Niko Partners Research, San Jose, 2008년 5월 2일. www.nikopartners.com/pdf/npr_050208.pdf.

6. "Games Segmentation 2008 Market Research Report." The NPD Group.

7. Dromgoole, Sean. "A View from the Marketplace: Games Now and Going Forward." GameVision Europe Ltd., 2009년 3월. http://www.scribd.com/doc/13714815/Sean-Dromgoole-CEO-Some-Research-Gamevision.

8. 2009년 연간 게임 지출은 미국 253억 달러, 영국 38억 파운드, 독일 37억 유로, 프랑스 36억 유로였다. "Newzoo Games Market Report."

9. Rawlinson, George, 공역, Henry Rawlinson and J. G. Wilkinson. *The History of Herodotus: A New English Version* (New York: D. Appleton, 1861), 182. http://www.archive.org/stream/historyofherodot01herouoft#page/n5/mode/2up.

10. 이 같은 세금이 2006년 텍사스 주, 2008년 뉴멕시코 주에서 이미 제안돼 다음 자료에 보도됐다. "Texas Politician Proposes 100 Percent Game Tax." GameSpot, 2006년 1월 25일. http://www.gamespot.com/news/6143114.html; "New Mexico's Videogame Nanny Tax." CNET News, 2008년 2월 11일. http://news.cnet.com/New-Mexicos-video-game-nanny-tax/2010-1043_3-6229759.html.

11. "Essential Facts About the Game Industry: 2010 Sales, Demographic and Usage Data." Entertainment Software Association, 2010년 6월 16일. http://www.theesa.com/facts/pdfs/ESA_Essential_Facts_2010.PDF.

12. Reinecke, Leonard. "Games at Work: The Recreational Use of Computer Games During Work Hours." *Cyberpsychology, Behavior, and Social Networking* [예전

CyberPsychology & Behavior], 2009년 8월, 12(4): 461-65. DOI: 10.1089/cpb.2009.0010.

13. Fahey, Rob. "It's Inevitable: Soon We Will All Be Gamers." The Times (UK), 2008월 7월 7일. http://www.timesonline.co.uk/tol/comment/columnists/guest_contributors/article4281768.ece.

제1장

1. Suits, *The Grasshopper*, 38. 케이티 세일런과 에릭 지머먼이 처음으로 버너드 슈츠의 저작을 토대로 이 세 가지 특징을 게임의 본질적 요소로 꼽았다. 두 사람 덕분에 나를 비롯해 많은 게임 디자이너와 연구자가 슈츠의 정의에 관심을 기울이게 됐다. Salen, Katie, and Eric Zimmerman. *Rules of Play: Game Design Fundamentals* (Cambridge: MIT Press, 2004).

2. 「테트리스」는 *Electronic Gaming Monthly*, Issue 100 등에서 '역대 최고의 컴퓨터 게임'으로 꼽혔다. J. J. 맥컬러프J. J. McCullough가 각종 최고의 게임 목록들을 모아 훌륭하게 정리한 '인류 역사상 최고의 비디오 게임'을 http://www.filibustercartoons.com/games.htm에서 볼 수 있다.

3. 「테트리스」가 문자 그대로 필패 게임임을 증명한 고수의 논문: Brzustowski, John. "Can You Win at Tetris?" University of British Columbia, Master of Science, Mathematics, 1992. http://www.iam.ubc.ca/theses/Brzustowski/brzustowski.html.

4. Csíkszentmihályi, *Beyond Boredom and Anxiety*, 36.

5. Carse, James P. *Finite and Infinite Games: A Vision of Life as Play and Possibility* (New York: Free Press, 1986), 3.

6. Sutton-Smith, Brian. *Ambiguity of Play* (Cambridge: Harvard University Press, 2001), 198.

7. 이 같은 실시간 데이터 수집으로 연구자는 기존의 조사나 설문보다 훨씬 좋은 데이터를 수집할 수 있다. 바로 그 순간에 행동과 기분을 보고하는 편이 몇 시간이나 며칠이 지나고 나서 그때 무엇을 하고 어떤 기분이었는지 기억하려고 애쓰기보다 훨씬 쉽기 때문이다.

8. Csíkszentmihályi, Mihály. *Flow: The Psychology of Optimal Experience* (New York: Harper Perennial, 1991). 국내 역서: 최인수 역, 『몰입: 미치도록 행복한 나를 만난다』(한울림, 2004). 참고: Csíkszentmihályi, M. "Optimal Experience in Work and Leisure." *Journal of Personality and Social Psychology*, 1989, 56(5): 815-22; Csíkszentmihályi, M., and R. Kubey. "Television and the Rest of Life: A Systematic Comparison of Subjective Experience." *Public Opinion Quarterly*, 1981, 45: 317-28; Kubey, R., R. Larson, and M. Csíkszentmihályi. "Experience Sampling Method Applications to Communication Research Questions." *Journal of Communication*, 1996, 46(2): 99-120.

9. Kash, Thomas 등저, "Dopamine Enhances Fast Excitatory Synaptic Transmission in the Extended Amygdala by a CRF-R1-Dependent Process." *Journal of Neuroscience*, 2008년 12월 17일, 28(51): 13856-65. DOI: 10.1523/JNEUROSCI.4715-08.2008.

10. Gregory, Erik M. "Understanding Video Gaming's Engagement: Flow and Its Application to Interactive Media." *Media Psychology Review*, Issue 1, 2008. http://www.mprcenter.org/mpr/index.php?option=com_content&view=article&id=207&Itemid=163.

11. Yee, Nick. "MMORPG Hours vs. TV Hours." The Daedalus Project: The Psychology of MMORPGS, 2009년 3월 8일, vol. 7-1. http://www.nickyee.com/daedalus/archives/000891.php.

12. Ben-Shahar, Tal. *Happier: Learn the Secrets to Daily Joy and Lasting Fulfillment* (New York: McGraw-Hill, 2007), 77. 국내 역서: 노혜숙 역, 『해피어: 하버드대 행복학 강의』 (위즈덤하우스, 2007)

13. 니콜 라자로가 게임 개발자 콘퍼런스 프레젠테이션에서 이 용어를 게임업계에 소개했다.

14. Hoeft, Fumiko 등저, "Gender Differences in the Mesocorticolimbic System During Computer Game-Play." *Journal of Psychiatric Research*, 2008년 3월, 42(4): 253-8. http://spnl.stanford.edu/publications/pdfs/Hoeft_2008JPsychiatrRes.pdf.

제2장

1. Csíkszentmihályi, *Beyond Boredom and Anxiety*, xiii.
2. Ibid., 37.
3. Ibid., 1, 197.
4. "Study: Women Over 40 Biggest Gamers." CNN, 2004년 2월 11일. http://edition.cnn.com/2004/TECH/fun.games/02/11/video.games.women.reut/index.html.
5. Sutton-Smith, Brian, and Elliot Avedon, eds. *The Study of Games* (New York: Wiley, 1971).
6. Thompson, Clive. "Halo 3: How Microsoft Labs Invented a New Science of Play." *Wired*, 2007년 8월 21일. http://www.wired.com/gaming/virtualworlds/magazine/15-09/ff_halo.
7. Sudnow, David. *Pilgrim in the Microworld* (New York: Warner Books, 1983), 41. 온라인에서 전문 읽기 가능. http://www.sudnow.com/PMW.pdf.
8. Ibid., 35.
9. Ibid., 9.

10. Ibid., 20.

11. 코리 리 M. 키즈는 다음 방송에서 어떤 식으로 몰입이 긍정 심리학의 더 큰 그림에 꼭 들어맞는지를 설명했다. "What Is Positive Psychology?" CNN, 2011년 1월 24일. http://archives.cnn.com/2001/fyi/teachers.tools/01/24/c.keyes/.

12. Hoeft, Fumiko, 등저, "Gender Differences."

13. Thompson, Clive. "Battle with 'Gamer Regret' Never Ceases." *Wired*, 2007년 9월 10일. http://www.wired.com/gaming/virtualworlds/commentary/games/2007/09/gamesfrontiers_0910?currentPage=all.

14. Jenkins, David. "Chinese Online Publishers Sign 'Beijing Accord.'" Gamasutra News, 2005년 8월 24일. http://www.gamasutra.com/php-bin/news_index.php?story=6312.

15. Lyubomirsky, S., K. M. Sheldon, and D. Schkade. "Pursuing Happiness: The Architecture of Sustainable Change." *Review of General Psychology*, 2005, 9: 111-31; Sheldon, K. M., and S. Lyubomirsky. "Is It Possible to Become Happier? (And if So, How?)" *Social and Personality Psychology Compass*, 2007, 1: 1-17.

16. M. H. Apley, 편저, *Adaptation Level Theory: A Symposium* (New York: Academic Press, 1971), 287-302의 Brickman and Campbell, "Hedonic Relativism and Planning the Good Society"에서 최초 설명. 가장 최근에는 Bottan, Nicolas Luis, Pérez Truglia, and Ricardo Nicolás. "Deconstructing the Hedonic Treadmill: Is Happiness Autoregressive?" Social Science Research Network, 2010년 1월에서 검토됨. http://ssrn.com/abstract=1262569.

17. '자기 목적성'은 칙센트미하이가 *Beyond Boredom and Anxiety*, 10에서 최초로 사용했다.

18. Lyubomirsky, Sonja. *The How of Happiness: A Scientific Approach to Getting the Life You Want* (New York: Penguin Press, 2008), 64. 국내 역서: 오혜경 역, 『How to be happey: 행복도 연습이 필요하다』 (지식노마드, 2007).

19 Nelson, Debra L., and Bret L. Simmons. "Eustress: An Elusive Construct, and Engaging Pursuit." Research in Occupational Stress and Well-being, 2003, 3: 265-322.

20. 나는 크리스토퍼 베이트먼의 다음 글에서 피에로에 관한 신경화학적 기초 지식을 깨쳤다. "Top Ten Videogame Emotions," Only a Game, 2008년 4월 9일. http://onlyagame.typepad.com/only_a_game/2008/04/top-ten-videoga.html.

21. Berns, G. S. "Something Funny Happened to Reward." *Trends in Cognitive Sciences*, 2004, 8(5): 193-94. DOI: 10.1016/j.tics.2004.03.007.

22. Keltner, Dacher. *Born to Be Good: The Science of a Meaningful Life* (New York: Norton, 2009), 219-20. 국내 역서: 하윤숙 역, 『선의 탄생: 나쁜 놈들은 모르는 착한 마음의 비밀』 (옥당, 2011)

23. Ibid., 250-69.

24. Gilbert, Elizabeth. *Eat, Pray, Love* (New York: Viking, 2006), 260. 국내 역서: 노진선 역, 『먹고 기도하고 사랑하라』(솟을북, 2007)

25. 이 내적 보상들의 근거가 되는 여러 연구 결과는 다음 책들에서 검토됐다. Martin Seligman 의 *Authentic Happiness*와 *Learned Optimism*; Seligman과 Christopher Peterson의 *Character Strengths and Virtues*; Sonja Lyubomirsky의 *The How of Happiness*; Tal Ben-Shahar의 *Happier*; Jean M. Twenge의 *Generation Me*; Mihály Csíkszentmihályi 의 *Beyond Boredom and Anxiety*; Eric Weiner의 *The Geography of Bliss*.

26. Lyubomirsky, *The How of Happiness*, 16.

제3장

1. 대략적인 추정이다. 2004년 이래 매년 가입자 수(200만~1,150만) 평균에 블리자드의 통계 자료와 스탠퍼드 대학교 연구에서 드러난 2010년 초반까지의 플레이어당 평균 플레이 시간 을 곱했다. 게임 플레이 시간을 정확하게 측정하는 방법은 아니지만, 오차 범위가 50퍼센트 나 돼도 게임 플레이 시간이 백만 년 단위임은 변하지 않는다.

2. 2008년에 발견된 화석을 근거로 최초 직립 보행을 한 인간의 선조가 6백만 년 전에 등장했 다고 추정한다. Richmond, Brian G., and William L. Jungers. "Orrorin tugenensis Femoral Morphology and the Evolution of Hominin Bipedalism." *Science*, 2008년 3월 21일, 319(5870): 1662. DOI: 10.1126/ science.1154197.

3. 닐슨Nielsen 조사에서는 「와우」 플레이어의 주당 플레이 시간이 17시간으로, 스탠퍼드 대 학교 연구에서는 22시간으로 드러났다. 다른 연구 결과들도 하나같이 이 범위에 들어간다. "Online Games Battle for Top Spot." BBC News, 2007년 12월 26일. http://news.bbc. co.uk/2/hi/technology/7156078.stm; "WoW Basic Demographics." The Daedalus Project, 2009, vol. 7-1. http://www.nickyee.com/daedalus/archives/001365.php.

4. "Full Transcript of Blizzard 2010 Plans." 액티비전 블리자드 4분기 실적 화상회의, 온라인 게재, INC Gamers, 2010년 2월 11일. http://www.incgamers.com/News/20949/full-transcript-blizzard-2010-plans; "*World of Warcraft* Expansion Shatters Sales Records." *PC Magazine*, 2008년 11월 20일. http://www.pcmag.com/article2/ 0,2817,2335141,00.asp.

5. '행복한 생산성'이란 용어를 처음으로 「와우」에 적용한 것은 인디애나 대학교 정보학 대학 원 컴퓨터학자들이었다. 당시 이들은 「와우」 플레이어들의 놀라운 게임 체력, 특히 반복적 이고 대개는 지루하게 마련인 작업에서 빛을 발하는 체력을 연구 중이었다. Bardzell, S., J. Bardzell, T. Pace, and K. Reed. "Blissfully Productive: Grouping and Cooperation in World of Warcraft Instance Runs." *2008 ACM Conference on Computer Supported*

Cooperative Work 의사록, San Diego, 2008년 11월 8~12일 (New York: ACM, 2008), 357-60. DOI: http://doi.acm.org/10.1145/1460563.1460621.

6. Castronova, *Exodus to the Virtual World*, 124.

7. Cavalli, Earnest. "Age of Conan's Maximum Level Only 250 Hours Away." *Wired*, 2008년 5월 14일. http://www.wired.com/gamelife/2008/05/age-of-conans-m/.

8. "Why Questing Is the Fastest and Most Enjoyable Way to Level." WoW Horde Leveling, 2007년 1월 23일. http://wowhordeleveling.blogspot.com/2007/01/why-questing-is-fastest-and-most.html.

9. Cavalli, "Age of Conan's Maximum Level."

10. Lyubomirsky, *The How of Happiness*, 67.

11. "World of Warcraft: Wrath of Lich King Review." GameSpot, 2008년 11월 13일. http://www.gamespot.com/pc/rpg/worldofwarcraftwrathofthelichking/review.html.

12. Seligman, Martin. *Authentic Happiness* (New York: Free Press, 2004), 40. 국내 역서: 김인자 역, 『긍정 심리학』 (물푸레, 2009)

13. "Raiding for Newbies." WoWWiki. http://www.wowwiki.com/Raiding_for_newbies.

14. "World of Warcraft: Phasing Explained." MMORPG. 2008년 9월 28일. http://www.mmorpg.com/discussion2.cfm/post/2329941#2329941.

15. Calvert, Justin. "Wrath of Lich King Review." Gamespot. 2008년 11월 13일. http://www.gamespot.com/pc/rpg/worldofwarcraftwrathofthelichking/review.html.

16. De Botton, Alain. *The Pleasures and Sorrows of Work* (New York: Pantheon, 2009), 80. 국내 역서: 정영목 역, 『일의 기쁨과 슬픔』 (이레, 2009)

17. Crawford, Matthew. "The Case for Working with Your Hands." *New York Times Magazine*, 2009년 5월 21일. http://www.nytimes.com/2009/05/24/magazine/24labor-t.html.

18. Reinecke, Leonard, "Games at Work."

19. De Botton, *The Pleasures and Sorrows of Work*, 260.

제4장

1. 니콜 라자로 직접 인터뷰, 2009년 4월 25일.

2. Ravaja, Niklas, Timo Saari, Jari Laarni, Kari Kallinen, and Mikko Salminen. "The Psychophysiology of Video Gaming: Phasic Emotional Responses to Game Events." *Changing Views: World in Play*. Digital Games Research Association, 2005년 6월. http://www.digra.org/dl/db/06278.36196.pdf.

3. 이 연구는 2006년 게임 개발자 콘퍼런스에서 '우수한 게임 연구 1위'로 꼽혔다. 그 밖의 우

수한 게임 연구들은 http://www.avantgame.com/top10.htm에서 볼 수 있다.

4. "Can I Have My Life Back?" *Super Monkey Ball* 플레이어 평가, Amazon, 2002년 7월 1일. http://www.amazon.co.uk/review/R27IJK4R3ITHIR/ref=cm_cr_rdp_perm/.

5. Thompson, Clive. "The Joy of Sucking." *Wired*, 2006년 7월 17일. http://www.wired. com/gaming/gamingreviews/commentary/games/2006/07/71386?currentPage=all.

6. Koster, Raph. *A Theory of Fun for Game Design* (Phoenix: Paraglyph Press, 2004), 8-9. 국내 역서: 안소현 역, 『라프 코스터의 재미 이론』(디지털미디어리서치, 2005).

7. Ibid., 40.

8. Ibid., 118.

9. Seligman, Martin. *Learned Optimism: How to Change Your Mind and Your Life* (New York: Free Press, 1998), 164-66. 국내 역서: 최호영 역, 『학습된 낙관주의: 마틴 셀리그만의 긍정 심리학』(21세기북스, 2008)

10. Ibid., 69.

11. Nesse, R. M. "Is Depression an Adaptation?" *Archives of General Psychiatry*, 2000, 57: 14-20. 전문: http://www-personal.umich.edu/~nesse/Articles/IsDepAdapt-ArchGenPsychiat-2000.pdf; Kellera, M. C., and R. M. Nesse. "The Evolutionary Significance of Low Mood Symptoms." *Journal of Personality and Social Psychology*, 2005, 91(2): 316-30. 전문: http://www-personal.umich.edu/~nesse/Articles/Keller-Nesse-EvolDepSx-JPSP-2006.pdf.

12. Lyubomirsky, *The How of Happiness*, 213.

13. "*Rock Band* Franchise Officially Surpasses $1 Billion in North American Retail Sales, According to the NPD Group." 기업 보도자료, New York, 2009년 3월 26일. http://www.rockband.com/news/one_billion_dollars.

14. Davies, Chris. "Pro Drum Kit Mod into Full-Size *Rock Band* Controller." Slash Gear, 2009년 1월 11일. http://www.slashgear.com/pro-drum-kit-mod-into-full-size-rock-band-controller-119585/.

15. "*Guitar Hero II*: Playing vs. Performing a Tune." Ludologist. http://www.jesperjuul. net/ludologist/?p=312; "In *Rock Band*, Actually Play Drums and Sing." Ludologist. http://www.jesperjuul.net/ludologist/?p=412.

16. Lang, Derrik J. "*Rock Band 2* Will Include New Instruments, Online Modes, Songs." Associated Press, 2008년 6월 30일. http://www.usatoday.com/tech/gaming/2008-06-30-rock-band-2_N.htm.

17. Brightman, James. "*Guitar Hero, Rock Band* Players Showing Increased Interest in Real Instruments." GameDaily, 2008년 11월 25일. http://www.gamedaily.com/games/rock-band-2/playstation-3/game-news/guitar-hero-rock-band-players-

showing-increased-interest-in-real-instruments/.

18. Seligman, *Learned Optimism*, 174.

제5장

1. 사실 게임 방식이 상당히 비슷해「렉슐러스」(이전에는「스크래블러스Scrabulous」)는 원 게임의 제작자가 제기한 저작권 침해 소송에서 간신히 살아남았다. Timmons, Heather. "Scrabble Tries to Fight a Popular Impostor at Its Own Game." *New York Times*, 2008년 4월 7일. http://www.nytimes.com/2008/04/07/technology/07scrabulous.html.

2. McDonald, Thomas. "Absolutely Scrabulous!" *Maximum PC*, 2008년 9월 24일. http://www.maximumpc.com/article/%5Bprimary-term%5D/absolutely_scrabulous.

3. "What Happened to Scrabulous?" New Home of Suddenly Susan, 2008년 9월 26일. http://desperatelyseekingsuddenlysusan.wordpress.com/2008/09/26/what-happened-to-scrabulous/.

4. 예: "Facebook Friends?", 2009년 3월 27일 스크린샷. http://www.flickr.com/photos/bennynerd/3389278659/; "Baby's First Scrabulous Game", 2008년 2월 28일 스크린샷. http://www.flickr.com/photos/chickitamarie/2299675218/; "Online Scrabble with Mom", 2009년 4월 15일 스크린샷. http://www.flickr.com/photos/jaboney/3444811350/.

5. "Domination," 2008년 5월 14일 스크린샷. http://www.flickr.com/photos/yummiec00kies/2494160470/.

6. "The Big Pic+ure of my #U+$@(〈Kicking", 2008년 5월 27일 스크린샷. http://www.flickr.com/photos/hemantvt83/2529818600/.

7. "Stepdaughter Spurns Scheduled Scrabulous." Postcards from Yo Mama, 2009년 2월 19일. http://www.postcardsfromyomomma.com/2009/02/19/stepdaughter-spurns-scheduled-scrabulous/.

8. "Loving Scrabulous", 2007년 8월 12일 스크린샷. http://www.flickr.com/photos/etches-johnson/1095923577/.

9 "Funny Lexulous Game", 2009년 7월 11일 스크린샷. http://www.flickr.com/photos/avantgame/3710408343/in/photostream/.

10. "Bring It, Ben!" 2008년 4월 10일 스크린샷. http://www.flickr.com/photos/kendalchen/2404592798/.

11. Brophy-Warren, Jamin. "Networking Your Way to a Triple-Word Score." *Wall Street Journal*, 2007년 10월 13일. http://online.wsj.com/article/SB119222790761657777.html.

12. Weiner, Eric. *The Geography of Bliss* (New York: Twelve, 2008), 325. 국내 역서: 김승욱 역, 『행복의 지도: 어느 불평꾼의 기발한 세계일주』(웅진지식하우스, 2008).

13. Ibid., 114.

14. McElroy, Griffin. "FarmVille Community Surpasses 80 Million Players." Joystiq, 2010년 2월 20일. http://www.joystiq.com/2010/02/20/farmville-community-surpasses-80-million-players/; 「팜빌」애플리케이션 정보, AppData, 2010년 3월 접속. 현재 통계: http://www.appdata.com/facebook/apps/index/id/102452128776.

15. "The Most Intense Game of Scrabulous Ever", 2008년 6월 3일 스크린샷. http://www.flickr.com/photos/mariss007/2547926935/.

16. "Online Scrabble with Mom."

17. "My Amazing Lexulous Score—87 points!" 2009년 6월 12일 스크린샷. http://www.flickr.com/photos/sour_patch/3621419260/.

18. "Pwn." 위키 백과 문서, 2010년 5월 1일 접속. http://en.wikipedia.org/wiki/Pwn.

19. Keltner, *Born to Be Good*, 163.

20. "WarioWare: Smooth Moves Review." GameSpot, 2007년 1월 12일. http://www.gamespot.com/wii/puzzle/wariowaresmoothmoves/review.html.

21. Bateman, "Top Ten Videogame Emotions."

22. Ibid.

23. Ekman, Paul. *Emotions Revealed: Recognizing Faces and Feelings to Improve Communication and Emotional Life* (New York: Times Books, 2003), 197. 국내 역서: 이민아 역, 『얼굴의 심리학: 우리는 어떻게 감정을 드러내는가?』(바다출판사, 2006).

24. Seligman, *Learned Optimism*, 282.

25. Ibid., 282, 284.

26. Jenkins, Henry. "Reality Bytes: Eight Myths about Videogames Debunked." The Videogame Revolution, PBS, 2005. http://www.pbs.org/kcts/videogamerevolution/impact/myths.html.

27. "Braid Review." IGN, 2008년 8월 4일. http://xboxlive.ign.com/articles/896/896371p1.html.

28. "Braid Is Now Live." 「브레이드」공식 블로그, 2008년 8월 5일. http://braid-game.com/news/?p=255.

29. "Braid Thrives on Live." *Edge*, 2008년 8월 13일. http://www.edge-online.com/news/braid-thrives-live.

30. Ducheneaut, Nicolas, Nicholas Yee, Eric Nickell, and Robert J. Moore. "Alone Together? Exploring the Dynamics of Massively Multiplayer Online Games." Conference on Human Factors in Computing Systems 의사록, CHI 2006, Montreal, Canada, 2006년 4월

22~27일, 407-16. http://www.nickyee.com/pubs/Ducheneaut,%20Yee,%20 Nickell,%20Moore%20-%20Alone%20Together%20(2006).pdf.

31. Short, J., E. Williams, and B. Christie. *The Social Psychology of Telecommunications* (London: Wiley, 1976).

32. Morrill, Calvin, David A. Snow, and Cindy H. White. *Together Alone: Personal Relationships in Public Spaces* (Berkeley: University of California Press, 2005). 이 사회학 이론서에서 '홀로 함께'를 "항구성과 단기성, 친밀감과 거리감, 함께와 홀로라는 두 가지 모순되는 면을 혼합하는 사회적 유대"로 설명하는 대목에서 영감을 얻어 이 용어를 게임의 맥락에서 사용하게 됐다.

33. "That's Right! I Solo in Your MMOs!" Mystic Worlds, 2009년 6월 9일. http://notadiary. typepad.com/mysticworlds/2009/06/thats-right-i-solo-in-your-mmos.html.

34. Ibid.

35. Myers, David G. "The Secrets of Happiness." *Psychology Today*, 2009년 10월. http:// www.psychologytoday.com/articles/199207/the-secrets-happiness?page=2.

36. Ito, Mizuko 등저. *Hanging Out, Messing Around, and Geeking Out: Kids Living and Learning with New Media* (Cambridge: MIT Press, 2009), 195.

37. Cookman, Daniel. "Pick Your Game Community: Virtual, or Real?" Lost Garden, 2006년 2월 5일. http://lostgarden.com/2006/02/pick-your-game-community-virtual-or. html.

38. Ibid.

39. "12 Ways Video Games Actually Benefit 'Real Life.'" Pwn or Die, 2009년 5월 12일. http://www.pwnordie.com/blog/posts/15739.

제6장

1. "13 Billion Kills: Join the Mission." 「헤일로 3」 포럼, Bungie.net, 2009년 2월 20일. http://www.bungie.net/News/content.aspx?type=topnews&link=TenBillionKills.

2. Ibid.

3. "Players Attempt to Hit 7 Billion Kills While *Halo 3* Killcount Exceeds Global Population." Joystiq, 2008년 6월 27일. http://xbox.joystiq.com/2008/06/27/players-attempt-to-hit-7-billion-kills-while-halo-3-killcount-ex/.

4. Leith, Sam. "*Halo 3*: Blown Away." *Telegraph*, 2007년 9월 22일. http://www. telegraph.co.uk/culture/3668103/Halo-3-blown-away.html.

5. "Campaign Kill Count: 10,000,000,000." 「헤일로 3」 포럼, Bungie.net, 2009년 4월 13일.

http://www.bungie.net/Forums/posts.aspx?postID=32064021&postRepeater1-p=3.

6. Ibid.

7. Ibid.

8. Seligman, *Learned Optimism*, 287.

9. "Bungie: 10 Billion Covenant Killed in *Halo 3* . . . and Growing." Joystiq, 2009년 4월 13일. http://xbox.joystiq.com/2009/04/13/bungie-10-billion-covenant-killed-in-halo-3-and-growing/.

10. "*Halo 3* Review." NZGamer, 2007년 9월 24일. http://nzgamer.com/x360/reviews/538/halo-3.html.

11. Paul Pearsall. *Awe: The Delights and Dangers of Our Eleventh Emotion* (Deerfield Beach, Florida: HCI, 2007), 193.

12. Keltner, *Born to Be Good*, 268.

13. Polack, Trent. "Epic Scale." Gamasutra, 2009년 7월 16일. http://www.gamasutra.com/blogs/TrentPolack/20090716/2412/Epic_Scale.php.

14. Kuhrcke, Tim, Christoph Klimmt, and Peter Vorderer. "Why Is Virtual Fighting Fun? Motivational Predictors of Exposure to Violent Video Games." International Communication Association 연례 학술대회 발표 논문, Dresden, Germany, 2009년 5월 25일. http://www.allacademic.com/meta/p91358_index.html.

15. "Return of the New Hotness." Bungie.net, 2009년 8월 27일. http://www.bungie.net/news/content.aspx?type=topnews&link=NewHotness.

16. Kelly, Kevin. "Scan This Book!" *New York Times*, 2006년 3월 14일. http://www.nytimes.com/2006/05/14/magazine/14publishing.html.

17. "Watch New *Halo 3* Ad: 'Two Soldiers Reminisce.'" Joystiq, 2007년 9월 22일. http://www.joystiq.com/2007/09/22/watch-new-halo-3-ad-two-soldiers-reminisce/.

18. "*Halo 3* Ad Brings Battle to Reality." *Escapist*, 2007년 9월 12일. http://www.escapistmagazine.com/forums/read/7.48542.

19. Crecente, Brian. "*Halo* Diorama May Tour Country." Kotaku, 2007년 9월 13일. http://kotaku.com/gaming/gallery/halo-diorama-may-tour-country-299470.php.

20. "Watch New *Halo 3* Ad," Joystiq.

21. "Hindsight: *Halo 3*." Ascendant Justice, 2008년 3월 1일. http://blog.ascendantjustice.com/halo-3/hindsight-halo-3/.

22. Leith, "*Halo 3*: Blown Away."

23. Curry, Andrew. "Gobekli Tepe: The World's First Temple?" *Smithsonian*, 2008년 11월. http://www.smithsonianmag.com/history-archaeology/gobekli-tepe.html#ixzz0TOoKlRQ6.

24. McIntosh, Lindsay. "'Neolithic Cathedral Built to Amaze' Unearthed in Orkney Dig." *The Times* (영국), 2009년 8월 14일. http://www.timesonline.co.uk/tol/news/uk/scotland/article6795316.ece.

25. Curry, "Gobekli Tepe."

26. Ibid.

27. "Just the Right Sense of 'Ancient.'" Xbox.com, 2002년 2월 19일. www.xbox.com/en-US/games/splash/h/halo/themakers3.htm. 재인용, 위키 백과 문서, "Halo Original Soundtrack", 2010년 5월 1일 접속. http://en.wikipedia.org/wiki/Halo_Original_Soundtrack. 최초 인용: http://www.xbox.com/en-US/games/h/halo/themakers3.htm.

28. "*NCAA Football 10* Review." Team Xbox, IGN, 2009년 7월 10일. http://reviews.teamxbox.com/xbox-360/1736/NCAA-Football-10/p1/.

29. Robertson, Margaret. "One More Go: Why *Halo* Makes Me Want to Lay Down and Die." Offworld, 2009년 9월 25일. http://offworld.boingboing.net/2009/09/27/one-more-go-why-halo-makes-me.html.

30. "*Halo 3* Wiki: About." HaloWiki, version 22:53, 2009년 2월 13일. http://halowiki.net/p/Main_Page.

31. "*NCAA Football 10* Season Showdown." Inside EA Sports, 2009년 5월 14일. http://insideblog.easports.com/archive/2009/05/14/ncaa-football-10-season-showdown.aspx.

32. Huizinga, Johan. *Homo Ludens* (Boston: Beacon Press, 1971), 446. 국내 역서: 이종인 역,『호모 루덴스』(연암서가, 2010).

33. Gentile, Douglas A., Craig A. Anderson, Shintaro Yukawa 등저. "The Effects of Prosocial Video Games on Prosocial Behaviors: International Evidence From Correlational, Longitudinal, and Experimental Studies." *Personality and Social Psychology Bulletin*, 2009, 35: 752-63.

34. "Some Video Games Can Make Children Kinder and More Likely to Help." Science Daily, 2009년 6월 18일. http://www.sciencedaily.com/releases/2009/06/090617171819.htm.

35. Maslow, Abraham. *Motivation and Personality* (New York: Harper Collins, 1987), 113. 국내 역서: 오혜경 역,『동기와 성격』(21세기북스, 2009).

제7장

1. 케번 데이비스 개인 웹사이트, 2010년 5월 1일 접속. http://kevan.org/cv.

2. "Chore Wars Player Testimonials." Chore Wars. http://www.chorewars.com/

testimonials.php.

3. McGonigal, Jane. *This Might Be Game: Ubiquitous Play and Performance at the Turn of the Twenty-First Century*. UC버클리 대학교 퍼포먼스학 박사 학위 논문. 2006. http://avantgame.com/McGonigal_THIS_MIGHT_BE_A_GAME_sm.pdf.

4. 예를 들어 42 엔터테인먼트가 「다크 나이트The Dark Knight」를 위해 개발한 「왜 그리 심 각해?Why So Serious?」는 입소문을 타고 천만 명 이상을 끌어모았다고 사례 연구(http:// www.youtube.com/watch?v=cD-HRI-N3Lg)에 나와 있다. 이 ARG가 대성공을 거둔 데 는 탁월한 게임 디자인뿐만 아니라 게임과 연계된 「배트맨」 영화의 전 세계적 인기도 한몫 했다.

5. Ito, Mizuko, Heather A. Horst, Matteo Bittanti, Danah Boyd, Becky Herr-Stephenson, Patricia G. Lange, C. J. Pascoe, and Laura Robinson 등저. "Living and Learning with New Media: Summary of Findings from the Digital Youth Project." White paper, The John D. and Catherine T. MacArthur Foundation Reports on Digital Media and Learning, 2008년 11월. http://digitalyouth.ischool.berkeley.edu/report.

6. Prensky, Marc. "Engage Me or Enrage Me: What Today's Learners Demand." *Educause Review*, 2005년 9/10월, 40(5): 60. http://net.educause.edu/ir/library/pdf/erm0553.pdf.

7. King, Nigel S. "Post-Concussion Syndrome: Clarity Amid the Controversy?" *British Journal of Psychiatry*, 2003, 183: 276-78.

8. Thompson, Bronwyn. "Goals and Goal Setting in Pain Management." HealthSkills, 2008년 12월 1일. http://healthskills.wordpress.com/2008/12/01/goals-and-goal-setting-in-pain-management/.

9. McGonigal, Jane. "SuperBetter: Or How to Turn Recovery into a Multiplayer Experience." Avant Game, 2009년 9월 25일. http://blog.avantgame.com/2009/09/super-better-or-how-to-turn-recovery.html.

10. DeKoven, Bernie. "Creating the Play Community." *The New Games Book* (Garden City, NY: Doubleday, 1976), 41-42.

제8장

1. "Key Findings from a Survey of Air Travelers." Peter D. Hart Research Associates/The Winston Group, 2008년 5월 30일. http://www.poweroftravel.org/statistics/pdf/ki_dom_atp_summary.pdf.

2. Seligman, *Learned Optimism*, 17-30.

3. "Jetset: A Serious Game for iPhones." VuBlog, 2009년 2월 16일. http://blog.vudat. msu.edu/?p=232.

4. Day in the Cloud Challenge. 공식 웹사이트, 2009년 6월 24일 접속. http://www. dayinthecloud.com.

5. 창의 과제의 제출물은 퍼즐처럼 기내에서 자동으로 채점되지 않는다. 지상의 게임 운영자가 창의성을 심사해야 하기 때문이다. 현재 디자인에서는 보상이 약간 지연되지만, 이를 개선할 이런저런 업데이트를 생각해볼 수 있다. 예를 들면 탑승구에서 대기하거나 온라인으로 항공권을 구입하는 여행객이 제출물을 살펴보고 채점할 수 있게 하여 플레이어가 착륙하기 전에 점수가 매겨지도록 하는 것이다.

6. "Day in the Cloud—Virgin Flight 921." Onigame, 2009년 6월 24일. http://onigame. livejournal.com/41979.html.

7. Ibid.

8. "Nike Plus Is a Statwhore Online Game That You Play by Running." Ilxor.com, 2009년 7월 13일. http://www.ilxor.com/ILX/ThreadSelectedControllerServlet?boardid=67&th readid=73699.

9. Fox, Jesse, and Jeremy N. Bailenson. "Virtual Self-Modeling: The Effects of Vicarious Reinforcement and Identification on Exercise Behaviors." *Media Psychology*, 2009, 12: 1-25. DOI: 10.1080/15213260802669474.

10. Donath, Judith. "Artificial Pets: Simple Behaviors Elicit Complex Attachments." Marc Bekoff 등저, *The Encyclopedia of Animal Behavior* (Santa Barbara, CA: Greenwood Press, 2004).

11. "How Often Do Foursquare Users Actually Check In?" *Business Insider*, 2010년 5월 7일. http://www.businessinsider.com/how-often-do-foursquare-user-actually-check-in-2010-5.

12. "Left the House." Split Reason의 상품 페이지. http://www.splitreason.com/product/622.

제9장

1. Evans, Simon, and Simon Johnson. "The Comfort of Strangers." Swarm Toolkit. http://swarmtoolkit.net/index.php?option=com_content&task=view&id=18&Item id=49.

2. 사이먼 존슨 이메일 인터뷰, 2009년 5월 3일.

3. Turner, Victor. *Dramas, Fields, and Metaphors: Symbolic Action in Human Society*

(Ithaca: Cornell University Press, 1975), 45.

4. "Necklace of the Subaltern Betrayer." Ghosts of a Chance, 2008년 9월 15일. http://ghostsofachance.com/main_site/index.php?p=object&id=1.

5. Bath, Georgina. "Ghosts of a Chance Alternate Reality Game Report." Smithsonian American Art Museum, Washington, D.C., 2008년 11월 6일. http://ghostsofachance.com/GhostsofaChance_Report2.pdf.

6. Simon, Nina K. "An ARG at the Smithsonian: Games, Collections, and Ghosts." Museum 2.0, 2008년 9월 8일. http://museumtwo.blogspot.com/2008/09/arg-at-smithsonian-games-collections.html.

7. 하버드 대학교에서 연령 차별 연구를 이끈 Mahzarin Banaji는 연령 증가가 위상, 기력, 인지능력 감소 등 부정적 특징과 연관돼 있다고 했다. 연구 결과 출간물: W. A., M. K. Johnson, J. C. Gatenby, J. C. Gore, and M. R. Banaji. "Neural Components of Social Evaluation." *Journal of Personality and Social Psychology*, 2003, 85: 639-49.

제10장

1. Saba, Moussavi, Somnath Chatterji 등저. "Depression, Chronic Diseases, and Decrements in Health: Results from the World Health Surveys." *The Lancet*, 2007년 9월 8일, 370(9590): 851-58. DOI: 10.1016/S0140-6736(07)61415-9.

2. Lyubomirsky, *The How of Happiness*, 14.

3. Ibid., 7.

4. Ibid., 72.

5. Ibid.

6. Seligman, *Authentic Happiness*, xii.

7. Weiner, *The Geography of Bliss*, 310.

8. Ben-Shahar, *Happier*, 165-66.

9. Williams, Sam. "Hack, Hackers and Hacking." *Free as in Freedom: Richard Stallman's Crusade for Free Software* (Sebastopol, CA: O'Reilly, 2002). 온라인에서도 볼 수 있다. http://oreilly.com/openbook/freedom/appb.html.

10. Caplan, Jeremy. "Hacking Toward Happiness." *Time*, 2007년 6월 21일. http://www.time.com/time/magazine/article/0,9171,1635844,00.html.

11. 사실 이 말을 만든 때는 2007년이지만 이미 그전부터 몇 년째 사용하고 있었다. 그저 그것을 다른 기술자들에게 설명할 수단이 필요했을 뿐이다. 그래야 그들도 똑같이 할 수 있으니까. 나는 이 말을 2007년 3월 26~29일에 샌디에이고에서 열린 신흥기술 콘퍼런스 ETech 기

조연설에서 소개하고, 이어서 2007년 4월 18일에 샌프란시스코에서 열린 웹 2.0 엑스포 기조연설에서 다시 소개했다.

12. Morrill 등저, *Together Alone*, 231.

13. 내가 친절 행위에 관한 긍정 심리학 연구 실험 결과를 검토한 것을 토대로 하는 주장이다. 이 실험의 피실험자들은 대부분이 실험의 협력 테스트 환경에 처하기 전에는 서로를 모르는 사람들이었다. 일시적 사교행위의 완벽한 예다.

14. Keltner, *Born to Be Good*, 3.

15. Ibid., 7-8.

16. 이 규칙들은 「라스트 콜 포커 Last Call Poker」 프로젝트를 수행하던 때, 수상 경력 있는 SF 판타지 작가인 숀 스튜어트와 함께 만들었다.

17. Tad Friend, "The Shroud of Marin." *The New Yorker*, 2005년 8월 29일.

18. Davidson, Amy. "California Dying: Q&A with Tad Friend." *The New Yorker* 온라인, 2005년 8월 29일. http://www.newyorker.com/archive/2005/08/29/050829on_onlineonly01?currentPage=all.

19. Pujol, Rolando. "NYC Cemeteries Dying from Neglect." *AM New York*, 2009년 5월 29일. http://amny.com/urbanite-1.812039/nyc-cemeteries-dying-from-neglect-1.1286733.

20. Weiner, *The Geography of Bliss*, 73.

21. Hecht, Jennifer Michael. *The Happiness Myth: The Historical Antidote to What Isn't Working Today* (New York: Harper One, 2008), 57.

22. Ibid., 58.

23. Ben-Shahar, *Happier*, 147-48.

24. Hecht, *The Happiness Myth*, 59.

25. Keltner, *Born to Be Good*, 195.

26. 재인용, Keltner, *Born to Be Good*, 186.

27. Hecht, *The Happiness Myth*, 298.

28. Csíkszentmihályi, *Beyond Boredom and Anxiety*, 102-21.

29. Keltner, *Born to Be Good*, 220.

30. Weiner, *The Geography of Bliss*, 존 스튜어트 밀 인용, 74.

제3부

1. Flugelman, Andrew. "The Player Referee's Non-Rulebook." *The New Games Book*, 86.

제11장

이 장의 일부는 내가 2008년 9월에 미래 연구소의 《기술 지평 Technology Horizons》에 기고한
특별 보고서 「열중 경제: 대규모 참여와 협업의 미래Engagement Economy: The Future of
Massively Scaled Participation and Collaboration」에서 나왔다. 미래 연구소에서 출간된 보고
서 원문은 http://iftf.org/node/2306에서 볼 수 있다.

1. "How the Telegraph Investigation Exposed the MPs' Expenses Scandal Day by Day."
   Telegraph, 2009년 5월 15일. http://www.telegraph.co.uk/news/newstopics/mps-
   expenses/5324582/How-the-Telegraph-investigation-exposed-the-MPs-expenses
   -scandal-day-by-day.html.
2. Wintour, Patrick, and Nicholas Watt. "MPs' Expenses: Critics Attack Censorship as
   Redactions Black Out Documents." *Guardian*, 2009년 6월 19일. http://www.
   guardian.co.uk/politics/2009/jun/18/mps-expenses-censorship-black-out.
3. Jeff Howe. *Crowdsourcing: Why the Power of the Crowd Is Driving the Future of
   Business* (New York: Crown Business, 2008), 4-17.
4. Andersen, Michael. "Four Crowdsourcing Lessons from the Guardian's (Spectacular)
   Expenses-Scandal Experiment." Nieman Journalism Lab, 2009년 6월 23일. http://
   www.niemanlab.org/2009/06/four-crowdsourcing-lessons-from-the-guardians-
   spectacular-expenses-scandal-experiment/.
5. "Participation on Web 2.0 Websites Remains Weak." Reuters, 2007년 4월 18일. http://
   www.reuters.com/article/technologyNews/idUSN1743638820070418.
6. Wright, Steven, and Jason Groves. "Shameless MPs Try to Dodge Trial Using 1689 Law
   Which Protects Them from Prosecution." *Daily Mail*, 2010년 2월 8일. http://www.
   dailymail.co.uk/news/article-1248688/MPs-expenses-Three-Labour-MPs-Tory-
   peer-charged-false-accounting.html#ixzz0ikXMZse6.
7. Shirky, Clay. "Gin, Television, and Social Surplus." 개인 블로그, 2008년 4월 26일.
   http://www.shirky.com/herecomeseverybody/2008/04/looking-for-the-mouse.
   html.
8. Internet World Stats—Usage and Population Statistics, 2009년 12월 31일 접속. http://
   www.internetworldstats.com/stats.htm.
9. "Wikipedia Is an MMORPG." 위키 백과 프로젝트, 2010년 5월 1일 접속. http://
   en.wikipedia.org/wiki/Wikipedia:Wikipedia_is_an_MMORPG.
10. Ibid.

11. Puente, Maria. "Learn, Fight Hunger, Kill Time All at Once at Freerice.com." *USA Today*, 2008년 1월 23일. http://www.usatoday.com/life/lifestyle/2008-01-23-freerice_N.htm.

12. 답은 '줄기 끝에서 자라나는 식물'이다.

13. "Frequently Asked Questions." Free Rice. http://www.freerice.com/faq.html.

14. Anderson, Frank. "Can Videogames Make the World a Better Place?" BitMob, 2009년 8월 25일. http://bitmob.com/index.php/mobfeed/foldinghome-distributed-computing.html.

15. Pietzsch, Joachim. "The Importance of Protein Folding." Horizon Symposia: Connecting Science to Life, *Nature* 온라인 프로젝트. http://www.nature.com/horizon/proteinfolding/background/importance.html.

16. McElroy, Griffin. "Joystiq Set to Overtake G4 in Folding@home Leaderboards Tonight." Joystiq, 2008년 2월 8일. http://playstation.joystiq.com/tag/folding@home; Stella, Shiva. "Sony Updates Folding@home for PS3 Folks Trying to Save the World." Game Bump, 2007년 12월 19일. http://www.gamebump.com/go/sony_updates_folding_home_for_ps3_folks_trying_to_save_the_world.

17. Stasick, Ed. "Leave Your PS3 on for a Good Cause This Sunday Night!" Joystiq, 2007년 3월 21일. http://playstation.joystiq.com/2007/03/21/leave-your-ps3-on-for-a-good-cause-this-sunday-night/.

18. Rimon, Noah. "Folding@home Petaflop Barrier Crossed." 플레이스테이션 블로그, 2007년 9월 19일. http://blog.us.playstation.com/2007/09/foldinghome-petaflop-barrier-crossed/.

19. Khan, Shaan. "Turning In-Game Achievements into Real-World Action." Thinkers & Doers, 2009년 7월 30일. http://blogs.waggeneredstrom.com/thinkers-and-doers/2009/07/turning-in-game-achievements-in-real-world-action/.

20. Dumitrescu, Andrei. "PlayStation 3 Will Catch Up to the Xbox 360 in 2011." Softpedia, 2009년 8월 5일. http://news.softpedia.com/news/PlayStation-3-Will-Catch-Up-to-the-Xbox-360-in-2011-118402.shtml.

21. Jacques, Robert. "Folding@home Clocks Up a Million PS3 Users." V3, 2008년 2월 6일. http://www.v3.co.uk/vnunet/news/2208966/folding-home-clocks-million-ps3.

22. "Computer Game's High Score Could Earn Nobel in Medicine." RichardDawkins.net 포럼, 2008년 5월 11일. http://forum.richarddawkins.net/viewtopic.php?f=5&t=44321.

23. 이 게임은 워싱턴 대학교 컴퓨터공학과 박사 과정 학생 세스 쿠퍼Seth Cooper와 박사 이후 과정 연구원 에이드리언 트루일Adrien Treuille이 같은 학교의 조런 포포빅 컴퓨터공학 교수, 데이비드 베이커David Baker 생화학 교수 겸 하워드 휴즈 의학연구소Howard Hughes

Medical Institute 연구원, 데이비드 세일신David Salesin 컴퓨터공학 교수와 함께 개발했다. 게임 개발 과정에서 전문 게임 디자이너들이 조언을 했다.

24. Fahey, Mike. "Humans Triumph Over Machines in Protein Folding Game Foldit." *Kotaku*. 2010년 8월 6일. http://www.kotaku.com.au/2010/08/humans-triumph-over-machines-in-protein-folding-game-foldit/.

25. Cooper, Seth, Firas Khatib 등저, 그리고 「폴딧」 플레이어들. "Predicting protein structures with a multiplayer online game." *Nature*. 2010년 8월. 466, 756-60. http://www.nature.com/nature/journal/v466/n7307/full/nature09304.html.

26. Deci, Edward L., Richard Koestner, and Richard M. Ryan. "A Meta-Analytic Review of Experiments Examining the Effects of Extrinsic Rewards on Intrinsic Motivation." *Psychological Bulletin*, 1999년 11월, 125(6): 627-68. DOI: 10.1037/0033-2909.125.6.627.

27. "Job Listings." Bungie.net, 2010년 5월 1일 접속. http://www.bungie.net/Inside/jobs.aspx.

제12장

1. "Epic Win." Urban Dictionary entry. http://www.urbandictionary.com/define.php?term=epic%20win.

2. 2009년 11월 4일 트위터에서 @tobybarnes, @changeist, @incobalt가 @avantgame에 보낸 답글.

3. 「비범한 사람들」의 작은 자원봉사 미션은 아마존 메커니컬 터크의 인간 지성 작업, 예를 들면 박물관, 과학자, 정부기관을 위한 디지털 오브젝트 분류, 태깅, 정리 작업에 가깝다. 이는 중요하긴 하지만 장대한 승리라고 할 수는 없다. 2010년 초에 프로젝트 설립자들과 전화 통화를 해보니 이 회사는 온라인 인류 지성 작업에 대한 의존도를 낮추고 더욱 현실과 관련된 모바일 미션을 개발하는 데 주안점을 두고 있었다.

4. "Chat with an Extraordinary: Nathan Hand of Christel House." The Extraordinaries 블로그, 2009년 11월 17일. http://blog.sparked.com/2009/11/17/chat-with-an-extraordinary-nathan-hand-of-christel-house/.

5. Wenner, Melissa. "Smile! It Could Make You Happier." *Scientific American*, 2009년 9월. http://www.scientificamerican.com/article.cfm?id=smile-it-could-make-you-happier.

6. "Chat with an Extraordinary," The Extraordinaries 블로그.

7. Official Game Guide for *The Sims 3*. Prima Official Game Guides, 2009년 6월 2일, 42.

http://www.primagames.com/features/sims3/.

8. Edelman, Joe. "Make a Wish." 실시간 대화, Ignite Amherst, 2009년 9월 22일. http://igniteshow.com/amherst.

9. 조 에덜먼 직접 인터뷰, 2008년 7월 12일.

10. Edelman, "Make a Wish."

11. Ibid.

12. Edelman, Joe. "Your Life: The Groundcrew Mission." Groundcrew. http://groundcrew.us/papers/your-life.

13. Edelman, Joe. "The Mobile Manifesto: How Mobile Phones Can Replace a Broken Economy." Joe Edelman 블로그, 2009년 1월. http://nxhx.org/thoughts/manifesto.html.

14. Edelman, Joe. "Volunteering with Groundcrew." Groundcrew. http://groundcrew.us/papers/volunteering.

15. Jeyes, Dave. "Google Wants to Smarten Up Your Home with PowerMeter." Tech.Blorge, 2009년 2월 10일. http://tech.blorge.com/Structure:%20/2009/02/10/google-wants-to-smarten-up-your-home-with-powermeter-2/.

16. Kho, Jennifer. "Adaptive Meter: Playing the Energy Conservation Game." Earth2Tech, 2009년 3월 29일. http://earth2tech.com/2009/03/29/playing-the-energy-conservation-game/.

제13장

1. Richards, C. "Teach the World to Twitch: An Interview with Marc Prensky." Futurelab, 2003년 12월. www.futurelab.org.uk/resources/publications_reports_articles/web_articles/Web_Article578; "Designing Games with a Purpose." *Communications of the ACM*, 2008년 8월, 51(8): 58-67. DOI: http://doi.acm.org/10.1145/1378704.1378719.

2. Tomasello, Michael. *Why We Cooperate* (Cambridge: MIT Press, 2009).

3. Tomasello, Michael, Malinda Carpenter. "Shared Intentionality." *Developmental Science*, 2006년 12월, 10(1): 121-125.

4. Rakoczy, Hannes, Felix Warneken, Michael Tomasello. "The Sources of Normativity: Young Children's Awareness of the Normative Structure of Games." *Journal of Developmental Psychology*, 2008년 5월, 44(3): 875-81.

5. "Which Do You Prefer: Competitive or Cooperative Multiplayer?" *Escapist*, 2009년 10월 24일. http://www.escapistmagazine.com/forums/read/9.151529.

6. Contreras, Paul Michael. "LittleBigPlanet Sets Another Milestone for Number of Levels." PlayStation Lifestyle, 2009년 11월 20일. http://playstationlifestyle. net/2009/11/20/littlebigplanet-sets-another-milestone-for-number-of-levels/.

7. Brunelli, Richard. "Grand Prize Winner: McDonald's Brave New World." *AdWeek*, 2008년 12월 1일. http://www.adweek.com/aw/content_display/custom-reports/ buzzawards/e3i9417c5a4a703467d97b51be9e35149f8.

8. 이 말은 2003년부터 혼돈 픽션과 크로스미디어 대체 현실 게임의 주요 커뮤니티 포럼인 Unifiction(www.unifiction.com)을 운영하는 Sean Stacey가 만들었다.

9. Peterson, Christopher, Martin Seligman. *Character Strengths and Virtues: A Handbook and Classification* (New York: Oxford, 2004).

10. "The VIA Classification of Character Strengths." The Values in Action (VIA) Institute, 2008년 10월 23일. http://www.viacharacter.org/Classification/tabid/56/Default.aspx.

11. Tapscott, Don, Anthony D. Williams. *Wikinomics: How Mass Collaboration Changes Everything* (New York: Portfolio, 2008), 33.

12. Ibid., x.

제14장

1. Brand, Stewart. *Whole Earth Discipline: An Ecopragmatist Manifesto* (New York: Viking, 2009), 275, 298.

2 Brand, Stewart. "The Purpose of the Whole Earth Catalog." *Whole Earth Catalog*, 1968년 가을. 전자 문서: http://wholeearth.com/issue/1010/article/195/we.are.as.gods.

3. Brand, *Whole Earth Discipline*, 276.

4. Ibid., 298.

5. Ibid.

6. Ibid., 276.

7. "Jill Tarter and Will Wright in Conversation." *Seed*, 2008년 9월 2일. http:// seedmagazine.com/content/article/seed_salon_jill_tarter_will_wright/.

8. "Spore." 위키 백과 문서, 2010년 5월 1일 접속. http://en.wikipedia.org/wiki/Spore.

9. '대규모 멀티플레이 예측 게임'이란 용어의 역사와 미래 연구소에서 그 게임들이 어떻게 개발되고 있는지 알고 싶으면 다음 자료를 참고하기 바란다. "Institute for the Future Announces First Massively Multiplayer Forecasting Platform." Institute for the Future. Palo Alto: 2008년 9월 22일. http://iftf.org/node/2319; "Massively Multiplayer Forecasting Games: Making the Future Real." Institute for the Future. Palo Alto: 2008년

9월 7일. http://iftf.org/node/2302.

10. Simon, Nina. "The Aftermath of the ARG World Without Oil." Museum 2.0, 2007년 7월 27일. http://museumtwo.blogspot.com/2007/07/game-friday-aftermath-of-arg-world.html.

11. Cerulo, Karen. *Never Saw It Coming: Cultural Challenges to Envisioning the Worst* (Chicago: University of Chicago Press, 2006).

12. Gravois, John. "Think Negative!" Slate, 2007년 5월 16일. http://www.slate.com/id/2166211.

13. "A to Z: A World Beyond Oil." World Without Oil, 2007년 5월 31일. http://community.livejournal.com/worldwithoutoil/20306.html.

14. Guité, François. Quoted on "Buzz: World Without Oil," World Without Oil. http://www.worldwithoutoil.org/metabuzz.htm.

15. "Everything Falls Apart—the End (Semi-OOG)." WWO 플레이어 블로그 글, 2007년 5월 31일. http://fallingintosin.livejournal.com/12325.html.

16. "Fond and Sad Goodbye." World Without Oil—The Texts, 2007년 6월 1일. http://wwotext.blogspot.com/2007/06/fond-and-sad-goodbye.html.

17. "Ending Thoughts (OOG)." WWO 플레이어 블로그 글, 2007년 5월 31일. http://monkeywithoutoil.blogspot.com/2007/05/ending-thoughts-oog.html.

18. "New Chess Theory Not for Einstein: Scientist Denies Ever Playing 'Three-Dimensional' Game, Even for Relaxation." *New York Times*, 1936년 3월 28일.

19. Ibid.

20. Reid, Raymond. "Chesmayne: History of Chess." 1994. http://www.chess-poster.com/english/chesmayne/chesmayne.htm.

21. Cascio, Jamais. "Super-Empowered Hopeful Individual." Open the Future, 2008년 3월. http://openthefuture.com/2008/03/superempowered_hopeful_individ.html.

22. Friedman, Thomas. *The Lexus and the Olive Tree: Understanding Globalization* (New York: Farrar, Straus and Giroux, 1999), 381.

23. Ibid.

24. 2009년 4월, 저메이 카시오의 미래 연구소 10년 예측 프레젠테이션 '50년 관점'에서 나온 말이다. http://iftf.org/files/deliverables/50YearScenarios.ppt.

25. "Superstruct FAQ." Institute for the Future, 2008년 9월 22일. http://www.iftf.org/node/2096.

26. 카티 비언이 연례 수련회에서 발표한 2009년 10년 예측 보고에 실린 인구 통계학 분석. http://www.iftf.org/node/2762.

27. The Institute for the Future. www.iftf.org.

28. Hersman, Erik. "Solving Everyday Problems with African Ingenuity." Africa Good News, 2009년 2월. http://www.africagoodnews.com/business/innovation/143-solving-everyday-problems-with-african-ingenuity.html.

29. Becker, Gene. "The Long Game." Superstruct, 2008. http://www.superstructgame.org/SuperstructView/510.

30. Internet World Stats—Usage and Population Statistics.

에필로그

1. Yudkowsky, Eliezer. "If You Demand Magic, Magic Won't Help." Less Wrong, 2008년 3월 22일. http://lesswrong.com/lw/ou/if_you_demand_magic_magic_wont_help/.

2. 사람과의 시작은 오스트랄로피테쿠스 라미두스가 등장한 500만 년 전으로 거슬러 올라간다.

3. "Archaeological Tree-Ring Dating at the Millennium." *Journal of Archaeological Research*, 2002년 9월, 10(3): 243-75. http://www.springerlink.com/content/hhv8qd78hh7r5pfb/.

4. "Ancient Etruscans Were Immigrants from Anatolia, or What Is Now Turkey." European Society of Human Genetics, 보도자료, 2007년 6월 16일. http://www.eurekalert.org/pub_releases/2007-06/esoh-aew061307.php; 참고: Wade, Nicholas. "DNA Boosts Herodotus' Account of Etruscans as Migrants to Italy," *New York Times*, 2007년 4월 3일. http://www.nytimes.com/2007/04/03/science/03etruscan.html.

옮긴이 김고명

초등학교 때 게임에 빠져 순전히 게임을 하기 위해 자발적으로 영어 사전과 문법책을 뒤적이며 영어 공부를 시작했다. 이후 성균관대학교에서 영문학과 경영학을, 동대학원에서 번역을 전공하고 지금은 출판번역가 모임 바른번역의 회원으로 번역 활동을 하고 있다. 옮긴 책으로는 『더 리치: 부자의 탄생』(공역), 『부의 대물림』, 『마케팅』, 『기업전략』등이 있다.

게임이 세상을 바꾸는 방법

2판 1쇄 인쇄 2023년 4월 3일
2판 1쇄 발행 2023년 4월 10일

지은이 제인 맥고니걸
옮긴이 김고명

발행인 양원석 **편집장** 정효진
디자인 신자용, 김미선 **영업마케팅** 양정길, 윤송, 김지현, 정다은, 박윤하

펴낸 곳 ㈜알에이치코리아
주소 서울시 금천구 가산디지털2로 53, 20층 (가산동, 한라시그마밸리)
편집문의 02-6443-8847   **도서문의** 02-6443-8800
홈페이지 http://rhk.co.kr
등록 2004년 1월 15일 제2-3726호

ISBN 978-89-255-7667-1 (03300)